Die Gesetzgebungsgeschichte der militärischen Ehrenstrafen und der Offizierehrengerichtsbarkeit im preußischen und deutschen Heer von 1806 bis 1918

Rechtshistorische Reihe

Band 283

Peter Lang
Frankfurt am Main · Berlin · Bern · Bruxelles · New York · Oxford · Wien

Erik Nils Voigt

Die Gesetzgebungsgeschichte der militärischen Ehrenstrafen und der Offizierehrengerichtsbarkeit im preußischen und deutschen Heer von 1806 bis 1918

Peter Lang
Europäischer Verlag der Wissenschaften

Bibliografische Information Der Deutschen Bibliothek
Die Deutsche Bibliothek verzeichnet diese Publikation in der Deutschen Nationalbibliografie; detaillierte bibliografische Daten sind im Internet über <http://dnb.ddb.de> abrufbar.

Zugl.: Kiel, Univ., Diss., 2003

Die vorliegende Arbeit wurde von
Herrn Prof. Dr. Hans Hattenhauer
zur Aufnahme in diese Reihe empfohlen.

D 8
ISSN 0344-290X
ISBN 3-631-51378-X

www.peterlang.de

Meiner Schwester

« A Dieu mon âme,
Ma vie au roi,
Mon coeur aux dames,
L'honneur pour moi. »

Wahlspruch der Ritterschaft.

„Es kann die Ehre dieser Welt
Dir keine Ehre geben.
Was Dich in Wahrheit hebt und hält,
muß in Dir selber leben."

Theodor Fontane (1819-1898)

Vorwort

Die vorliegende Arbeit wurde von der Rechtswissenschaftlichen Fakultät der Christian-Albrechts-Universität zu Kiel im Wintersemester 2002/2003 als Dissertation angenommen.

Zunächst sollten im Rahmen dieser Arbeit die Entwicklung des Ehrenstrafrechts sowie der Ehrengerichtsbarkeit von den Anfängen bis zu ihrem Endpunkt im Jahre 1944 untersucht werden. Aufgrund der Fülle gefundenen Materials und der Komplexität dieses Unterfangens, die über den Umfang und den Rahmen einer Dissertation weit hinauszugehen drohte, ist der zu betrachtende Zeitrahmen auf Empfehlung meines Doktorvaters auf die Zeitspanne bis zum Ende des Kaiserreiches begrenzt worden. Ein kurzer Ausblick bis zur heutigen Zeit findet sich am Ende der Arbeit.

Eine Arbeit des vorliegenden Umfangs anzufertigen, erfordert die Hilfe des Doktorvaters sowie vieler Freunde und Verwandte. Zuallererst richte ich meinen Dank an Professor Dr. Hans Hattenhauer für die großartige Unterstützung bei der Anfertigung der Arbeit, für die Betreuung der Dissertation und die sehr zügige Begutachtung. Er hatte immer ein offenes Ohr für mich und war allen Fragen gegenüber aufgeschlossen. Für die zügige Erstellung des Zweitgutachtens danke ich Prof. Dr. Jörn Eckert.

An dieser Stelle nenne ich nur einige wenige Namen, die Zahl derer, mit denen ich mich an dieser Stelle verbunden fühle, geht weit über die hier Aufgeführten hinaus. Ich danke Laelia dafür, daß sie die beste Schwester der Welt ist und Bettina Krull für die gründliche Durchsicht meiner Dissertation und die wertvollen Hinweise. Meiner lieben Tante Bettina und meinem lieben Onkel Bernie danke ich für die sehr großzügige Unterstützung. Jan Tappenbeck und Götz Hübener haben wertvolle Anregungen zur Verbesserung der Dissertation gegeben. Matthias Badenhop, Nico Zarnekow, J. Veit Sahlfeld und Markus Langenfeld danke ich für ihre freundliche Hilfsbereitschaft.

Last but not least danke ich meinen Eltern, denen ich viel verdanke und die mir diese Arbeit ermöglicht haben.

Kiel, im Frühjahr 2003

Erik Nils Voigt

Inhaltsverzeichnis

Abkürzungsverzeichnis

a.a.O.	an angegebenem Ort
Abs.	Absatz
a.E.	am Ende
ALR	Allgemeines Landrecht für die Preußischen Staaten von 1794
Art.	Artikel
AVBl.	Armee=Verordnungs=Blatt
BA	Bundesarchiv
Bd.	Band
BGBl.	Bundesgesetzblatt/ Gesetzblatt des Norddeutschen Bundes (1867-1871)
BV	Verfassung des Norddeutschen Bundes vom 16. April 1867, BGBl. 1867 S.1ff.
DStO	Disziplinar=Strafordnung für das Heer vom 31. Oktober 1872, abgedruckt in: Kompendium für Militärrecht, Abschnitt IV., S.223ff.
EG	Einführungsgesetz
EGV [1843]	Verordnung über die Ehrengerichte im preußischen Heere vom 20. Juli 1843, abgedruckt in: PrDGC Bd.1, S.549ff.
EGV [1874]	Allerhöchste Verordnung über die Ehrengerichte im preußischen Heere vom 02. Mai 1874, Berlin 1902
EGV [1910]	Neuabdruck der Allerhöchsten Verordnung über die Ehrengerichte im preußischen Heere vom 02. Mai 1874 i. d. F. vom 15. Juli 1910, abgedruckt in: Kompendium für Militärrecht, Abschnitt VI., S.16ff.
f.	folgende/r/s
ff.	folgende/n
G	Gesetz
GG	Grundgesetz
GStA PK	Geheimes Staatsarchiv Preussischer Kulturbesitz
HA	Hauptabteilung
Halbbd.	Halbband
HRG	Handwörterbuch zur deutschen Rechtsgeschichte
Hrsg.	Herausgeber
HS	Halbsatz
HVBl.	Heeres-Verordnungsblatt

JW	Juristische Wochenschrift
Kap.	Kapitel
KSSVO	Verordnung über das Sonderstrafrecht im Kriege und bei besonderem Einsatz (Kriegssonderstrafrechtsverordnung KSSVO), RGBl. 1939 I S.1455ff. Vom 17. August 1938
KStVO	Verordnung über das militärische Strafverfahren im Kriege und bei besonderem Einsatz (Kriegsstrafverfahrensordnung KStVO), RGBl. 1939 I S.1457ff. Vom 17. August 1938
LK	Strafgesetzbuch (Leipziger Kommentar)
MGFA	Militärgeschichtliches Forschungsamt, Potsdam
PrDGC	Preußisch-Deutscher Gesetz-Codex
PrGS	Gesetz=Sammlung für die Königlichen Preußischen Staaten
PrMGS	Preußische Militair=Gesetz=Sammlung
PrMStGB	Strafgesetzbuch für das Preußische Heer vom 3. April 1845, abgedruckt in: PrMGS, Bd. 3, S.219ff. u. PrGS 1845, S.287ff.; GStA PK, I. HA (Justizministerium) Rep. 84a – 8569
PrStGB	Strafgesetzbuch für die Preußischen Staaten vom 14. April 1851, abgedruckt in: PrGS 1851, S.101ff.
Pr.V.U.	Verfassungsurkunde für den preußischen Staat vom 31. Januar 1850, abgedruckt in: PrDGC, Bd.1, S.744
RBG	Reichsbeamtengesetz
Rn.	Randnummer
RG	Reichsgericht
RGBl.	Reichsgesetzblatt
RMilG	Reichsmilitärgericht
RMilGE	Entscheidungen des Reichsmilitärgerichts
RMStGB	Militär-Strafgesetzbuch für das Deutsche Reich vom 20. Juni 1872, RGBl. 1872 S.174ff.
RMStGO	Militärstrafgerichtsordnung für das Deutsche Reich vom 01. Dezember 1898, abgedruckt in: Kompendium für Militärrecht, Abschnitt I., S.16ff.
RStGB	Strafgesetzbuch für das Deutsche Reich vom 15. Mai 1871, RGBl. 1871 S.127ff.
RV	Verfassung des Deutschen Reiches vom 16. April 1871, RGBl. 1871 S.64ff.
S.	Seite

StGB	Strafgesetzbuch
StrRG	Strafrechtsreformgesetz
Tab.	Tabelle
Urt.	Urteil
VO	Verordnung
WRV	Weimarer Reichsverfassung vom 11. August 1919, RGBl. 1919 S.138 3ff.
WStG	Wehrstrafgesetz vom 30. März 1957, BGBl. I 1957 S.298ff.
Ziff.	Ziffer
ZStW	Zeitschrift für die gesamte Strafrechtswissenschaft

Einleitung

Der Begriff der *„Ehre"* ist aus dem heutigen Sprachgebrauch fast verschwunden. Das Adjektiv *„ehrenhaft"* wird sehr selten benutzt, um einen Menschen zu charakterisieren. Jedoch gehörte vor nicht allzu langer Zeit die Ehre zu einem der wichtigsten Themenkreise in der deutschen Gesellschaft.[1] Es gab sogar gesetzliche Bestimmungen, aufgrund derer einem Menschen die Ehre abgesprochen werden konnte. Der mit dieser Strafe Belegte wurde *„ehrlos"*. Eine solche Sanktion erscheint kaum mehr vorstellbar und mittelalterlich. Gleichwohl konnte eine Strafe dieser Art nicht nur bis zum Ende des Dritten Reiches, sondern auch danach noch bis 1969/70 verhängt werden und war als Strafart genauso gebräuchlich, wie die Verhängung einer Gefängnisstrafe.[2] Der Terminus für die Aberkennung der Ehre war der *„Verlust der bürgerlichen Ehrenrechte"*[3]; die gegen die Ehre des Täters gerichteten Strafen wurden *„Ehrenstrafen"* genannt. Die rechtlichen und gesellschaftlichen Folgen für die zu einer Ehrenstrafe Verurteilten waren weitreichend.[4] Die bürgerlichen Ehrenrechte konnten allen Personen ohne Unterschied der Herkunft oder des Berufs aberkannt werden.[5] Für Soldaten existierten darüber hinaus spezielle Regelungen, die es ermöglichten, dem Betreffenden auch die militärische Ehre abzuerkennen.[6] Dies konnte auf unterschiedliche Weise geschehen. So waren die Beendigung des Dienstverhältnisses sowie Degradierungen in verschiedenen Abstufungen mögliche militärische Ehrenstrafen. Die jeweils schwerste war dabei zumeist mit dem Ende der militärischen Laufbahn, dem endgültigen Ausschluß aus den Streitkräften sowie dem Verlust aller Pensionsansprüche verbunden.[7]

---

[1] *Scheyhing*, Ehre, in: HRG Bd.1, Sp.846ff.; *Hülle*, Ehrengericht (militärisches), in: HRG Bd.1, Sp.849ff.; *Brückner*, Ehrenstrafen, in: HRG Bd.1, Sp.851ff.

[2] Statistische Auswertungen finden sich bei *Dietz*, Die Militärstrafrechtspflege im Lichte der Kriminalstatistik für das Deutsche Heer und die Kaiserliche Marine, Oldenburg i. Gr. 1908, S.56ff.

[3] Wortlaut der §§ 32ff. RStGB [1871]; der Terminus *„bürgerlich"* war dabei gleichzusetzen mit *„nichtmilitärisch"* oder *„zivil"*.

[4] §§ 32ff. RStGB [1871].

[5] Zu den nicht-militärischen Ehrenstrafen: *Fuchs*, Die Ehrenstrafen der Vergangenheit und Gegenwart, Köln 1928; *Kühne*, Die Ehrenstrafen insbesondere auch rechtsvergleichend und rechtsgeschichtlich dargestellt., Würzburg 1931; *Dolles*, Die Nebenstrafen an der Ehre. Ein Beitrag zur Strafrechtsreform, Leipzig 1914; *Kießlich*, Die Ehrenstrafen: Unter besonderer Berücksichtigung der Reform des Strafrechts, Berlin 1911; *Esser*, Die Ehrenstrafe, Stuttgart 1956.

[6] §§ 30ff. RMStGB [1872].

[7] Der Name für die schwerste Ehrenstrafe veränderte sich mehrfach. Man sprach im Kaiserreich von der *„Entfernung aus dem Heere"*, während im Dritten Reich der Begriff der *„Wehrunwürdigkeit"* eingeführt wurde.

Das heutige Strafrecht, das Wehrstrafrecht miteinbezogen, kennt nur noch Teile der einst möglichen Sanktionen.[8] Schon begrifflich ist die Aberkennung der bürgerlichen oder militärischen Ehre nicht mehr vorgesehen.[9] Jedoch ist es noch in der Bundesrepublik gesetzlich möglich gewesen, einem Straftäter die bürgerlichen Ehrenrechte abzuerkennen.[10] Erst am Ende der sechziger Jahre wurden diese Vorschriften durch das 1. StrRG[11] gestrichen und durch die begrenzte Aberkennung einzelner Rechte[12] ersetzt.[13] Die Ehrenstrafen wurden damit endgültig abgeschafft.

Zusammen mit der Reform des Sanktionensystems im allgemeinen Strafrecht wurde auch das Wehrstrafrecht modernisiert.[14] Schon bei Erlaß der ersten wehrrechtlichen Sanktionsgesetze nach der Gründung der Bundeswehr wurde aber von der Wiedereinführung militärischer Ehrenstrafen abgesehen.[15] Nach neuerem Wehrstrafrecht kann ein Angehöriger der Bundeswehr seinen Dienstgrad

---

[8] Im derzeit gültigen Wehrstrafrecht sind gemäß §§ 58ff. Wehrdisziplinarordnung vom 15. März 1957 in der Fassung der Bekanntmachung vom 16. August 2001 (BGBl. 2001 I S.2093ff.) folgende Strafmaßnahmen gegen aktive Soldaten zulässig: Kürzung der Dienstbezüge, Beförderungsverbot, Herabsetzung in der Besoldungsgruppe, Dienstgradherabsetzung und Entfernung aus dem Dienstverhältnis.

[9] Vergleiche den Wortlaut des § 32 vor dem 1. StrRG in der Fassung vom 3. StrÄndG vom 4. August 1953, BGBl. 1953 I S.735: *„Neben der Zuchthausstrafe kann auf den Verlust der bürgerlichen Ehrenrechte erkannt werden... ,“* mit dem neuen Wortlaut des an seine Stelle getretenen § 31 StGB in der Fassung des 1. StrRG vom 25. Juni 1969, BGBl. 1969 I S.645ff.: *„Wer wegen eines Verbrechens zu Freiheitsstrafe von mindestens einem Jahr verurteilt wird, verliert* [..] *die Fähigkeit, öffentliche Ämter zu bekleiden und... .“*

[10] § 32 Abs.1 StGB in der Fassung vom 3. StrÄndG vom 4. August 1953, BGBl. 1953 I S.735.

[11] 1. StrRG vom 25. Juni 1969, BGBl. 1969 I S.645ff., in Kraft getreten am 1. April 1970; dazu auch: Erster Schriftlicher Bericht des Sonderausschusses für die Strafrechtsreform, in: Verhandlungen des Deutschen Bundestages, Drucksachen: 5. Legislaturperiode, V/4094, S.15f.

[12] Unter anderem: zeitlich begrenzter Verlust der Amtsfähigkeit, der Wählbarkeit und des Stimmrechts: § 31 StGB in der Fassung 1. StrRG vom 25. Juni 1969, BGBl. 1969 I S.645ff.

[13] Durch Art. 105 Nr.2 des 1. StrRG wurde der geänderte § 36 StGB unter der Neubezeichnung des § 32 StGB, der auf den ebenfalls geänderten § 31 StGB abgestimmt war, eingeführt; dazu auch mit weiteren Nachweisen: *Tröndle*, in: LK, Vorbem. § 31, Rn.1.

[14] Siehe dazu das durch Art. 12 des 1. StrRG geänderte Wehrstrafgesetz, das am 01. September 1969 neu bekannt gemacht wurde, BGBl. 1969 I S.1502ff.

[15] §§ 43ff. Wehrdisziplinarordnung in der Fassung vom 18. März 1957, BGBl. 1957 I S.189ff. sowie § 8 WStG in der Fassung vom 30. März 1957, BGBl. 1957 I S.298ff. (S.299); Begründung zu § 8 des Entwurfes eines Wehrstrafgesetzes, Anlage 2 zur Drucksache 3040, in: Verhandlungen des Deutschen Bundestages, Drucksachen: 2. Legislaturperiode, 3040, S.19; zum Strafensystem des Wehrstrafgesetzes: *Schölz/Lingens*, Wehrstrafgesetz, München 2000, Vor § 9 Rn.1.

aufgrund § 26 S. 1 Soldatengesetz *„nur kraft Gesetzes oder durch Richterspruch"* verlieren.[16] Als noch weitergehende Maßnahmen sind vorzeitige Beendigungen des Dienstverhältnisses unter den gleichen Voraussetzungen zulässig.[17] Unterschiede zwischen heutiger und früherer Rechtslage ergeben sich auch bezüglich der Befugnis, auf militärische Strafen erkennen zu dürfen. Heute sind dafür gemäß §§ 62ff. Wehrdisziplinarordnung die Truppendienstgerichte[18] sowie in nächster Instanz das Bundesverwaltungsgericht[19] zuständig.

In der Zeit bis zum Ende des Ersten Weltkrieges war nicht nur die Militärgerichtsbarkeit[20] zur Verhängung einer Ehrenstrafe befugt, sondern auch die *„Ehrengerichte der Offiziere"*[21]. Diese bestanden bei jedem größeren Truppenverband[22] und wurden für den Einzelfall entweder aus allen Offizieren des Verbandes oder einem durch vorherige Wahl bestimmten Teiles des Offizierkorps gebildet. Das Ehrengericht hatte das Recht, jeden Offizier bei Verstoß gegen die Standesehre aus der Armee zu entlassen.[23] Dabei konnte jeder Offizier, soweit nicht wichtige Ausschlußgründe[24] bestanden, stimmberechtigtes Mitglied des Ehrengerichtes sein.[25] Für die ehrengerichtliche Beurteilung waren im Unterschied zu den Verfahren vor den Militärgerichten nicht die einschlägigen Straftatbestände der Strafgesetzbücher entscheidend, sondern allein die Frage, ob sich der Angeklagte entsprechend dem Ehrenkodex des Offizierkorps verhalten hatte.[26] Für die Aburteilung von Straftätern war hingegen das

---

[16] Gesetz über die Rechtsstellung der Soldaten (Soldatengesetz – SG) in der Fassung der Bekanntmachung vom 15. Dezember 1995, BGBl. 1995 I S.1737ff.

[17] §§ 46ff. Soldatengesetz, § 30 Wehrpflichtgesetz sowie §§ 54ff. Wehrdisziplinarordnung.

[18] In Verbindung mit der Verordnung über die Errichtung von Truppendienstgerichten vom 24. November 1972 BGBl. 1972 I S.2154; dazu auch *Schnell/Ebert*, Disziplinarrecht/Strafrecht/Beschwerderecht der Bundeswehr, Regensburg 1990, Abschnitt C14.

[19] §§ 110ff. Wehrdisziplinarordnung vom 4. September 1972, BGBl. 1972 I S.1665ff.

[20] Die Militärgerichtsbarkeit hatte mehrere Instanzen ähnlich der heutigen Gerichtsverfassung des GVG. Als unterste Gerichte gab es im Kaiserreich die Standgerichte (§§ 38ff. RMStGO [1898]), dann die Kriegsgerichte (§§ 49ff. RMStGO [1898]), Oberkriegsgerichte (§§ 65ff. RMStGO [1898]) sowie als oberste Instanz das Reichsmilitärgericht (§§ 71ff. RMStGO [1898]).

[21] *Preußisches Kriegsministerium* [Hrsg.], Verordnung über die Ehrengerichte im Preußischen Heere vom 02. Mai 1874 und Ergänzungsordres, Berlin 1901.

[22] Nach den preußischen Ehrengerichtsverordnungen der Jahre 1843 und 1874 war zumindest pro Regiment ein Ehrengericht einzusetzen; § 6 EGV [1843] u. § 8 EGV [1874]; *Endres*, Die Ehrengerichtsverordnungen für die Offiziere des deutschen Heeres, Berlin 1906, S.24.

[23] § 4 in Verbindung mit § 2 EGV [1843].

[24] Wenn zum Beispiel der Angeklagte der Bruder eines sonst Stimmberechtigten war, so verlor dieser sein Stimmrecht, § 34 S.1 EGV [1843].

[25] § 6 Abs.1 EGV [1843].

[26] § 2 EGV [1843].

Militärgericht zuständig und konnte neben anderen Sanktionen auch Ehrenstrafen verhängen.[27]

Ein Gremium, das über Verfehlungen von Kameraden zu befinden hatte, wurde jedoch nicht erst im Kaiserreich ins Leben gerufen. Ehrengerichte, die nur für Offiziere zuständig waren, gab es schon in den Zeiten der Napoleonischen Kriege[28] und des Deutschen Bundes[29]. Ausgangspunkt der Einsetzung dieser Offiziersehrengerichte war die als notwendig angesehene Wahrung der Disziplin und der Kampfkraft der einen eigenen gesellschaftlichen Stand[30] bildenden Offiziere.[31]

In der Gesellschaft auch noch des 19. Jahrhunderts war ein jeder Bürger einem Stand zugeordnet oder fühlte sich einem Stand zugehörig, der Staat war zwar nicht verfassungsrechtlich, aber ein sozialer Ständestaat.[32] Als erster Stand galt der Adel. Mit diesem Stand war der Offizierstand derart identisch, daß zumindest jeder zweite Offizier adeliger Herkunft war. [33] Erst am Anfang des 19. Jahrhunderts wurde es allmählich zur Regel, Bürgerliche als Offiziere vor allem in den technischen Truppenteilen der Artillerie und der Pioniere aufzunehmen. Im Jahre 1817 standen 4138 adlige und 3367 bürgerliche Offiziere in den Diensten

---

[27] Über die genauen Zuständigkeitsgrenzen herrschte jedoch keine Einigkeit unter den Militärjuristen: *Rissom*, Militärstrafrecht, Disziplinarstrafgewalt, Ehrengerichte im deutschen Heere, Berlin 1903, S.25ff.; *Dietz* [Hrsg.], Disziplinarstrafrecht, Beschwerderecht, Ehrengerichtsbarkeit für Heer, Marine und Schutztruppen, Rastatt 1917, S.95f.; *Endres*, Die Ehrengerichtsverordnungen für die Offiziere des deutschen Heeres, Berlin 1906, S.13f.

[28] Verordnung wegen Bestrafung der Offiziere vom 3. August 1808, abgedruckt in: GStA PK, I. HA (Justizministerium) Rep. 84a - Nr.1101; PrMGS Bd.1, S.64ff. sowie PrGS 1806-1810, S.272f.

[29] Statt vieler die Allerhöchste Kabinetsordre vom 15. Februar 1821, betreffend das Verfahren bei den Ehrengerichten, abgedruckt in: PrMGS Bd.1, S.175ff.

[30] *Demeter*, Das Deutsche Offizierkorps in Gesellschaft und Staat 1650-1945, Frankfurt a. Main 1962, S.111, gibt eine damals gebräuchliche Ansicht über den Offizierstand als dem *„Stand der Ehre"* wieder.

[31] Allerhöchste Einleitungsorder zur Verordnung über die Ehrengerichte im preußischen Heere vom 02. Mai 1874, abgedruckt in: Kompendium für Militärrecht, Abschnitt VI., S.273ff.

[32] *Batscha/Garber* [Hrsg.], Von der staendischen zur bürgerlichen Gesellschaft: Politisch-soziale Theorien im Deutschland der zweiten Hälfte des 18. Jahrhunderts, Frankfurt a. Main 1981, S.10ff.; *Meyer*, Stand und Klasse, Opladen 1997, S.49ff.

[33] Bis zu Beginn des 19. Jahrhunderts war die Möglichkeit, dem Offizierstand anzugehören, grundsätzlich dem Adel vorbehalten, der Anteil nichtadeliger Offiziere lag bis 1786 bei ca. 10 %; zur Zusammensetzung des Offizierkorps im 18. Jahrhundert siehe: *Hebbelmann*, Das preußische „Offizierkorps" im 18. Jahrhundert, Analyse der Sozialstruktur einer Funktionselite, Münster 1999, S.183.

des preußischen Heeres.[34] Schon aus diesem Grund kam dem Offizierkorps ein sehr hoher Rang zu. Da jederzeit ein Krieg ausbrechen konnte, war eine intakte Armee von hoher Bedeutung für die Sicherheit eines Staates. Dieses galt erst recht für Preußen, das zwischen den übrigen europäischen Großmächten in der Mitte Europas lag. Dem Offizierkorps kam daher als den die Armee führenden Stand höchste Bedeutung und Ansehen zu.

Von großer Bedeutung für den Offizier waren der Ehrbegriff des Offizierkorps und sein gesellschaftliches Ansehen. Da die persönliche Ehre eines Mannes als sein höchstes Gut galt,[35] bedurfte deren Bewahrung der ständigen Aufmerksamkeit seines Inhabers.[36] Sie mußte unangetastet bleiben und durch den Offizier im Falle der Ehrverletzung entweder durch eine Verhandlung vor dem Ehrengericht oder in einem Duell verteidigt werden.[37] War ein Offizier dazu nicht bereit, mußte er aus dem Offizierstand ausscheiden.[38] Wählte er das Duell, hatte er die zumindest gleichen rechtlichen Konsequenzen zu erwarten.[39] In

---

[34] *Demeter*, Das deutsche Offizierkorps von 1650-1945, Frankfurt a. Main 1962, S.13. Wenn man die so genannten Ranglisten des deutschen Heeres sowie ähnliche Veröffentlichungen zurate zieht, wird deutlich, daß auch bis weit ins zwanzigste Jahrhundert hinein der Anteil an adeligen Offizieren im Vergleich zur Gesamtbevölkerung überdurchschnittlich hoch war: Deutsche Rangliste, umfassend das gesamte aktive Offizierkorps der deutschen Armee und Marine und seinem Nachwuchs, Oldenburg i. Gr. 1914; *Keilig*, Die Generale des Heeres, Friedberg 1983, S.1ff.

[35] Statt vieler: *Herzog v. Mecklenburg*, Schreiben an das Offizierkorps des Gardekorps vom 12. Mai 1828, abgedruckt in: *v. Boguslawski*, Der Ehrbegriff des Offizierstandes, Berlin 1875, S.8ff.

[36] *v. Boguslawski*, Der Ehrbegriff des Offizierstandes, Berlin 1875, S.6ff. und Allerhöchste Einleitungsorder zur Verordnung über die Ehrengerichte im preußischen Heere vom 02. Mai 1874, abgedruckt in: Kompendium für Militärrecht, Abschnitt VI., S.273ff.

[37] Gemäß § 2 Nr.2 EGV [1843], dessen Grundgedanke sich auch in der Ergänzung zur Einführungsordre vom 1. Januar 1897 zur Verordnung über die Ehrengericht der Offiziere im preußischen Heere vom 02. Mai 1874 (abgedruckt im: Kompendium für Militärrecht, Abschnitt VI. S.317ff.) fand, fielen Streitigkeiten und Beleidigungen zwischen Offizieren, also die Auslöser für ein Duell, in die Zuständigkeit der Ehrengerichte; eine umfassende und sehr gut recherchierte Darstellung der Berührung des Duells mit dem militärischen Bereich, vor allem auch hinsichtlich der Verknüpfung mit der Ehrengerichtsbarkeit hat *Dieners* verfaßt: Das Duell und die Sonderrolle des Militärs, Berlin 1992, S.174ff.

[38] *Dieners*, Das Duell und die Sonderrolle des Militärs, Berlin 1992, S.200.

[39] Das Duell stand nach dem Reichsstrafgesetzbuch von 1871 unter Strafe. Ihm war ein eigener Abschnitt im Reichsstrafgesetzbuch gewidmet, der dieses zwar gegenüber sonstigen Tötungs- und Körperverletzungsdelikten privilegierte, aber auch mit Freiheitsstrafe bedrohte (§§ 201ff. RStGB [1871]); siehe zum Duell auch: *Kohlrausch*, Zweikampf, in: *Birkmeyer/van Calker* [Hrsg.], Vergleichende Darstellung des Deutschen und Ausländischen Strafrechts, Besonderer Teil, Dritter Band, Berlin 1906, S.125ff. (S.140).

diesem Falle war es dem zu einem Duell Geforderten nicht möglich, sich normgerecht zu verhalten.[40]

Für die Unteroffiziere und Mannschaften[41] gab es keine den Ehrengerichten vergleichbare Gremien; sie unterstanden dem Disziplinarstrafrecht.[42] Als Untergebene sollten sie im Unterschied zu den Offizieren keine eigenen Strafbefugnisse erhalten und keine dem Offizierstand vergleichbare, besondere Bedeutung im Staatsgefüge haben. Die hohe Bedeutung der Ehre sowie die Stellung des Offizierstandes im Staat hatte eine intensive Beschäftigung der im militärischen Bereich tätigen Juristen mit dem militärischen Ehrenstrafrecht und der Offizierehrengerichtsbarkeit zur Folge. Der Hauptteil der zeitgenössischen Militärrechtsliteratur wurde von Richtern an einem Militärgericht, Militärbeamten oder von Lehrstuhlinhabern für Militärstrafrecht verfaßt. Zur unübersehbaren Menge der Militärliteratur wurde die in einem Jahrzehnt erschienene Fachliteratur in Verzeichnissen aufgeführt.[43] Jedoch beschränkte sich die wissenschaftliche Betrachtung der Entwicklung der Ehrenstrafen und der Ehrengerichtsbarkeit vom Beginn des 19. Jahrhunderts an bis zum Ende der Monarchie im November 1918 auf Teilbereiche.

---

[40] *Dieners*, Das Duell und die Sonderrolle des Militärs, Berlin 1992, S.200. Dieser Konfliktlage steht der heutige Grundsatz der *„Einheit der Rechtsordnung"* entgegen, der auf *Karl Engisch* zurückgeht. Er hatte ein gleichlautendes Skript einer Antrittsvorlesung an der Heidelberger Universität im Jahr 1935 veröffentlicht. Dieser *„Jahrhunderteinfall"* diente *„der Begründung einer in sich harmonischen und widerspruchsfreien Gesamtrechtsordnung"*, *Felix*, Einheit der Rechtsordnung, Tübingen 1998, S.399. Siehe auch in Bezug auf das Duell: *Schlink*, Das Duell im 19. Jahrhundert – Realität und literarisches Bild einer adeligen Institution in der bürgerlichen Gesellschaft, in: NJW 2002, S.537ff. (S.541).

[41] Die Mannschaftsdienstgrade wurden als *„Gemeine"* bezeichnet: § 41 RMStGB [1872].

[42] Siehe im Kaiserreich die §§ 1ff. DStO [1872]. Gegen Unteroffiziere und Gemeine konnten jedoch genauso wie gegen Offiziere im Wege eines militärischen Strafverfahrens Ehrenstrafen erlassen werden; §§ 31, 37, 40 RMStGB [1872].

[43] *v. Seelhorst*, Deutschland's Militair=Literatur, Berlin 1862.

I. Begriffsdefinitionen

1. Der tradierte Offizierehrbegriff

a) Der Ständestaat

Die preußische Gesellschaft war seit dem Mittelalter in Stände gegliedert.[44] Über die Zugehörigkeit zu einem Stand definierten sich die gesellschaftliche Stellung und das Ansehen des Untertanen. Unter einem *„Stand"* begriff man eine Gruppe von Personen, denen entweder wegen ihrer Geburt[45] oder wegen ihres Berufs[46] bestimmte Rechte zustanden, entzogen waren oder denen gewisse Verpflichtungen oblagen.[47] Man unterschied Geburtsstände und erworbene Stände, die gegenseitig regelmäßig miteinander vereinbar waren; so konnte ein Untertan von Geburt an dem bürgerlichen Stand oder Adelsstand angehören, dem erworbenen Stand nach jedoch Beamter, Kaufmann oder Soldat sein.[48] Innerhalb der Armee bildeten die Offiziere den Offizierstand. Obwohl die Bürger der deutschen Staaten seit Anfang des 19. Jahrhunderts vor dem Gesetz in vielen Bereichen gleichberechtigt waren,[49] hatten die bei einigen gesellschaftlichen Gruppen seit dem Mittelalter[50] bestehenden eigenen Gesetze weiterhin Bestand.[51] Diese sollten aber nicht nur für den jeweiligen Stand Gültigkeit haben, sondern auch nur durch ebenbürtige Standesgenossen angewendet werden.

---

[44] *Batscha/Garber* [Hrsg.], Von der staendischen zur bürgerlichen Gesellschaft: politisch-soziale Theorien im Deutschland der zweiten Hälfte des 18. Jahrhunderts, S.10ff.; *Hüllmann*, Geschichte des Ursprungs der Stände in Deutschland, Dritter Theil, Frankfurt a. d. Oder 1808, S.1ff.; *Laufs/Eichener*, Stände, Ständewesen, in: HRG Bd.4, Sp.1901ff.

[45] Das ganze Allgemeine Preußische Landrecht ist im Zweiten Teil ständisch gegliedert. Deshalb ist es im Vergleich zum Code Civil so umfangreich; siehe dazu: *Hattenhauer* [Hrsg.], Allgemeines Landrecht für die preußischen Staaten von 1794, Neuwied/Kriftel/Berlin 1994, S.28.

[46] *Dieling*, Zunftrecht, Eine Rechtsquellenstudie mit besonderer Berücksichtigung des Schneiderhandwerks, Heidelberg 1932, S.2ff.

[47] *Weiterer*, Die rechtliche Natur der Offiziers-Ehrengerichte und der Ehrengerichtsverordnungen, Münster 1913, S.7.

[48] Zur Geschichte des Ständestaats in Deutschland: *Hüllmann*, Geschichte des Ursprungs der Stände in Deutschland, Erster bis Dritter Theil, Frankfurt a. d. Oder 1806-1808.

[49] § 26 Verfassungsurkunde des Königreichs Sachsen. Vom 4. September 1831., in: *Binding* [Hrsg.], Deutsche Staatsgrundgesetze in diplomatisch genauem Abdrucke, Heft VI: Sachsen, Leipzig 1893; § 21 Verfassungs-Urkunde für das Königreich Württemberg. Vom 25. September 1819., in: *Binding* [Hrsg.], aaO, Heft VII: Württemberg, Leipzig 1894; § 7 Abs.1 Verfassung des Großherzogtums Baden. Vom 22. August 1818., in: *Binding* [Hrsg.], aaO, Heft VIII. 1.: Baden, Leipzig 1899.

[50] *Hüllmann*, Geschichte des Ursprungs der Stände in Deutschland, Erster bis Dritter Theil, Frankfurt a. d. Oder 1806-1808.

[51] *Dieling*, Zunftrecht, Eine Rechtsquellenstudie mit besonderer Berücksichtigung des Schneiderhandwerks, Heidelberg 1932, S.4ff.

Deshalb gab es für einige Stände und Berufe eigene Gerichtsbarkeiten.[52] Diesen *„Standesgerichten"* unterlagen nur die Mitglieder des jeweiligen Standes. Sie urteilten nicht über die Verletzung des allgemeinen Rechts, sondern über Verstöße gegen die besonderen Pflichten und die Ehrauffassung des betreffenden Standes.[53]

b) Der Begriff der *„Ehre"*

Der Begriff der *„Ehre"* war und ist einer der am schwierigsten zu definierenden Begriffe, da die Auffassungen zu diesem Begriff sehr weit divergierten und noch heute divergieren.[54] Be- und Umschreibungen der Ehre als Begriff fanden sich am Anfang des 19. Jahrhunderts in vielerlei Schriften und Büchern.[55] Definitionen der Ehre waren ungleich seltener.

aa) Äußere und innere *„Ehre"*

Beseler definierte in seinem Kommentar zum preußischen Strafgesetzbuch von 1851 die Ehre als *„die Anerkennung der persönlichen Achtbarkeit in der öffentlichen Meinung"*.[56] Diese damals vorherrschende Ansicht bestimmte die Ehre mit Hilfe einer äußeren Betrachtung, dem Urteil der Mitmenschen. Bis ins 20. Jahrhundert hinein war das öffentliche Ansehen der Maßstab, an dem sich die Ehre eines Menschen orientierte. *v. Liszt*, Professor für Strafrecht in Berlin, definierte die Ehre:

> „Ehre im Rechtssinne ist nicht der durch Handlungen Dritter verletzbare innere Wert des Menschen, sondern dessen Wertung durch die andern; sie ist die Geltung im Urteil der Mitbürger.[57]

---

[52] So bei den Rechtsanwälten und den Heilberufen, *Holly*, Geschichte der Ehrengerichtsbarkeit der deutschen Rechtsanwälte, Frankfurt a. Main/ Bern/New York/Paris 1989, S.1ff.; sowie umfassend: *Ziegenhagen*, Die Berufsgerichtsbarkeit der freien Berufe, Münster 1998, S.1ff.

[53] In Preußen wurde im 19. Jahrhundert ein Ehrenrat für die Rechtsanwälte gebildet, der über die Einhaltung der Standesvorschriften wachen sollte; *Holly*, Geschichte der Ehrengerichtsbarkeit der deutschen Rechtsanwälte, Frankfurt a. Main/ Bern/New York/Paris 1989, S.87ff.

[54] Zur Mehrdeutigkeit des Begriffes: *Liepmann*, in: *Birkmeyer/van Calker* [Hrsg.], Vergleichende Darstellung des Deutschen und Ausländischen Strafrechts, Besonderer Teil, Vierter Band, Berlin 1906, S.217ff. (S.220f.).

[55] Statt vieler nur: *Herzog v. Mecklenburg*, Schreiben an das Offizierkorps des Gardekorps vom 12. Mai 1828, abgedruckt in: *v. Boguslawski*, Der Ehrbegriff des Offizierstandes, Berlin 1875, S.8ff.

[56] *Beseler*, Kommentar über das Strafgesetzbuch für die Preußischen Staaten und das Einführungsgesetz vom 14. April 1851, Leipzig 1851, S.103.

[57] *v. Liszt*, Lehrbuch des Deutschen Strafrechts, Berlin 1912, S.341.

Erstmals fanden sich zur Wende vom 19. zum 20. Jahrhundert auch Definitionen, die der *„äußeren Ehre"* eine *„innere Ehre"* zur Seite stellten:

> „Der Mensch hat seinen Mitmenschen gegenüber einen Anspruch auf Achtung seiner menschlichen Persönlichkeit. Dies verstehen wir unter der Ehre... ."[58]

Dieser von der Menschenwürde ausgehende Ansatz, der die Ehre nicht nur nach dem Urteil der Öffentlichkeit bestimmte, bildete sich aber erst allmählich heraus.[59] Das gesamte 19. Jahrhundert hindurch war die äußere Ehre der Maßstab für die Definition der *„Ehre"*.

bb) Individual- und Kollektivehre

Neben der Unterscheidung der äußeren und inneren Ehre gab es eine solche in Individualehre einerseits und korporative Ehre andererseits.[60] Die Mehrheit der zu dieser Frage veröffentlichten Schriften stellte die Ehre des jeweiligen Standes, also ein korporatives Ehrverständnis, in den Vordergrund.[61] Die Betonung der persönlichen Ehre, der Ehre des einzelnen Bürgers, war in der ständischen Gesellschaft des beginnenden 19. Jahrhunderts noch nicht sehr verbreitet.[62]

Das Offizierkorps lehnte außerdem eine Unterscheidung zwischen Individualehre und Kollektivehre grundsätzlich ab. Man setzte die Ehre des Offiziers mit jener des Offizierstandes gleich,

> „...denn der Offizier, der sich gegen die Ehre vergangen hat, hat sich gegen die Ehre des ganzen Standes vergangen."[63]

Man berief sich dabei auf die engen wechselseitigen kameradschaftlichen Beziehungen im Offizierkorps, die eine Individualisierung unmöglich machten[64]:

---

[58] *Birkmeyer* [Hrsg.], Encyklopädie der Rechtswissenschaft, S.1169.
[59] Dazu auch *Liepmann*, der das *„in uns entstehende Gefühl eigenen Wertes"* zur Ehre zählt; *Liepmann*, Die Beleidigung, Berlin 1909, S.14.
[60] Zu dieser Frage auch: *Demeter*, Das Deutsche Offizierkorps in Gesellschaft und Staat 1650-1945, Frankfurt a. Main 1962, S.108.
[61] Zu diesem Themenkomplex gab es unterschiedliche Ansichten. Die Ehre nur als Standes- oder Gemeinschaftsehre anzusehen, war der Ansatz von *Simmel*, Einleitung in die Moralwissenschaft Bd. 1, Stuttgart 1904, S.191ff.
[62] *Simmel*, Einleitung in die Moralwissenschaft Bd.1, Stuttgart 1904, S.191ff.
[63] *v. Bojan*, Ehrengerichte, Disziplinarbestrafung und Beschwerden - Beispiele zum Unterricht, Berlin 1913, S.21.
[64] Statt vieler: *v. Rudloff* [Hrsg.], Handbuch des Preußischen Militairrechts, Bd.3, Berlin 1835, Zum §. 1162., S.246.

> „Die Ehre erträgt und duldet keinen Makel: sie begehrt daher eine ernste, strenge und aufmerksame Bewahrung, sowohl von Seiten des Individuums als der Standesgenossen, damit sie in Keinem und von Keinem verletzt werde.“[65]

Die Ehre des Offiziers hätte gerade in der engen Kameradschaft des Offizierkorps mit der kollektiven Ehre zu viele Berührungspunkte.[66] Darauf verwies auch *Demeter*:

> „Je mehr das sachliche Ziel dem eine Gemeinschaft dient oder dienen will, ein möglichst festes Zusammenwirken der einzelnen Mitglieder und ein möglichst enges Band zwischen ihnen erfordert, desto mehr wird diese Gemeinschaft auch von sich aus als Ganzes, als überindividuelles Wesen gewissermaßen, die Ausbildung all der Eigenschaften, Gesinnungen und sonstigen persönlichen Voraussetzungen befördern, die der Erreichung jenes Zieles dienlich sind und damit der Erfüllung des Daseinszwecks der betreffenden Gesellschaft.“[67]

Dieser strikte Standpunkt hatte zur Folge, daß auch der kleinste Verstoß des einzelnen Offiziers gegen die ihm auferlegten Pflichten gleichzeitig als Beschädigung der Ehre des gesamten Standes angesehen wurde. Dieser Maßstab machte einen durch eigenes Verschulden hervorgerufene Verletzung der eigenen Ehre sofort zu einer Angelegenheit des gesamten Standes und verlieh damit dem Verstoß besondere Bedeutung:

> „Wenn ein Offizier eine Lâcheté begehet, oder auf sich was sitzen hat, und nicht ein braver Kerl ist; Alsdenn der Obriste solches melden soll, und Se. Königl. Majestät wollen einen solchen Officier cassieren.“[68]

c) Die Herausbildung des neuzeitlichen Ehrbegriffs des preußischen Offizierkorps zu Beginn des 19. Jahrhunderts

Als Begründer des modernen preußischen Offizierstandes galt der Große Kurfürst[69], der

---

[65] Schreiben des Herzogs Karl von Mecklenburg an das Offizierkorps des preußischen Gardekorps vom 12. Mai 1828, abgedruckt bei: *v. Boguslawski*, Der Ehrbegriff des Offizierstandes, Berlin 1875, S.8ff. (S.8); siehe auch Anhang A.

[66] Ebenda.

[67] *Demeter*, Das Deutsche Offizierkorps in Gesellschaft und Staat 1650-1945, Frankfurt a. Main 1962, S.109.

[68] IX. Arctic. XI. Theil. I. Titul. Reglement vor die Königl. Preußische Infanterie. Gegeben und Gedruckt Potsdam, den I. Martii 1726, abgedruckt in: *Meier-Welcker* [Hrsg.], Offiziere im Bild von Dokumenten aus drei Jahrhunderten, Stuttgart 1964, S.134ff. (S.136.).

[69] Friedrich Wilhelm, Kurfürst von Brandenburg, geb. am 16. Februar 1620 in Kölln a. d. Spree (heute Berlin), gest. 9. Mai 1688 in Potsdam, regierte ab 1640, DBE Bd. 3, S.461f.

„.. sich bemühte, an Stelle der bis dahin üblichen fremdländischen Führer ein eigenes Offizierkorps aus vaterländischem Adel heranzubilden."[70]

Der *„Soldatenkönig"* Friedrich Wilhelm I.[71] machte dann das zumeist adelige Offizierkorps zum ersten und wichtigsten Stand im Königreich.[72] Er legte die Souveränitätstheorie[73] und das Lehensrecht[74] in seinem Sinne aus und beendete damit die Zeit der Söldnerheere. Dies hatte zur Folge, daß das Dienstverhältnis des Söldners zum Monarchen durch ein besonderes Treueverhältnis ersetzt wurde.[75] Es wurde die Grundlage des Ehrbegriffs im preußischen Heer.

aa) Preußische Reformen

Preußen hatte am Anfang des 19. Jahrhunderts zunächst mit dem Kampf gegen Napoleon sowie dem Ende des Heiligen Römischen Reiches Deutscher Nation im Jahr 1806 eine Krise erlebt, war aber 1814/15 beim Wiener Kongreß zur europäischen Großmacht aufgestiegen. Vor dem Sieg gegen Napoleon hatte die vernichtende Niederlage Preußens in der Doppelschlacht von Jena und Auerstedt am 14. Oktober 1806 gestanden. Sie wurde Anlaß weitreichender Reformen im militärischen und im zivilen Bereich. Die als *„Preußische Reformen"*[76] bekannt gewordene Reorganisation vieler Teile des preußischen Gemeinwesens wurden beim Militär von Freiherr vom Stein[77] sowie von v. Scharnhorst[78] gelei-

---

[70] *v. Kirchenheim*, Offiziere (einschließlich Ehrengerichte)., in: *v. Stengel* [Hrsg.], Wörterbuch des Deutschen Verwaltungsrechts, Bd. 2, Freiburg i. Br. 1890, S.186ff. (S.186).

[71] Friedrich Wilhelm I., geb. 14. August 1688 in Kölln a. d. Spree (heute zu Berlin), gest. 31. Mai 1740 in Potsdam, regierte von 1713 bis 1740 und führte umfassende Heeresreformen durch. Er wurde *„Soldatenkönig"* genannt, da er als erster europäischer Monarch ständig Uniform trug, DBE Bd. 3, S.468.

[72] *Wohlfeil*, Ritter – Söldnerführer - Offizier, in: Festschrift Johannes Bärmann, Teil 1, Wiesbaden 1966, S.45ff. (S.64f.); *Messerschmidt*, Offiziere im Bild von Dokumenten aus drei Jahrhunderten, in: Beiträge zur Militär- und Kriegsgeschichte, Bd.6, Stuttgart 1964, S.25ff.

[73] Zum Begriff der Souveränitätstheorie: *Quaritsch*, Souveränität, in: HRG, Bd.4, Sp.1714ff. (Sp.1718ff.).

[74] *Spieß*, Lehn(s)recht, Lehnswesen, in: HRG, Bd.2, Sp.1726ff.

[75] *Wohlfeil*, Ritter – Söldnerführer - Offizier, in: Festschrift Johannes Bärmann, Teil 1, Wiesbaden 1966, S.45ff. (S.64).

[76] *Erler*, Preußen, in: HRG, Bd.3, Sp.1926ff. (Sp.1934f); *Vogel* [Hrsg.], Preussische Reformen 1807-1820, Königstein i. Ts. 1980; *Hubatsch*, Die Stein-Hardenbergschen Reformen, Darmstadt 1977, S.177ff.

[77] Reichsfreiherr Heinrich Friedrich Karl vom und zum Stein (geb. am 26. Oktober 1757 in Nassau/Lahn, gest. am 29. Juni 1831 in Cappenberg/Westfalen) war als Minister maßgeblich an den Preußischen Reformen beteiligt, DBE Bd.9 S.478ff.

[78] Der königlich preußische Generalleutnant *Gerhard Johann David v. Scharnhorst* (geb. 12. November 1755, gest. 28. Juni 1813) war einer der maßgeblichen preußischen Heeresreformer am Anfang des 19. Jahrhunderts.

tet.[79] Generalleutnant v. Scharnhorst als Vorsitzender der Militair= Reorganisations=Kommission und sein Mitarbeiter Neidthardt v. Gneisenau arbeiteten eng mit dem Generalauditeur[80] v. Könen zusammen, der sehr strenge Anforderungen an den Ehrbegriff der Offiziere stellte. So sollte

> „... [d]as Ehrgefühl des Soldaten und vorzüglich des Offizierstandes [..] immer ein mächtiger Antrieb zur gehörigen Erfüllung ihrer Dienstpflichten sein und bleiben müssen."[81]

Diese Ansicht des Generalauditeurs war symptomatisch für die Leitung des preußischen Staates. Die Frage der Ehrenhaftigkeit eines Offiziers entschied fortan über seine Zugehörigkeit zum Offizierkorps.

Erklärtes Ziel der Reformen war es, das preußische Heer wieder zu einer schlagkräftigen Streitmacht zu machen. Zur Untersuchung der Niederlage hatte der preußische König Friedrich Wilhelm III. das *„Ortelsburger Publicandum"* erlassen, wonach *„die unglücklichen Ereignisse"* des Herbstes zu untersuchen und seitens der Offiziere aufgetretene Verfehlungen streng zu ahnden waren.[82] Obwohl die Ehre schon seit langer Zeit im preußischen Heer erhebliche Bedeutung im soldatischen Selbstverständnis einnahm,[83] bildete sich erst in dieser Zeit der Ehrbegriff des Offizierkorps des 19. Jahrhunderts in der Form heraus, der Grundlage für das Ehrverständnis der Offiziere bis in die heutige

---

[79] Freiherr vom Stein war für den nichtmilitärischen Teil unter Beteiligung Hardenbergs zuständig, während Scharnhorst Vorsitzender der so genannten Militair-Reorganisationskommission war; *Vaupel* (Hrsg.), Die Reorganisation des preussischen Staates unter Stein und Hardenberg, 2. Teil., Bd. 1, Leipzig 1938, S.220ff. (S.222f.); *Messerschmidt*, Die preußische Armee, in: Deutsche Militärgeschichte, Bd. 2, 2. Teil, München 1983, S.1ff. (S.164ff.).

[80] Auditeur war die damalige Bezeichnung für einen Militärjustizbeamten. Die Auditeure übten in einer Person die Tätigkeit des Staatsanwalts, Untersuchungsrichters und Referenten bei der Militärgerichtsbarkeit aus. Jede Division hatte zwei Divisionsauditeure, jedes Generalkommando einen Korps- und Oberauditeur. Als Aufsichtsbehörde und gleichzeitig begutachtende Instanz für die dem König von Preußen zufallenden Bestätigungen ehrengerichtlicher Erkenntnisse war das Generalauditoriat zuständig. Dessen Vorsitzender war der Generalauditeur. Das Generalauditoriat wurde 1715 von König Friedrich I. eingeführt und durch die Militärstrafgerichtsordnung von 1898 abgeschafft; *Anonymus*, Auditeur, in: Handbuch für Heer und Flotte, *v. Alten/v. Albert* [Hrsg.], Bd. 1, S.610f.

[81] *Generalauditeur von Könen* an die Militair-Reorganisationskommission. Königsberg, 27. Februar 1808, abgedruckt in: *Vaupel* (Hrsg.), Die Reorganisation des preussischen Staates unter Stein und Hardenberg, 2. Teil., Bd. 1, Leipzig 1938, S.286ff. (S.291).

[82] Faksimile der Niederschrift Friedrich Wilhelms III. mit Transkription abgedruckt bei: *Stamm-Kuhlmann*, König in Preußens großer Zeit, Friedrich Wilhelm III., der Melancholiker auf dem Thron, Berlin 1992, S.245.

[83] *Kluth*, Preussische Ehrauffassung, Berlin 1941, S.18ff.

Zeit werden sollte. Damals kam man, wie *Fiedler* zutreffend beschreibt, zu der Einsicht, daß tiefgreifende Veränderungen notwendig seien:

> „Ohne den harten Eingriff in die traditionelle Substanz des Offizierkorps ließen sich die neuen Ausleseprinzipien[84] nicht verwirklichen. Es [das preußische Heer,] hatte aufgrund der Kriegsgeschehnisse des Jahres 1806 in einem erschreckenden Maße sein Prestige eingebüßt. Wenn daher die Armee wieder mit dem Volke ausgesöhnt, dem Soldatentum eine neue sittliche Würde gegeben werden und das Militär im erweckten Staatsbewusstsein der Nation einen festen Platz erhalten sollte, so durfte an keinem einzigen Offizier irgendein Makel haften bleiben."[85]

Dieser Erkenntnis entsprechend wurde die Ehre erst recht zum Maßstab für jeden preußischen Offizier und jedes preußische Offizierkorps.

bb) Der Ehrbegriff des preußischen Offizierkorps zu Beginn des 19. Jahrhunderts

Die Bedeutung der Ehre für das Selbstverständnis eines Menschen ergab sich aus der Definition der Ehre. Nur der Bürger, der nach dem *„äußeren Ehrbegriff"* als *„ehrenhaft"* angesehen wurde, kam für die Übernahme wichtiger Aufgaben in Betracht. [86] Die Ehre eines Menschen war das höchste Gut, das ein Mensch im 19. Jahrhundert besaß;[87] der Vorwurf der *„Ehrlosigkeit"* war folglich der schwerwiegendste, den man gegen jemanden erheben konnte.

In besonderem Maße galt dies für das Offizierkorps, das die Führung der Armee innehatte und den Staat verteidigen mußte. Diese wichtige Aufgabe konnte nur solchen Leuten übertragen werden, die ohne *„Makel"* an der Ehre geblieben waren.[88] Ein *„Makel"* konnte gleichwohl in vielfältiger Art und Weise aufgetreten sein. Zur Bestimmung des Ehrbegriffs gehört deshalb die Aufzählung der Eigenschaften, die geeignet waren, den ehrenhaften Offizier von einem unehrenhaften zu unterscheiden.

Vorherrschende Elemente der *„Ehre"* eines Offiziers waren zunächst die Erfüllung aller ihm aufgetragenen Pflichten. Ein Offizier, der seine Pflichten vernachlässigte, galt als unehrenhaft.

---

[84] *Hornung*, Scharnhorst, Soldat – Reformer – Staatsmann, München 1997, S.171ff.

[85] *Fiedler*, Grundriß der Militär- und Kriegsgeschichte, Bd.3, München-Lochhausen 1978, S.252f.

[86] Siehe Abschnitt *Äußere und Innere Ehre*, Kap. I Nr.1 b) aa).

[87] Statt vieler *Herzog v. Mecklenburg*, Schreiben an das Offizierkorps des Gardekorps vom 12. Mai 1828, abgedruckt in: *v. Boguslawski*, Der Ehrbegriff des Offizierstandes, Berlin 1875, S.8ff.

[88] Siehe oben Abschnitt *Preußische Reformen*, Kap. I Nr.1 c) aa); sowie *Fiedler*, Grundriß der Militär- und Kriegsgeschichte, Bd.3, München-Lochhausen 1978, S.252f.

Auf die Wahrung der Ehre eines Offiziers wurde deshalb so großer Wert beigemessen, da jeder Offizier ein Vorbild für seine Untergebenen sein mußte:

> „Darum hat der Offizier mehr als jeder andere Stand ein außerordentlich großes, fast alles andere verdrängendes Gewicht auf den Point d'honneur gelegt."[89]

Generalmajor Klemens Spohn stellte eine Regel auf:

> „Je fester das Offizierskorps in wahrer Ehre steht, um so unüberwindlicher ist die Armee, und je mehr das Offizierskorps vom Pfad der wahren Ehre abweicht, um so sicherer geht auch das Heer dem Untergange entgegen."[90]

Diese Verknüpfung der Ehre mit dem Überleben des Staates war typisch für das Selbstverständnis des Offizierkorps. Sie machte es möglich, abweichende Meinungen als im Widerspruch zum Interesse des Staates stehend und damit als nicht ehrenhaft darzustellen.[91]

Vor dem Hintergrund der soldatischen Ehre als Garanten des Bestandes des Staates wurde die Ehre als heiliges Element betrachtet und besaß religiösen Charakter:

> „Jene höheren Motive sind für den Soldaten eines monarchischen Staates, außer der Treue, dem Gehorsam und der Vaterlandsliebe, die Ehre, oder in individueller Beziehung die Ehrliebe und das Ehrgefühl, oder das stets gegenwärtige Bewußtsein dessen, was er der Ehre seines Standes, und in ihr seiner eigenen schuldig ist; Motive, die besonders wenn sie von der höchsten aller Triebfedern zur Pflichterfüllung, und dem kräftigsten und sichersten aller Stärkungsmittel für die menschliche Seele, der Religion geheiliget sind, ihm allein jene, für seinen Beruf unentbehrliche Selbstverläugnung, Seelenstärke und geistige Schwungkraft geben können.
> Diese militairische Ehre ist daher eins der wesentlichen moralischen Elemente des Militairinstituts, nicht allein als unmittelbare Triebfeder zur Pflichterfüllung für den Soldaten, sondern auch als Lohn seiner Anstrengungen, Aufopferungen und Gefahren; sie muß daher von jedem Mitgliede des Soldatenstandes als ein unverletzbares Heiligthum betrachtet werden, und das Ehrgefühl und die Ehrliebe in

---

[89] *Demeter*, Das Deutsche Offizierkorps in Gesellschaft und Staat 1650-1945, Frankfurt a. Main 1962, S.111.

[90] *Spohn*, Ratgeber in Ehrenfragen aller Art, Erster Teil: Bedeutung, Stellung und Pflichten des Ehrenrats nebst Würdigung der Tätigkeit des Kommandeurs unter besonderer Berücksichtigung der für die Offiziere der Marine, des Beurlaubtenstandes und der Offiziere a. D. maßgebenden Verhältnisse, Berlin 1918, S.7.

[91] *Dieners*, Das Duell und die Sonderrolle des Militärs, Berlin 1992, S.187ff.

diesem Stande zu beleben und zu erhalten ein unablässiges Ziel für jeden seyn, der auf den Geist desselben zu wirken Beruf und Fähigkeit hat."[92]

Nicht nur fromme, tadellose und ehrenhafte Lebensführung waren gefordert; es wurde schon am Anfang des 19. Jahrhunderts vor allem Wert auf die Pflichten der *„unbegrenzten Treue gegen den König, und des unbedingten Gehorsams gegen dessen unmittelbare oder mittelbare Befehle"*[93] gelegt, ohne die eine ehrenhafte Dienstausübung als unmöglich angesehen wurde.

Aus der Bedeutung der Ehre für das Offizierkorps folgte die Definition des Verstoßes gegen die Ehre des Offiziers. In der ersten umfassenden Ehrengerichtsverordnung aus dem Jahr 1843 wurden eine Reihe von Handlungen exemplarisch aufgeführt, die nach Ansicht des preußischen Königs Friedrich Wilhelm IV.[94] die Standesehre zu gefährden oder zu verletzen geeignet waren:

„a) Mangel an Entschlossenheit;
b) fortgesetztes und überhaupt solches Schuldenmachen [...];
c) eine dem Offizier in Rücksicht auf seine kriegerische Bestimmung nicht geziemende, oder eine solche Lebensweise, die dem Rufe der Genossenschaft durch eine unrichtige Wahl des Umgangs nachteilig werden kann;
d) Mangel an Verschwiegenheit über dienstliche Anweisungen;
e) Neigung zum Trunk oder zum Spiel [...];
f) unpassendes Benehmen an öffentlichen Orten;
g) fortdauernde mangelhafte Erfüllung der Dienstobliegenheiten;
h) wiederholtes und vorsätzliches Uebertreten der Standespflichten."[95]

Diese Beispiele waren nicht nur Ausdruck der vielfältigen Verpflichtungen der Angehörigen des Offizierstandes, sondern auch der vielfältigen Möglichkeiten, gegen die Pflichten zu verstoßen.[96] Der Offizier mußte sich immer und zu jeder

---

[92] *v. Rudloff* [Hrsg.], Handbuch des Preußischen Militairrechts, Bd.1, Berlin 1826, § 479, S.245.

[93] *v. Rudloff* [Hrsg.], Handbuch des Preußischen Militairrechts, Bd.1, Berlin 1826, § 479, S.242.

[94] Friedrich Wilhelm IV., König von Preußen, geb. am 15. Oktober 1795 in Berlin, gest. am 02. Januar 1861 in Potsdam, übernahm nach dem Tod seines Vaters, König Friedrich Wilhelm III. von Preußen, im Jahr 1840 die preußische Königskrone und regierte bis zu seiner Erkrankung im Jahr 1858; DBE, Bd. 3, S.471.

[95] § 2 EGV [1843].

[96] Im Kaiserreich erschienen ganze Bücher über die Pflichten des Offiziers: *Spohn*, Ratgeber in Ehrenfragen aller Art, Erster Teil: Bedeutung, Stellung und Pflichten des Ehrenrats nebst Würdigung der Tätigkeit des Kommandeurs unter besonderer Berücksichtigung der für die Offiziere der Marine, des Beurlaubtenstandes und der Offiziere a. D. maßgebenden Verhältnisse, Berlin 1918, Zweiter Teil: Beurteilung der verschiedensten Ehrenfragen, die zu Ehrenhändeln und zu Ehrengerichten Anlaß geben, Berlin 1918, Dritter Teil: Die konventionellen

Zeit bewußt sein, daß er als Organ und Fundament des Staates sich dessen Würde entsprechend zu benehmen hatte; er war als Inbegriff der preußischen Militärmacht zu stets vorbildlichem Auftreten angehalten.[97] In den Offizieren sollte sich im Verhältnis zwischen Standesehre und dessen Träger dessen Standesbewußtsein widerspiegeln.[98] Dies sollte Ansporn und Vorbild für seine Standesgenossen sein.[99] Der Offizier hatte sich

> „....eingedenk seines hohen Berufs in seinen Grenzen in seinem dienstlichen wie außerdienstlichen Verhalten zu bewegen [..]. Überschreitet er diese durch sein positives Verhalten, das sich mit diesen Anschauungen nicht verträgt, erfüllt er ihren Pflichtenbereich nicht ganz durch Unterlassungen oder vorstößt er offenkundig dagegen durch standesehrfeindliche Handlungen, die nachteilige Einwirkungen zur Folge haben, so verletzt oder gefährdet er die Standesehre je nach dem Grade seines positiven oder negativen Verhaltens.“[100]

Den Begriff der Offizierehre zu definieren, wie er von den Offizieren am Anfang des 19. Jahrhunderts gesehen wurde, gelang *Wiesend*[101]:

> „[Die Offiziersehre] ist die Zusammenfassung, die Kristallisation sämtlicher soldatischer Tugenden und Eigenschaften, Anschauungen und Pflichten, Ideale und Lebensnormen, Lebensformen und Bildungsnormen, die aus dem Zusammenleben und der Aufgabe dieses Standes entsprungen und auf dem Wege der Weiterbildung immer mehr vertieft und ausgebaut wurden, und die einem Offizier eigen sein müssen, der berufen ist, Führer des Volkes in Waffen zu sein und die allein ihn befähigen können, diese Rolle auch wirklich im ureigensten Sinn auszufüllen. Damit erwächst die Ehre zum Lebensprinzip des Offiziers. Mit dem Augenblick, in welchem der junge Offizier in das Offizierskorps aufgenommen wird, tritt er in diesen Pflichtenkreis ein, auf ihn geht die Offiziersehre von ihrem gemeinsamen Träger, dem gesamten Offiziersstand, als gleichzeitigen Einzelträger über, mit

---

Gebräuche beim Zweikampf, Berlin 1913; *v. Boguslawski*, Der Ehrbegriff des Offizierstandes, Berlin 1875; *ders.*, Die Ehre und das Duell, Berlin 1897, Berlin 1897; *v. Rabenau*, Die deutsche Land- und Seemacht und die Berufspflichten des Offiziers, Berlin 1914.

97 *Herzog v. Mecklenburg*, Schreiben an das Offizierkorps des Gardekorps vom 12. Mai 1828, abgedruckt in: *v. Boguslawski*, Der Ehrbegriff des Offizierstandes, Berlin 1875, S.8ff.

98 *Wiesend*, Die Schuld bei den zur Zuständigkeit der militärischen Ehrengerichte gehörigen Handlungen, München 1917, S.14.

99 *Wiesend*, Die Schuld bei den zur Zuständigkeit der militärischen Ehrengerichte gehörigen Handlungen, München 1917, S.14f.

100 *Wiesend*, Die Schuld bei den zur Zuständigkeit der militärischen Ehrengerichte gehörigen Handlungen, München 1917, S.14.

101 Auch wenn *Wiesend* seine Dissertation in der Zeit des Ersten Weltkrieges abschloß, so gibt dieses Zitat treffend den Ehrbegriff des preußischen Offizierkorps wieder, wie er seit Anfang des 19. Jahrhunderts bestanden hat.

ersterem übernimmt er nunmehr die schöne aber auch verantwortungsvolle Aufgabe, Mitträger zu sein, Hüter und Verteidiger der Offiziersstandesehre."[102]

Zur Offizierehre gehörte demnach die Bewahrung aller Werte, Normen und Anforderungen, die gemeinhin als vorbildlich angesehen wurden: Treue, Ehrlichkeit, Mut, Bildung[103] und Härte gegen sich selbst insgesamt: *„Haltung"*. Unehrenhaft waren mithin: Jede Verfehlung – unabhängig ob im Dienst oder im privaten Bereich -, die sich ein Offizier zu Schulden kommen ließ, verstieß gegen den Ehrenkodex und verletzte damit seine persönliche Ehre und die des Offizierkorps.

d) Funktion und Zweck des Ehrbegriffs des Offizierkorps

Im Offizierkorps hatte der Ehrbegriff zunächst den Zweck, die militärische Stärke der Armee für den Kriegsfall aufrechtzuerhalten.[104] Er war daher, wie *Demeter* zutreffend bemerkte,

„... in seinem innersten Kern, obgleich er den Beteiligten selbst kaum jemals als solcher bewußt zu werden braucht, ein geistiges Mittel zur Vorbereitung bzw. Erreichung des Erfolgs in einem etwaigen Krieg."[105]

Eine andere, nicht weniger bedeutsame Funktion war, durch genaue Ausgestaltung des Ehrenkodex im Sinne der Staatsführung die Disziplinierung kritischer Kräfte innerhalb des Heeres durchzusetzen.[106]

---

[102] *Wiesend*, Die Schuld bei den zur Zuständigkeit der militärischen Ehrengerichte gehörigen Handlungen, München 1917, S.13.

[103] Zu den Anforderungen an werdende Offiziere auch: *Ober=Militair=Examinations=Commission*, Instruktion wie die Prüfungen zum Portepeefähnrich von den dazu niedergesetzten Examinations=Commissionen abzuhalten sind vom 12. Mai 1816, in: GStA PK, VI. HA, Nachlaß Generalfeldmarschall Hermann v. Boyen, 292; *Königlich Preußische Militär=Studien=Commission*, Ueber die künftige Bestimmung der allgemeinen Kriegsschule und über die Erfordernisse der Aufnahme in dieselbe vom 1. September 1816, in: GStA PK, VI. HA, Nachlaß Generalfeldmarschall Hermann v. Boyen, 292; Programm über die Prüfungsarbeiten, welche diejenigen Officiere einzusenden haben, die in dem Jahre 1818 in die Königliche allgemeine Krieges=Schule einzutreten wünschen vom 27. März 1818, in: GStA PK, VI. HA, Nachlaß Generalfeldmarschall Hermann v. Boyen, 292.

[104] *Demeter*, Das Deutsche Offizierkorps in Gesellschaft und Staat 1650-1945, Frankfurt a. Main 1962, S.110ff.

[105] *Demeter*, Das Deutsche Offizierkorps in Gesellschaft und Staat 1650-1945, Frankfurt a. Main 1962, S.110.

[106] Umfassend: *Dieners*, Das Duell und die Sonderrolle des Militärs, Berlin 1992, S.187ff, S.266.

Zweck des Ehrbegriffes war ferner die Abgrenzung des Heeres vom zivilen Leben. So wurde von den Militärangehörigen die soldatische Ehre als bedeutsamer als jene des zivilen Lebens angesehen.[107] Das preußische Heer grenzte sich durch Betonung des eigenen militärischen Ehrbegriffs bewußt gegen die *„bürgerliche"* Ehre ab:

> „Die wahre militairische Ehre ist zwar, ihren sittlichen Bedingungen und Bedürfnissen nach, keine andere als die bürgerliche; allein sie unterscheidet sich von letzterer dadurch, daß sie a) unter allen Umständen mit männlicher Unerschrockenheit und Nichtachtung jeder Gefahr, sobald die Berücksichtigung der letzteren mit der vollständigen Erfüllung irgend einer Pflicht unverträglich seyn würde, verbunden, b) daß ihr von Allen, deren Gemeingut sie ist, also von allen Mitgliedern des Soldatenstandes, eine ununterbrochene, und viel sorgfältigere Berücksichtigung gewidmet seyn muß, als von den Mitgliedern anderer Stände, in Hinsicht deren Standesehre erforderlich ist."[108]

Diese Abgrenzung des Militärstandes von den anderen Ständen hatte den Zweck, durch Hervorhebung der besonderen Verhältnisse in der Armee die Moral und das Selbstwertgefühl der Soldaten zu erhöhen. Insgesamt sollte der Ehrbegriff gewährleisten, daß das Offizierkorps in der Lage war, die ihm durch den König zugedachten Aufgaben zu erledigen.

e) Die Offizierehre: Verletzung und Wiederherstellung

Ein Offizier konnte seine Ehre nicht nur durch aktive Verletzung des Ehrenkodex seines Standes verlieren, sondern auch durch Unterlassen standesgemäßer Reaktion auf eine ihm zugefügte Beleidigung.[109] Die von ihm bis ins 20. Jahrhundert hinein erwartete Reaktion war in der Regel die Forderung zum Duell;[110] seit 1843 gab es auch als eine dem Duell vorgeschaltete Möglichkeit die Anrufung eines Ehrengerichts[111].

---

[107] Statt vieler nur: *v. Rudloff* [Hrsg.], Handbuch des Preußischen Militairrechts, Bd.1, Berlin 1826, § 479, S.243f.

[108] *v. Rudloff* [Hrsg.], Handbuch des Preußischen Militairrechts, Bd.1, Berlin 1826, § 479, S.243f.

[109] *Dieners*, Das Duell und die Sonderrolle des Militärs, Berlin 1992, S.200f.; *Schlink*, Das Duell im 19. Jahrhundert – Realität und literarisches Bild einer adeligen Institution in der bürgerlichen Gesellschaft, in: NJW 2002, S.537ff. (S.541); § 2 Nr.2 EGV [1843] sowie kritisch zur Geschichte des Duells: *Fehr*, Der Zweikampf, Berlin 1908, S.1ff.

[110] Zur zeitgenössischen Betrachtung der Duellfrage aus der reichen Literatur: *Kroner*, Der Zweikampf im altdeutschen Recht, seine Verbreitung in der Neuzeit, seine Bestrafung nach dem geltenden und zukünftigen Deutschen Strafgesetzbuch und die Ziele der Anti=Duell=Liga., Stuttgart 1910; *Erzberger*, Ehre und Duell, in: Ideal und Leben, Eine Sammlung ethischer Kulturfragen, Bd.3, Paderborn/Würzburg 1913; *Kusahl/Schmied-Kowarzik*, Duellbuch. Geschichte des Zweikampfs nebst einem Anhang enthaltend Duellregeln und Paukcomment., Leipzig 1896; *Haack*, Die Zweikampfbeleidigung, Freiburg 1930. Zur frühen

Der Beleidigte mußte unabhängig von der Art der Beleidigung seine Ehre wiederherstellen. Dies mußte nicht immer durch ein Duell geschehen. Welcher Weg zu beschreiten war, hing von der Art und Schwere der Beleidigung ab.[112] Zunächst konnte der Beleidiger nach Aufforderung durch den Beleidigten seine ehrverletzende Behauptung zurückziehen und damit die Angelegenheit gütlich beenden.[113] Kam es nicht zu einer solchen Entschuldigung, so mußte ein Ehrengericht angerufen werden oder es kam direkt zum Duell.[114] Auch nach der Einrichtung der Ehrengerichte stand es dem Beleidigten frei, den Beleidiger in jeder Phase der ehrengerichtlichen Verhandlung zum Duell zu fordern.[115] Das dieses zur Wiederherstellung der Ehre diente, wurde auch durch den synonym gebrauchten Begriff des *„Ehrenhandel"*[116] deutlich.[117]

Bis in die Mitte des 19. Jahrhunderts diente der Degen, den jeder Satisfaktionsfähige[118] trug, oder die Pistole als Waffe zur Austragung eines Zweikampfes. Zu den Gruppen, die einen Degen führen durften, gehörten neben dem Adel und den Studenten auch die Offiziere. Vom Degen wurde oft an Ort und Stelle Gebrauch gemacht. Nicht selten fanden also Duelle in der Öffentlichkeit statt. Erst

---

Sanktion des Duells siehe das Edikt über das Verbot von öffentlichen Duellierungen und deren Bestrafung vom 22. März 1717, in: GStA PK, IV. HA. (Preußische Armee) Rep. 16 Militärvorschriftensammlung, Nr.487.

[111] Allerhöchste Verordnung über das Verfahren der Ehrengerichte bei Untersuchung der zwischen Offizieren vorfallenden Streitigkeiten und Beleidigungen sowie über die Bestrafung des Zweikampfes unter Offizieren vom 20. Juli 1843 (Verordnung II), abgedruckt in: PrDGC, Bd. 1, S.554ff.

[112] *Herzog v. Mecklenburg*, Schreiben an das Offizierkorps des Gardekorps vom 12. Mai 1828, abgedruckt in: *v. Boguslawski*, Der Ehrbegriff des Offizierstandes, Berlin 1875, S.8ff. (S.10).

[113] *Herzog v. Mecklenburg*, Schreiben an das Offizierkorps des Gardekorps vom 12. Mai 1828, abgedruckt in: v. Boguslawski, Der Ehrbegriff des Offizierstandes, Berlin 1875, S.8ff. (S.9f.).

[114] Seit der Ergänzung zur Verordnung über die Ehrengerichte im preußischen Heere vom 1. Januar 1897 (abgedruckt im: Kompendium für Militärrecht, Abschnitt VI. S.317ff.) war der Ehrenrat zwingend über Duellforderungen unter Offizieren zu unterrichten. Vor dieser Ergänzungsbestimmung bestand noch keine Pflicht zur Anrufung des Ehrenrates.

[115] *Dieners*, Das Duell und die Sonderrolle des Militärs, Berlin 1992, S.96f.

[116] *v. Below*, Das Duell und der germanische Ehrbegriff, Kassel 1896, S.8ff.

[117] *Kusahl/Schmied-Kowarzik*, Duellbuch. Geschichte des Zweikampfs nebst einem Anhang enthaltend Duellregeln und Paukcomment, Leipzig 1896, S.53ff.

[118] Mit diesem Begriff waren alle die gesellschaft0lichen Stände gemeint, die zur Austragung von Duellen berechtigt und auch etwa verpflichtet waren, *Demeter* (Das Duell und die Sonderrolle des Militärs, Berlin 1992, S.115) sprach von den so genannten Satisfaktionsfähigen als *„Herrenstand"*.

allmählich wurden für die Austragung von Duellen feste Regeln aufgestellt.[119] Die Gesamtheit der Regeln bildete den *„Comment"*. Ein sich incommentgemäß, also nicht regelkonform verhaltender Duellant hatte mit schweren Strafen zu rechnen, die Privilegierung im Strafrecht für Tötungsdelikt im Rahmen eines Duells galt nur für commentgemäß ausgetragene Duelle. Dabei galt der Grundsatz, daß nur Standesgenossen oder vom Ansehen des Standes her vergleichbare Personen *„beleidigen"* konnten. Die Beleidigung eines Offiziers etwa durch einen Arbeiter war *„nicht commentgemäß"* und konnte nicht zur Anrufung eines Ehrengerichtes oder zum Duell führen.[120]

Beleidigung war die *„... dolose, gegen die Ehre eines andern zur Erzeugung eines Schmerzgefühls in ihm, gerichtete widerrechtliche Handlung*[121]*"*. Der ehrenreinigende Zweck des Duells wurde nicht von seinem Ausgang abhängig gemacht[122] und ging über eine vorher festgelegte Anzahl an Schüssen oder Hieben[123]. So konnte es geschehen, daß ein Duell ohne Verletzung beider Duellanten ablief.[124] Im Regelfall wurden die Duelle mit dem Degen oder dem Säbel ausgetragen. Nur diese Waffen hatten *„ehrenreinigende Wirkung"*.[125] Bei schwerwiegenden Streitigkeiten wurde jedoch auch ein Duell mit dem Degen oder dem Säbel als eine so genannte Mensur nicht ausreichend angesehen. Dann kam es zum Pistolenduell[126], bei dem nicht selten einer oder sogar beide *„Paukanten"* ums Leben kamen.[127] Weigerte sich ein Offizier, seine Ehre mit

---

[119] §§ 201ff. RStGB [1871], §§ 164ff. PrStGB [1851]; *Beseler*, Kommentar über das Strafgesetzbuch für die Preußischen Staaten und das Einführungsgesetz vom 14. April 1851, Leipzig 1851, S.338ff.

[120] *v. Boguslawski*, Der Ehrbegriff des Offizierstandes, Berlin 1875, S.12ff.

[121] *Haken*, Über den Begriff der Ehre, deren Verletzung und deren Wiederherstellung, Dorpat 1850, S.33f.

[122] *Kusahl/Schmied-Kowarzik*, Duellbuch. Geschichte des Zweikampfs nebst einem Anhang enthaltend Duellregeln und Paukcomment., Leipzig 1896, S.229ff.

[123] § 17 Nr.4 Pauk=Comment, abgedruckt in: *Kusahl/Schmied-Kowarzik*, Duellbuch. Geschichte des Zweikampfs nebst einem Anhang enthaltend Duellregeln und Paukcomment., Leipzig 1896, S.325ff.

[124] Bei einem Duell auf Pistolen war das aber nicht der Regelfall, wie die Statistiken bei *Dieners*, Das Duell und die Sonderrolle des Militärs, Berlin 1992, S.77ff. zeigen.

[125] Zu der Wahl der tauglichen Duellwaffen: *Kusahl/Schmied-Kowarzik*, Duellbuch. Geschichte des Zweikampfs nebst einem Anhang enthaltend Duellregeln und Paukcomment., Leipzig 1896, S.218ff.

[126] Wenn in dieser Arbeit vom Duell gesprochen wird, so ist das Duell mit Pistolen gemeint, da dieser Überbegriff für die verschiedenen Duellarten (Pistole, Degen, Säbel) trotz dessen sprachlichen Ungenauigkeit so gebräuchlich ist.

[127] Unter anderem kam Ferdinand Lassalle, Gründer des Allgemeinen Deutschen Arbeitervereins (ADAV), des Vorläufers der SPD, am 31. August 1864 in Genf bei einem Pistolenduell mit Janko v. Radovic ums Leben; DBE, Bd.6, S.258f. (S.258).

der Waffe zu verteidigen, wurde er ehrlos und damit nicht satisfaktionsfähig. Er hatte *„seinen Abschied zu nehmen"* oder wurde aus dem Heer entlassen.[128]

2. Militärische Ehrenstrafen

a) Begriffsdefinition und Zweck

Als Ehrenstrafen bezeichnete man Sanktionen, die die Ehre des Täters vermindern sollten. *Markus* definierte sie im zivilen Strafrecht

> „... als das von der Rechtsordnung verhängte Übel, welches sich gegen die bürgerliche Ehre des Täters richtet."[129]

Eine andere Definition findet das Handbuch der gesamten Militärwissenschaften:

> „Ehrenstrafen sind diejenigen, durch Richterspruch auferlegten Strafen, durch welche die Ehrenrechte ganz oder zum Theil, für immer oder auf bestimmte Zeit verloren gehen."[130]

Durch eine Verurteilung zu einer Ehrenstrafe wurden demjenigen also die *„bürgerlichen Ehrenrechte"* aberkannt. Als Ehrenrechte sah man

> „... den Inbegriff aller auf öffentliche Angelegenheiten sich beziehenden Befugnisse eines jeden Staatsbürgers, sofern ihm dieselben nicht durch Richterspruch ganz oder theilweise aberkannt sind, [an] und rechnet dazu das Recht: Waffen zu führen
> die Landes- oder Militärkokarde zu tragen,
> Aemter, Titel, Orden und Ehrenzeichen zu erlangen,
> als Zeuge oder Sachverständiger vor Gericht vernommen zu werden,
> in öffentlichen Angelegenheiten zu stimmen,
> zu wählen,
> gewählt zu werden,
> Vormundschaften zu führen."[131]

---

[128] *Dieners*, Das Duell und die Sonderrolle des Militärs, Berlin 1992, S.200f.; *Schlink*, Das Duell im 19. Jahrhundert – Realität und literarisches Bild einer adeligen Institution in der bürgerlichen Gesellschaft, in: NJW 2002, S.537ff. (S.541).

[129] *Markus*, Die besonderen Ehrenstrafen des Militärstrafgesetzbuches, Crefeld 1916, S.3.

[130] *Anonymus*, Ehrenstrafen, in: *Poten* [Hrsg.], Handbuch der gesamten Militärwissenschaften, Bd.3, Bielefeld 1877, S.76.

[131] *Anonymus*, Ehrenrechte, in: *Poten* [Hrsg.], Handbuch der gesamten Militärwissenschaften, Bd.3, Bielefeld 1877, S.76.

Mit der Verhängung einer Ehrenstrafe wurden dem Verurteilten je nach der Schwere der begangenen Verfehlung Beschränkungen der persönlichen Freiheit auferlegt. Insoweit unterschied sie sich nicht von anderen Sanktionen des Strafrechts. Die mit den Ehrenstrafen einhergehenden Begrenzungen sollten aber nicht nur den Zweck haben, dem Verurteilten das Recht zur Ausübung einer Tätigkeit zu nehmen. Ihm wurde auch durch die Bestrafung eine Min-derung der persönlichen Ehre auferlegt.

Der Strafzweck der Aberkennung der bürgerlichen Ehrenrechte bestand also darin, dem Täter deutlich zu machen, daß der Staat ihn nicht mehr als ehrenhaften Staatsbürger betrachtete.[132] Dadurch unterschied sich die Ehrenstrafe von den anderen Strafarten:

> „So ist es für die Ehrenstrafe als eine Strafe, die sich gegen „ideelle“ Güter richtet, höchst bezeichnend und charakteristisch, daß bei ihr eine eigentliche Strafvollstreckung mit einem gegen die Person sich wendenden Zwang fehlt. Alle anderen Strafen, so auch die Stellung unter Polizeiaufsicht, wollen mehr materielle und wirkliche Übel zufügen, solche, deren sichere Erreichung lediglich von der Herrschaft und tatsächlichen Gewalt über die zu bestrafende Person abhängig ist. Welche ideellen Interessen dabei verletzt werden, ist dabei ganz gleichgültig. Wegen ihrer grundsätzlichen und ausschließlichen Richtung auf konkretere gröbere Angriffspunkte können sie als Ehrenstrafen im eigentlichen Sinne nicht in Betracht kommen. Denn Ehrenstrafen sind Strafen, welche sich nicht auf die Verletzung materieller Güter, wie die Vermögensstrafen, oder auf die Zufügung körperlichen Leides, wie die Lebens-, Leibes- und Freiheitsstrafen, verlegen, sondern die sich auf etwas ideelles, nämlich auf das Ehrenleben des Menschen beziehen.“[133]

Auch wenn *Dolles* hier verschweigt, daß die Rechtsfolgen einiger Ehrenstrafen in nicht geringerer Weise auf das Vermögen des Verurteilten einwirkten[134] als die Vermögensstrafen, bestand der hauptsächliche Unterschied zwischen den Ehrenstrafen und den anderen Sanktionsarten doch im Strafzweck.

Bei der Einteilung der Ehrenstrafen unterschied man zwischen Ehrenstrafen im weiteren Sinne,[135] die in der *„Vernichtung der Persönlichkeit als ganzes“* be-

---

[132] *Dolles*, Die Nebenstrafen an der Ehre. Ein Beitrag zur Strafrechtsreform., Leipzig 1914, S.16.
[133] Ebenda.
[134] Durch Ehrenstrafen wurden auch Pensionsansprüche aberkannt.
[135] Beispielsweise die Todesstrafe durch eine entehrende Todesart beziehungsweise in früheren Zeiten auch die *„Friedlosigkeit“* sowie die *„Acht“*, *Brückner*, Ehrenstrafen, in: HRG, Bd. 1, Sp.851ff. (Sp.851f.).

standen, und den Ehrenstrafen im engeren Sinne,[136] die durch meist öffentlich gemachte Maßnahmen die Ehre des Bestraften verletzen oder ihm die bürgerlichen Ehrenrechte aberkennen sollten.

Man unterschied darüber hinaus zwischen jenen Ehrenstrafen, die gegen alle Bürger verhängt werden konnten, den *„bürgerlichen"* Ehrenstrafen, und jenen, die nur gegen Militärangehörige verhängt werden durften, den *„militärischen"* Ehrenstrafen. Besondere militärische Ehrenstrafen wurden neben den bürgerlichen Ehrenstrafen eingeführt, da einerseits das Verbleiben zu schweren Strafen Verurteilter in der Armee als untragbar angesehen wurde und andererseits Gefängnis- oder Geldstrafen nicht als ausreichende Sanktion galten.[137]

Die militärischen Ehrenstrafen waren gegenüber den Ehrenstrafen der allgemeinen Strafgesetzbücher die spezielleren. Sie richteten sich dementsprechend gegen die militärische Ehre des Täters. Für die Verhängung von Ehrenstrafen war primär ein militärisches Gericht zuständig.[138] Nur und solange ein Militärgericht kein Verfahren einleitete, war durch ein ehrengerichtliches Verfahren die Verhängung von Ehrenstrafen möglich.[139]

Die Verhängung militärischer Ehrenstrafen sollte

> „...vom Range des Täters, von der besonderen Natur der Straftat, von der Art und Länge der Hauptstrafe, und vom Rückfall des Schuldigen [..] [abhängig sein]."[140]

Diese Kriterien sollten bei der Entscheidung behilflich sein, ob

> „der Verbrecher des Dienstes unwürdig oder gar für den militärischen Organismus schädliches Element ist."[141]

b) Die Stellung der Ehrenstrafe im Strafensystem

In den Strafgesetzbüchern des 19. Jahrhunderts gab es viele verschiedene Strafarten. Das heute übliche *„System der Zweispurigkeit"*, das zwischen Maß-

---

136 Namensanschlag am Galgen, Unfähigkeit zum Grundbesitz, Aberkennung des Wahlrechts; siehe auch: *Brückner*, Ehrenstrafen, in: HRG, Bd. 1, Sp.851ff. (Sp.851f.).

137 So erfolgte nach dem Reichsmilitärstrafgesetzbuch von 1872 bei einer Verurteilung von mindestens 5 Jahren Gefängnis die automatische *„Entfernung aus dem Heer"*, § 31 Abs.3 RMStGB [1872].

138 §§ 38-92 RMStGO [1898].

139 Allerhöchste Kabinetsordre vom 15. Februar 1821., betreffend das Verfahren bei den Ehrengerichten., abgedruckt in: PrMGS Bd.1, S.175ff (S.175ff.).

140 *Markus*, Die besonderen Ehrenstrafen des Militärstrafgesetzbuches, Crefeld 1916, S.9.

141 Ebenda.

regeln der Besserung und Sicherung[142] und den eigentlichen Strafen[143] unterscheidet, gab es noch nicht.[144] Statt dessen gab es nur die Möglichkeit, Strafen als Reaktion auf begangene Verfehlungen zu verhängen. Hatte man die Schuld des Täters ermittelt, so gab es zwei Möglichkeiten, eine Strafe zu verhängen; es wurde unterschieden zwischen Haupt- und Nebenstrafen.[145] Zu den Hauptstrafen zählten Strafarten, die sich gegen die körperliche Integrität richteten (z. B.: Körperliche Züchtigung[146] oder Todesstrafe[147]), verschiedene Arten der Freiheitsentziehung (z. B.: Zuchthaus[148], Gefängnis[149], Festungshaft[150] und Arten des Arrestes[151]) sowie Geldstrafen[152] und weitere Strafen.[153] Als Nebenstrafen kannte das deutsche Strafsystem damals nur die Ehrenstrafen.[154] Demgegenüber erlaubt das heutige Strafgesetzbuch als zulässige Nebenstrafe nur noch das Fahrverbot.[155]

Allen Nebenstrafen ist bis heute gemeinsam, daß sie nur in Verbindung mit einer Hauptstrafe verhängt werden können, während umgekehrt die Hauptstrafe auch

---

142 Zu den Maßregeln des heutigen Strafrechts gehört unter anderem die Sicherheitsverwahrung gemäß § 61 Nr.3 StGB [1998]; *Fischer*, in: Tröndle/Fischer, StGB, München 2001, § 38 Rn.1ff. sowie Vor § 61, Rn.1.

143 §§ 38f. StGB in der Fassung d. 6. StrRG vom 01.04.1998, BGBl. I 1998 S.164ff. und §§ 14ff. RMStGB [1872].

144 Gesetz gegen gefährliche Gewohnheitsverbrecher und über Maßregeln der Besserung und Sicherung vom 24. November 1933, RGBl. 1933 I S.995ff. Siehe dazu auch: *Roxin*, Strafrecht Allgemeiner Teil Band 1, München 1992, § 1, Rn.4.

145 *Markus*, Die besonderen Ehrenstrafen des Militärstrafgesetzbuches, Crefeld 1916, S.1ff.; *Fuchs*, Die Ehrenstrafen der Vergangenheit und Gegenwart, Köln 1928, S.80ff.; *Kühne*, Die Ehrenstrafen insbesondere auch rechtsvergleichend und rechtsgeschichtlich dargestellt., Würzburg 1931, S.16; *Dolles*, Die Nebenstrafen an der Ehre. Ein Beitrag zur Strafrechtsreform, Leipzig 1914, S.1ff.

146 Abschnitt über *„Körperliche Strafen"*, in: Verordnung wegen der Militair=Strafen vom 3. August 1808, abgedruckt in: GStA PK, I. HA (Justizministerium) Rep. 84a - Nr.1101.

147 § 14 RMStGB [1872].

148 § 15 Abs.2 RMStGB [1872].

149 § 16 RMStGB [1872].

150 § 16 RMStGB [1872].

151 § 19ff. RMStGB [1872].

152 § 29 RMStGB [1872].

153 So der Verweis, § 57 RStGB [1871].

154 §§ 30ff. RMStGB [1872].

155 § 44 StGB in der Fassung des 6. StrRG vom 01.04.1998, BGBl. I 1998 S.164ff. Der Amtsverlust, der Verlust der Wählbarkeit oder des Wahlrechts sowie weitere ähnliche Sanktionen waren im Gegensatz zu den entsprechenden Regelungen im Reichsstrafgesetzbuch nicht mehr als Nebenstrafen anzusehen, sondern nur noch als Nebenfolgen der Tat einzuordnen.

ohne Nebenstrafe ausgesprochen werden kann.[156] Die Verhängung von Nebenstrafen war damit immer vom Schweregrad der zu verhängenden Hauptstrafe abhängig.[157] Ehrenstrafen konnten auch in Verfahren vor einem Militärgericht nur in Verbindung mit einer Hauptstrafe verhängt werden.

c) Die Arten der militärischen Ehrenstrafen

Im ersten modernen Militärstrafgesetzbuch vom Jahre 1845 gab es elf Ehrenstrafen.[158] Sie sahen in Abstufungen die Aberkennung von Rechten und Beförderungsstufen vor, deren sich diese in den Augen der Richter oder der Angehörigen der Ehrengerichte als dessen als unwürdig erwiesen.[159] Zu den aberkennungsfähigen Rechten gehörten auch Pensionsansprüche sowie Orden und Ehrenzeichen. Dem durch ein Militärgericht zu einer Ehrenstrafe Verurteilte konnte aber auch seine Dienststelle[160] oder in besonders schweren Fällen seine Zugehörigkeit zum Adelsstand[161] aberkannt werden. Soldaten, die nicht im Offizierrang standen, konnten außerdem zu Soldaten zweiter Klasse degradiert werden.[162]

3. Die Offiziersehrengerichtsbarkeit

a) Standesgerichte und Ständestaat

Im Mittelalter hatten sich Geburts- und Berufsstände gebildet, die sich als Interessen- und Schutzgemeinschaften gegeneinander abgrenzten.[163] Die ersten Nachweise, daß sich Stände eigene Standesgerichtsbarkeiten gaben, finden sich bei den Zünften, die ihre Standesgerichte in Zunftordnungen regelten.[164] Als Zünfte bezeichnete man gewerbliche, auf genossenschaftlicher Basis organisierte Berufsverbände.[165] In der Folgezeit bildeten sich bei vielen Berufen und gesellschaftlichen Ständen eigene Standesgerichtsbarkeiten aus, die teilweise –

---

156 Statt vieler: *Markus*, Die besonderen Ehrenstrafen des Militärstrafgesetzbuches, Crefeld 1916, S.2.

157 *Dolles*, Die Nebenstrafen an der Ehre. Ein Beitrag zur Strafrechtsreform, Leipzig 1914, S.2.

158 §§ 35-53 T. I PrMStGB [1845].

159 §§ 35-53 T. I PrMStGB [1845].

160 §§ 40ff. T. I PrMStGB [1845].

161 Der Adelsverlust wurde bei *„Ausstoßung aus dem Soldatenstande"* sowie bei der so genannten *„Kassation"* verhängt, §§ 42-44 T. I PrMStGB [1845].

162 §§ 37f. RMStGB [1872].

163 *Sellert*, Standesgerichtsbarkeit, in: HRG, Bd. 4, Sp.1916f. (Sp.1916).

164 Zur Entwicklung der Standesgerichtsbarkeit: *Ostermann*, Der Rechtscharakter der Ehrengerichte für Rechtsanwälte und der Berufsgerichte für Heilberufe, Münster 1962, S.5ff.

165 *Dieling*, Zunftrecht, Eine Rechtsquellenstudie mit besonderer Berücksichtigung des Schneiderhandwerks, Heidelberg 1932, S.1ff.

etwa als Disziplinargerichte der Beamten - bis heute als Berufsgerichte bestehen.[166]

Ein Standesgericht wurde als ein Strafgericht definiert, das seine Strafgewalt nur über Mitglieder einer bestimmten, abgrenzbaren Gruppe hatte, nach einem nur für diese Gruppe bestehenden Sonderrecht entschied, nach dem sich Ver-fahren, Strafarten und Strafanwendung bestimmten, und deren Richter aus-schließlich aus Mitgliedern dieser Gruppe gewählt wurden.

Auch im militärischen Bereich wurde es mit der Einführung stehender Heere[167] als notwendig angesehen, eine Standesgerichtsbarkeit einzuführen.[168] So wurde seit Beginn des 17. Jahrhunderts eine eigens für das Militär geschaffene Ehrengerichtsbarkeit ins Leben gerufen, die als weitere Sanktionsinstitution neben die Militärgerichte und das Disziplinarverfahren trat.[169]

Im Handbuch für Heer und Flotte aus dem Jahr 1911 wurde ein Ehrengericht definiert als

---

[166] Zu den heute bestehenden Berufsgerichtsbarkeiten ausführlich: *Ziegenhagen*, Die Berufsgerichtsbarkeit der freien Berufe, Münster 1998, S.88ff. Bei den Rechtsanwälten regelt das Verfahren der Berufsgerichtsbarkeit die Bundesrechtsanwaltsordnung vom 01. August 1959, BGBl. 1959 I S.565ff.

[167] Siehe dazu *v. Frauenholz*, Entwicklungsgeschichte des deutschen Heerwesens, Bd. 3: Das Heerwesen in der Zeit des Dreissigjährigen Krieges, Zweiter Teil: Die Landesdefension, München 1939, S.1ff.

[168] Leider wurden die im Heeresarchiv gelagerten Akten des preußischen sowie auch des deutschen Kriegsministeriums über die Verhandlungen der Ehrengerichtsbarkeit bis 1945 beim Luftangriff auf Potsdam in der Nacht vom 14./15. April 1945 zerstört und fehlen bei der Aufarbeitung der Ehrengerichtsbarkeit. Wichtigste Quellen sind daher neben der von *Friccius* und später *Fleck* herausgegebenen Preußischen Militair-Gesetz-Sammlung und der von *Fleck* verfaßten Erläuterungen zu den Verordnungen über die Ehrengerichte im Preußischen Heere und über die Bestrafung der Offiziere wegen Zweikampfs, 1. Auflage 1848, in dem die wichtigsten Erlasse des Kriegsministeriums abgedruckt sind, die Dokumente, die, wie *Dieners* in seinem Buch, Das Duell und die Sonderrolle des Militärs, Berlin 1992 auf S.174 zutreffend bemerkt hat, im Dokumentenanhang des von *Demeter* geschriebenen Buches „Das Offizierkorps in Gesellschaft und Staat 1650-1945, Frankfurt a. Main 1962". Einige Darstellungen einzelner ehrengerichtlicher Verhandlungen sind aus der Sicht von Angeklagten gleichwohl erhalten geblieben, aber von begrenztem wissenschaftlichen Wert: *Anneke*, Ein ehrengerichtlicher Prozeß, Leipzig 1846, S.1ff.; *Hüger*, Meine Erlebnisse in der Militär=Rechts= und Officier=Ehren=Gerichts=Pflege., Berlin 1902.

[169] *Goldschmidt*, Geschichte und Wirkungskreis der Organe der Militärgerichtsbarkeit vom Ende des Mittelalters bis nach der deutschen Revolution im November 1918, abgedruckt in: Sammlung militärrechtlicher Abhandlungen und Studien, Band III, Heft 4, S.1ff. (14f.).

„Gericht von Standesgenossen, berufen zum Urteil über Handlungen und Unterlassungen, die die Ehre des einzelnen oder des Standes gefährden u. deshalb Entlastung oder Sühne fordern... ."[170]

Die Wahrung der dem Stand eigenen Ehre war ein charakteristisches Merkmal aller Ehrengerichtsbarkeiten als *„Hütern der Standesehre"*.

b) Die Offiziersehrengerichtsbarkeit

Innerhalb der Organisationsstruktur der preußischen Armee wurden alle wichtigen Führungspositionen von Offizieren[171] ausgeübt. Aus diesem Grund erschien es notwendig, das Verhalten der Offiziere bei Verstößen gegen deren Ehrenkodex mit eigenen Sanktionen zu belegen. Ehrengerichte für Offiziere gab es überall in Europa: in Österreich-Ungarn, Frankreich, Spanien und Italien.[172]

Im Handwörterbuch der gesamten Militärwissenschaften wurde der Grund für die Einrichtung einer Offizierehrengerichtsbarkeit angegeben:

„Damit ein Staat die ihm obliegende Aufgabe erfüllen kann, ist es erforderlich, das seine Organe dasjenige Ansehen und Vertrauen geniessen, welches zu einer erspriesslichen Wirksamkeit unentbehrlich ist, und dass sie nicht nur äusserlich ihre Pflicht erfüllen, sondern auch von dem richtigen Ehrgefühle durchdrungen sind, welches ihr Beruf erheischt. Dies zu bewirken, reichen die Strafgesetze nicht aus. Vielmehr bedarf es eines Mittels, um einer jeden Berufsgenossenschaft die Möglichkeit zu gewähren, selbst darüber zu wachen, dass ihre Ehre rein erhalten bleibt, und diejenigen Mitglieder aus ihrer Mitte zu entfernen, welche durch ihr unwürdiges Verhalten ihre eigene Ehre und die der Genossenschaft beflecken. Aus diesem Grund sind die Disziplinargerichte für Beamte, die E.[hrengerichte, d. Verf.] für Rechtsanwälte, insbesondere aber auch die E[hrengerichte, d. Verf.] für Offiziere hervorgegangen. Den letzteren entfallen solche Handlungen oder Unter-

---

170 *Anonymus*, Ehrengericht, in: *v. Alten/v. Albert* [Hrsg.], Handbuch für Heer und Flotte, Bd. 3, S.286 (S.286f.).

171 Zur zeitgenössischen Offizierdefinition: *Rumpf*, Allgemeines Kriegswörterbuch für Offiziere aller Waffen., Bd.2, Berlin 1822, S.121ff.

172 Zu den ehrengerichtlichen Bestimmungen der anderen europäischen Mächte: *Anonymus*, Ehrengericht, in: *v. Alten/v. Albert* [Hrsg.], Handbuch für Heer und Flotte, Bd. 3, S.286 (S.289f.); *Molitor*, Die Kriegsgerichte und Militärstrafen im neunzehnten Jahrhundert mit einem Rückblicke auf die Kriegsstrafen der Römer, die Kriegsgewohnheiten der alten Deutschen, und die Kriegsgesetze bis zum Beginne dieses Jahrhunderts, mit besonderer Berücksichtigung der Kriegsgesetze Oesterreichs, Preußens, Sachsens, Württembergs, Badens, dann Frankreichs, Sardiniens und der Eidgenossenschaft, Wien 1855; sowie ausführlich zu Österreich-Ungarn: *Schmid*, Das Heeresrecht der österreichisch-ungarischen Monarchie, Wien/Leipzig 1908; *Weisl*, Das Heeres=Strafrecht, Bd.1, Allgemeiner Theil, Bd.2, Besonderer Teil, Wien und Leipzig 1905; *v. Korwin-Dzbanski*, Zur Reform des Militär-Straf- und ehrenräthlichen Verfahrens in Oesterreich-Ungarn, Wien 1895.

> lassungen, welche zwar in den Strafgesetzen nicht mit Strafe bedroht sind, dennoch aber dem richtigen Ehrgefühle des Mannes oder der besonderen Berufsehre des Offiziers widerstreiten."[173]

Den Ehrengerichten für Offiziere wurden grundsätzlich zwei unterschiedliche Aufgaben zugedacht. Einerseits sollten sie über unehrenhaftes Verhalten von Offizieren urteilen und bei Verstößen gegen den Ehrenkodex die Betreffenden aus der Armee ausschließen.[174] Andererseits sollten sie dem Duell unter Offizieren Beschränkungen auferlegen und dazu beitragen, daß Duelle nach den Regeln des *„Comments"* abliefen. Das Wort *„Comment"* bezeichnete die für den Ablauf eines Duells aufgestellten Regeln, die dem Schutz der Beteiligten dienten. Ein Verstoß gegen diese Regeln galt als *„incommentgemäß"* und wurde bei vorsätzlicher Begehung als unehrenhaftes Verhalten angesehen.[175] Die Ehrengerichte hatten gegen Offiziere, deren Verhalten dem Ehrgefühl oder den Verhältnissen ihres Standes nicht entsprach, nach dem Verfahren der jeweils gültigen Ehrengerichtsordnung einzuschreiten, aber auch Offiziere von unbegründetem Verdacht unehrenhaften Verhaltens freizusprechen und die Entschei-dung des Ehrengerichts dem Monarchen zur Bestätigung vorzulegen.[176]

Die Zuständigkeit der Ehrengerichtsbarkeit war weit. Nach *v. Bojan*, der ein Unterrichtslehrbuch für Offizieranwärter und junge Offiziere verfaßt hatte,[177] sollten ehrengerichtliche Verfahren eröffnet werden:

> „1. Bei allen Handlungen und Unterlassungen, die gegen die Standesehre verstoßen, die aber nicht im Strafgesetzbuch mit Strafe bedroht sind.
> 2. In allen Fällen, in denen Offiziere auf einen ehrengerichtlichen Spruch gegen sich selbst antragen.
> 3. Bei allen Handlungen und Unterlassungen, deretwegen ein gerichtliches Verfahren eingeleitet ist, die aber zugleich gegen die Standesehre verstoßen: - z. B. Landesverrat, Majestätsbeleidigung, Meineid, Sittlichkeitsvergehen, Diebstahl und Unterschlagung, Betrug, Erpressung, betrügerischer Bankrott usw. - Das ehrengerichtliche Verfahren tritt dann nach Erledigung des gerichtlichen auf Grund der Akten des Gerichts ein."[178]

---

[173] *Anonymus*, Ehrengerichte, in: *Poten* [Hrsg.], Handbuch der gesamten Militärwissenschaften, Bd.3, Bielefeld 1877, S.73ff. (S.73f.).
[174] §§ 1-2, 4 EGV [1874].
[175] *Kusahl/Schmied-Kowarzik*, Duellbuch. Geschichte des Zweikampfes nebst einem Anhang enthaltend Duellregeln und Paukcomment., Leipzig 1896, S.207ff., 323ff.
[176] §§ 50ff. EGV [1843] sowie §§ 60ff. EGV [1874].
[177] *v. Bojan*, Ehrengerichte, Disziplinarbestrafung und Beschwerden - Beispiele zum Unterricht, Berlin 1913.
[178] *v. Bojan*, Ehrengerichte, Disziplinarbestrafung und Beschwerden - Beispiele zum Unterricht, Berlin 1913, S.1.

Wie aber schon *Bojan* treffend anmerkte, war es

> „das Schwierige [..], [sich] klar zu machen, was gegen die Standesehre verstößt, aber nicht gegen das Strafgesetzbuch."[179]

Die Ehrengerichte sollten alle die Offiziere, die vom Monarchen oder Armeeführung aufgestellten Regeln[180] verstoßen hatten, mit Sanktionen belegen und andere Offiziere vor solchen Übertretungen abschrecken.[181] Damit hatten sie eine ähnliche Aufgabe wie die Militärgerichte, sollten jedoch im Unterschied zu jenen vor allem außerhalb der gesetzlich normierten Straftatbestände, bei unehrenhaftem Verhalten, tätig werden.[182] Im Falle der Eröffnung eines gerichtlichen Strafverfahrens war ein schon eingeleitetes ehrengerichtliches Verfahren für dessen Dauer auszusetzen.[183]

Kam das Ehrengericht zu einem Urteil, so bedurfte dieses der Bestätigung[184] des Königs als oberstem Kriegsherrn. Man konnte es daher besser als einen ehrengerichtlichen Vorschlag bezeichnen, der dem König zur endgültigen Entscheidung vorgelegt wurde.[185] Der Monarch war in seiner Entscheidung frei und an das Votum der ehrengerichtlichen Untersuchung nicht gebunden. Dies war ein grundlegender Unterschied zu anderen ständischen Ehrengerichtsbarkeiten, deren Urteile in den meisten Fällen keiner Bestätigungspflicht unterlagen.[186]

Aus der schon benannten Aufgabe der Ehrengerichte folgte jedoch nicht nur, daß die Beurteilung moralischer Verfehlungen oder dienstlicher Nachlässigkeiten zur Zuständigkeit des Ehrengerichts gehörte. Es war insgesamt zur Disziplinierung des Offizierkorps angehalten und wurde auch dazu benutzt, politisch mißliebige Offiziere aus dem Dienst zu entfernen.[187] Aus diesem Grund

---

179 Ebenda.

180 Zu den Regeln siehe oben Abschnitt *Der Ehrbegriff des preußischen Offizierkorps zu Beginn des 19. Jahrhunderts*, Kap. I Nr.1 c) bb).

181 Allerhöchste Einleitungsorder zur Ehrengerichtsverordnung von 1874, abgedruckt als Anhang B.

182 Siehe dazu den allgemeinen Anwendungsbereich in §1f. EGV [1843, 1874].

183 § 3 Abs.1 EGV [1874].

184 Das Bestätigungsrecht des Königs wurde im ehrengerichtlichen Verfahren 1821 wieder eingeführt und war ein im Strafverfahren übliches Vorrecht des Königs: *Regge*, Kabinettsjustiz in Brandenburg-Preußen, Berlin 1977, S.61ff.; Allerhöchste Kabinetsordre vom 15. Februar 1821., betreffend das Verfahren bei den Ehrengerichten, abgedruckt in: PrMGS Bd.1, S.175ff.

185 § 50ff. EGV [1843] sowie § 60ff. EGV [1874].

186 *Ziegenhagen*, Die Berufsgerichtsbarkeit der freien Berufe, Münster 1998, S.264ff.: *„Eine Verurteilung ergeht grundsätzlich am Ende der Hauptverhandlung durch Urteil."*

187 *Dieners*, Das Duell und die Sonderrolle des Militärs, Berlin 1992, S.175ff.

waren die Ehrengerichte spätestens seit der Zeit der Revolution von 1848/49 unter den politisch Handelnden nicht unumstritten und Gegenstand häufiger Auseinandersetzungen.

II. Ehrenstrafen und Ehrengerichtsbarkeit bis zur ersten deutschen Verfassung 1849

1. Die Entwicklung des Militärstrafrechts in den deutschen Staaten

Regelungen des Militärstrafrechts gab es in Deutschland seit dem 11. Jahrhundert.[188] Sie wurden zunächst jeweils für die Dauer eines Feldzuges oder Krieges erlassen.[189] Erst mit dem Aufkommen der stehenden Heere im 17. Jahrhundert wurde ein militärisches Strafrecht für die Streitkräfte auch in Friedenszeiten erforderlich und umfangreiche Gesetze erlassen.[190] Vereinheitlicht zu eigenen Militärstrafgesetzbüchern wurden diese Regelungen erst im 19. Jahrhundert.[191] Diese war notwendig geworden, da neben den so genannten Kriegsartikeln

> „eine große Anzahl von Gesetzen, Kabinets=Ordres, Verordnungen, Regelements und Rescripten, welche einzelne Strafbestimmungen für Militairpersonen enthielten"[192],

bestanden. Als Kriegsartikel wurden die Straf- und Disziplinarvorschriften für alle Nicht-Offiziere im preußischen Militärrecht bezeichnet.[193] Sie wurden erstmals 1713 erlassen und danach regelmäßig aktualisiert und neu verkündet.

Anfang des 19. Jahrhunderts führten die ersten deutschen Staaten eigene Strafgesetzbücher für das Heer ein. Das Großherzogtum Baden machte 1803 den An-

---

[188] *v. Bonin*, Entwicklung des deutschen Kriegsgerichtswesens, abgedruckt in: Sammlung militärrechtlicher Abhandlungen und Studien, Band III, Heft 4, S.1ff.; zur Entwicklung der Wehrstrafgerichtsbarkeit siehe auch: *Schwind*, Umfang und Träger der Wehrstrafgerichtsbarkeit, Hamburg 1966, S.3f.

[189] *Hecker*, Ueber das Verhältniß des Civilstrafrechts zum Militärstrafrecht und den Begriff Militärpersonen, Berlin 1885, S.3.

[190] *Pelz*, Die preussischen und reichsdeutschen Kriegsartikel, Historische Entwicklung und rechtliche Einordnung, Hamburg 1979, S.21ff.

[191] In Preußen wurde am 3. April 1845 das Strafgesetzbuch für das Preußische Heer erlassen, Allerhöchste Kabinets=Ordre vom 3. April 1845, betr. die Publikation und Einführung des Strafgesetzbuchs für das Heer., abgedruckt in: PrMGS Bd.3, S.219ff.; PrGS 1845, S.287ff. sowie Strafgesetzbuch für das Preußische Heer., in: GStA PK, I. HA (Justizministerium) Rep. 84a – 8569.

[192] *Fleck*, Kommentar über das Strafgesetzbuch für das Preußische Heer, Erster Theil. Militair=Strafgesetze., Berlin 1862, S.3.

[193] Siehe dazu ausführlich: *Pelz*, Die preussischen und reichsdeutschen Kriegsartikel – Historische Entwicklung und rechtliche Einordnung, Hamburg 1979, S.65ff. sowie die Preussischen *„Kriegs-Articul"* vom 12. Juli 1713, abgedruckt in: *v. Frauenholz*, Entwicklungsgeschichte des deutschen Heerwesens, Bd. 4, Das Heerwesen in der Zeit des Absolutismus, München 1940, Beilage XXVIIII, S.217ff.

fang und führte zwar kein wirkliches Strafgesetzbuch ein, sondern erließ das Werk[194] eines preußischen Militärjuristen als Gesetzbuch, wobei nur,

> „wenn die dort enthaltenen Grundsätze von den bisher beobachteten Prinzipien abwichen, die höchste Entschließung des Großherzogs zu erholen [war]“[195].

Als militärische Ehrenstrafen waren vielerlei Sanktionsarten denkbar. So zählte *Cavan* auf:

> „...bei Ober=Offizieren[196] 1) Arrest, theils im Quartiere oder zelte, theils in der Hauptwacht, theils auf einer Festung, 2) Uebergehung im Avancement[197], 3) Entlassung und Cassation ohne Abschied, welche auch nach der Größe des Verbrechens mit öffentlicher Beschimpfung oder Infamie verknüpft sein kann.“[198]

Nach dem Wiener Kongreß erschienen die ersten ausführlichen Militärstrafgesetzbücher; nach Württemberg im Jahre 1818 folgten die von Hannover 1820, Sachsen 1835, Preußen 1845 und Bayern 1869, die schon eingehende Regelungen zum militärischen Ehrenstrafrecht enthielten.[199]

---

194 *Cavan*, Das Krieges= oder Militär=Recht, wie solches jetzt bei der Königlich Preußischen Armee besteht, Neudruck der Ausgabe von 1801, Bad Honnef 1982.

195 Konstitutions-Edikt des Großherzogtums Baden vom 31. März 1803.

196 Da keine anderen Offiziere in den §§ 2699ff. erwähnt wurden, ist davon auszugehen, daß damit alle Offiziere gemeint waren.

197 *Anonymus*, Beförderung, in: *v. Alten/v. Albert* [Hrsg.], Handbuch für Heer und Flotte, Bd. 2, S.34ff. (S.34). Durch den Verlust des Avancements sollte jemand für eine bestimmte Anzahl an Beförderungsfällen übergangen werden und in seinem bisherigen Dienstgrad belassen werden, *Anonymus*, Avancementsverlust in: *v. Alten/v. Albert* [Hrsg.], Handbuch für Heer und Flotte, Bd.1, S.734. Zu den Beförderungsgrundsätzen im deutschen Heer: *Meier-Welcker* [Hrsg.], Untersuchungen zur Geschichte des Offizierkorps, Anciennität und Beförderung nach Leistung, in: Beiträge zur Militär- und Kriegsgeschichte, Bd.4, Stuttgart 1962.

198 § 2699 im Vierten Hauptstück *„Von Verbrechen und Vergehen“*, *Cavan*, Das Krieges= oder Militär=Recht, wie solches jetzt bei der Königlich Preußischen Armee besteht., Neudruck der Ausgabe von 1801, Bad Honnef 1982, Bd. 2, S.8. Siehe auch §§ 2700ff., ebenda S.8f., die detaillierte Regelungen für alle Unteroffiziers- und Mannschaftsdienstgrade enthielten.

199 Siehe dazu die Vorschriften des preußischen Militärstrafgesetzbuches: Dort konnten folgende Ehrenstrafen verhängt werden: Verlust der Orden und Ehrenzeichen (§§ 35 - 37); Versetzung in die 2. Klasse des Soldatenstandes (§§ 38, 39); Degradation (§§ 40, 41); Ausstossung aus dem Soldatenstande (§§ 42, 43); Kassation (§ 44); Entfernung aus dem Offizierstande (§§ 45, 46); Dienstentlassung (§ 47); Ausstossung und Entlassung aus der Landgendarmerie (§ 48); Entlassung der Invaliden aus dem Militärverhältnis (§ 49); Verlust des Diensttitels, der Pensionen und des Rechts, die Offizieruniform zu tragen (§§ 50 - 53).
In Bayern konnten als Ehrenstrafen verhängt werden: Verlust der militärischen Charge (Art. 25, 27 - 31); Verlust der Orden, Ehren- und Denkzeichen (Art. 25); Versetzung in die Strafklasse Art. 25, 29, 30, 32, 33).

Sämtliche der seit Anfang des 19. Jahrhunderts erlassenen Militärstrafgesetzbücher sahen die Möglichkeiten der Degradierung, Ordensentziehung und – abgesehen von Bayern – auch der Dienstentlassung als Strafart vor, wobei sich die Sanktionenkataloge dieser Gesetzbücher nur wenig voneinander unterschieden.

2. Das militärische Ehrenstrafrecht in Preußen

Das preußische militärische Ehrenstrafrecht etablierte sich im 17. Jahrhundert als fester Bestandteil des Sanktionensystems des brandenburgischen Militärstrafrechtes.[200] Nachdem durch die Teilnahme Schwedens am Dreißigjährigen Krieg die dort bestehende Militärgerichtsbarkeit[201] in Brandenburg bekannt geworden war, übernahm der Große Kurfürst die Kriegsartikel für Brandenburg in fast unveränderter Form.[202] Diese Regelungen waren die Grundlage des militärischen Strafrechts in Preußen bis ins 19. Jahrhundert.[203] Eine einheitliche Strafgesetzgebung für alle Militärangehörigen wurde jedoch bald wegen der

---

In Württemberg waren folgende Bestrafungen möglich: Verlust der Stelle, welche in sich Dienstentlassung und Dienstentsetzung oder Kassation beinhaltet (Art. 22, 24, 25); Verlust der Orden und Ehrenzeichen (Art. 20, 33); Oeffentlicher Verweis und Bekanntmachung im Tagesbefehl (Art. 28); Degradation (Art. 29, 30, 31); Ausstossung aus dem Soldatenstande (Art. 32); Anschlagen des Namens an den Galgen (Art. 34). In Bayern handelte es sich bei den Ehrenstrafen nicht um Nebenstrafen, diese konnten auch als Hauptstrafen selbständig verhängt werden.

Das Sächsische MStGB sah folgende Ehrenstrafen vor: Verlust der Ehrenzeichen (§§ 35, 36) (dagegen nicht der Orden gemäß § 34); Versetzung in die 2. Klasse des Soldatenstandes (§§ 37, 38, 39); Degradation (§§ 40, 41); Ausstossung aus dem Soldatenstande (§§ 42, .43); Kassation (§ 44), Entfernung aus dem Offizierstande (§§ 45, 46); Dienstentlassung (§§ 47, 48); Verlust der Diensttitel, Pensionen und des Rechts, die Offizieruniform zu tragen (§§ 49 - 52).

200 *Pelz*, Die Preussischen und Reichsdeutschen Kriegsartikel, Historische und rechtliche Einordnung, Hamburg 1979, S.99ff.

201 Die dortige Militärgerichtsbarkeit war in der Königlich-Schwedischen General- und Ober Gerichtsordnung als Anhang zu den Kriegsartikeln Gustav Adolfs von Schweden aus dem Jahr 1632 festgelegt; abgedruckt in: *v. Frauenholz*, Entwicklungsgeschichte des deutschen Heerwesens, Bd. 3: Das Heerwesen in der Zeit des Dreissigjährigen Krieges, Erster Teil: Das Söldnertum, München 1938, Beilage XXV, S.388ff. (S.410ff.). Siehe dazu auch: *Janda*, Die Entwicklung von Militärstrafrecht und Militärstrafgesetzbuch unter besonderer Berücksichtigung der Mißhandlung Untergebener in der Kaiserlich Deutschen Marine, Köln 1981, S.9ff.

202 Dazu umfassend: *Pelz*, Die Preussischen und Reichsdeutschen Kriegsartikel, Historische und rechtliche Einordnung, Hamburg 1979, S.34ff.

203 *Hecker*, Ueber das Verhältniß des Civilstrafrechts zum Militärstrafrecht und den Begriff Militärpersonen, Berlin 1885, S.2; *Goldschmidt*, Geschichte und Wirkungskreis der Organe der Militärgerichtsbarkeit vom Ende des Mittelalters bis nach der deutschen Revolution im November 1918, abgedruckt in: Sammlung militärrechtlicher Abhandlungen und Studien, Band III, Heft 4, S.1ff. (S.15f.).

Vorgesetztenstellung der Offiziere gegenüber den Gemeinen und Unteroffizieren für unangebracht gehalten. Deshalb wurden für Offiziere[204] einerseits und für Unteroffiziere und Mannschaften[205] andererseits unterschiedliche Strafbestimmungen erlassen. Bis zum Ende des 18. Jahrhundert wurden viele Bestimmungen erlassen, die überwiegend nicht veröffentlicht wurden, so daß das Militärstrafrecht zu einem sehr unübersichtlichen Rechtsgebiet wurde. [206] Das hatte zur Folge, daß die Strafbestimmungen uneinheitlich angewendet wurden.

a) Geschichte bis 1845

Der alte absolutistisch regierte Staat mit seiner veralteten Armeeorganisation war dem französischen Volksheer nicht gewachsen gewesen. Defizite gab es nicht nur auf dem rein militärisch-taktischen Gebiet, sondern auch militärischen Sanktionenrecht.[207] Nach der Niederlage gegen Napoleon von 1806 erging 1808 in Preußen die *„Verordnung wegen der Militair=Strafen"*[208] sowie eine weitere wegen *„Bestrafung der Officiere"*[209]. Für Unteroffiziere und Mannschaften wurden in den Jahren 1724, 1749, 1764, 1787 und 1797 jeweils anderslautende Kriegsartikel erlassen. Jedoch wurden diese nicht publiziert, so daß sich die Rechtsfindung schwierig gestaltete. Diese Vorschriften blieben die rechtlichen Grundlagen des preußischen Militärstrafrechts.[210] Mehrere Immediat=Kommissionen waren während der folgenden Jahrzehnte notwendig,[211] um diese Re-

---

[204] Reglement vor die Königl. Preußische Infanterie. Gegeben und Gedruckt Potsdam, den I. Martii 1726, abgedruckt in: *Meier-Welcker* [Hrsg.], Offiziere im Bild von Dokumenten aus drei Jahrhunderten, Stuttgart 1964, S.134ff.; dazu erläuternd: *Conrad*, Deutsche Rechtsgeschichte, Bd. 2, Karlsruhe 1966, S.267; *Pelz*, Die Preussischen und Reichsdeutschen Kriegsartikel, Historische und rechtliche Einordnung, Hamburg 1979, S.74ff.

[205] *Fritsch*, Corpus juris militaris novissimum, Leipzig 1724, Sp. 525-567.

[206] Ausführlich: *Hecker*, Ueber das Verhältniß des Civilstrafrechts zum Militärstrafrecht und den Begriff Militärpersonen., Berlin 1885, S.4 sowie umfassend: *Pelz*, Die preussischen und reichsdeutschen Kriegsartikel, Historische Entwicklung und rechtliche Einordnung, Hamburg 1979, S.65ff.

[207] *Dieners*, Das Duell und die Sonderrolle des Militärs, Berlin 1992, S.124ff.

[208] Verordnung wegen der Militair=Strafen vom 3. August 1808, abgedruckt in: GStA PK, I. HA (Justizministerium) Rep. 84a - Nr.1101; PrMGS Bd.1, S.58ff.; PrGS 1806-1810, S.265ff.

[209] Verordnung wegen Bestrafung der Offiziere vom 3. August 1808, abgedruckt in: GStA PK, I. HA (Justizministerium) Rep. 84a - Nr.1101.

[210] *Fleck*, Kommentar über das Strafgesetzbuch für das Preußische Heer, Erster Theil. Militair=Strafgesetze., Berlin 1862, S.5.

[211] Allerhöchste Kabinetsordre vom 18. April 1818 betreffend die Anordnung einer Revision und Umarbeitung der gesammten Kriegsgesetze, in: GStA PK, I. HA (Justizministerium) Rep. 84a – 8567.

form zu verwirklichen.[212] Im Jahr 1845 wurde schließlich das einheitliche Militärstrafgesetzbuch erlassen.[213]

Schon vor dessen Erlaß gab es einen langen Katalog von Ehrenstrafen, die durch Militärgerichte gegen Angehörige der preußischen Armee verhängt wer-den konnten.[214] Nach *Friccius*[215] gab es im Jahr 1835 Ehrenstrafen:

„... a) gegen sämmtliche Militairpersonen des Waffendienstes sind:
1. Adelsverlust, und
2. Verlust der Orden und Ehrenzeichen;
b) gegen Offiziere:
1. Kassation,
2. Anheftung des Bildnisses an den Galgen oder Schandpfahl, und
3. Verlust der National=Kokarde[216];
c) gegen Unteroffiziere:
Degradation;
d) gegen Unteroffiziere, nach erfolgter Degradation, und gegen Gemeine:
1. Versetzung in die zweite Klasse des Soldatenstandes,
2. Ausstoßung aus dem Soldatenstande, und
3. Anheftung des Namens an den Galgen oder Schandpfahl.“

Der Verlust des Adels war für die ganze Familie des Offiziers mit Aberkennung der Standesrechte verbunden.[217] Der dazu Verurteilte konnte nicht wieder in den Adelsstand erhoben werden.[218] Die Verhängung dieser Strafe konnte auch

---

[212] *Meinecke*, Das Leben des Generalfeldmarschalls Hermann von Boyen, Bd. 2, Stuttgart 1899, S.519f.; *Fleck*, Kommentar über das Strafgesetzbuch für das Preußische Heer, Erster Theil. Militair=Strafgesetze., Berlin 1862, S.5f.

[213] Strafgesetzbuch für das Preußische Heer, eingeführt durch Allerhöchste Kabinets=Ordre vom 3. April 1845, abgedruckt in: PrMGS Bd.3, S.220ff.; PrGS 1845, S.287ff; zur Entstehungsgeschichte des preußischen Militärstrafgesetzbuches siehe auch: Acta des Justiz-Ministeriums betreffend: Die Revision der Militair=Gesetze 1842-1843, in: GStA PK, I. HA (Justizministerium) Rep. 84a – 8568.

[214] Aufzählung in § 2699 im Vierten Hauptstück *„Von Verbrechen und Vergehen"*, in: *Cavan*, Das Krieges= oder Militär=Recht, wie solches jetzt bei der Königlich Preußischen Armee besteht., Neudruck der Ausgabe von 1801, Bad Honnef 1982, Bd. 2, S.8. Siehe dazu auch die §§ 2700ff., a.a.O. S.8f.

[215] *Friccius*, Das preußische Militair=Strafrecht, wie es besteht, § 83, II. Abschnitt Militair=Strafgesetze, Berlin und Elbing 1835, S.45ff.

[216] Verordnung wegen Tragens der Preußischen Nationalkokarde vom 22. Februar 1813, abgedruckt in: PrGS 1813, S.22

[217] Zweyter Theil, Neunter Titel, § 34ff. in Verbindung mit §§ 81ff. ALR, abgedruckt in: *Hattenhauer* [Hrsg.], Allgemeines Landrecht für die preußischen Staaten von 1794, Neuwied/Kriftel/Berlin 1994, S.541ff.

[218] Zweyter Theil, Neunter Titel, § 98 ALR, abgedruckt in: *Hattenhauer* [Hrsg.], Allgemeines Landrecht für die preußischen Staaten von 1794, Neuwied/Kriftel/Berlin 1994, S.543.

öffentlich bekannt gemacht werden, wenn dieses im Urteil ausgesprochen wurde.[219] Der Verlust des Adelsstandes war verbunden mit jenem der Orden und Ehrenzeichen und konnte nur durch den König ausgesprochen werden und hatte die Entziehung mit der Verleihung erlangten Rechte zur Folge.[220]

Die in fast allen militärischen Gesetzen zu findende Ehrenstrafe der Degradation setzte den Unteroffizier in die Klasse der gemeinen Soldaten herab und hatte demnach den Verlust jeglichen militärischen Ranges zur Folge.[221] Die ebenso gebräuchliche *„Versetzung in die zweite Klasse des Soldatenstandes"* stellte den damit Bestraften noch unter den Rang eines Gemeinen und erkannte ihm sämtliche Rechte ab, die sich aus seinem bisherigen Dienstverhältnis ergeben hatten.[222]

Die Nationalkokarde war ein 1813 vom preußischen König Friedrich Wilhelm III. in *„Erwägung, daß die herzerhebende allgemeine Aeußerung treuer Vaterlandsliebe ein äußeres Kennzeichen derselben für alle Staatsbürger fordert,"* gestiftetes Ehrenzeichen.[223] Motiv der Stiftung war der nach dem Bündnis mit Rußland in Tauroggen bevorstehende Befreiungskrieg gegen Napoleon Bonaparte. Die Nationalkokarde trugen alle männlichen Bürger Preussens nach Vollendung des 20. Lebensjahres. Der Verlust derselben trat durch Straftaten ein, die mit Zuchthaus- oder Gefängnisstrafen belegt waren, sowie durch Kriegsdienstverweigerung.[224]

---

[219] *Friccius*, Das preußische Militair=Strafrecht, wie es besteht, Berlin und Elbing 1835, § 85, II. Abschnitt Militair=Strafgesetze, S.46.

[220] Verordnung wegen Tragens der Preußischen Nationalkokarde, vom 22. Februar 1813., abgedruckt in: PrMGS Bd.1, S.100; Allerhöchste Kabinetsordre vom 23. Februar 1817., betreffend den durch Rechtsurtheile verwirkten Verlust von Kriegsdenkmünzen, welche den vertragsmäßig aus andern Diensten übernommenen Militairpersonen von ihrn bisherigen Landesherrn verliehen wurden., abgedruckt in: a.a.O., S.137. Zur Geschichte der deutschen Orden und Ehrenzeichen: *Hattenhauer*, Geschichte der deutschen Nationalsymbole, München 1990, S.220ff.

[221] Art. 55 der Kriegs=Artikel für die Unteroffiziere und gemeine Soldaten, vom 3. August 1808, in: GStA PK, I. HA (Justizministerium) Rep. 84a - Nr.1101.

[222] Allerhöchste Kabinetsordre vom 13. Oktober 1824., betreffend den durch ein Erkenntniß ausgesprochenen Verlust des National=Militär=Abzeichens und dessen Wirkung im bürgerlichen Verhältniß, abgedruckt in: PrMGS Bd.1, S.224f. sowie in: PrGS 1824, S.213; siehe auch Art. 12 der Kriegs=Artikel für die Unteroffiziere und gemeine Soldaten, vom 3. August 1808, in: GStA PK, I. HA (Justizministerium) Rep. 84a - Nr.1101.

[223] Verordnung wegen Tragens der Preußischen Nationalkokarde vom 22. Februar 1813, abgedruckt in: PrGS 1813, S.22.

[224] Ebenda.

b) Die Ehrenstrafen des ersten preußischen Militärstrafgesetzbuches von 1845

Das erste Militärstrafgesetzbuch für den preußischen Staat wurde von König Friedrich Wilhelm IV. am 3. April 1845 durch Allerhöchste Kabinettsorder verkündet.[225] Ihr waren mehrere Entwürfe von Immediat-Kommissionen vorausgegangen.[226] Beteiligt an der Gestaltung des Entwurfs waren außer den Militärjuristen Friccius und Fleck[227] vor allem der preußische Kriegsminister General v. Boyen.[228]

Ein erster Entwurf wurde 1835 verfaßt und war Grundlage des Militärstrafgesetzbuches von 1845.[229] Es enthielt nicht nur, wie das heutige Strafgesetzbuch, Vorschriften über das materielle Strafrecht, sondern in einem zweiten Teil auch strafprozessuale Regelungen.[230] Es war damit aber nicht nur eine Kombination der heutigen Regelungsbereiche des Strafgesetzbuches und der Strafprozeßordnung, sondern auch der Gerichtsverfassung.[231] Voran standen einleitende Bestimmungen zum Anwendungsbereich des Militärstrafgesetzbuches sowie zur sachlichen und persönlichen Zuständigkeit.[232] Der den Straftatbeständen des Besonderen Teils vorangestellte Allgemeine Teil regelte auch die militärischen Ehrenstrafen.[233]

---

225 Strafgesetzbuch für das Preußische Heer, eingeführt durch Allerhöchste Kabinets=Ordre vom 3. April 1845, abgedruckt in: PrMGS Bd.3, S.220ff.; PrGS 1845, S.287ff.

226 Siehe zur Entstehungsgeschichte die Akten des Justiz-Ministeriums betreffend: Die Revision der Militair=Gesetze 1842-1843, in: GStA PK, I. HA (Justizministerium) Rep. 84a – 8568.

227 Siehe zu Eduard Fleck, späterer Generalauditeur der preußischen Armee: *Fleck*, Das Strafverfahren der Preußischen Militairgerichte., Berlin 1840, S.1ff.

228 Die Unterlagen zu den Kommissionen befinden sich im GStA PK, I. HA (Justizministerium) Rep. 84a – 8568. Einzelheiten zur Kodifikationsgeschichte auch bei: *Meinecke*, Das Leben des Generalfeldmarschalls Hermann von Boyen, Bd. 2, Stuttgart 1899, S.520f. sowie bei *Fleck*, Kommentar über das Strafgesetzbuch für das Preußische Heer, Erster Theil. Militair=Strafgesetze., Berlin 1862, S.5f.

229 *Anonymus*, Erläuterungen zum Entwurf des Strafgesetzbuchs für das Königlich=Preußische=Militair., Zwei Bände, Erster Theil. Militair=Strafgesetze. und Zweiter Theil., Militair=Strafprozessordnung, Berlin 1837.

230 §§ des ersten Teils des PrMStGB [1845] werden mit dem Zusatz T. I versehen, §§ des zweiten Teils mit dem Zusatz T. II versehen.

231 Zur Gerichtsverfassung siehe: §§ 35ff. T. II PrMStGB [1845].

232 §§ 1-10 der Einleitung des PrMStGB [1845]; §§ aus der Einleitung zum PrMStGB werden wie folgt abgekürzt: § Einl. PrMStGB [1845].

233 §§ 35 -53 T. I PrMStGB [1845].

aa) Persönlicher Geltungsbereich

Den persönlichen Anwendungsbereich des Militärstrafgesetzbuches regelte § 1 der Einleitung des PrMStGB [1845]. Das war für die Einordnung der Ehrenstrafen insoweit von Bedeutung, als nur die dem Militärstrafgesetzbuch unterfallenden Personen mit militärischen Ehrenstrafen bestraft werden konnten. In § 1 Einl. PrMStGB [1845] hieß es:

> „... Die Vorschriften dieses Strafgesetzbuches finden auf alle Personen Anwendung, welche der Militair=Gerichtsbarkeit unterworfen sind."

Danach waren in Verbindung mit § 1 T. II PrMStGB [1845] der Militärgerichtsbarkeit unterworfen:

> „... 1. Sämmtliche zum Soldatenstande gehörende Personen ohne Unterschied;
> 2. die Beamten der Militair=Verwaltung, welche in diesem Gesetzbuch unter Lit. A. beigefügten Verzeichniß[234] als Militärbeamte aufgeführt sind;
> 3. alle mit Inaktivitätsgehalt entlassene, alle zur Disposition gestellte[235] und alle mit Pension verabschiedete[236] Offiziere,
> 4. die Militair=Lehrer und Zöglinge der militärischen Bildungs=Anstalten, so weit darüber durch besondere Vorschriften nichts anderes bestimmt ist."

Die Zuständigkeit der Militärgerichte erstreckte sich ferner im Kriegsfall auf:

> „... 1. Alle Personen, welche den kriegführenden Truppen zugetheilt sind, oder zu derem Gefolge gehören;
> 2. die zu den kriegführenden Truppen des Preußischen Heeres zugelassenen fremden Offiziere und deren Gefolge;
> 3. die Kriegsgefangenen;
> 4. alle Untherthanen des Preußischen Staats, oder Fremde, welche auf dem Kriegsschauplatze den Preußischen Truppen durch eine verrätherische Handlung Gefahr oder Nachtheil bereiten."[237]

Der Anwendungsbereich des Militärstrafrechts war durch diese Zuständigkeitsvorschriften im Vergleich zu den bis dahin geltenden Regelungen wesentlich

---

[234] Siehe *Fleck*, Kommentar über das Strafgesetzbuch für das preußische Heer. Erster Theil. Militair=Strafgesetze., Berlin 1862, S.267ff.

[235] Zur Disposition gestellte Offiziere werden Offiziere aller Waffengattungen genannt, über die sich der preußische König nach ihrer Verabschiedung die Verfügung vorbehält; *Anonymus*, Disposition, in: *v. Alten/v. Albert* [Hrsg.], Handbuch für Heer und Flotte, Bd.3, S.157.

[236] Verabschiedete Offiziere waren aus dem Militärstand nach ihrer Dienstzeit ausgeschiedene Offiziere, denen eine Pension ausgezahlt wurde und denen meistens auch gestattet wurde, ihre Uniform auch nach der Verabschiedung zu tragen; *Erhard*, Offiziere (Sanitätsoffiziere a. D.), in: *Dietz* [Hrsg.], Handwörterbuch des Militärrechts, S.594.

[237] § 34 T. II PrMStGB [1845].

erweitert worden.[238] Der König wollte alle im Dienst befindlichen Personen seiner Kontrolle unterwerfen.

bb) Zeitlicher Geltungsbereich

Der in § 5 Einl. PrMStGB [1845] normierte zeitliche Anwendungsbereich der Vorschriften des Militärstrafgesetzbuches war für die Ehrenstrafen eine wichtige Vorschrift:

> „Wegen Verbrechen, welche von Militairpersonen verübt worden sind, ehe sie in den Militairstand treten, ist nach den Gesetzen zu erkennen, denen sie zur Zeit der Verübung unterworfen waren, jedoch mit Anwendung der militairischen Strafarten.[239]

cc) Sachlicher Geltungsbereich

Der sachliche Geltungsbereich des Militärstrafgesetzbuchs erstreckte sich gemäß § 3 Einl. PrMStGB [1845] nicht auf disziplinarisch zu ahndende Vor-fälle, wenn diese keinen Straftatbestand erfüllten.[240] Weitere Be-schränkungen der sachlichen Zuständigkeit gab es nicht.[241]

dd) Der Katalog der militärischen Ehrenstrafen

Die militärischen Ehrenstrafen waren im preußischen Militärstrafgesetzbuch im Allgemeinen Teil des „*Ersten Theiles*“[242] geregelt. Dort standen sie im Ersten Abschnitt[243] des Ersten Titels[244], der einen Katalog aller zulässigen Strafen enthielt. Der Strafkatalog war für heutige Verhältnisse ungewöhnlich

---

238 Siehe demgegenüber: Verordnung wegen der Militair=Strafen vom 3. August 1808, abgedruckt in: GStA PK, I. HA (Justizministerium) Rep. 84a - Nr.1101.

239 Demzufolge konnten bei Verhängung von Freiheitsstrafen deren militärische Art vollstreckt werden. So wurde statt einer Zuchthausstrafe die Baugefangenschaft vollstreckt; §§ 2ff. T. I PrMStGB [1845].

240 Als wichtigste disziplinarische Vorschriften waren zum Zeitpunkt des Inkrafttretens des PrMStGB folgende Bestimmungen in Kraft:

a) Die Verordnung über die Disziplinar=Bestrafung in der Armee, vom 21. Oktober 1841, abgedruckt in: PrMGS Bd.3, S.29ff;
b) die in Bezug auf a) erlassene Allerhöchste Kabinets=Ordre vom 16. Mai 1844, über die Strafbefugniß der Landwehr=Bataillons=Kommandeure, abgedruckt in: aaO, S.154.

241 Zu den Zuständigkeiten der Militärgerichte vor Inkrafttreten des PrMStGB auch: *Cavan*, Anweisung zu Criminalprocessen bei Civil= und Militärgerichten., Berlin 1805, §§ 406ff., S.396ff.

242 Dieser enthielt das materielle Strafrecht, siehe dazu oben den Abschnitt *Die Ehrenstrafen des ersten preußischen Militärstrafgesetzbuches von 1845*, Kap. II Nr.2 b).

243 *„Von den militairischen Strafen gegen Personen des Soldatenstandes“.*

244 *„Von der Bestrafung im Allgemeinen“.*

umfangreich. So gab es neben der Todesstrafe, die nur durch Erschießen erfolgen durfte, nicht weniger als 7 Arten des Freiheitsentzuges, die *„körperliche Züchtigung"*, 8 verschiedene Arten von Ehrenstrafen und die Vermögenseinziehung. Allein 19 Paragraphen des Ersten Abschnittes wurden auf die Konkretisierung militärischer Ehrenstrafen verwandt.[245]

1) Ausstoßung aus dem Soldatenstande

Die *„Ausstoßung aus dem Soldatenstande"* war die härteste Ehrenstrafe gegen Militärangehörige, welche nicht im Offizierrang standen. Zwingend trat mit der Verhängung dieser Strafe ein:

> „... 1. [..] [der] Verlust der bekleideten Charge[246] und der damit verbundenen Rechte und Auszeichnungen, sowie aller durch den Dienst erworbenen Ansprüche;
> 2. [..] [die] Unfähigkeit, im Staats= oder Kommunaldienst ein Amt oder eine Ehrenstelle zu bekleiden..."[247]

Im Urteil war zugleich ausdrücklich der Verlust

> „... 1. des Adels,
> 2. der Nationalkokarde, so wie der aberkennungsfähigen Ehrenzeichen (§ 37.),
> 3. aller Ehrenrechte"[248]

auszusprechen. Zusätzlich wurde die Degradierung einschließlich jeglichen militärischen Ranges.[249] Diese Strafe war wegen der schweren Rechtsfolgen nur für sehr verwerfliche Straftaten vorgesehen und nur bei Verurteilung zur *„Baugefangenschaft"* zulässig. Diese militärische Strafart war die härteste Art des Freiheitsentzuges, daß im preußischen Militärstrafgesetzbuch vorgesehen war.[250] Nur sehr schwere Verbrechen wie die dritte Desertion im Frieden, das Desertions=Komplott nach dem 3. Rückfall, Anstiftung oder Rädelsführerschaft beim Desertions=Komplott sowie die schwere Selbstverstümmelung wurde mit Baugefangenschaft bestraft.[251] Die zu Baugefangenschaft Verurteilten wurden gemäß § 3 Abs.2 T. I. PrMStGB [1845] *„gefesselt gehalten und mit schweren Arbeiten beschäftigt"*. Sie war eine härtere Strafe als die Zuchthausstrafe des

---

[245] §§ 35 – 53 T. I PrMStGB [1845].
[246] Begriff für Dienstgrad; *Anonymus*, Charge, in: *v. Alten/v. Albert* [Hrsg.], Handbuch für Heer und Flotte, Bd.2, S.736.
[247] § 42 Abs.1 T. I PrMStGB [1845].
[248] § 43 Nr.1-3 T. I PrMStGB [1845].
[249] §§ 20.21.22.23 der Motive zu dem Militair=Strafgesetzbuch I. Theil: Strafgesetze, in: GStA PK, I. HA (Justizministerium) Rep. 84a – 8568.
[250] §§ 2-4 T. I PrMStGB [1845].
[251] §§ 95 Nr.3, 101, 102, 113 Abs.2 T. I PrMStGB [1845].

allgemeinen Strafgesetzbuches (Arg. aus § 4 T. I PrMStGB [1845]). Die Ausstoßung aus dem Soldatenstande hatte Rechtswirkungen bezüglich schon erworbener Pensionsansprüche. Das ergab sich aus § 42 Abs.2 Nr.1 a. E. T. I PrMStGB [1845]. Dieser stellte fest, daß diese Ehrenstrafe den Verlust *„aller* [der] *durch den Dienst erworbenen Ansprüche"*[252] zur Folge hatte.[253] Die Ausstoßung aus dem Soldatenstande bedeutete über die Zeit der Verbüßung der mit ihr zusammen verhängten Hauptstrafe für den Verurteilten eine empfindliche Herabsetzung des gesellschaftlichen Ansehens.

2) Kassation

Als schwerste militärische Ehrenstrafe für Offiziere kannte das preußische Militärstrafgesetzbuch die *„Kassation"*.[254] Diese gehörte mit der *„Entfernung aus dem Offizierstande"* und der *„Dienstentlassung"* zu den Strafen, die nur gegen Offiziere verhängt werden durften.[255] Sie war seit dem Anfang des 18. Jahrhunderts Teil des Strafenkataloges des brandenburgischen und preußischen Militärstrafrechts[256] und durfte gemäß § 44 Abs.2 T. I PrMStGB [1845] nur wegen besonders schwerer Verbrechen verhängt werden. Die Kassa-tion wurde bei *„Hochverrath"*, *„Majestätsverbrechen"* und *„Landesverrath"*[257] sowie wegen aller Verbrechen, die nach dem Gesetz mit Baugefangenschaft zu bestrafen waren.[258]

3) Entfernung aus dem Offizierstande

Die *„Entfernung aus dem Offizierstande"* gemäß § 45 T. I PrMStGB [1845] war die nach der Kassation zweitschwerste Ehrenstrafe für Offiziere. Deren wichtigste Folge war wie bei der Kassation der endgültige Ausschluß aus dem Offizierstande. Sie wurde erstmals im preußischen Militärrecht in der *„Allerhöchste*[n] *Kabinetsordre"* vom 15. Februar 1821 erwähnt.[259] Die aus dem Offizierstand Entfernten verloren jegliche durch den Beruf als Offizier erwor-

---

[252] § 42 Abs.2 Nr.1 a. E. T. I PrMStGB [1845].

[253] *Fleck*, Kommentar über das Strafgesetzbuch für das Preußische Heer. Erster Theil. Militair=Strafgesetze., Berlin 1862, S.48, siehe auch: §§ 50ff. T. I PrMStGB [1845].

[254] § 44 in Verbindung mit § 42 T. I PrMStGB [1845].

[255] §§ 44-47 T. I PrMStGB [1845]; Motive zu dem Militair=Strafgesetzbuch I. Theil,: Strafgesetze, in: GStA PK, I. HA (Justizministerium) Rep. 84a – 8568.

[256] *Fleck*, Kommentar über das Strafgesetzbuch für das Preußische Heer. Erster Theil. Militair=Strafgesetze., Berlin 1862, S.45.

[257] § 87 T. I. PrMStGB [1845], der die schärfste Strafe für diese Delikte androhte. Da die schwerste Ehrenstrafe die Kassation war, mußte diese in einem solchen Fall verhängt werden.

[258] §§ 44 Abs.3, 42, 43 T. I. PrMStGB [1845].

[259] Allerhöchste Kabinetsordre vom 15. Februar 1821., betreffend das Verfahren bei den Ehrengerichten, abgedruckt in: PrMGS Bd.1, S.175ff. (S.176f.).

bene Rechte sowie die Dienststellung und Diensttitel.[260] Sie hatte den dauernden Verlust aller durch den Dienst erworbenen Ansprüche, also auch der Pensionsansprüche, zur Folge.[261]

Im Unterschied zur Kassation wurden dem aus dem Offizierstande Entfernten weder Orden und Ehrenzeichen noch ein etwaiger Adelstitel aberkannt. Auch war es nicht zulässig, dem Verurteilten auf unbestimmte Zeit die bürgerlichen Ehrenrechte zu entziehen.[262]

Nach § 46 T. I PrMStGB [1845] wurde die *„Entfernung aus dem Offizierstande"* wegen Straftaten verhängt, welche für Nichtoffiziere die Versetzung in die Zweite Klasse des Soldatenstandes[263] zur Folge hatten: Veruntreuung von Dienstgegenständen (§ 155); Unrichtige Dienstatteste, Meldunge, Rapporte und Berichte (§ 156), Annahme von Geschenken und Bestechung (§ 157), Mangel an Aufsicht über Verhaftete und Unterlassung von Verhaftungen (§ 162).

4) Dienstentlassung

Die Dienstentlassung gemäß § 46 T. I PrMStGB [1845] war eine nur gegen Offiziere zulässige Strafe. Sie schloß zwar einerseits den damit Bestraften aus dem Dienst im preußischen Heer aus, hatte aber im Gegensatz zu anderen Ehrenstrafen keine Folgen für die militärische und bürgerliche Ehre des Bestraften. Aus diesem Grund erschien es vertretbar, nach der Ehrenstrafendefinition die Dienstentlassung nicht als eine solche anzusehen. Jedoch war zu beachten, daß trotz der Absicht des Gesetzgebers, durch die Dienstentlassung keine Entehrung des Täters vorzunehmen, einem solchen zwangsweisen Ausschluß aus dem Heer in jedem Fall eine ehrmindernde Wirkung zukam. Dieser verlor seine Dienststelle und alle durch seinen Dienst erworbenen Ansprüche einschließlich der Pensionsansprüche sowie das Recht zum Tragen der Offizieruniform. Eine Entlassung in allen Ehren war nicht vorgesehen.[264] Gleichwohl verblieben im Unterschied zur *„Kassation"* und der *„Entfernung aus dem*

---

[260] Die die Strafe vollstreckende Behörde erkannte auch auf Aberkennung des Offizierpatents; *Fleck*, Kommentar über das Strafgesetzbuch für das Preußische Heer. Erster Theil. Militair=Strafgesetze., Berlin 1862, S.45.

[261] Siehe oben den Abschnitt *Ausstoßung aus dem Soldatenstande*, Kap. II Nr.2 b) dd) 1); siehe auch § 45 HS.2 T. I PrMStGB [1845].

[262] § 45 T. I PrMStGB [1845].

[263] § 38f. T. I PrMStGB [1845].

[264] Dieses blieb den verabschiedeten Offizieren vorbehalten, *Erhard*, Offiziere (Sanitätsoffiziere a. D.), in: *Dietz* [Hrsg.], Handwörterbuch des Militärrechts, S.594.

Offizierstande" der Diensttitel[265] und das Offizierpatent. Auch Orden und Ehrenzeichen sowie der Adelstitel wurden durch die *„Dienstentlassung"* ebenfalls nicht berührt.[266]

5) Versetzung in die zweite Klasse des Soldatenstandes

Erstmals im preußischen Strafrecht normiert war die *„Versetzung in die zweite Klasse des Soldatenstandes"* der §§ 38f. T. I PrMStGB [1845] am 3. August 1808 in den *„Kriegs=Artikeln für die Unteroffiziere und die gemeinen Soldaten"* worden.[267] Sie blieb auch im Militärstrafgesetzbuch des Jahres 1845 eine nicht für Offiziere vorgesehene Strafe und durfte wie zuvor nur gegen *„Unteroffziere und Gemeine"* verhängt werden.[268]

Der zweiten Klasse des Soldatenstandes gehörten nur die zu dieser Ehrenstrafe Verurteilten Soldaten an. Sie war eine reine Strafklasse. Der in der zweiten Klasse des Soldatenstandes stehende Soldat stand im Rang unter jedem einfachen Soldaten in der ersten Klasse des Soldatenstandes.[269] Ursprünglich hatte die Strafe eine *„zur Aufrechterhaltung der Disciplin dienende Besserungs=Maßregel"* sein sollen. Sie war nur durch Urteil verhängbar und konnte nach Anzeichen der Reue und Besserung durch den Kommandeur wieder aufgehoben werden.[270] Die noch nach dem Militärstrafgesetzbuch von 1845 durch Gerichtsurteil verhängbare *„Körperliche Züchtigung"*[271] war zulässig gegenüber Angehörigen der ersten Klasse[272] und hatte die Versetzung in die zweite Klasse des Soldatenstandes zur Folge. Erst später wurde diese Ehrenstrafe auch mit dem Verlust von Orden und Ehrenzeichen verbunden, die Rehabilitationskompetenz den Kommandeuren genommen und der ausschliess-

---

265 *„Der militärische Diensttitel setzt sich zusammen aus dem Dienstgrade und der Dienststellung* [..] *Das unbefugte Annehmen von Diensttiteln ist strafbar."* *Anonymus*, Diensttitel, in: *v. Alten/v. Albert* [Hrsg.], Handbuch für Heer und Flotte, Bd.3, S.144.

266 Die Ernennung zum Offizier erfolgte durch das so genannte Offizierpatent, das Rechtsgrund des Offizierverhältnisses war; *v. Kirchenheim*, Offiziere (einschließlich Ehrengerichte), in: *v. Stengel* [Hrsg.], Wörterbuch des Deutschen Verwaltungsrechts, Bd. 2, Freiburg i. Br. 1890, S.186ff. (S.186).

267 Kriegs=Artikel für die Unteroffiziere und die gemeinen Soldaten vom 3. August 1808, in: GStA PK, I. HA (Justizministerium) Rep. 84a - Nr.1101.

268 §§ 19. der Motive zu dem Militair=Strafgesetzbuch I. Theil,: Strafgesetze, in: GStA PK, I. HA (Justizministerium) Rep. 84a – 8568.

269 *Fleck*, Kommentar über das Strafgesetzbuch für das Preußische Heer. Erster Theil. Militair=Strafgesetze., Berlin 1862, S.36ff.

270 Verordnung wegen der Militair=Strafen vom 3. August 1808, abgedruckt in: GStA PK, I. HA (Justizministerium) Rep. 84a - Nr.1101.

271 §§ 31-33 T. I PrMStGB [1845].

272 *Kattner* [Hrsg.], Militair=Gesetz=Codex für das Preußische Heer., Trier und Saarlouis 1845, S.13.

lichen Zuständigkeit des preußischen Königs übertragen.[273] Die Kommandeure waren nach dem Militärstrafgesetzbuch von 1845 nur noch befugt, Anträge auf Rehabilitierung zu stellen, wofür besondere Bedingungen und Fristen galten.[274] Wurde dem Antrag auf Rehabilitierung stattgegeben, trat der Betroffene wieder als einfacher Soldat in die erste Klasse ein. [275]

Die rechtlichen Folgen der *„Versetzung in die zweite Klasse des Soldatenstandes"* waren:

> „... Wenn diese Strafe eintritt, muß zugleich auf den Verlust der aberkennungsfähigen Ehrenzeichen (§ 37.), so wie der Nationalkokarde[276] und des National=Mi-litärabzeichens, ausdrücklich erkannt werden.
> Wer in der zweiten Klasse des Soldatenstandes sich befindet, kann die erworbenen Versorgungs=Ansprüche nicht geltend machen."[277]

Zu den Versorgungsansprüchen gehörte der Zivilversorgungsschein[278], der von dem Verurteilten zurückzugeben war. Dieser war ein für Unteroffiziere und Gemeine nach ihrem ehrenhaften Abschied aus dem Heer nach mindestens zwölfjähriger Dienstzeit erworbener Anspruch auf eine Verbeamtung in der nicht-miltärischen Staatsverwaltung, wenn sie zum *„Beamten brauchbar und würdig"* erschienen.

6) Degradation

Eine in militärischen Strafgesetzen der europäischen Staaten des 19. Jahrhunderts zumeist vorgesehene Ehrenstrafe[279] war die Degradation. Sie war im

---

[273] Allerhöchste Kabinetsordre vom 13. October 1824., betreffend den durch ein Erkenntniß ausgesprochenen Verlust des National=Militair=Abzeichens und dessen Wirkung im bürgerlichen Verhältniß., abgedruckt in: PrMGS Bd.1, S.224f.

[274] Allerhöchste Kabinetsordre vom 18. März 1839, betreffend das Verfahren bei Vorlegung der Rehabilitirungs=Anträge für die dem Militairverbande angehörenden Individuen., abgedruckt in: PrMGS Bd.2, S.124f. sowie den Erlaß des Kriegsministeriums an die Königl.[lichen] General=Kommandos vom 3. Oktober 1845, betreffend die Rehabilitirung gegen erkannte Ehrenstrafen., abgedruckt in: PrMGS Bd.3, S.303f.

[275] Der genaue Begriff lautete *„Gemeiner Soldat"* gemäß Abschnitt A., Unterabschnitt III., Nummer 4) der Klassifikation der zum Preußischen Heere gehörenden Militairpersonen nach ihren verschiedenen Dienst= und Rangverhältnissen., Beilage Litt. A. zum Strafgesetzbuch für das Preussische Heer, abgedruckt in: PrMGS Bd.3, S.289ff.

[276] Siehe oben den Abschnitt *Ausstoßung aus dem Soldatenstande*, Kap. II Nr.2 b) dd) 1).

[277] § 44 in Verbindung mit § 42 T. I PrMStGB [1845].

[278] *Hattenhauer*, Geschichte des deutschen Beamtentums, Köln/Berlin/Bonn/München 1993, S.281f.; *Engel*, Zivilversorgung der Unteroffiziere und Gemeinen, in: *Dietz* [Hrsg.], Handwörterbuch des Militärrechts, S.890f. (S.890).

[279] *Fleck*, Kommentar über das Strafgesetzbuch für das Preußische Heer. Erster Theil. Militair=Strafgesetze., Berlin 1862, S.41.

preußischen Militärstrafgesetzbuch von 1845 in den §§ 40f. normiert und war die einzige militärische Ehrenstrafe, die nur gegen Unteroffiziere und ihnen im Rang gleichstehende Personen[280] zulässig. Sie durfte grundsätzlich nur in den vom Militärstrafgesetzbuch besonders vorgesehenen Fällen verhängbar: Unrichtige Dienstatteste, Meldunge, Rapporte und Berichte (§ 156), Annahme von Geschenken und Bestechung (§ 157), Schwere Beleidigungen der Unteroffiziere und Gemeinen unter einander (§ 174), Mißbrauch der Dienstgewalt der Vorgesetzten gegen Untergebene zu Privatzwecken (§ 178), Mißbrauch der Dienstgewalt der Vorgesetzten gegen Untergebene durch Veranlassung gesetzwidriger Handlungen (§ 179), Mißbrauch der Dienstgewalt der Vorgesetzten gegen Untergebene durch thätliche Mißhandlung (§ 183). Darüber hinaus durfte sie bei den in den Kriegsartikeln[281] vorgeschriebenen Fällen verhängt werden; außerdem war sie nur zulässig,

„... 1. Wenn die Versetzung in die zweite Klasse des Soldatenstandes eintreten muß;
2. wenn Portepee=Unteroffiziere ein mit mittlerem oder strengem Arrest oder mit Festungsstrafe bedrohtes Verbrechen; sowie
3. wenn Unteroffiziere ohne Portepee ein mit strengem Arrest oder Festungsstrafe vorgesehenes Verbrechen verüben.“[282]

Diese kraft Gesetzes eintretende Rechtsfolge des § 40 Nr.1 T. I PrMStGB [1845] war Ausdruck des Grundsatzes, daß Militärangehörige der zweiten Klasse des Soldatenstandes in keinem Vorgesetztenverhältnis zu Militäran-gehörigen der ersten Klasse stehen durften.[283] Die Degradation hatte zur Folge, daß ein Unteroffizier seine dienstliche Stellung verlor und in die Klasse der *„Gemeinen“* zurücktrat.[284]

Zur Regelung des § 40 T. I PrMStGB [1845] gab es in § 41 T. I PrMStGB [1845] Ausnahmebestimmungen. Diese stellten es ins Ermessen des Gerichts, ob in Sonderfällen des §§ 40 Nr.2, Nr.3 T. I PrMStGB [1845] eine Degradation auszusprechen war. Diese Bestimmungen wirkten sich zugunsten der zu degradierenden Unteroffiziere aus, da bei Vorliegen minder schwerer Straftaten

[280] Klassifikation der zum Preußischen Heere gehörenden Militairpersonen nach ihren verschiedenen Dienst= und Rangverhältnissen., Beilage Litt. A. zum Strafgesetzbuch für das Preussische Heer, abgedruckt in: PrMGS Bd.3, S.289ff.

[281] Art. 56 Kriegs=Artikel für das Preußische Heer, vom 27. Juni 1844, abgedruckt in: PrMGS Bd.3, S.181ff. (S.189).

[282] § 40 T. I PrMStGB [1845].

[283] Siehe Abschnitt *Versetzung in die zweite Klasse des Soldatenstandes*, Kap. II Nr.2 b) dd) 5).

[284] § 40 T. I PrMStGB [1845].

die Degradation nicht zwingend erfolgen mußte. Diese Vorschrift sollte gewährleisten, daß die zwar straffällig, deswegen aber ihrer Dienststellung nicht *„unwürdig"* gewordenen Unteroffiziere der Armee als Vorgesetzte erhalten blieben.[285]

7) Strafen gegen nicht mehr aktive Soldaten

Am Schluß des Abschnitts über militärische Ehrenstrafen im stand eine dem Militair=Pensions=Gesetz[286] sowie der Allerhöchsten Kabinetsordre vom 21. November 1829[287] entlehnte Bestimmung, die Sanktionen gegen inaktivierte Offizieren vorsah. Die §§ 50-53 T. I PrMStGB [1845] sahen keine besonderen Straftatbestände vor, sondern nahmen Bezug auf die Strafen, die gegen aus dem Dienst geschiedene Offiziere zu verhängen waren. Als Strafen sahen sie im schwersten Fall den *„Verlust aller Titel"* sowie alle *„mit der Kassation verbundenen Ehrenstrafen"* vor.[288] Dabei konnte gemäß § 51 T. I PrMStGB [1845] je nach Art der begangenen Straftat die Pension in vollem Umfang oder für eine gewisse Dauer aberkannt werden.

Eine ähnliche Regelung wie bei dem Verweis auf die Rechtsfolgen der Kassation gab es auch bei der *„Entfernung aus dem Soldatenstande"* und der *„Dienstentlassung"*. Diese Offiziere standen weiterhin unter der Strafgewalt der Militärgerichte. Alle nach §§ 50ff. T. I PrMStGB [1845] verhängten Ehrenstrafen hatten zudem den *„Verlust des Rechts, die Offizier=Uniform zu tragen"*[289] zur Folge und damit das Ende der Zugehörigkeit zum Heer.

Für pensionierte Offiziere bestimmten die §§ 50, 51 T. I PrMStGB [1845], daß für im aktiven Dienst begangene Straftaten in den Fällen, in denen bei aktiven Offizieren auf Kassation zu erkennen gewesen wäre, die Pension vollständig abzuerkennen war. Für nach der Pensionierung verübte Straftaten sah § 51 Abs.2 T. I PrMStGB [1845] eine fakultative Möglichkeit der zeitweiligen oder dauernden Aberkennung der Pension vor.

---

285 § 41 T. I PrMStGB [1845].

286 § 14 Pensions=Reglement für Offiziere und Militair=Beamte., vom 13. Juni 1825, abgedruckt in: PrMGS Bd.1, S.239.

287 Allerhöchste Kabinetsordre vom 21. November 1829., betreffend den Verlust des Titels oder sonstigen Dienstprädikats verabschiedeter Militairpersonen oder Civil=Beamten im Falle eines begangenen Vergehens., abgedruckt in: PrMGS Bd.1, S.290.

288 S. oben den Abschnitt *Kassation*, Kap. II Nr.2 b) dd) 2).

289 § 53 T. I PrMStGB [1845].

8) Aberkennung von Orden und Ehrenzeichen

Die Aberkennung von Orden und Ehrenzeichen war schon vor Inkrafttreten des preußischen Militärstrafgesetzbuches eine wichtige Ehrenstrafe gewesen.[290] Orden oder Ehrenzeichen sind heute die

> „zum Tragen bestimmte (tragbare) Abzeichen, die [..] von der Staatsgewalt oder einer staatsähnlichen Gewalt [..] zur symbolischen Anerkennung gemeinwichtigen Verhaltens gestiftet [werden], mit dem Willen als Auszeichnung zu dienen..."[291].

Im 19. Jahrhundert unterschied sich die Definition dieser Begriffe nicht wesentlich von der eben genannten. Ehrenzeichen waren im Unterschied zu

> „...den Orden die Kriegsgedenkzeichen, Verdienst u. Dienstalterzeichen, meist einfach ausgestattete Kreuze oder Medaillen. Die Auszeichnung durch Ehrenzeichen ist seit dem 18. Jahrhundert gebräuchlich in allen Fällen, in denen Orden statutengemäß nicht verliehen werden können."[292]

Mit der Verurteilung wegen einer militärischen Straftat, die einen Verlust von Orden oder Ehrenzeichen nach sich ziehen mußte, hatte vor der Aberkennung das Gericht die Entscheidung des preußischen Königs einzuholen.[293] Jedoch galt das nicht für alle Auszeichnungen.[294] Wenn eine Auszeichnung nicht vom König verliehen worden war, konnte diese auch ohne vorherige Rückfrage durch das Militärgericht aberkannt werden. Folgende Ehrenzeichen konnten nicht nur durch den König zurückgenommen werden: die Kriegsgedenk-münzen; die Dienstauszeichnungen I., II. und III. Klasse; sowie die meisten Gedächtnismedaillen.[295]

---

[290] Siehe die Aberkennungsvorschriften in: Verordnung wegen Tragens der Preußischen Nationalkokarde vom 22. Februar 1813, abgedruckt in: PrGS 1813, S.22.

[291] *Kirchner/Laitenberger*, Deutsche Orden und Ehrenzeichen: Kommentar zum Gesetz über Titel, Orden und Ehrenzeichen und eine Darstellung der deutschen Orden und Ehrenzeichen von der Kaiserzeit bis in die Gegenwart, Köln 1997, § 3, Rn.1.

[292] *Anonymus*, Ehrenzeichen, in: *v. Alten/v. Albert* [Hrsg.], Handbuch für Heer und Flotte, Bd.3, S.294.

[293] §§ 35ff. T. I PrMStGB [1845]; gemäß § 35 T. I PrMStGB [1845] galt die Entscheidungsbefugnis des Königs vor allem für die Aberkennung von Orden.

[294] Die Aberkennung von Ehrenzeichen war ohne königliche Entscheidung nicht ausdrücklich im Militärstrafgesetzbuch verboten.

[295] Allerhöchste Kabinetsordre vom 30. Oktober 1814., dass Vergehen, welche Kassation oder Ausstoßung aus dem Soldatenstande rechtlich nach sich ziehen, den Verlust der Denkmünze für die Jahre 1813 und 1814 zur Folge haben sollen., abgedruckt in: PrMGS Bd.1, S.108 sowie Allerhöchste Kabinetsordre vom 25. September 1817., betreffend, dass gewisse Verfehlungen auch den Verlust der zweiten Kriegs=Gedenkmünze nach sich ziehen sollen., abgedruckt in: a.a.O. Bd. 1, S.139; Gesetz wegen Stiftung einer Dienstauszeichnung vom 18. Juni 1825., a.a.O. Bd. 1, S.239f.; Allerhöchste Verordnung vom 18. Januar 1832., betreffend die

3. Die Offizierehrengerichtsbarkeit

a) Die Entstehung der Offizierehrengerichtsbarkeit

Die Anfänge geregelter Rechtspflege unter Offizieren reichen zurück in die Zeit des Dreißigjährigen Krieges in Schweden. Für die schwedische Armee hatte der König Gustav Adolf in seinen im Jahre 1621 eingeführten und 1632 erneuerten Kriegsartikeln ein Generalkriegsgericht vorgesehen, dem die Schlichtung und Aburteilung der häufig vorkommenden Ehrenhändel und anderer ehrengerichtlicher Angelegenheiten oblag.[296] Es war mit Generälen und Obersten besetzt und entschied ohne geschriebenes Gesetz nach eigenem Ermessen. Bei der im Jahre 1656 erfolgten Rezeption der schwedischen Kriegsartikel als brandenburgisches Kriegsrecht[297] wurde jedoch keine dem schwedischen Generalkriegsgericht ähnliche Behörde eingeführt. Der zweigliedrige Aufbau der militärischen Gerichtsverfassung in Brandenburg blieb erhalten.[298] Im Jahre 1714 erging eine speziell auf Offiziere bezogene Regelung.[299] Sie ordnete an, daß in den Fällen von Ehrenhändel und Duellen auf kriegsgerichtlichem Wege einzuschreiten sei.[300]

Stiftung einer Medaille für diejenigen, welche an der Bekämpfung des Aufstandes in Neuchatel Theil genommen haben., abgedruckt in: a.a.O. Bd. 1, S.327; Allerhöchste Kabinets=Ordre vom 16. Januar 1842, in Betreff der Stiftung einer Auszeichnung für pflichttreue Dienste in der Landwehr, abgedruckt in: a.a.O. Bd. 3, S.43.

296 Gustav Adolfs Kriegsartikel von 1621, abgedruckt in: *v. Frauenholz*, Entwicklungsgeschichte des deutschen Heerwesens, Bd. 3: Das Heerwesen in der Zeit des Dreissigjährigen Krieges, Erster Teil: Das Söldnertum, München 1938, Beilage XXIIII, S.355ff.; Gustav Adolfs Kriegsartikel von 1632, abgedruckt in: a.a.O., Beilage XXIV, S.388ff.; Königlich-Schwedischen General- und Ober Gerichtsordnung, abgedruckt in: a.a.O., Beilage XXV, S.388ff. (S.410ff.); siehe auch: *Anonymus*, Ehrengerichte, in: *v. Alten/v. Albert* [Hrsg.], Handbuch für Heer und Flotte, Bd. 3, S.285f.

297 Churfürstliches Brandenburgisches Kriegs-Recht oder Articuls-Brieff, abgedruckt in: *v. Frauenholz*, Entwicklungsgeschichte des deutschen Heerwesens, Bd. 4: Das Heerwesen in der Zeit des Absolutismus, München 1940, Beilage V, S.131ff. Zur weiteren Entwicklung der Kriegsartikel: Die Revision der Kriegs=Artikel 1806-1858, GStA PK, I. HA (Justizministerium) Rep. 84a 1101, 1102, 1103.

298 Siehe Art. XXXIX, LIV, XXXIII, LX Churfürstliches Brandenburgisches Kriegs-Recht oder Articuls-Brieff, abgedruckt in: *v. Frauenholz*, Entwicklungsgeschichte des deutschen Heerwesens, Bd. 4: Das Heerwesen in der Zeit des Absolutismus, München 1940, Beilage V, S.131ff. (S.131ff.).

299 Dazu umfassend: *Pelz*, Die preussischen und reichsdeutschen Kriegsartikel, Historische Entwicklung und rechtliche Einordnung, Hamburg 1979, S.74ff.

300 *Weiterer*, Die rechtliche Natur der Offiziers-Ehrengerichte und der Ehrengerichtsverordnungen, Münster 1913, S.9.

b) Die preußische Offizierehrengerichtsbarkeit von 1808 bis 1843

Die preußische Offizierehrengerichtsbarkeit neuerer Prägung nahm ihren Anfang zu Beginn des 19. Jahrhunderts. Am 03. August 1808 erging die *„Verordnung wegen Bestrafung der Offiziere“*.[301] Darin führte der König[302] aus:

> „Wenn die Offiziere eines Regiments sich wechselseitig untereinander sorgsam bewachen, die älteren Offiziere ihre jüngeren Kameraden bei Zeiten warnen, die pünktliche Ausführung jeder übertragenen Dienstpflicht zur Ehrensache gemacht, und der gute Ruf des ganzen Offizierkorps als der Antheil jedes Einzelnen angesehen wird, dessen Schmälerung nicht zu gestatten der Ehrgeiz eines jeden Mitgliedes des Offizierkorps sein muß, so wird der höhere Vorgesetzte sich selten in der unangenehmen Nothwendigkeit befinden, Männer, deren Stand und Bildung sie eines äußeren Antriebs zur Pflichterfüllung entheben sollten, mit Strafen belegen zu müssen.“[303]

Die Führung der Armee suchte also vor allem nach Möglichkeiten, durch Betonung der Ehre deren Schlagkraft zu erhöhen. Die soldatische Disziplin mußte gewährleistet werden. Dem Offizier kamen dabei seit jeher der Führungsauftrag und eine wichtige Vorbildfunktion zu.[304] Deshalb galten für ihn besonders strenge Regeln. Ein moralisch makelloses Offizierkorps sollte künftigen militärischen Niederlagen vorbeugen helfen.[305] Jeder Offizier sollte ein Verfahren des Ehrengerichtes gegen sich beantragen dürfen, wenn er sich zu Unrecht verdächtigt glaubte.[306]

Insgesamt wurden die Anforderungen an die Qualität der Offizieranwärter erhöht.[307] Dies geschah durch eine neue Offizierprüfung, die vor Standesgenossen abzulegen war und sportliche und militärtaktische Prüfungsabschnitte

---

301 Verordnung wegen Bestrafung der Offiziere vom 3. August 1808, abgedruckt in: GStA PK, I. HA (Justizministerium) Rep. 84a - Nr.1101.

302 Friedrich Wilhelm III., König von Preußen, geb. am 03. August 1770 in Potsdam, gest. am 07. Juni 1840 in Berlin, übernahm die Regentschaft nach dem Tod seines Vaters, König Friedrich Wilhelm II., im Jahr 1797. In seine Regierungszeit fallen die so genannten Preußischen Reformen; DBE Bd. 3, S.471.

303 Verordnung wegen Bestrafung der Offiziere vom 3. August 1808, abgedruckt in: GStA PK, I. HA (Justizministerium) Rep. 84a - Nr.1101.

304 Ebenda.

305 *v. Gross*, Charakter und Rechtsgrundlage der preußischen Militär-Ehrengerichtsbarkeit (Fall „Gaedke"), Göttingen 1917, S.21.

306 Verordnung wegen Bestrafung der Offiziere vom 3. August 1808, abgedruckt in: GStA PK, I. HA (Justizministerium) Rep. 84a - Nr.1101.

307 Siehe demgegenüber die Anforderungen an Offiziere bis zu den Napoleonischen Kriegen, in: *Tharau*, Die geistige Kultur des preußischen Offiziers von 1640-1806, Mainz 1968, S.11ff.

enthielt.[308] Die Standesgenossen wählten danach ihre eigenen Kameraden aus. Auf diesem Weg sollten nicht nur die Anforderungen an zukünftige Offiziere erhöht werden, sondern auch zweifelhafte Charaktere von der Armee ferngehalten werden.

Die Verordnung von 1808 faßte bereits bestehende mit neuen Regelungen zusammen und formulierte einen Verhaltenskodex für den Offizierstand:

> „Ein Offizier, der sich dem Trunke ergiebt, oder mit lüderlichen und gemeinen Weibspersonen unanständige Verbindungen eingeht, oder mit Leuten von schlechtem Rufe Gesellschaft hegt, oder gemeine Oerter besucht, oder aus dem Spiel ein Gewerbe macht, oder die Subordinations=Verhältnisse in der den Offizieren höhern Ranges schuldigen Achtung nicht zu ehren versteht, oder auf eine andere Art eine niedere Denkungsart verräth, muß, solange er nicht Beweise seines gebesserten Lebenswandels giebt, des Avancements für unfähig erklärt werden."[309]

Diese Anforderungen wurden durch das Ehrengericht überprüft und betrafen den dienstlichen wie den privaten Bereich.[310]

Die Urteilsfindung des Ehrengerichts geschah durch Abstimmung der Kameraden des Regiments, dem der Angeschuldigte angehörte. Erstmals wurde die zu diesem Anlaß einberufene Versammlung als *„Ehrengericht"* bezeichnet.[311] In diesem Rahmen konnten Offiziere des Regiments durch Beschluß einer ¾-Mehrheit einen Offizier des *„Avancements für unfähig"* erklären - also einen Beförderungsstopp auf Zeit und vorbehaltlich der Besserung verhän-gen.[312] Eine klare Unterscheidung disziplinärer und ehrengerichtlicher Tat-bestände gab es 1808 noch nicht.

Sieben Jahre später folgte die Landwehr=Ordnung vom 21. November 1815, welche die in der Verordnung von 1808 eingeführten Ehrengerichte auch bei den Landwehrbataillonen einführte:

---

[308] *v. Gross*, Charakter und Rechtsgrundlage der preußischen Militär-Ehrengerichtsbarkeit (Fall „Gaedke"), Göttingen 1917, S.21 sowie ein Kommissionsbericht aus dem Jahr 1819: Über die Erziehung des Offizier=Corps und Bildungs=Anstalten für Officiere, insbesondere die allgemeine Kriegsschule von 1819, in: GStA PK, VI. HA, Nachlaß Generalfeldmarschall Hermann v. Boyen, 394.

[309] Verordnung wegen Bestrafung der Offiziere vom 3. August 1808, abgedruckt in: GStA PK, I. HA (Justizministerium) Rep. 84a - Nr.1101.

[310] Ebenda.

[311] Ebenda.

[312] Ebenda.

„Bei den jährlichen Uebungen [..] wird bei jedem [..] Bataillone ein Ehrengericht von dem gesammten Offizier=Corps erwählt, welches aus einem Capitain[313] und zwei Leutnants besteht.[314]

Die Landwehr wurde in der Zeit der Befreiungskriege am Beginn des 19. Jahrhundert aus ungedienten Männern zwischen 17 und 40 Jahren gebildet.[315] Später wurde die Landwehr aus den aus dem aktiven Dienst ausgeschiedenen Soldaten gebildet.[316] Zweck der Einführung der Ehrengerichte sollte es sein,

„alle die im Laufe des Jahres vorgefallenen noch nicht ausgeglichenen Angelegenheiten des Offizier=Corps beizulegen, und die etwa vorfallenden Verstöße in der Führung einzelner Individuen zu rügen."[317]

Jedes Mitglied des Offizierkorps hatte das Recht, den Antrag auf Entfernung einzelner Mitglieder zu stellen.[318] Wegen deren schwerwiegenden Folgen wurde aber in einem solchen Fall die endgültige Entscheidung über den Ausschluß dem örtlich zuständigen Kriegsgericht übertragen.[319]

Wenige Jahre nach der Landwehrordnung ergingen die Kabinetsordre vom 15. Februar 1821 über das Ehrengerichtsverfahren[320] und eine dazu erlassene Ausführungsbestimmung.[321] Diese gingen auf die Initiative des Generals Karl

---

313 Nach heutigem Rang ein Hauptmann; *Anonymus*, Kapitän, in: *v. Alten/v. Albert* [Hrsg.], Handbuch für Heer und Flotte, Bd.5, S.280f. (S.280).

314 § 77 Abs.1 S.1 Landwehr=Ordnung vom 21. November 1815, abgedruckt in: PrGS 1816, S.77ff.

315 *Zitterhofer/v. Stuckrad*, Landwehr, in: *v. Alten/v. Albert* [Hrsg.], Handbuch für Heer und Flotte, Bd.5, S.820ff. (S.821).

316 Ebenda.

317 § 77 Abs.1 S.2 Landwehr=Ordnung vom 21. November 1815, abgedruckt in: PrGS 1816, S.77ff.

318 § 77 Abs.1 S.3 Landwehr=Ordnung vom 21. November 1815, abgedruckt in: PrGS 1816, S.77ff.

319 Die Ehrengerichte hatten diesbezüglich nur Antragsrecht, die endgültige Entscheidung traf gem. § 77 Abs.1 S.3 in Verbindung mit § 76 Landwehr=Ordnung vom 21. November 1815 [abgedruckt in: PrGS 1816, S.77ff. (S.90)] ein Kriegsgericht; siehe dazu die Verordnung wegen der Militair=Strafen vom 3. August 1808, abgedruckt in: GStA PK, I. HA (Justizministerium) Rep. 84a - Nr.1101.

320 Allerhöchste Kabinetsordre vom 15. Februar 1821., betreffend das Verfahren bei den Ehrengerichten, abgedruckt in: PrMGS Bd.1, S.175ff.

321 Cirkulare des Kriegs=Ministerii vom 13. November 1823., betreffend das Verfahren bei den Ehrengerichten, abgedruckt in: PrMGS Bd.1, S.210ff.

Leopold Heinrich v. Borstell[322] zurück, der die Ehrengerichte durch Kompetenzerweiterungen auch gegen die vermehrten unter Offizieren stattfindenden Duelle einsetzen wollte.[323] Wenngleich sie noch nicht streng zwischen Ehrengerichts- und Disziplinarverfahren unterschieden, gewannen die Ehrengerichte nun doch festere Gestalt. Ihrer Zuständigkeit wurden alle Handlungen überwiesen,

> „die nicht durch Strafgesetze als strafbar bezeichnet, gleichwohl aber dem richtigen Ehrgefühl, oder den Verhältnissen des Offizierstandes zuwider sind."[324]

Die Formulierung *„richtige*[s] *Ehrgefühl"* wurde Grundlage der Zuständigkeitsbestimmungen in den Ehrengerichtsverordnungen bis ins 20. Jahrhundert hinein.[325] In der Kabinetsordre wurde auch darauf hingewiesen, daß ehrengerichtliche Verfahren ausgeschlossen waren, wenn eine disziplinarische Maßnahme des Befehlshabers ausreichend erschien. [326]

Ein Ehrengericht für Stabsoffiziere sah die Kabinetsordre nicht vor:

> „3. Staabs=Offiziere sind keinem Ehrengericht zu unterwerfen, indem Ich Mir in den geeigneten Fällen auf den Antrag des Divisions=Commandeurs, die Entscheidung über sie vorbehalte."[327]

Ein Verfahren vor einem Ehrengericht konnte nur gegen einen im Range der Hauptklasse der Hauptleute oder Subalternoffiziere stehenden Offizier eröffnet werden.[328]

---

[322] General Karl Leopold Heinrich v. Borstell, geb. am 30.12.1773 in Tangermünde, gest. am 08.05.1844 in Berlin, war zu dieser Zeit Kommandierender General eines Armeekorps in Ostpreußen, DBE, Bd. 2, S.39.

[323] *Messerschmidt*, Die preußische Armee, in: Deutsche Militärgeschichte (1648-1939), Bd. 2, 2. Teil, München 1983, S.1ff. (S.48).

[324] Allerhöchste Kabinetsordre vom 15. Februar 1821., betreffend das Verfahren bei den Ehrengerichten, abgedruckt in: PrMGS Bd.1, S.175ff. (S.175).

[325] §§ 1 Abs.2a), 2 Abs.1a) EGV [1874].

[326] Allerhöchste Kabinetsordre vom 15. Februar 1821., betreffend das Verfahren bei den Ehrengerichten, abgedruckt in: PrMGS Bd.1, S.175ff. (S.175f.).

[327] Allerhöchste Kabinetsordre vom 15. Februar 1821., betreffend das Verfahren bei den Ehrengerichten, abgedruckt in: PrMGS Bd.1, S.175ff. (S.176).

[328] Der Begriff der *„Hauptklasse"* ergibt sich anschaulich aus der Rangordnung der Offiziere in der Anlage A zum Militärstrafgesetzbuch von 1845, abgedruckt in: PrGS 1845, S.375ff.: *„Die Offiziere zerfallen in 4 Hauptklassen: 1) Generalität: a) Feldmarschall, b) General der Infanterie oder Kavallerie, c) Generallieutenant, d) Generalmajor. 2) Stabsoffiziere: a) Oberst, b) Oberstlieutenant, c) Major. 3) Hauptleute und Rittmeister. 4) Subaltern=Offiziere (Lieutenants): a) Premier=Lieutenant, b) Sekonde=Lieutenant."* Die Offizierränge werden im

Unter den Strafen, auf welche die Ehrengerichte seit 1821 erkennen konnten, befanden sich erstmals auch härtere Sanktionen als der Avancementverlust:

> „Dagegen sollen die Ehrengerichte nicht nur befugt sein, auf den Verlust des Avancements für eine bestimmte Zeit, sondern auch auf Entlassung aus dem Dienst, so wie auf Entfernung aus dem Offizierstande, ein Urtheil abzugeben... ."[329]

Die Entfernung aus dem Offizierstande hatte den Verlust aller *„Offizierprärogative*" zur Folge.[330] Zu diesen gehörte auch das Offizierpatent, das – wie eine Ausführungsbestimmung zur Kabinetsordre vorsah - dem Bestraften durch das ehrengerichtliche Verfahren entzogen werden sollte.[331] Die *„Entfernung aus dem Offizierstande"* sollte aber

> „der Kassation noch nicht gleich zu setzen [sein]".[332]

Die Kassation - die härteste gegen einen Offizier zulässige Ehrenstrafe - war unter anderem mit einer unehrenhaften Entlassung aus dem Dienst sowie dem Verlust aller Titel, Orden und Ehrenzeichen verbunden.[333] Ihre Verhängung blieb im Unterschied zur Entfernung aus dem Offizierstande dem Militärstrafgericht vorbehalten.[334]

Die Entscheidung über die Eröffnung eines ehrengerichtlichen Verfahrens erfolgte nach Hinzuziehung des höheren Befehlshabers durch den Divisionskommandeur.[335] Die ehrengerichtliche Verhandlung wurde von einer Kommission geleitet, welche aus drei Subalternoffizieren unterschiedlichen Ranges be-

---

folgenden Text wegen ihrer unterschiedlichen Behandlung im ehrengerichtlichen Verfahren in solche *„Hauptklassen"* unterteilt.

[329] Allerhöchste Kabinetsordre vom 15. Februar 1821., betreffend das Verfahren bei den Ehrengerichten, abgedruckt in: PrMGS Bd.1, S.175ff. (S.176).

[330] Offizierprärogative waren die Privilegien der Offiziere.

[331] Cirkulare des Kriegs=Ministerii vom 11. April 1826., wegen Einsendung der Patente der aus dem Offizierstande entfernten Offiziere, abgedruckt in: PrMGS Bd.1, S.255.

[332] Allerhöchste Kabinetsordre vom 15. Februar 1821., betreffend das Verfahren bei den Ehrengerichten, abgedruckt in: PrMGS Bd.1, S.175ff. (S.176).

[333] S.o. das Kapitel *Kassation*, Kap. II Nr.2 b) dd) 2); siehe auch §§ 44, 42, 43 T. I PrMStGB [1845].

[334] *Fleck*, Kommentar über das Strafgesetzbuch für das Preußische Heer, Erster Theil. Militair=Strafgesetze, Berlin 1862, S.45. Siehe oben den Abschnitt *Kassation*, Kap. II Nr.2 b) dd) 2) u. §§ 44, 42, 43 T. I PrMStGB [1845].

[335] Allerhöchste Kabinetsordre vom 15. Februar 1821., betreffend das Verfahren bei den Ehrengerichten, abgedruckt in: PrMGS Bd.1, S.175ff. (S.176).

stand.[336] Diese wurden vom Offizierkorps gewählt.[337] Bereits vor Einleitung des Verfahrens - wie auch bei den Verhandlungen selbst - wirkte ein *„Auditeur"* mit.[338] Dieser überwachte die Einhaltung der gesetzlichen Vorschriften und fungierte als Berichterstatter. Das Ehrengericht entschied über die Strafanträge mit ¾-Mehrheit.[339]

Die nähere Abgrenzung der Zuständigkeit der Ehrengerichte war - abgesehen davon, daß *„nur Tatsachen, welche nicht durch besondere Gesetze als strafbar bezeichnet sind"*[340], - in der Kabinettsorder nicht gegeben. Denn über das, was

> „dem richtigen Ehrgefühl, oder den Verhältnissen des Offizierstandes zuwider [war]"[341],

konnten im Einzelfall berechtigte Zweifel bestehen. Eine Richtschnur über die in der preußischen Armee vertretene Auffassung enthielt das Schreiben des Herzogs Karl von Mecklenburg-Strelitz[342], eines Stiefbruders der Königin Luise, vom 12. Mai 1828 an das Offizierkorps seines Gardekorps.[343] Als Kom-

---

[336] Die Kommission bestand aus einem Kapitän, einem Premierlieutenant und einem Sekondelieutenant. Die Dienstgrade entsprachen denen eines Hauptmanns, Oberleutnants und Leutnants.

[337] Allerhöchste Kabinetsordre vom 15. Februar 1821., betreffend das Verfahren bei den Ehrengerichten, abgedruckt in: PrMGS Bd.1, S.175ff. (S.176).

[338] Ein Auditeur war ein Militärjustizbeamter, der in einer Person die Tätigkeit des Staatsanwalts, Untersuchungsrichters und Referenten beim Kriegsgericht ausführte; *Anonymus*, Auditeur, in: *v. Alten/v. Albert* [Hrsg.], Handbuch für Heer und Flotte, Bd.1, S.610f. (S.611).

[339] Allerhöchste Kabinetsordre vom 15. Februar 1821., betreffend das Verfahren bei den Ehrengerichten, abgedruckt in: PrMGS Bd.1, S.175ff. (S.176).

[340] Allerhöchste Kabinetsordre vom 15. Februar 1821., betreffend das Verfahren bei den Ehrengerichten, abgedruckt in: PrMGS Bd.1, S.175ff. (S.175).

[341] Ebenda.

[342] Karl v. Mecklenburg (geb. am 30. November 1785, gest. im Jahr 1837) war Sohn der Stiefmutter der preußischen Königin Luise und machte sich neben seiner militärischen Laufbahn *„als Beschützer und Freund der Dichtkunst und des Theater einen Namen"*, *Hartmann*, Luise, Preußens große Königin, Berg a. Starnberger See 1985, S.44.

[343] Abgedruckt bei: *v. Boguslawski*, Der Ehrbegriff des Offizierstandes, Berlin 1875, S.8ff. Dieses oft zitierte (siehe statt vieler nur: *Graf von Schwerin*, Zweck, Bedeutung und Anwendung der ehrengerichtlichen Einrichtungen für die Offiziere des preußischen Heeres, Hannover 1886, S.16f. sowie *Dietz*, Allerhöchste Verordnung über die Ehrengerichte der Offiziere in der kaiserlichen Marine vom 13. Mai 1911 und Allerhöchste Order vom 2. November 1875 nebst Ergänzungsorder. (EhrV. u. ErgO.), Rastatt 1911, S.18) und in der Armee damals weitverbreitete Schreiben war nach damaliger Ansicht von seiner Bedeutung her sogar einer *„gesetzlichen Bestimmung gleich"* (*Dietz*, aaO., S.18) gewesen. Die in diesem Schreiben vertretene Ansicht war Ausdruck der bis 1918 geltenden Ansichten über den Ehrenkodex der Offiziere.

mandierender General hatte er eine herausgehobene Stellung im preußischen Heer inne. Nach diesen Unterlagen gehörten nicht allein disziplinarische Vorfälle dem Urteil der Ehrengerichte. Diese sollten vielmehr darüber wachen, daß der *„echt ritterliche Sinn"* und somit die Ehre, *„das Lebensprinzip des Offizierstandes"*, aufrecht erhalten blieb.[344] Die Ehre dulde keinen Makel und sie begehre eine *„ernste, strenge und aufmerksame Bewachung sowohl von Seiten des Individuums als der Standesgenossen, damit sie in Keinem und von Keinem verletzt werde"*.[345] Eine gewissenhafte Erfüllung der Dienstverpflichtungen sei zur Aufrechterhaltung der persönlichen Ehre eines jeden Offiziers notwendig; schon eine minder schwere Vernachlässigung dieser Pflichten sei eine Ehrver-letzung. Ein Nachlassen solchen Eifers sei gleichzeitig ein Nachlassen der Ehre. Den Offizieren stünden *„als wahre und eigentliche Ehrenwächter"* die Kamera-den zur Seite, die mit ihm dasselbe Offizierkorps bildeten und denen der Einzel-ne und sein Handeln nicht gleichgültig sein dürften.[346] Aus der Sicht des Her-zogs bestand die Aufgabe der Ehrengerichte darin, das Verhalten der Offiziere bezüglich Kameradschaft und Zusammengehörigkeit gewissen Normen zu unterwerfen. Der disziplinarische Gesichts-punkt kam dabei nur indirekt und insoweit zur Sprache, als ein ehrenhaftes Offizierkorps, wie es auch die vorangegangenen Kabinettsordres verlangt hatten,[347] Gewähr für die strenge Handhabung und Durchführung der Disziplin leisten werde.[348]

In Zusammenhang mit der Erweiterung des ehrengerichtlichen Sanktionenkataloges stand das königliche Bestätigungsrecht, das von nun an für alle ehrengerichtlichen Erkenntnisse galt.[349] Damit war der Beschluß des Ehrengerichtes nicht mehr einem Urteil vergleichbar, sondern ein Entscheidungsvorschlag in Form eines Gutachtens. Der König behielt sich außerdem vor,

> „... auf eine etwaige Beschwerde des Verurtheilten gegen den Ausspruch des Ehrengerichts zu entscheiden, und nach Umständen ein zweites Ehrengericht bei einem anderen Truppentheile halten zu lassen."[350]

---

[344] Abgedruckt bei: *v. Boguslawski*, Der Ehrbegriff des Offizierstandes, Berlin 1875, S.8ff.
[345] Ebenda.
[346] Ebenda.
[347] Verordnung wegen Bestrafung der Offiziere vom 3. August 1808, abgedruckt in: GStA PK, I. HA (Justizministerium) Rep. 84a - Nr.1101, sowie die Allerhöchste Kabinetsordre vom 15. Februar 1821., betreffend das Verfahren bei den Ehrengerichten, abgedruckt in: PrMGS Bd.1, S.175ff.
[348] Abgedruckt bei: *v. Boguslawski*, Der Ehrbegriff des Offizierstandes, Berlin 1875, S.8ff.
[349] *Meinecke*, Das Leben des Generalfeldmarschalls Hermann von Boyen, Bd. 2, Stuttgart 1899, S.512.
[350] Allerhöchste Kabinetsordre vom 15. Februar 1821., betreffend das Verfahren bei den Ehrengerichten, abgedruckt in: PrMGS Bd.1, S.175ff. (S.177).

Schon im Jahr 1826 gab es eine Veränderung der Verordnung von 1821. Der Avancementverlust wurde umgestaltet und nicht mehr für eine bestimmte, vorher festgelegte Zeit, sondern für eine bestimmte Anzahl an Beförderungen ausgesprochen.[351]

In den Jahren 1808 bis 1843, dem Anfang geregelter Ehrengerichtsbarkeit im preußischen Heer, wurden die Ehrengerichtsverordnungen oft wesentlich verändert. Gleichwohl wandelte sich nicht ihr Zweck. Sie waren am Anfang des 19. Jahrhunderts als Korrektiv für zwar nicht strafbares, aber zu mißbilligendes Verhalten geschaffen worden. Nachdem sich herausgestellt hatte, daß sich die Armeeführung durch diese Institution von allen den Offizieren entledigen konnte, die man für die Offizierlaufbahn als ungeeignet hielt, wurde sie zum wichtigsten Instrument der Disziplinierung des Offizierkorps und erhielt ab 1821 weiterreichende Befugnisse.

c) Die preußische Ehrengerichtsverordnung von 1843

Im Jahre 1843 erließ König Friedrich Wilhelm IV. die *„Allerhöchste Verordnung über die Ehrengerichte“*[352]. Diese regelte erstmals eingehend gesetzlich das Verfahren der Offizierehrengerichte. Sie war in neun Abschnitte[353] gegliedert und ordnete nicht nur den Verfahrensgang von der Anzeige einer ehrenrührigen Handlung bis zur Verkündung des ehrengerichtlichen Erkenntnisses, sondern auch die materiellen Voraussetzungen für eine Bestrafung sowie die möglichen Sanktionen. Zu ihrer Auslegung und Ergänzung ergingen in den ersten fünf Jahren nach Erlaß der Ehrengerichtsverordnung zahlreiche Gesetze, Verordnungen und Erlasse.[354] In einigen Bereichen war die Verordnung über die Ehrengerichte jedoch so konzipiert worden, daß keine Ausführungsbestimmungen notwendig waren.[355]

---

[351] Allerhöchste Kabinetsordre vom 13. April 1826, betreffend die Strafe des Avancements=Verlusts bei den Ehrengerichten, abgedruckt in: PrMGS Bd.1, S.256.

[352] Allerhöchste Verordnung über die Ehrengerichte, abgedruckt in: PrDGC Bd. 1, S.549ff.

[353] Die Abschnitte lauteten: *„Zweck der Ehrengerichte“*, *„Kompetenz der Ehrengerichte“*, *„Bildung der Ehrengerichte“*, *„Bildung des Ehrenrats“*, *„Rechte und Pflichten des Ehrenrats“*, *„Einleitung des ehrengerichtlichen Verfahrens“*, *„Die ehrengerichtliche Untersuchung“*, *„Abfassung, Publikation und Bestätigung des ehrengerichtlichen Erkenntnisses“* und *„Kosten“*.

[354] Sie werden deshalb zum besseren Verständnis zusammen mit der Ehrengerichtsverordnung von 1843 in einem Kapitel analysiert und nicht gesondert aufgeführt.

[355] Das zeigte schon der deutlich erweiterte Umfang der neuen EGV [1843] mit 53 Vorschriften im Vergleich zu der als ihr Vorgänger zu bezeichnenden Kabinetsordre vom 15. Februar 1821., betreffend das Verfahren bei den Ehrengerichten, abgedruckt in: PrMGS Bd.1, S.175ff., die nur 11 Vorschriften umfaßte.

aa) Geschichte

Der Ehrengerichtsverordnung von 1843 war eine längere Kodifikationsgeschichte vorausgegangen, an der mehrere Kommissionen beteiligt waren.[356] Im Rahmen der Revision des Militärrechts[357] wurde 1837 auf Anregung von König Friedrich Wilhelm III. eine *„Immediat*[358]*=Kommission"*[359] gebildet,[360] die im gleichen Jahr einen ersten Entwurf erstellte[361]. Dieser wurde als nicht zufriedenstellend angesehen,[362] so daß sich bis zum Jahr 1839 eine weitere Kommission[363] der Aufgabe annahm. Diese legte im Rahmen der Beratungen über ein *„Duellgesetz für Offiziere"* am 6. November 1839 einen weiteren Entwurf zu einer *„Verordnung über die Ehrengerichte in der Armee"*[364] vor, der

---

[356] Zur Entstehungsgeschichte auch: *Demeter*, Das deutsche Offizierkorps in Gesellschaft und Staat 1650-1945, Frankfurt a. Main 1962, S.133f.

[357] Es wurde nicht nur über die Neufassung der Ehrengerichtsbarkeit, sondern auch über eine grundsätzliche Veränderung im Militärstrafrecht nachgedacht, die mit dem Erlaß des preußischen Militärstrafgesetzbuch im Jahr 1845 ihren Abschluß fand; siehe oben den Abschnitt *Die Entwicklung bis 1845*, Kap. II Nr.2 a).

[358] *„Immediat"*-Kommission war die Bezeichnung für eine Kommission, die unmittelbares Vortragsrecht beim König hatte; *Anonymus*, Immediat-Militär-Organisations-Kommission, in: *v. Alten/v. Albert* [Hrsg.], Handbuch für Heer und Flotte, Bd.5, S.6.

[359] Allerhöchste Ordre vom 30. Juni 1837, in: GStA PK, I. HA (Justizministerium) Rep. 89, Nr.32 238; zur Arbeit der Kommission auch: Schreiben Friedrich Wilhelms vom 12. August 1837 an den Staats= und Kriegs=Minister v. Rauch, in: GStA PK, I. HA (Justizministerium) Rep. 89, Nr.32 238; Übersendung des Berichts der Immediat=Kommission vom 15. November 1837, in: GStA PK, I. HA (Justizministerium) Rep. 89, Nr.32 238.

[360] Der Immediatkommission gehörten v. Kamptz (Staatsminister), Thile, Rühle, Duncker, v. Lilienstern, und v. Müller an; GStA PK, I. HA (Justizministerium) Rep. 89, Nr.32 238; *Meinecke*, Das Leben des Generalfeldmarschalls Hermann von Boyen, Bd. 2, Stuttgart 1899, S.513.

[361] Entwurf der Militair=Immediat=Kommission vom 02. November 1837, in: GStA PK, I. HA (Justizministerium) Rep. 89, Nr.32 238; siehe auch: *Prinz von Preußen*, Die Verordnungen über die Ehrengerichte und den Zweikampf unter Offizieren vom 20. Juli 1843, abgedruckt in: Militärische Schriften weiland Kaiser Wilhelms des Großen Majestät, Bd. 1, Berlin 1897, S.441ff.

[362] Bericht des Geheimen Staats= und Kriegs=Ministers v. Rauch sowie des Geheimen Staats= und Justiz=Ministers Mühler an Friedrich Wilhelm III. vom 14. Oktober 1838, in: GStA PK, I. HA (Justizministerium) Rep. 89, Nr.32 238.

[363] Siehe die Ausführungen des damaligen Prinzen von Preußen, dem späteren *Kaiser Wilhelm I.*, in seinem Aufsatz: Die Verordnungen über die Ehrengerichte und den Zweikampf unter Offizieren vom 20. Juli 1843, abgedruckt in: Militärische Schriften weiland Kaiser Wilhelms des Großen Majestät, Bd. 1, Berlin 1897, S.441ff. (S.441).

[364] Entwurf der Verordnung über die Ehrengerichte in der Armee vom 6. November 1839, in: GStA PK, IV. HA. (Preußische Armee) Rep. 16 Militärvorschriftensammlung, Nr.488.

wiederum nicht die Zustimmung des Königs fand.[365] Kurz darauf starb Friedrich Wilhelms. III. Nicht nur wegen seines Todes wurde die Arbeit an einer neuen Ehrengerichtsverordnung unterbrochen.[366] Es hatte sich

> „... entgegen der Auffassung gegenüber, welche die Sache als sehr dringend und einer Feststellung im höchsten Grade bedürftig ansah, der Standpunkt geltend [..] [gemacht], daß die bisherigen Bestimmungen, namentlich die Verordnung vom 15. Februar 1821, sich im Wesentlichen durchaus bewährt hätten und eine Neubearbeitung nicht erforderlich sei."[367]

Sein Nachfolger Friedrich Wilhelm IV., der schon als Kronprinz mit der Arbeit der Kommission nicht einverstanden gewesen war,[368] lehnte den Erlaß einer Ehrengerichtsverordnung in der vorliegenden Form ab und legte deren Erarbeitung in die Verantwortung des späteren Generalfeldmarschalls Hermann v. Boyen[369], der seit der Thronbesteigung Friedrich Wilhelms IV. wieder Kriegsminister[370] war.[371] Dieser setzte sogleich eine Kommission unter seiner Leitung

---

[365] *Prinz von Preußen*, Die Verordnungen über die Ehrengerichte und den Zweikampf unter Offizieren vom 20. Juli 1843, abgedruckt in: Militärische Schriften weiland Kaiser Wilhelms des Großen Majestät, Bd. 1, Berlin 1897, S.441ff. (S.441).

[366] *Prinz von Preußen*, Die Verordnungen über die Ehrengerichte und den Zweikampf unter Offizieren vom 20. Juli 1843, abgedruckt in: Militärische Schriften weiland Kaiser Wilhelms des Großen Majestät, Bd. 1, Berlin 1897, S.441ff. (S.441) sowie *Meinecke*, Das Leben des Generalfeldmarschalls Hermann von Boyen, Bd. 2, Stuttgart 1899, S.514f. König Friedrich Wilhelm III. starb am 07. Juni 1840 in Berlin. Daraufhin bestieg sein Sohn Friedrich Wilhelm IV. den preußischen Thron.

[367] *Prinz von Preußen*, Die Verordnungen über die Ehrengerichte und den Zweikampf unter Offizieren vom 20. Juli 1843, abgedruckt in: Militärische Schriften weiland Kaiser Wilhelms des Großen Majestät, Bd. 1, Berlin 1897, S.441ff. (S.441).

[368] Ebenda.

[369] Hermann Ludwig Leopold Gottlieb von Boyen (1771-1848) war preußischer Generalfeldmarschall und Kriegsminister und gilt neben Scharnhorst und Clausewitz als bedeutendster Heeresreformer, DBE, Bd. 2, S.51; siehe die umfassende Biographie von: *Meinecke*, Das Leben des Generalfeldmarschalls Hermann von Boyen, 2 Bände, Stuttgart 1896-99 sowie v. Boyens Aufzeichnungen über Militärrecht und Disziplinierung der Armee: Über Militärstrafgesetzgebung, in: GStA PK, VI. HA, Nachlaß Generalfeldmarschall Hermann v. Boyen, 515; Über Strafen der Soldaten, in: GStA PK, VI. HA, Nachlaß Generalfeldmarschall Hermann v. Boyen, 516; Über die Erziehung des Offizier=Corps und Bildungs=Anstalten für Officiere, insbesondere die allgemeine Kriegsschule von 1819, in: GStA PK, VI. HA, Nachlaß Generalfeldmarschall Hermann v. Boyen, 394; Bericht über die Einführung von Ehren= und Sittengerichten bei dem 36. Infanterie=Regiment von 1819, in: GStA PK, VI. HA, Nachlaß Generalfeldmarschall Hermann v. Boyen, 380;

[370] Generalfeldmarschall von Boyen war schon von 1814-1819 preußischer Kriegsminister gewesen, bis ihn Auseinandersetzungen um die Landwehrreform zum Rücktritt zwangen. König Friedrich Wilhelm IV. setzte ihn wegen seiner großen Erfahrung 1841 wieder in sein altes Amt ein.

ein, in die er außer sich selbst die Generalfeldmarschälle Karl Friedrich Freiherr von dem Knesebeck, Friedrich Freiherr von Müffling und die Generäle Leopold von Natzmer, Anton Graf zu Stolberg-Wernigerode und Karl Heinrich von Borstell berief.[372] Sie orientierte sich bei ihrer Arbeit an den Ausarbeitungen des preußischen Generalauditeurs Friccius, einem der bedeutendsten Militärjuristen seiner Zeit.[373] Der König nahm durch seine Schrift *„Grundzüge für die künftige Einrichtung der Ehrengerichte und die Behandlung der Zweikämpfe"* an der Arbeit teil.[374]

Für v. Boyen ging die Bedeutung der zu erarbeitenden Verordnung weit über deren eigentlichen Anwendungsbereich hinaus:

> „... [Es sollten] die Keime zu einer neuen vollständigen Gesetzgebung über Standes- und bürgerliche Ehre, deren konsequente Entwicklung ein dringendes Zeitbedürfnis befriedigen würde, [ausgesät werden]"[375]

Die durch v. Boyen eigenhändig verfaßten Regelungen umfaßten 54 Paragraphen zur Ehrengerichtsverordnung sowie 36 Paragraphen *„über die Behandlung der Beleidigungen und die möglichste Verhinderung des Zwei-kampfes unter Offizieren des preußischen Heeres, sowie über die Bestrafung desselben"*[376]. Der endgültige Entwurf wurde am 18. April 1842 dem Major von Griesheim zur Überarbeitung übergeben. Er sollte daraus eine Gesetzesvorlage erarbeiten.[377] Der Entwurf traf auf breite Zustimmung innerhalb der Generalität[378]: Er wurde

---

[371] Siehe dazu das Schreiben des Geheimen Staats- und Schatzministers v. Thile an General v. Boyen vom 25. Juni 1842, in: GStA PK, I. HA (Justizministerium) Rep. 89, Nr.32 238.

[372] *Dieners*, Das Duell und die Sonderrolle des Militärs, Berlin 1992, S.194.

[373] Carl Friccius (1779-1856) war über mehrere Jahrzehnte hinweg als Generalauditeur der höchste preußische Militärbeamte und gab die Preußische Militair-Gesetz-Sammlung heraus; siehe auch *Friccius*, Das preußische Militair=Strafrecht wie es besteht, Berlin und Elbing 1835, sowie *Prinz von Preußen*, Die Verordnungen über die Ehrengerichte und den Zweikampf unter Offizieren vom 20. Juli 1843, abgedruckt in: Militärische Schriften weiland Kaiser Wilhelms des Großen Majestät, Bd. 1, Berlin 1897, S.441ff. (S.441).

[374] Zitiert nach *Prinz von Preußen*, Die Verordnungen über die Ehrengerichte und den Zweikampf unter Offizieren vom 20. Juli 1843, abgedruckt in: Militärische Schriften weiland Kaiser Wilhelms des Großen Majestät, Bd. 1, Berlin 1897, S.441ff. (S.441).

[375] Zitiert nach *Meinecke*, Das Leben des Generalfeldmarschalls Hermann von Boyen, Bd. 2, Stuttgart 1899, S.515f.

[376] Zitiert nach *Demeter*, Das Deutsche Offizierkorps in Gesellschaft und Staat, S.125.

[377] *Prinz von Preußen*, Die Verordnungen über die Ehrengerichte und den Zweikampf unter Offizieren vom 20. Juli 1843, abgedruckt in: Militärische Schriften weiland Kaiser Wilhelms des Großen Majestät, Bd. 1, Berlin 1897, S.441ff. (S.441).

[378] Zitiert nach *Demeter*, Das deutsche Offizierkorps 1650-1945, Frankfurt a. Main 1962, S.126, Fußnote 18.

an alle Korpskommandeure, also an die Kommandierenden Generäle, sowie an den Chef des Generalstabes von Krauseneck und an mehrere hochrangige Mitglieder des Königshauses und an einige andere Generäle versandt, die sich fast alle positiv über den Entwurf äußerten. Gleichwohl nahm der Kronprinz[379] vor allem wegen seiner abweichenden Auffassung vom Zweck der Ehrengerichte eine ablehnende Haltung ein.[380] In § 1 des Entwurfes hieß es:

„Der Zweck jedes Ehrengerichts ist, die gemeinschaftliche Ehre der Genossenschaft und die jedes Einzelnen zu bewahren (Vergehungen und deren Wiederkehr durch wohlwollende Warnung zu verhindern, da, wo es nöthig sein sollte, auf Verweise oder Versetzung, und wenn dies wegen der Grösse des Ver-gehens oder der öfteren Wiederholung nicht genügen sollte), auf die Entfernung eines solchen unwürdigen Mitgliedes anzutragen, damit auf diesem Wege die Ehre des preussischen Offiziersstandes in ihrer Reinheit erhalten und der gute Ruf jedes Mitgliedes sowie des Ganzen unbefleckt bleibe.[381]

Kronprinz Wilhelm bemerkte dazu, daß

„[n]ach der Fassung dieses Paragraphen [..] es den Anschein [gewinnt], als solle das Ehrengericht zum Wächter der Offiziersehre bestellt werden. Damit bin Ich nicht einverstanden. Denn das Ehrengericht soll nur über bestimmte zur Sprache gebrachte Vorfälle seine Meinung aussprechen. Die dem Ehrengerichte hier beige-legten Attribute stehen dem vorgesetzten Dienstobern zu, dem für die vorkom-menden Fälle der Ehrenrath zur Erörterung, das Ehrengericht zur gutachterlichen Beurtheilung in Form eines Erkenntnisses beigegeben ist."[382]

Deshalb solle der Zweck folgendermaßen festgelegt sein:

---

[379] Wilhelm I., geb. 22.03.1797 in Berlin, gest. am 09.03.1888 in Berlin, wurde als zweiter Sohn König Friedrich Wilhelms III. geboren und rückte anläßlich des Thronwechsels nach dem Tode seines Vaters im Jahr 1840 zum Thronfolger mit dem Titel *„Prinz von Preußen"* auf. 1857 wurde er zum Stellvertreter seines erkrankten Bruders, Friedrich Wilhelm IV., und 1858 zum Prinzregenten bestimmt. Nach dem Tod seines Bruders wurde er 1861 König von Preußen und nach dem Krieg gegen Frankreich im Jahr 1871 deutscher Kaiser; DBE Bd.10, S.501f.

[380] *Prinz von Preußen*, Die Verordnungen über die Ehrengerichte und den Zweikampf unter Offizieren vom 20. Juli 1843, abgedruckt in: Militärische Schriften weiland Kaiser Wilhelms des Großen Majestät, Bd. 1, Berlin 1897, S.441ff. (S.442ff.).

[381] Abgedruckt bei: *Prinz von Preußen*, Die Verordnungen über die Ehrengerichte und den Zweikampf unter Offizieren vom 20. Juli 1843, abgedruckt in: Militärische Schriften weiland Kaiser Wilhelms des Großen Majestät, Bd. 1, Berlin 1897, S.441ff. (S.442).

[382] *Prinz von Preußen*, Die Verordnungen über die Ehrengerichte und den Zweikampf unter Offizieren vom 20. Juli 1843, abgedruckt in: Militärische Schriften weiland Kaiser Wilhelms des Großen Majestät, Bd. 1, Berlin 1897, S.441ff. (S.442f.).

„Durch die ehrengerichtlichen Institutionen sollen die Militäroberen in den Stand gesetzt werden, um so kräftiger die Ehre der Genossenschaft sowie des Einzelnen zu bewachen und auf die Entfernung jedes unwürdigen Mitgliedes anzutragen, damit die Ehre des vaterländischen Offizierstandes in ihrer Reinheit erhalten und der gute Ruf jedes Mitgliedes sowie des Ganzen unbefleckt bleibe."[383]

Wilhelm hatte grundlegend andere Vorstellungen von der Organisation der Ehrengerichte. So sollten die ehrengerichtlichen Verfahren den Regimentern entzogen und in die Kompetenz der Armeekorps und damit der Kommandierenden Generäle überführt werden.[384] Erstmals sollte eine Revisionsinstanz als *„Ober=Ehrengerichtshof"* geschaffen werden, der seinen Sitz in Berlin unter Vorsitz des Kriegsministers haben sollte.[385]

Prinz Wilhelm übte auch Kritik an der bisherigen Arbeit der Ehrengerichte:

„Obgleich das Institut der Ehrengerichte schon 1808 ins Leben getreten ist, so hat dasselbe doch bisher nicht vermocht, bei der Armee bestimmte und richtige Grundsätze in Ehrensachen allgemein zu verbreiten und eine Stetigkeit der Standessitte und der darauf begründeten Urte[i]lssprüche zu begründen.
Dies hat hauptsächlich darin seinen Grund, daß im Allgemeinen nur sehr wenige ehrengerichtliche Untersuchungen vorkommen und die einzelnen Offizierkorps keine Gelegenheit haben, bestimmte Grundsätze anzunehmen und zu befolgen.
Hieraus wird es erklärbar, daß noch gegenwärtig häufig Fälle vorkomme, in denen ein und desselben Vergehens wegen ein Offizierkorps den Angeschuldigten verurtheilt, das andere aber denselben völlig freispricht, ja, wo sogar von einem und demselben Offizierkorps einander völlig ähnliche Fälle ganz verschieden beurtheilt und entschieden werden."[386]

Der an allem Soldatischen zutiefst interessierte Kronprinz blieb in der Folge mit seinen Ansichten weitgehend isoliert und konnte sich mit seinen Bestrebungen

---

383 *Prinz von Preußen*, Die Verordnungen über die Ehrengerichte und den Zweikampf unter Offizieren vom 20. Juli 1843, abgedruckt in: Militärische Schriften weiland Kaiser Wilhelms des Großen Majestät, Bd. 1, Berlin 1897, S.441ff. (S.443).

384 *Prinz von Preußen*, Die Verordnungen über die Ehrengerichte und den Zweikampf unter Offizieren vom 20. Juli 1843, abgedruckt in: Militärische Schriften weiland Kaiser Wilhelms des Großen Majestät, Bd. 1, Berlin 1897, S.441ff. (S.449ff.).

385 *Prinz von Preußen*, Die Verordnungen über die Ehrengerichte und den Zweikampf unter Offizieren vom 20. Juli 1843, abgedruckt in: Militärische Schriften weiland Kaiser Wilhelms des Großen Majestät, Bd. 1, Berlin 1897, S.441ff. (S.450f.).

386 *Prinz von Preußen*, Die Verordnungen über die Ehrengerichte und den Zweikampf unter Offizieren vom 20. Juli 1843, abgedruckt in: Militärische Schriften weiland Kaiser Wilhelms des Großen Majestät, Bd. 1, Berlin 1897, S.441ff. (S.449).

nicht durchsetzen.[387] Bis zur Mitte des Jahres 1843 wurde gleichwohl am Entwurf weitergearbeitet, da es häufige Änderungswünsche des Monarchen Friedrich Wilhelm IV. sowie auch v. Boyens selbst gab. Erst am 15. Juni 1843 konnte dieser einen *„letzten Vortrag an Allerhöchster Stelle“*[388] halten. Am 20. Juli 1843 wurden die *„Verordnung über die Ehrengerichte“* [389], auch Verordnung I[390] genannt, sowie die *„Verordnung über das Verfahren der Ehrengerichte bei Untersuchung der zwischen Offizieren vorfallenden Streitigkeiten und Beleidigungen, sowie über Bestrafung des Zweikampfes unter Offizieren“*[391], auch Verordnung II genannt, vom König erlassen.

bb) Abgrenzung von Ehrengerichtsbarkeit, Disziplinarstrafrecht und Militärgerichtsbarkeit

Die durch die Ehrengerichte ausgesprochenen Strafen standen bezüglich der Einordnung in das Militärstrafensystem zwischen den disziplinarischen Massnahmen einerseits und der militärischen Strafgerichtsbarkeit andererseits.[392] Reichte also disziplinarisches Einschreiten nicht aus, so war der Angeklagte einem Ehrengerichtsverfahren zu unterziehen; erfüllte die fragliche Handlung den Tatbestand eines Strafgesetzes, hatte ein förmliches Strafgerichtsverfahren Vorrang vor dem Ehrengerichtsverfahren.[393]

cc) Das Erlaßverfahren der Ehrengerichtsverordnung von 1843

Die Kompetenz des preußischen Königs zum Erlaß von Rechtssätzen ergab sich aus § 6 des 13. Titels des Zweyten Theils des ALR.[394] Diese Regelung legte fest, daß dem Regenten das alleinige Recht zustand, Gesetze zu erlassen, wieder auf-

---

[387] *Demeter*, Das Deutsche Offizierkorps in Gesellschaft und Staat 1650-1945, Frankfurt a. Main 1962, S.126.

[388] *Prinz von Preußen*, Die Verordnungen über die Ehrengerichte und den Zweikampf unter Offizieren vom 20. Juli 1843, abgedruckt in: Militärische Schriften weiland Kaiser Wilhelms des Großen Majestät, Bd. 1, Berlin 1897, S.441ff. (S.442).

[389] Allerhöchste Verordnungen über I. die Ehrengerichte und II. über das Verfahren bei Untersuchung der zwischen Offizieren vorfallenden Streitigkeiten und Beleidigungen, sowie über die Bestrafung des Zweikampfs unter Offizieren; abgedruckt in: I. HA (Justizministerium) Rep. 89, Nr.32 238; GStA PK, I. HA (Justizministerium) Rep. 77, Tit. 332 y, Nr.33; PrDGC, Bd.1, S.549ff. sowie in: PrGS 1844, S.299ff. (Nr.2484).

[390] Die Verordnungen über die Ehrengerichte und über das Duell wurden am selben Tag, dem 20. Juli 1843, erlassen und wegen ihres inhaltlichen Zusammenhangs *„Verordnung I“* und *„Verordnung II“* genannt.

[391] Abgedruckt in: PrGS 1844, S.308ff. (Nr.2484).

[392] §§ 1ff. EGV [1843] sowie: *Rissom*, Militärstrafrecht, Disziplinarstrafgewalt und Ehrengerichte im deutschen Heere, Berlin 1903, S.1ff.

[393] §§ 1ff. EGV [1843].

[394] Abgedruckt in: *Hattenhauer* [Hrsg.], Allgemeines Landrecht für die preußischen Staaten von 1794, Neuwied/Kriftel/Berlin 1994, S.595.

zuheben und Erklärungen mit Gesetzeskraft abzugeben. Aus dem 13. Titel des ALR ging darüber hinaus hervor, daß der preußische König Inhaber der gesamten Staatsgewalt war.[395] Weitere Verfahrensvorschriften für den Erlaß von Verordnungen gab es nicht.

Die Ehrengerichtsverordnung wurde erst 1844 - ein Jahr nach deren Erlaß - in der preußischen Gesetzessammlung veröffentlicht.[396] Grund hierfür war, daß

> „... einige Civilgerichte gegen die Befugniß der in der Armee bestehenden Ehrengerichte zur eidlichen Vernehmung von Civilpersonen in ehrengerichtlichen Untersuchungen [Einwände] erhoben haben...“.[397]

Deshalb bestimmte König Friedrich Wilhelm IV.,

> „... daß jedermann im Staate, ohne Unterschied des Standes, in ehrengerichtlichen Untersuchungen sich als Zeuge vernehmen zu lassen, schuldig ist, und der Vorladung zur eidlichen Vernehmung als Zeuge in einer solchen Untersuchung [..] bei Vermeidung der im § 312 Kriminalordnung[398] angedrohten Strafen genügt werden muß.“[399]

Die Ehrengerichtsverordnung mußte aus diesem Zweck auch den preußischen Gerichten zur Kenntnis gebracht werden, da sie deren Arbeit berührte. Anlaß zum Abdruck der Ehrengerichtsverordnung war mithin nicht eine bei Gesetzen sonst übliche Veröffentlichung, um sie mit Gesetzeskraft auszustatten, sondern die Ermöglichung der Kenntnisnahme durch die zivilen Behörden.[400]

dd) Rechtscharakter ehrengerichtlicher Erkenntnisse

Am Anfang des 19. Jahrhunderts hatte ein ehrengerichtliches Erkenntnis durch dessen direkte Rechtsfolge, den Avancementverlust, für die Betroffenen den

---

[395] Zweyter Theil, Dreyzehnter Titel, §§ 1, 4 ALR, abgedruckt in: *Hattenhauer* [Hrsg.], Allgemeines Landrecht für die preußischen Staaten von 1794, Neuwied/Kriftel/Berlin 1994, S.595.

[396] Abgedruckt in: PrGS 1844, S.299-308.

[397] Allerhöchste Kabinetsordre vom 18. Juli 1844, betreffend die allgemeine Verpflichtung zur eidlichen Vernehmlassung als Zeuge in ehrengerichtlichen Untersuchungssachen, abgedruckt in: PrGS 1844, S.299.

[398] § 312 Criminal=Ordnung für die Preußischen Staaten vom 11. Dezember 1805, abgedruckt in: Allgemeines Criminalrecht für die Preußischen Staaten.

[399] Allerhöchste Kabinetsordre vom 18. Juli 1844, betreffend die allgemeine Verpflichtung zur eidlichen Vernehmlassung als Zeuge in ehrengerichtlichen Untersuchungssachen, abgedruckt in: PrGS 1844, S.299.

[400] *v. Gross*, Charakter und Rechtsgrundlage der preußischen Militär=Ehrengerichtsbarkeit („Fall Gaedke“), Göttingen 1917, S.26f.

Rechtscharakter eines gerichtlichen Urteils.[401] Mit der Einführung des königlichen Bestätigungsrechtes im Jahr 1821 hatte sich dies geändert, da nun die endgültige Entscheidung über eine mögliche Sanktionierung dem König vorbehalten war.[402] Unmittelbare Rechtsfolgen hatte der ehrengerichtliche Spruch ab diesem Zeitpunkt nicht mehr.

(1) Rechtsgutachten oder Urteil

Der seit 1821 bestehende Bestätigungsvorbehalt wurde 1843 beibehalten. Weiterhin blieb der König allein entscheidungsbefugt.[403] Der Charakter des ehrengerichtlichen Spruches blieb ein gutachterlicher. Der § 1 EGV [1843] besagte, daß die Ehrengerichte dem König die *„Entfernung unwürdiger Mitglieder aus der Genossenschaft anzutragen"* hatten, wenn es zu einem Schuldspruch kam.[404] Friedrich Wilhelm IV. hatte nicht die Absicht, sich in seiner absoluten Befehlsgewalt einschränken zu lassen. Ihm waren die Ehrengerichte unterstützende Gremien bei seiner Entscheidung.[405]

(2) Die Sanktionen der Ehrengerichte

Die nach der Ehrengerichtsverordnung zulässigen Erkenntnisse lauteten auf:

> „...a) [..] eine Warnung;
> b) auf Entlassung aus dem Dienst;
> c) auf Entfernung aus dem Offizierstand, mit welcher der Verlust des Titels, der Charge und die Unfähigkeit zur Wiederanstellung als Offizier verbunden ist;
> d) auf Verlust des Rechts, die Militair=Uniform zu tragen, als Strafe für die im § 3 unter Nr. 6.[406] aufgeführten Offiziere;
> e) auf Entfernung aus dem bisherigen Wohnort, als Strafe für die ebenda unter Nr. 3. und 4.[407] aufgeführten Offiziere [lauten]."[408]

---

[401] Verordnung wegen der Militair=Strafen vom 3. August 1808, abgedruckt in: GStA PK, I. HA (Justizministerium) Rep. 84a Justizministerium, Nr.1101.

[402] Allerhöchste Kabinetsordre vom 15. Februar 1821., betreffend das Verfahren bei den Ehrengerichten., abgedruckt in: PrMGS Bd.1, S.175ff.

[403] §§ 50ff. EGV [1843].

[404] § 1 EGV [1843] lautete: *„Der Zweck der Ehrengerichte ist: die gemeinsame Ehre der Genossenschaft, sowie die Ehre des einzelnen zu wahren; gegen diejenigen Mitglieder, deren Benehmen dem richtigen Ehrgefühl oder den Verhältnissen des Offizierstandes nicht entspricht, auf dem hier weiterhin bezeichneten Wege einzuschreiten und, wo es nötig, auf die Entfernung unwürdiger Mitglieder aus der Genossenschaft anzutragen, damit die Ehre des preußischen Offizierstandes in ihrer Reinheit erhalten und der gute Ruf jedes Mitgliedes, sowie des ganzen, unbefleckt bleibe."*

[405] Siehe auch: *v. Gross*, Charakter und Rechtsgrundlage der preußischen Militär=Ehrengerichtsbarkeit („Fall Gaedke"), Göttingen 1917, S.24ff.

[406] Gemäß § 3 Nr.6 EGV [1843] galt Das für die *„verabschiedeten Offiziere, denen die Erlaubnis ertheilt worden ist, Militair=Uniform zu tragen"*.

Nach Ansicht der Militärjuristen standen diese Strafmöglichkeiten in einem Stufenverhältnis zueinander.[409] Als schwerste zu verhängende Strafe war die *„Entfernung aus dem Offizierstande"* anzusehen, da sie im Gegensatz zur Dienstentlassung den endgültigen Ausschluß aus dem Heer ohne die Möglichkeit des Wiedereintritts zur Folge hatte.[410]

Der in § 4 aufgeführte Strafenkatalog war abschließend. Nach § 41 EGV [1843] sollte jedes Votum des Ehrengerichts, das ein dem Katalog des § 4 EGV [1843] nicht entsprechendes Erkenntnis enthielt, vom König zurückgewiesen werden.[411] Neue Strafmöglichkeiten waren die *„Warnung"*, der *„Verlust des Rechtes, die Militair=Uniform zu tragen"* sowie die *„Entfernung aus dem bisherigen Wohnort"*.

(a) Entfernung aus dem Offizierstande

Die *„Entfernung aus dem Offizierstande"* sollte erfolgen, wenn sich aus Handlungen des Angeklagten ein Mangel an *„patriotischer"* oder *„ehrliebender"* Gesinnung ergab und dieser sich dadurch *„verächtlich"* gemacht hatte.[412] Ein Beispiel für einen Mangel an ehrliebender Gesinnung war das vorsätzliche Brechen oder ein leichtfertiges Geben des Ehrenwortes. Nur in einem solchen Fall war dieses schwerwiegende Erkenntnis angemessen.[413] Für diese Interpretation der Voraussetzungen einer *„Entfernung aus dem Offizierstande"* sprach auch der Wortlaut des § 2 des *„Gesetz[es] über die Entziehung oder Suspension ständischer Rechte wegen bescholtenen oder angefochtenen Rufes"* aus dem Jahre 1847, der

---

[407] Diese Regelung bezog sich auch auf den Wortlaut des § 3 EGV [1843], der sich wiederum auf die *„mit Inaktivitäts=Gehalt stehenden Offiziere"* sowie die mit *„Vorbehalt der Dienstverpflichtung aus dem stehenden Heer ausgeschiedenen Offiziere"* bezog.

[408] § 4 EGV [1843].

[409] *Fleck*, Erläuterungen zu den Verordnungen über die Ehrengerichte im Preußischen Heere und über die Bestrafung der Offiziere wegen Zweikampfs, 1. Auflage 1848, S.9f., *Weiterer*, Die rechtliche Natur der Offiziers-Ehrengerichte und der Ehrengerichtsverordnungen, Münster 1913, S.16ff. Auf welche Strafe im Einzelfall zu erkennen war, sollte von der Schwere des Vergehens abhängen und nicht der Willkür des Gerichts überlassen sein.

[410] Siehe oben den Abschnitt *Die preußische Offizierehrengerichtsbarkeit von 1808 bis 1843*, Kap. II Nr.3 b).

[411] § 41 EGV [1843].

[412] *Fleck*, Erläuterungen zu den Verordnungen über die Ehrengerichte im Preußischen Heere und über die Bestrafung der Offiziere wegen Zweikampfs, 1. Auflage 1848, S.10f.

[413] *Fleck*, Erläuterungen zu den Verordnungen über die Ehrengerichte im Preußischen Heere und über die Bestrafung der Offiziere wegen Zweikampfs, 1. Auflage 1848, S.10f.

„... von der Ausübung ständischer Rechte gänzlich [..] diejenigen [ausschloß], welche 1) durch ein von Uns[414] bestätigtes militairisches Ehrengericht zu einer der im § 4 lit c. und d. Unserer Verordnung vom 20. Juli 1843. bezeichneten Strafen[415] verurtheilt [worden waren]." [416]

Auf die Entfernung aus dem Offizierstande konnte gegen alle, den Ehrengerichten gemäß § 3 EGV [1843] unterstellte Offiziere erkannt werden. Die Rechtsfolgen der *„Entfernung aus dem Offizierstande"* standen der gleichlautenden Ehrenstrafe des preußischen Militärstrafrechts gleich.[417]

(b) Entlassung aus dem Dienste

Verstöße gegen den Ehrbegriff der Offiziere, die als nicht so schwerwiegend anzusehen waren, sollten nicht mit dem dauernden Verlust der Wiedereintrittsfähigkeit ins preußische Heer, sondern mit der *„Entlassung aus dem Dienste"* geahndet werden.[418] Durch sie verlor der Verurteilte seine dienstliche Stellung als Offizier und alle durch den bisherigen militärischen Dienst erworbenen Ansprüche, also auch den Pensions- oder Versorgungsanspruch.[419] Weiter durfte er keine Militäruniform mehr tragen und bekam keine ehrenhafte Entlassung. Als Entlassungsbescheid galt die ehrengerichtliche Erkenntnis zusammen mit der königlichen Bestätigungsorder.[420] Im Gegensatz zur Entfernung aus dem Offizierstand behielt der Entlassene jedoch den Diensttitel sowie sein Offizierpatent.[421] War für die Entfernung aus dem Offizierstand noch ein besonders schwerer Verstoß gegen die Ehre des Offizierstandes notwendig, so war dieses Merkmal nach Auffassung *Flecks* für die Dienstentlassung nicht mehr erforderlich.[422] Jedoch sei für die Dienstentlassung die Feststellung mangelnden *„Ehrgefühls"* notwendiges Erfordernis für die Verhängung dieser Strafe.[423]

---

[414] D. h. durch König Friedrich Wilhelm IV. höchstpersönlich.

[415] § 4 c. EGV [1843] sieht die *„Entfernung aus dem Offizierstande"*, § 4 d. EGV [1843] den *„Verlust des Rechts, Offizier=Uniform zu tragen"* vor.

[416] Gesetz über die Entziehung oder Suspension ständischer Rechte wegen bescholtenen oder angefochtenen Rufes. Vom 23. Juli 1847, abgedruckt in: PrGS 1847, S.279ff. (S.279).

[417] Siehe oben Abschnitt *Entfernung aus dem Offizierstande*, Kap. II Nr.2 b) dd) 3).

[418] § 4 b) EGV [1843] sowie *Fleck*, Erläuterungen zu den Verordnungen über die Ehrengerichte im Preußischen Heere und über die Bestrafung der Offiziere wegen Zweikampfs, 1. Auflage 1848, S.11.

[419] § 47 T. I PrMStGB [1845]: *„Durch die Dienstentlassung wird der Offizier seiner Stelle und aller durch den Dienst erworbenen Ansprüche verlustig."*.

[420] *Fleck*, Erläuterungen zu den Verordnungen über die Ehrengerichte im Preußischen Heere und über die Bestrafung der Offiziere wegen Zweikampfs, 1. Auflage 1848, S.11.

[421] *Fleck*, Erläuterungen zu den Verordnungen über die Ehrengerichte im Preußischen Heere und über die Bestrafung der Offiziere wegen Zweikampfs, 1. Auflage 1848, S.12.

[422] Ebenda.

[423] Ebenda.

(c) Strafen gegen verabschiedete Offiziere

Die Ehrengerichtsverordnung von 1843 kannte auch Strafen gegen verabschiedete Offiziere. Wenn ein Ehrengericht feststellte, daß verabschiedete Offiziere mit Recht zum Tragen der Uniform über ihren Abschied hinaus gegen den Ehrenkodex verstoßen hatten, wurde dieses ihnen aberkannt.[424] Die Voraussetzungen für den *„Verlust des Diensttitels und des Rechts zur Anlegung der Militair=Uniform"* richteten sich nach jenen der *„Entfernung aus dem Offizierstande"*.

(d) Warnung

Die leichteste Strafe des Strafenkataloges war die Warnung gemäß § 4 a) EGV [1843]. Sie konnte gegen jeden Offizier, der gemäß § 3 Nr.1. bis 6. EGV [1843] der Zuständigkeit der Ehrengerichtsverordnung unterlag, verhängt werden. Mit den Voraussetzungen und Folgen einer *„Warnung"* beschäftigte sich die *„Cirkular-Verfügung"* des preußischen Kriegsministeriums vom 05. November 1843.[425] Danach wurde deren Verhängung empfohlen, wenn die dienstliche Stellung des Offiziers und das Ansehen des Offizierstandes durch *„unrichtige Wahl des Umgangs, durch unregelmäßige Lebensweise oder sonst auf Abwege geraten"* war.[426] Die Warnung durfte nach der Publikation des Erkenntnisses, die durch den Ehrenrat zu erfolgen hatte, nicht durch den Kommandeur oder einen sonstigen Vorgesetzten besonders ausgesprochen oder in die *„Parole=Bücher"*[427], ähnlich wie bei einem Verweis, eingetragen werden.[428]

(e) Entfernung aus dem bisherigen Wohnort

Die in § 4 e) EGV [1843] für inaktivierte, oder noch nicht verabschiedete Offiziere vorgesehene *„Entfernung aus dem bisherigen Wohnort"* ergänzte den Strafenkatalog. Neben dem Wohnortwechsel entfaltete sie keine weitere Wirkung; die Dienststellung und auch die schon erworbenen Pensionsansprüche

---

424 § 4 d. in Verbindung mit § 3 Nr.6 EGV [1843].

425 Cirkular=Verfügung des Kriegsministeriums vom 5. November 1843, betreffend die Ausführung der Allerhöchsten Verordnungen vom 20. Juli 1843 über die Ehrengerichte und die Bestrafung der Duelle unter Offizieren, abgedruckt in: PrMGS Bd.3, S.106ff.

426 *Fleck*, Die Verordnungen über die Ehrengerichte im Preußischen Heere und über die Bestrafung der Offiziere wegen Zweikampfs, 3. Auflage 1865, S.13.

427 Die Parole=Bücher sind Akten einer militärischen Einheit, in die schwerere Verfehlungen oder besondere Vorkommnisse eingetragen wurden.

428 Nr.2 ad § 4 der Cirkular=Verfügung des Kriegsministeriums vom 5. November 1843, betreffend die Ausführung der Allerhöchsten Verordnungen vom 20. Juli 1843 über die Ehrengerichte und die Bestrafung der Duelle unter Offizieren, abgedruckt in: PrMGS Bd.3, S.106ff. (S.107).

wurden nicht berührt.[429] Für aktive Offiziere gab es eine entsprechende Strafe, etwa eine *„Strafversetzung"*, nicht.

ee) Zweck und Aufgabe der Ehrengerichte

Zur Aufgabe der Ehrengerichte gehörte vor allem die Aufrechterhaltung der Standesehre des Offizierkorps.[430] Zu diesem Zweck sollten Ehrengerichte die ordnungsgemäße Austragung von Zweikämpfen überwachen:

> „Wäre die Einrichtung der Ehrengerichte nicht geschaffen worden, so wäre den Offizieren bei Ehrenhändeln nichts anderes übrig geblieben, als sie ihren Vorgesetzten zu unterbreiten oder in einem nicht geordneten Verfahren unter sich zum Austrag zu bringen; ja, es wäre zu befürchten gewesen, daß in Ermangelung eines solchen Verfahrens ehrenrührige Handlungen manchmal überhaupt nicht verfolgt würden."[431]

Man wollte sich die Möglichkeit erhalten, als Offizierstand gegen Kameraden vorgehen zu können, die sich dem strengen Ehrenkodex nicht unterwerfen wollten.[432] Es galt aber auch, den einzelnen Offizier zu beschützen, indem dieser bei ungerechtfertigten Anschuldigungen ein Verfahren gegen sich selbst anstrengen konnte, um seine Unschuld zu beweisen.[433]

ff) Zuständigkeit der Ehrengerichte

Unter den in § 2 Nr.1 a) -h) EGV [1843] genannten Handlungen und Unterlassungen, die in die Kompetenz der Ehrengerichte fielen, befanden sich auch solche, die im Militärstrafgesetzbuch unter Strafe gestellt waren. Dies sollte aber nach einhelliger Auffassung nicht dazu führen, daß durch ein ehrengerichtliches Verfahren eine militärgerichtliche Untersuchung ausgeschlossen werden sollte.[434] Vielmehr konnten mit Strafe bedrohte Handlungen erst nach Abschluß eines Strafverfahrens zum Gegenstand eines Ehrengerichtsverfahrens werden.[435] Zu einem ehrengerichtlichen Verfahren sollte es kommen, wenn sich bei der gerichtlichen Untersuchung Umstände ergaben, die den Vor-

---

[429] *Fleck*, Erläuterungen zu den Verordnungen über die Ehrengerichte im Preußischen Heere und über die Bestrafung der Offiziere wegen Zweikampfs, 1. Auflage 1848, S.13.

[430] Siehe oben den Abschnitt *Begriff der „Ehre"*, Kap. I. Nr.1 b).

[431] *Weiterer*, Die rechtliche Natur der Offiziers-Ehrengerichte und Ehrengerichtsverordnungen, Münster 1913, S.16.

[432] *Dieners*, Das Duell und die Sonderrolle des Militärs, Berlin 1992, S.263ff.

[433] § 24 S.1 EGV [1843].

[434] *Fleck*, Erläuterungen zu den Verordnungen über die Ehrengerichte im Preußischen Heere und über die Bestrafung der Offiziere wegen Zweikampfs, 1. Auflage 1848, S.5f.

[435] Dazu mußten sich im Laufe des Gerichtsverfahrens Anhaltspunkte für einen Verstoß gegen den Ehrenkodex ergeben haben, § 24 S.2 EGV [1843].

wurf eines dem Ehrbegriff widersprechenden Verhaltens begründeten.[436] Die Möglichkeit eines ehrengerichtlichen Nachverfahrens wurde erstmals im Jahr 1823 zugelassen.[437]

Schon die Kabinettsorder aus dem Jahre 1821 hatte bestimmt, daß in den Fällen, für welche die Disziplinargewalt der Vorgesetzten ausreichte, kein ehrengerichtliches Verfahren zugelassen sein durfte.[438] Auf die Begrenzung der ehrengerichtlichen Zuständigkeit weist auch das *„Circulare des Kriegsministerii"* aus dem Jahre 1823 hin, die eine ehrengerichtliche Untersuchung ausschloß, wenn es sich um *„Disciplinar- oder Criminalfälle"* handelte.[439] Auch die Ehrengerichtsverordnung von 1843 änderte nichts an dieser Kompetenzverteilung. Handlungen und Unterlassungen, die in den Strafgesetzen mit Strafe bedroht waren, waren also ebensowenig vor den Ehrengerichten zu verhandeln wie die Verstöße gegen die militärische Ordnung, die gemäß §§ 1ff. der Verordnung vom 21. Oktober 1841[440] sowie nach den Vorschriften des Militärstrafgesetzbuches der Disziplinarbestrafung zu überlassen waren:

> „§ 76.
> Ist in den Militair=Strafgesetzen bei Androhung von Arreststrafen das niedrigste Strafmaaß nicht angegeben, so kann die Strafe innerhalb der Grenzen der Disziplinarstrafgewalt im Disziplinarwege verhängt werden..."

Die Zuständigkeit der Ehrengerichte wurde demnach in der neuen Ehrengerichtsverordnung zwar ausführlicher geregelt, blieb aber fast unverändert.

1) sachliche Zuständigkeit

Die Ehrengerichte hatten einen sehr weit gefaßten Anwendungsbereich, der sich auf

> „... alle Handlungen und Unterlassungen, welche nicht durch besondere Gesetze als strafbar bezeichnet, gleichwohl aber dem richtigen Ehrgefühle oder den Verhältnissen des Offizierstandes zuwider sind [..] [und] die Streitigkeiten und Beleidigungen der Offiziere unter sich, sowie die Anreizung zum Zweikampf [..]

---

436 Siehe dazu das Beispiel II. bei: *v. Bojan*, Ehrengerichte, Disziplinarbestrafung und Beschwerden – Beispiele zum Unterricht, Berlin 1913, S.5ff.

437 Circulare des Kriegs=Ministerii vom 13. November 1823, abgedruckt in: PrMGS Bd.1, S.210ff.

438 Allerhöchste Kabinetsordre vom 15. Februar 1821, abgedruckt in: PrMGS Bd.1, S.175ff.

439 Circulare des Kriegs=Ministerii vom 13. November 1823, abgedruckt in: PrMGS Bd.1, S.210ff.

440 Verordnung über die Disziplinar=Bestrafung in der Armee, vom 21. Oktober 1841, abgedruckt in: PrMGS Bd.3, S.29ff. sowie in: PrGS 1841, S.325ff.

erstreckte.[441] Die Ehrengerichte waren somit für zwei verschiedene Bereiche zuständig: Zuwiderhandlungen gegen den Ehrenkodex und bei der Regelung von Duellen.

(a) Verstöße gegen das richtige Ehrgefühl gemäß § 2 Nr.1 EGV [1843]

Die in § 2 Nr.1 a-h) EGV aufgeführten Fälle waren zunächst Exemplifikationen für Verstöße gegen das in § 2 S. 1 EGV aufgeführte *„richtige* [..] *Ehrgefühl"*. Die Beispiele waren nicht als abschließende Darstellung von Tatbestandsmerkmalen gedacht, sondern wie aus dem Wortlaut des § 2 Nr.1 EGV [1843] hervorgeht, der das Wort *„vorzugsweise"* voranstellte, eine Aufzählung von Handlungen und Unterlassungen sein, die...

> „unverkennbar einen Mangel an Bildung, Gesittung, Pflichttreue oder Unerschrockenheit darthun [..] ohne daß auf jene beispielsweise angeführten Fälle dieser Teil der ehrengerichtlichen Kompetenz hat beschränkt werden ... [sollen]."[442]

Die in § 2 Nr.1 EGV [1843] aufgezählten Beispiele hoben die schwersten und augenfälligsten Verstöße gegen den Ehrenkodex der Offiziere hervor. Eine Beschränkung der Zuständigkeit wäre im Übrigen nicht mit der Intention der militärischen Führung der preußischen Armee in Einklang zu bringen gewesen, da sie die Ehrengerichte auch als Instrument der allgemeinen Disziplinierung ansah und kein Interesse an einer Kompetenzbeschränkung hatte.[443]

(b) Duelle zwischen Offizieren gemäß § 2 Nr.2 EGV [1843]

Bestand zu einem Zweikampf zwischen Offizieren kein dienstlicher Anlaß, so waren die Ehrengerichte gemäß § 2 Nr.2 EGV [1843] demnach auch für solche Streitigkeiten zuständig. Die Unterteilung in dienstliche und außerdienstliche Anlässe war vor allem für die Anwendung der disziplinarischen Vorschriften erheblich, da dienstliche Vorkommnisse als *„Dienstvergehungen"* nach den disziplinarischen Vorschriften zu beurteilen waren.[444] Danach fielen unter § 2 Nr.2 EGV [1843] nur die Vorfälle, die in einem unmittelbaren Zusammenhang mit dem militärischen Dienst standen. Deshalb wurden von der Beurteilung der Ehrengerichte alle Streitigkeiten und Beleidigungen der Offiziere ausgeschlossen, die nach den militärischen Strafvorschriften in einem Gerichtsverfahren zu verhandeln waren: Insubordinationen, Überschreitungen der dienst-

[441] § 2 EGV [1843].

[442] *Fleck*, Erläuterungen zu den Verordnungen über die Ehrengerichte im Preußischen Heere und über die Bestrafung der Offiziere wegen Zweikampfs, 1. Auflage 1848, S.6.

[443] *Dieners*, Das Duell und die Sonderrolle des Militärs, Berlin 1992, S.263ff.

[444] § 5 A. Verordnung über die Disziplinar=Bestrafung in der Armee, vom 21. Oktober 1841, abgedruckt in: PrMGS Bd.3, S.29ff. sowie in: PrGS 1841, S.325ff.

lichen Autorität oder Verstöße gegen ähnliche Vorschriften[445]. Auch Beleidigungen zwischen Vorgesetzten und Untergebenen, selbst wenn sie derselben Hauptklasse angehörten, konnten nicht Gegenstand eines ehrengerichtlichen Verfahrens sein. Dies ergab sich aus § 130 T. I PrMStGB [1845], der solche Vorkommnisse sogar außerhalb des Dienstes als *„Verbrechen gegen die Subordination"* unter Strafe stellte.[446] Beleidigungen von Untergebenen waren gemäß § 187 T. I PrMStGB [1845] *„Mißbrauch der Dienstgewalt"* und ebenso als Straftaten zu ahnden.[447] Sonach erstreckte sich die Kompetenz der Ehrengerichte bezüglich der Streitigkeiten zwischen Offizieren nur auf außerdienstliche Angelegenheiten, die nicht den Tatbestand eines Strafgesetzes erfüllten.

2) persönliche Zuständigkeit

Die Ehrengerichte waren gemäß § 3 EGV [1843] für alle Offiziere mit Ausnahme der Generale zuständig. Dazu gehörten die aktiven Offiziere des preußischen Heeres, der Landwehr und der Gendarmerie bis einschließlich des Dienstranges des Obersten. Weiterhin unterstanden auch die pensionierten und die ein *„Inaktivitätsgehalt"*[448] beziehenden und die verabschiedeten Offiziere der Zuständigkeit der Ehrengerichte. Damit hatte die Ehrengerichtsverordnung von 1843 den Personenkreis der den Ehrengerichten Unterworfenen wesentlich erweitert. Nach der Verordnung vom 28. Januar 1825 hatten nur die Offiziere des stehenden Heeres sowie die unter Vorbehalt entlassenen Offiziere der Zuständigkeit der Ehrengerichte unterstanden.[449]

Es erschien dem preußischen König sowie seinen Beratern notwendig, zwischen den unteren, meist kleinere Einheiten befehlenden Offizieren und dem Generalnachwuchs mit Generalstabsausbildung zu unterscheiden. So wurde die wichtigste Erweiterung der Neuregelung der Ehrengerichtsverordnung die Bildung

---

[445] §§ 123ff. T. I PrMStGB [1845].

[446] § 130 T. I PrMStGB [1845] lautete: *„Beleidigungen der Untergebenen gegen Vorgesetzte, auch wenn sie außer dem Dienst verübt werden, sind als Vergehungen gegen die Subordination anzusehen und* [..] *zu bestrafen."*

[447] § 187 T. I PrMStGB [1845] lautete: *„Beleidigungen der Vorgesetzten gegen Untergebene, auch wenn sie außer dem Dienst verübt worden* [sic!], *sind als Mißbrauch der Dienstgewalt anzusehen und* [..] *zu bestrafen."*

[448] Ein Inaktivitätsgehalt war ein *„Wartegeld"*, das Offiziere, die aus haushaltstechnischen Gründen ausscheiden mussten, bis zu ihrer Wiederanstellung erhielten. Man hätte es mit dem heutigen Arbeitslosengeld vergleichen können; *Anonymus*, Inaktivitätsgehalt, in: *v. Alten/v. Albert* [Hrsg.], Handbuch für Heer und Flotte, Bd.5, S.10.

[449] Allerhöchste Kabinetsordre vom 28. Januar 1825., betreffend das ehrengerichtliche Verfahren gegen Offiziere, welche mit Vorbehalt der Dienstpflicht aus dem stehenden Heere ausgeschieden sind, abgedruckt in: PrMGS Bd.1, S.232.

von Ehrengerichten für Stabsoffiziere gemäß § 10 EGV [1843]; also Ehrengerichte für Offiziere im Rang von Majoren, Oberstleutnanten u. Obristen. Jedoch galt das nicht für Stabsoffiziere, die Brigadekommandeure, Ingenieur- und Artillerieinspekteure oder Festungskommandanten waren. Für diese herausgehobenen Kommandeure war ausschließlich der König zuständig. Vorher hatte sich die Zuständigkeit der Ehrengerichte nur auf Subalternoffiziere und Hauptleute erstreckt, die Stabsoffiziere waren aufgrund Nr.3 der Verordnung vom 15. Februar 1821 den Ehrengerichten nicht unterworfen gewesen.[450] Das nach der neuen Ehrengerichtsverordnung zu bildende Ehrengericht wurde wiederum nur mit eigenen Standesgenossen, in diesem Falle also mit Stabsoffizieren besetzt. Im Falle von Streitigkeiten zwischen Stabs- und Subalternoffizieren war das Ehrengericht der Stabsoffiziere zuständig.[451] Beachtenswert war, daß dem Ehrengericht über Stabsoffiziere gemäß § 45 in Verbindung mit §§ 38f. EGV [1843] auch jene Fälle zur Entscheidung vorgelegt werden mußten, in denen ein Gericht über Hauptleute und Subalternoffiziere sich auf keine Erkenntnis mit 2/3-Mehrheit hatte einigen können.

gg) Mitglieder der Ehrengerichte

Die Ehrengerichte über Stabsoffiziere setzten sich aus den Stabsoffizieren aller Truppengattungen[452] einer Division zusammen.[453] Jene der Hauptleute und Subalternoffiziere bestanden demgegenüber jeweils aus der Gesamtheit der ihnen unterworfenen Offiziere des jeweiligen Regiments, Bataillons oder Brigade sowie den Stabsoffizieren der Einheit.[454]

Ausgeschlossen von der Mitgliedschaft im Verfahren waren...

> „...der Ankläger, der Verteidiger, die nahen Verwandten[455], und die Schwäger des Angeschuldigten, sowie diejenigen Offiziere, welche als Zeugen in der Sache angehört sind, endlich wer sich selbst in einer ehrengerichtlichen Untersuchung befindet."[456]

---

[450] Allerhöchste Kabinetsordre vom 15. Februar 1821., betreffend das Verfahren bei den Ehrengerichten, abgedruckt in: PrMGS, S.175ff. (S.176).
[451] § 10 Abs.2 EGV [1843].
[452] Von Kavallerie, Infanterie und Artillerie bis zum Generalstab sowie der Adjutantur.
[453] § 10 Abs.1 EGV [1843].
[454] § 6 EGV [1843].
[455] Gemäß § 34 Abs.2 EGV [1843] zählten zu dieser Gruppe nur: „*Vater, die Söhne, Brüder, Onkel, Neffen und die rechten* [d. h. ehelichen] *Geschwisterkinder*".
[456] § 34 Abs.1 EGV [1843].

Die Mitglieder der Ehrengerichte waren an dessen Sitzungen teilnahmeverpflichtet, wenn nicht ein wichtiger Verhinderungsgrund bestand.[457]

hh) Der Ehrenrat

Schon im Jahr 1821 war angeordnet worden, daß zur Verhandlungsführung und organisatorischen Leitung eine Kommission aus drei Offizieren zu bilden[458] und vom Offizierkorps durch Wahl zu bestimmen war.[459] Gemäß § 12 S.1 EGV [1843] wurde ein Ehrenrat bei jedem Ehrengericht[460] gebildet und jährlich von den Offizieren der einzelnen Offizierhauptklassen gewählt.[461] Die Ehrengerichte über Hauptleute wurden bei jedem Regiment oder selbständigen Bataillon, die über Stabsoffiziere bei jeder Division gebildet. Der Ehrenrat bestand:

> „... 1. bei den Ehrengerichten der Stabsoffiziere aus: einem Regimentskommandeur (Artilleriebrigadier, Festungs- oder Pionierinspekteur), einem Bataillions- oder Abteilungskommandeur, und einem etatsmäßigen[462] Stabsoffizier;
> 2. bei den übrigen Ehrengerichten aus: einem Hauptmanne oder Rittmeister[463], einem Premierleutnant, und einem Sekondeleutnant."[464]

Somit unterschied sich die Besetzung des Ehrenrates bei Ehrengerichten über Hauptleute und Subalternoffiziere nicht von jener über die Untersuchungskommissionen,[465] die es schon seit 1821 gab.[466] Die gemäß § 3 EGV [1843] in Ver-

---

[457] Als solche galten unter anderem: Krankheit, Urlaub oder dienstliche Verhinderung, § 34 Abs.3 EGV [1843].

[458] Siehe auch den obigen Abschnitt *Die preußische Offiziersehrengerichtsbarkeit von 1808-1843*, Kap. II Nr.3 b).

[459] Nr.5 Allerhöchste Kabinetsordre vom 15. Februar 1821, abgedruckt in: PrMGS Bd.1, S.175ff. (S.176).

[460] §§ 6, 10 EGV [1843].

[461] § 14 EGV [1843].

[462] Zu den *„etatsmäßigen"* Stabsoffizieren im Sinne der Ehrengerichtsverordnung gehörten alle die Stabsoffiziere, die weder Regiments- oder Bataillionskommandeure waren; Nr.8 ad § 12 Nr.b) Cirkular=Verfügung des Kriegsministeriums vom 5. November 1843, betreffend die Ausführung der Allerhöchsten Verordnungen vom 20. Juli 1843 über die Ehrengerichte und die Bestrafung der Duelle unter Offizieren, abgedruckt in: PrMGS Bd.3 S.106ff. (S.111).

[463] Gehörte dem örtlichen Offizierkorps kein Hauptmann oder weder Hauptmann noch Premierleutnant an, so war jeweils ein rangniedriger Offizier in den Ehrenrat zu wählen, Nr.8 ad § 12 Nr.c) Cirkular=Verfügung des Kriegsministeriums vom 5. November 1843, betreffend die Ausführung der Allerhöchsten Verordnungen vom 20. Juli 1843 über die Ehrengerichte und die Bestrafung der Duelle unter Offizieren, abgedruckt in: PrMGS Bd.3 S.106ff. (S.112).

[464] § 12 S.2 EGV [1843].

[465] Die Untersuchungskommissionen waren die Vorläufer des Ehrenrates.

[466] Abschnitt 5 Allerhöchste Kabinetsordre vom 15. Februar 1821., betreffend das Verfahren bei den Ehrengerichten, abgedruckt in: PrMGS Bd.1, S.175ff. (S.176).

bindung mit der Cirkular=Verfügung vom 5. November 1843[467] den Ehrengerichten nicht unterstellten höheren Chargen konnten nach einem Erlaß an das Generalkommando des 5. Armeekorps weder zur Wahl des Ehrenrates gestellt noch zu ehrengerichtlichen Verhandlungen der Gerichte über Stabsoffiziere hinzugezogen werden.[468] Gewählt wurde der Ehrenrat für die Hauptleute und Subalternoffiziere gemäß § 14 Abs.2 S.1 EGV [1843] am 18. Oktober jeden Jahres sowie für die Stabsoffiziere gemäß § 14 Abs.2 S.2 EGV [1843] während der alljährlich abgehaltenen Divisionsübung.

Der Ehrenrat erhielt in der 1843 erlassenen Verordnung erstmals einen festumrissenen Aufgabenbereich und wurde das zentrale Leitungsorgan der Untersuchung.[469] Diese Stellung nahm er auch deshalb ein, da er die einzige ständige Einrichtung war, die sich mit Ehrenfragen zu beschäftigen hatte. Seine Aufgaben waren vielfältig. Insbesondere sollte er

> „... während der Untersuchung die Stelle des Untersuchungsgerichts [..] [einnehmen], in den Spruchsitzungen die Funktionen des Referenten [..] [versehen] und [sich] der Publikationen der ehrengerichtlichen Erkenntnisse [..] unterziehen [..]; außerdem aber [muß er] auch noch während der Voruntersuchung die nöthigen Ermittelungen vornehmen."[470]

Auch im Kreis der Kameraden sollte der Ehrenrat wirken; es sollte bei allen Verhandlungen

> „...neben der Erhaltung der Standes=Ehre hauptsächlich auch der Sinn wechselseitigen Wohlwollens im Auge behalten werden."[471]

Dem Ehrenrat sollte zur Unterstützung seiner Aufgaben ein größtmögliches Maß an Autorität zukommen.[472] Um diese nicht zu untergraben, sollten Interessenkonflikte zwischen dem Amt im Ehrenrat und der eigentlichen Dienststel-

---

[467] Nr.8 ad § 12 Nr.b) Cirkular=Verfügung des Kriegsministeriums vom 5. November 1843, betreffend die Ausführung der Allerhöchsten Verordnungen vom 20. Juli 1843 über die Ehrengerichte und die Bestrafung der Duelle unter Offizieren, abgedruckt in: PrMGS Bd.3 S.106ff. (S.111).

[468] Abgedruckt bei *Fleck*, Erläuterungen zu den Verordnungen über die Ehrengerichte im Preußischen Heere und über die Bestrafung der Offiziere wegen Zweikampfs, 1. Auflage 1848, S.27.

[469] §§ 12ff. EGV [1843].

[470] *Fleck*, Erläuterungen zu den Verordnungen über die Ehrengerichte im Preußischen Heere und über die Bestrafung der Offiziere wegen Zweikampfs, 1. Auflage 1848, S.23.

[471] § 19 EGV [1843].

[472] *Fleck*, Die Verordnungen über die Ehrengerichte im Preußischen Heere und über die Bestrafung der Offiziere wegen Zweikampfs, 3. Auflage 1865, S.30ff.

lung vermieden werden. So erging bald nach Erlaß der Ehrengerichtsverordnung eine Vorschrift, die dem Chef des Generalstabes einer Division die Nichtannahme eines Sitzes im Ehrenrat empfahl.[473] Auch gab es Regelungen, die sich mit dem aktiven Wahlrecht Beschuldigter bei Wahlen zum Ehrenrat befaßten. So durften nach einem Erlaß an das Generalkommando des 7. Armeekorps vom 26. Juli 1846 diejenigen Offiziere,

> „... gegen welche eine gerichtliche oder ehrengerichtliche Untersuchung förmlich eingeleitet worden ist [..] bis zur völligen Beendigung derselben an der Wahl des Ehrenraths nicht Antheil nehmen, weil die Rechte solcher Offiziere als Mitglieder des Ehrengerichts während der Untersuchung ruhen."[474]

Auch durfte im Ehrenrat im Fall einer förmlichen Untersuchung vom Beschuldigten kein Amt ausgeübt werden.[475] Für diesen Fall mußte entweder ein schon vorher zu wählender Stellvertreter oder ein anderer Offizier dieses Amt übernehmen.[476] Die Entscheidung darüber traf der Kommandeur oder der jeweilige Leiter des Ehrengerichts.

Das durch die Ehrengerichtsverordnung eingeführte Recht der Ehrenräte, in Duellfragen eingreifen zu dürfen, wurde von vielen Offizieren[477] und auch vom Kronprinz[478] als zu weitgehend abgelehnt. Gleichwohl wurde diese Kompetenz auch nach der Thronbesteigung Wilhelms I. nicht abgeschafft.

ii) Das Vorverfahren

Das Verfahren vor den Ehrengerichten war in zwei Abschnitte gegliedert. Zunächst fand ein *„nicht-förmliches"* Verfahren, auch Untersuchungs- oder Vorverfahren genannt, statt, in dem der Ehrenrat Informationen über den kon-

---

[473] Nr.8 ad § 12 Cirkular=Verfügung des Kriegsministeriums vom 5. November 1843, betreffend die Ausführung der Allerhöchsten Verordnungen vom 20. Juli 1843 über die Ehrengerichte und die Bestrafung der Duelle unter Offizieren, abgedruckt in: PrMGS Bd.3 S.106ff. (S.111).

[474] Erlaß an das Generalkommando des 7. Armeekorps vom 26. Juli 1846, abgedruckt bei: *Fleck*, Erläuterungen zu den Verordnungen über die Ehrengerichte im Preußischen Heere und über die Bestrafung der Offiziere wegen Zweikampfs, 1. Auflage 1848, S.23.

[475] Ebenda.

[476] Erlaß an das Generalkommando des 5. Armeekorps vom 26. August 1846, abgedruckt bei: *Fleck*, Erläuterungen zu den Verordnungen über die Ehrengerichte im Preußischen Heere und über die Bestrafung der Offiziere wegen Zweikampfs, 1. Auflage 1848, S.28.

[477] Ausführlich dazu *Demeter*, Das Deutsche Offizierkorps in Gesellschaft und Staat 1650-1945, Frankfurt a. Main 1962, S.127ff.

[478] Siehe dazu die Stellungnahme des damaligen Prinzen von Preußen, dem späteren deutschen Kaiser Wilhelm I., in: Militärische Schriften weiland Kaiser Wilhelms des Großen Majestät, Bd. 1, Berlin 1897, S.441ff. (S.442ff.).

kreten Fall sammelte.[479] Danach wurde das förmliche Verfahren vor dem Ehrengericht eröffnet.[480] Daß das Vorverfahren nur ausnahmsweise entfallen sollte, ergab sich aus den §§ 16-20 EGV [1843] sowie den §§ 5-10 der *„Allerhöchsten Verordnung über das Verfahren der Ehrengerichte bei Unte-suchung der zwischen Offizieren vorfallenden Streitigkeiten und Beleidigungen, sowie über die Bestrafung des Zweikampfes unter Offizieren"*[481], die genaue Richtlinien über die Voruntersuchung enthielten. Eine weitere Ausnahme vom Erfordernis eines Vorverfahrens sah § 22 EGV [1843] in Verbindung mit § 2 Nr.1 g) - h) EGV [1843] vor, der bei fortdauernder mangelhafter Erfüllung der Dienstpflichten sowie bei wiederholten vorsätzlichen Übertretens der Standespflichten durch den Beschuldigten die Entscheidung über sofortige Verfahrenseinleitung dem Kommandeur überließ. In diesem Falle hatte der Ehrenrat nur einen Tat-bericht anzufertigen.[482] Im Gegensatz zum Vorverfahren wurde das förmliche Verfahren nicht vom Kommandeur angeordnet, sondern durch den hierzu gemäß § 21 Abs.1 EGV [1843] befugten höheren Befehlshaber, den Divisions-kommandeur. Gegen seine Entscheidung war kein Widerspruch möglich.[483]

Der Ablauf des Verfahrens stellte sich wie folgt dar: Gemäß Abschnitt V. (§§ 15-20) EGV [1843] war der Ehrenrat berechtigt und verpflichtet, die aus den Reihen der Mitglieder des Offizierkorps an ihn herangetragenen Anzeigen eines ehrenrührigen Verhaltens von Standesgenossen anzunehmen und den Kommandeur davon zu unterrichten.[484] Der Kommandeur entschied daraufhin, ob der Ehrenrat den Vorfall untersuchen und Nachforschungen anstellen sollte.[485] Ihm stand aber auch ein Initiativrecht zu; er konnte auch ohne das Vorliegen ei-ner Anzeige eine Untersuchung anordnen.[486] Dies geschah im Allgemeinen durch Erteilung eines bestimmten Untersuchungsauftrages. Dieses Initiativrecht stand aber nur dem Kommandeur zu; der Ehrenrat war keinesfalls berechtigt, aus

---

[479] *Fleck* bezeichnete das eigentliche ehrengerichtliche Hauptverfahren als *„förmliches Verfahren"* und im Gegensatz dazu die durch den Ehrenrat durchzuführende Voruntersuchung als *„nicht=förmliches"* Verfahren, *Fleck*, Die Verordnungen über die Ehrengerichte im Preußischen Heere und über die Bestrafung der Offiziere wegen Zweikampfs, 3. Auflage 1865, S.38ff.

[480] § 21 EGV [1843].

[481] Vom 20. Juli 1843, abgedruckt im: PrDGC, Bd. I, S.554ff. sowie in: PrMGS Bd.3, S.99ff. Die Verordnung wurde auch *„Verordnung II"* genannt, siehe oben Abschnitt *Entwicklungsgeschichte*, Kap. II Nr.3 c) aa).

[482] *Fleck*, Die Verordnungen über die Ehrengerichte im Preußischen Heere und über die Bestrafung der Offiziere wegen Zweikampfs, 3. Auflage 1865, S.36f.

[483] § 21 Abs.2 EGV [1843].

[484] § 16 in Verbindung mit § 15 EGV [1843].

[485] § 17 Abs.1 EGV [1843].

[486] § 17 Abs.2 EGV [1843].

eigenem Entschluß ein Untersuchungsverfahren einzuleiten. Dafür sprach auch der Wortlaut des § 12 EGV [1843], der den Ehrenrat als Kommission des Ehrengerichtes unter dessen Aufsicht bezeichnete und nicht als unabhängige Behörde:

> §. 8
> Ein jedes Ehrengericht (§§. 6. 7.) steht unter der Leitung des Kommandeurs des betreffenden Offizier=Korps, der zu dem Ehrenrath (§ 12.) in dasselbe Verhältniß tritt, in welchem die Gerichtsherrn zu den von ihnen angeordneten Untersuchungsgerichten stehen.

Lehnte der Kommandeur die Voruntersuchung ab, so hatte der anzeigende Offizier das Recht, den Fall dem diesen vorgesetzten Divisionsbefehlshaber zur Entscheidung vorzutragen.[487] Diese Entscheidung war unanfechtbar.[488]

Im Rahmen seiner Untersuchung durfte der Ehrenrat jeden Offizier zur Sache vernehmen. Das Vernehmungsrecht beschränkte sich jedoch nicht auf Offiziere oder Militärangehörige. Nach der Anordnung des Kriegsministeriums an das 6. Armeekorps vom 6. August 1843[489] wurde dem Ehrenrat die Vernehmung von Zivilpersonen gestattet, soweit dies der Aufklärung dienen konnte. Dies erschien den Juristen und Militärs angesichts der weitreichenden Zuständigkeit der Ehrengerichte[490], die sich auch auf außerdienstliche Vorkommnisse er-streckte, unabdingbar.[491]

Für die Zeugenvernehmungen durch den Ehrenrat wurden besondere Regeln erlassen. So sollte bei der Zeugenvernehmung im förmlichen Verfahren ein Auditeur oder der untersuchungsführende Offizier anwesend sein;[492] wobei diese Regelung gemäß des Erlasses des Kriegsministeriums vom 8. August 1847

---

[487] §§ 21ff. EGV[1843].

[488] Verfügung des preußischen Kriegsministeriums an das Generalkommando des 7. Armeekorps vom 26. Juli 1846, abgedruckt bei *Fleck*, Erläuterungen zu den Verordnungen über die Ehrengerichte im Preußischen Heere und über die Bestrafung der Offiziere wegen Zweikampfs, 1. Auflage 1848, S.31.

[489] Anordnung des Kriegsministeriums an das 6. Armeekorps vom 6. August 1843, abgedruckt bei *Fleck*, Erläuterungen zu den Verordnungen über die Ehrengerichte im Preußischen Heere und über die Bestrafung der Offiziere wegen Zweikampfs, 1. Auflage 1848, S.27.

[490] § 2 EGV [1843].

[491] *Fleck*, Die Verordnungen über die Ehrengerichte im Preußischen Heere und über die Bestrafung der Offiziere wegen Zweikampfs, 3. Auflage 1865, S.4ff. sowie *Prinz von Preußen*, in: Militärische Schriften weiland Kaiser Wilhelms des Großen Majestät, Bd. 1, Berlin 1897, S.441ff. (S.442ff.).

[492] § 28 EGV [1843].

analog auf die Zeugenbefragungen der Voruntersuchung anzuwenden war[493]. Dies wurde für erforderlich gehalten, um den Anforderungen der *„Criminal=Ordnung"* und den Vorgaben der über militärgerichtliche Untersuchungen erlassenen Vorschriften[494] zu entsprechen:

> „Die Zeugenvernehmung geschiehet in der Regel von dem Inquirenten selbst. Sind Militair=Personen zu vernehmen; so ist das Militair=Gericht um deren Gestellung zu ersuchen. Die Vernehmung der Offiziere erfolgt aber, wenn nicht besondere Umstände ein Anderes nothwendig machen, jedesmal vor dem Militair=Gericht."[495]

Die Kommunikation zwischen den Mitgliedern des Ehrenrates unterlag bei Voruntersuchungen strengen Regeln. Sie durfte nur dann mündlich erfolgen, wenn sich diese an demselben Militärstandort befanden.[496] Wurden Zeugenbefragungen notwendig, hatte der Divisionskommandeur zu entscheiden, an welchem Ort zweckmäßigerweise diese durchzuführen waren.[497] Er lud auch die Zeugen vor.[498]

Die Aufsicht des Kommandeurs über den Ehrenrat sollte sich nach Auffassung des preußischen Kriegsministeriums nur auf Einhaltung der Verfahrensvorschriften erstrecken:

> „Innerhalb des dem Ehrenrath zugewiesenen Wirkungskreises aber ist demselben die mögliche Freiheit in seinem Urtheil zu bewahren, und die Kommandeure haben die Pflicht, diese in allen Eingriffen zu schützen, jedoch ist es eben so die Pflicht der Kommandeure, dem Ehrenrath durch ihre längere Erfahrung zur Seite zu stehen, und da, wo sich Abweichungen von den dienstlichen Vorschriften in

---

[493] § 1 Abs.2 Erlaß des Kriegs=Ministeriums an das General=Kommando des 6. Armee=Korps vom 8. August 1847, betreffend einige Bestimmungen der Verordnung über die Ehrengerichte vom 20. Juli 1843, abgedruckt in: PrMGS Bd.4, S.45f. (S.45)

[494] §§ 240ff. T. II PrMStGB [1845].

[495] § 352 Criminal=Ordnung für die Preußischen Staaten vom 11. Dezember 1805, abgedruckt in: Allgemeines Criminalrecht für die Preußischen Staaten; siehe auch: Erlaß des Kriegs=Ministers vom 21. Oktober 1850, betreffend die Vernehmung aktiver Offiziere als Zeugen in den bei den Civil=Gerichten anhängigen Untersuchungen, abgedruckt in: PrMGS Bd.4, S.191f. (S.191).

[496] Nr.2) Erlaß des Kriegsministeriums an das General=Kommando des 6. Armee=Korps vom 21. November 1843, betreffend die Ausführung der Allerhöchsten Verordnung über die Ehrengerichte vom 20. Juli 1843, abgedruckt in: PrMGS Bd.3, S.119f. (S.120).

[497] Ebenda.

[498] In diesem Fall war § 29 Abs.1 EGV [1843] analog anzuwenden.

den Verhandlungen des Ehrenraths zeigen sollten, denselben in wohlwollender Weise darauf aufmerksam zu machen."[499]

Der Ehrenrat hatte dem Kommandeur mündlich oder schriftlich über das Ergebnis der Voruntersuchung zu unterrichten.[500] Der Bericht sollte

„... eine übersichtliche Darstellung der Anklagepunkte, die Angabe der für oder gegen die Anklage sprechenden Beweise und ein motiviertes Gutachten darüber enthalten, ob die Sache zur Einleitung der förmlichen ehrengerichtlichen Untersuchung geeignet erscheint. Hält der Kommandeur, nach Empfang des Berichts, die Verhandlungen nicht für vollständig, so kann er die Vervollständigung derselben anordnen und sie zu diesem Behuf dem Ehrenrath zurückgeben. Der Ehren-rath aber muß alsdann der Anordnung des Kommandeurs genügen, selbst wenn er die Ansicht desselben nicht theilen sollte."[501]

Diese Auffassung *Flecks* wurde durch einen Erlaß des preußischen Kriegs'-ministeriums bestätigt, der feststellte

„... daß der Ehrenrath zu dem Kommandeur in demselben Verhältniß steht, wie das Untersuchungsgericht zum Gerichtsherrn. Deshalb kann der Ehrenrath niemals für sich mit Behörden korrespondieren oder Requisitionen erlassen."[502]

Dem Kommandeur stand mithin die Rechtsaufsicht zu, eine Zweckmäßigkeitskontrolle im Sinne einer Fachaufsicht stand ihm dagegen nicht zu.

Ging aus dem Abschlußbericht hervor, daß die beim Ehrenrat gemäß § 17 eingegangene Anzeige auf einem Mißverständnis beruhte, konnte der Kommandeur die *„Angelegenheit mit einer Belehrung oder Warnung an beide Theile"*[503] erledigen. Damit war jedoch nicht der Fall gemeint, in dem die Anzeige auf wissentlich falschen Anschuldigungen beruhte. In diesem Falle blieb das Recht des Beschuldigten auf Erstattung einer Anzeige gegen den Anzeigenden unberührt.

---

[499] § 4 Erlaß des Kriegs=Ministeriums vom 30. Juli 1847, betreffend das Verfahren bei Streitigkeiten der Subaltern=Offiziere mit Stabs=Offizieren, abgedruckt in: PrMGS Bd.4, S.43f. (S.44).

[500] § 17 Abs.1 EGV [1843].

[501] *Fleck*, Erläuterungen zu den Verordnungen über die Ehrengerichte im Preußischen Heere und über die Bestrafung der Offiziere wegen Zweikampfs, 1. Auflage 1848, S.33.

[502] § 3 Erlaß des Kriegs=Ministeriums vom 30. Juli 1847, betreffend das Verfahren bei Streitigkeiten der Subaltern=Offiziere mit Stabs=Offizieren, abgedruckt in: PrMGS Bd.4, S.43f. (S.44).

[503] § 20 EGV [1843].

jj) Das ehrengerichtliche Hauptverfahren

1) Der Eröffnungsbeschluß

Die preußische Ehrengerichtsverordnung von 1843 ermöglichte aus zwei Gründen den Antrag auf Eröffnung des Hauptverfahrens. Zum einen konnte der Kommandeur nach erfolgter Voruntersuchung die Einleitung aufgrund des vom Ehrenrat abgefaßten Berichtes beantragen. Andererseits konnte auch der durch ein Mißverständnis eines ehrenrührigen Verhaltens angezeigte Offizier die Eröffnung beantragen, soweit er sich nicht durch die Belehrung oder Warnung des Kommandeurs gegenüber dem Anzeigenden in seinem Ruf wiederhergestellt sah. Ob das Hauptverfahren schließlich eröffnet wurde, entschied der zuständige Divisionsbefehlshaber. Dessen Kompetenz erstreckte sich sowohl auf Verfahren gegen Hauptleute und Subalternoffiziere als auch gegen Stabsoffiziere.[504] Seine Zuständigkeit im Verfahren gegen Subalternoffiziere ergab sich aus den bestehenden Regelungen zur Ehrengerichtsbarkeit. Schon die Kabinetsordre vom 15. Februar 1821 hatte ihm in diesem Fall die Zuständigkeit hierfür übertragen.[505] Erforderlich war jedoch auch die Beteiligung eines Auditeurs vor der Entscheidung gewesen. Diese frühere Bestimmung wurde 1843 bewußt weggelassen. Verdeutlicht wurde das auch in § 28 EGV [1843], der nur bei Zeugenvernehmungen die Mitwirkung eines Auditeurs vorsah und sie in anderen Fällen nicht erwähnte.

Entschied der Befehlshaber die Eröffnung des ehrengerichtlichen Hauptverfahrens, geschah dies durch einen von ihm zu unterzeichnenden Eröffnungsbeschluß. Gegen diesen war kein Rechtsmittel zulässig, und die Entscheidung erwuchs mit ihrer Verkündung in Rechtskraft.[506] Das galt auch für die Fälle, in denen der Beschuldigte selbst die Einleitung einer ehren-gerichtlichen Untersuchung beantragt hatte.[507]

In Bezug auf zwei Rechtsfragen war der Wortlaut der Ehrengerichtsverordnung ungenau: Zum einen wurde keine Regelung darüber getroffen, ob die dem Eröffnungsbeschluß zugrunde liegenden sachlichen Umstände in diesem angegeben werden mußten; zum anderen fand sich keine Vorschrift über eine mögliche Verfahrenseinstellung. Zur Beurteilung der ersten Frage ging man mangels anderer Hinweise mit *Fleck* davon aus, daß es zumindest sehr zweckmäßig sei, die Gründe anzugeben. Im Hinblick auf die zweite Frage wird man die ent-

---

504 § 21 Abs.1 S.2 EGV [1843].

505 Allerhöchste Kabinetsordre vom 15. Februar 1821., betreffend das Verfahren bei den Ehrengerichten., abgedruckt in: PrMGS Bd.1, S.175ff. (S.176f.)

506 § 20 Abs.2 EGV [1843].

507 § 21 Abs.3 EGV [1843].

sprechende Bestimmung[508] im strafprozessualen Teil des Militärstrafgesetzbuches heranziehen müssen, die eine Verfahrenseinstellung untersagte. Auch der Ehrbegriff sprach gegen eine Einstellung des Hauptverfahrens: War es entscheidend für den Offizier, daß seine Ehre makellos erschien,[509] mußte bei Feststellung seiner Unschuld ein förmlicher Freispruch erfolgen. Anderenfalls hätte sich der Makel der Eröffnung eines ehrengerichtlichen Verfahrens nicht ausräumen lassen. Da zudem jeder Makel auf der Ehre des Offiziers ein solcher des ganzen Offizierkorps war,[510] durfte auch in dessen Interesse keine Verfahrenseinstellung erfolgen.

2) Örtliche Zuständigkeit für das Hauptverfahren

Die örtliche Zuständigkeit des Ehrengerichts im Hauptverfahren wurde in den §§ 25f. EGV [1843] geregelt. Danach begründete sich die Zuständigkeit vorrangig nach der militärischen Einheit des Angeklagten zur Zeit der Eröffnung des Hauptverfahrens.[511] Nur in besonderen Fällen durfte der Kommandierende General ein anderes Ehrengericht für zuständig erklären; insbesondere wenn das ganze oder ein großer Teil des Ehrengerichts als Mitglieder des Ehrenrates oder als Zeugen auftreten sollte und so ein faires Verfahren nicht mehr gewährleistet erschien. Diese Überweisungsmöglichkeit wirkte sich somit wohl zugunsten des Angeklagten aus. Sollte gegen mehrere Beschuldigte gemeinsam verhandelt werden, die gemäß § 25 S.1 EGV [1843] verschiedenen Ehrengerichten unterstanden, so konnte im Falle der unterschiedlicher Regimentszugehörigkeit der nächsthöhere gemeinsame Befehlshaber[512] beziehungsweise bei verschiedener Armeekorpszugehörigkeit der preußische Kriegsminister[513] das zuständige Ehrengericht bestimmen. Diese Entscheidung konnte aber erst nach der Einleitung des förmlichen Verfahrens gegen alle Beschuldigten erfolgen, weil nur dann sichergestellt war, daß die Voruntersuchung auch dem Schutz des Beschuldigten diente und nicht unterlaufen werden konnte. Damit der Kriegsminister von einem solchen Fall unterrichtet wurde, erachtete man es für sinnvoll, daß im Falle der Zuständigkeit des Befehlshabers ihre begründeten Entscheidungen diesem vorzulegen waren.[514]

---

[508] § 209 Abs.1 T. II PrMStGB [1845].

[509] Siehe oben Abschnitt *Der Ehrbegriff des preußischen Offizierkorps zu Beginn des 19. Jahrhunderts*, Kap. I Nr.1 c).

[510] Ebenda.

[511] § 25 S.1 EGV [1843].

[512] § 26 Abs.1 EGV [1843].

[513] § 26 Abs.2 EGV [1843].

[514] Ebenda.

3) Die Rechte des Angeschuldigten

Nach Abschluß der Voruntersuchung des Ehrenrats konnte der Angeklagte sich im Rahmen des § 31 EGV [1843] verteidigen. Er durfte Akteneinsicht nehmen sowie seine Erwiderung schriftlich zu Protokoll geben. Es war ihm auch erlaubt, sich einen Verteidiger aus den Reihen des Offizierkorps zu wählen. Der Verteidiger konnte stellvertretend für den Angeklagten dessen Rechte wahrnehmen. Für die Vorlage seiner Verteidigungsschrift galt eine Zwei-Wochen-Frist, die nur unter besonderen Umständen durch den Ehrenrat verlängert werden durfte.[515] Auf seine Verteidigungsrechte mußte der Angeklagte bei Abschluß der Voruntersuchung durch den Ehrenrat hingewiesen werden.[516] Ob sich aus einer Verletzung dieser Vorschrift Konsequenzen für die Rechtmäßigkeit des Erkenntnisses ergaben, wurde in der Ehrengerichtsverord-nung sowie in deren Kommentierungen nicht erörtert. Die in § 31 der Ehrengerichtsverordnung benannten Rechte des Angeklagten glichen den Vorschriften anderer Verfahrensordnungen.[517]

4) Die ehrengerichtliche Hauptverhandlung

Nachdem der Angeklagten Gelegenheit zur Verteidigung gehabt hatte, begann für die Offiziere des stehenden Heeres, also für die aktiven Offiziere, gemäß § 32 EGV [1843] *„sofort"* die Sitzung des Ehrengerichts.[518] Bei den Offizieren der Landwehr wurde grundsätzlich bis zu den jährlich stattfindenden so genannten *„großen Übungen"* gemäß § 32 a. E. EGV [1843] abgewartet. Das geschah wohl im Interesse einer möglichst großen Anzahl an stimmberechtigten Mitgliedern des Ehrengerichtes sowie auch aufgrund der Kostenbestimmungen. Die Kosten des ehrengerichtlichen Verfahrens fielen nämlich gemäß § 53 EGV [1843] dem Militair=Fonds zur Last. Eine Versammlung der Offiziere der Landwehr Bataillone hätte daher erhebliche Kosten verursacht.

Die Sitzung des Ehrengerichtes wurde auch die *„Spruchsitzung"* genannt, da in deren Verlauf die Würdigung des Falles sowie die Abstimmung über etwaige Sanktionen erfolgte.[519] Die Einberufung der ehrengerichtlichen Spruchsitzung oblag dem Kommandeur.[520] Bei der Sitzung durfte der Angeklagte nur auf

---

[515] § 31 Abs.3 EGV [1843].

[516] § 31 EGV [1843].

[517] Siehe §§ 40ff., 46, 92 Kriminal=Ordnung für die Preußischen Staaten, abgedruckt in: *Müller*, Die Preußische Straf-Prozeß-Ordnung in ihrer jetzigen Gestalt, Berlin 1852, S.43ff., 77.

[518] Siehe dazu auch ausführlich: *Fleck*, Die Verordnungen über die Ehrengerichte im Preußischen Heere und über die Bestrafung der Offiziere wegen Zweikampfs, 3. Auflage 1865, S.58f. sowie S.87f.

[519] §§ 35ff EGV [1843].

[520] *Fleck*, Erläuterungen zu den Verordnungen über die Ehrengerichte im Preußischen Heere und über die Bestrafung der Offiziere wegen Zweikampfs, 1. Auflage 1848, S.51.

seinen besonderen Antrag und nur für die Dauer der obligatorischen Verlesung der Untersuchungsakten[521] anwesend sein.[522] Danach sollte er gefragt werden, ob er noch etwas anzufügen habe. Für den Rest der Spruchsitzung hatte er kein Teilnahmerecht.[523] Auch der Verteidiger und die mit dem Angeklagten verwandten Mitglieder des Ehrengerichtes waren von der Verhandlung und Abstimmung ausgeschlossen.[524]

Im Gegensatz zu den Richtern der Militärgerichte[525] wurden die Mitglieder der Ehrengerichte gemäß § 35 Abs.1 S. 1 EGV [1843] nicht förmlich vereidigt, wurden aber gleichwohl durch den Kommandeur förmlich aufgefordert,

> „...als Ehrenmänner ohne Leidenschaft, nach Pflicht und Gewissen und mit Erwägung der einwirkenden Verhältnisse ihr Votum abzugeben.[526]"

Dies stand in der Tradition der früheren Vorschriften und Grundsätze des preußischen Heeres, bei Beratungen in Ehrenfragen keine Beeinflussung von Vorgesetzten zuzulassen. Diesen Grundsatz bestätigte Allerhöchste Kabinetsordre vom 22. September 1829:

> „... Ich[527] habe bemerkt, daß bei ehrengerichtlichen Untersuchungen zuweilen von Vorgesetzten Einwirkungen zur Erlangung des Geständnisses von den Beschuldigten, oder auf die Verurtheilung des Vergehens stattgefunden haben, die Meine Billigung nicht erhalten können. Das Verfahren der Ehrengerichte darf, eben so wenig wie das gerichtliche, in der Wahl der Mittel zur Feststellung der Wahrheit, von den gesetzlichen Vorschriften abweichen, welche zu diesem Zwecke auch die Anwendung moralischen Zwanges nicht gestatten; und eben so müssen die Vorgesetzten sich auch bei dem ehrengerichtlichen Verfahren alles Einflusses auf die strengere oder mildere Beurtheilung des Falls enthalten, und sich gewissenhaft gegen den Vorwurf bewahren, die Freiheit des Urtheils der Mitglieder des Ehrengerichts durch ihre Autorität beeinträchtigt, und dem Angeschuldigten dadurch Vortheil oder Nachtheil bereitet zu haben."[528]

---

[521] Der Wortlaut des § 33 EGV [1843] sprach vom Vorlesen der Verhandlungen; damit konnten aber nur der Untersuchungsbericht des Ehrenrates sowie die Vernehmungsprotokolle gemeint sein.

[522] § 33 EGV [1843].

[523] § 36 EGV [1843].

[524] § 34 EGV [1843].

[525] § 422 T. II PrMStGB [1845].

[526] § 35 Abs.1 S.1 EGV [1843].

[527] Im Zeitpunkt des Erlasses dieser Bestimmung war Friedrich Wilhelm III. König von Preußen.

[528] Allerhöchste Kabinetsordre vom 22. September 1829., betreffend das ehrengerichtliche Verfahren., abgedruckt in: PrMGS Bd.1, S.286f. (S.286f.).

Gleichwohl sollten die höheren und dienstälteren Offiziere durch tadellose Lebensführung ein Beispiel geben, um so die Einstellung der Untergebenen zu verbessern und deren Urteilskraft zu schärfen.[529] Jedoch durfte durch die Vorgesetzten

> „... niemals [..] diese pflichtgemäße Wirksamkeit [..] verwechselt werden mit Autoritäts=Äußerungen, oder Handlungen in Beziehung auf spezielle ehrengerichtliche Vorgänge. Nur durch strenge Aufrechterhaltung dieser Grundsätze kann das Vertrauen auf die Rechtmäßigkeit ehrengerichtlicher Aussprüche befestigt werden und der den Ehrengerichten jetzt angewiesene erweiterte Wirkungskreis erheischt um so mehr, auf deren Befolgung zu wachen."[530]

Diese Mahnung war durch die Adressaten der Kabinetsordre[531] an die Truppenbefehlshaber als Anordnung weiterzugeben.

Die Beratung in der Spruchsitzung war ein wichtiger Teil der Entscheidungsfindung. So sollte

> „... durch den gegenseitigen Austausch der Ansichten und die nähere Erörterung der für die eine oder andere Meinung sprechenden Umstände, wesentlich dazu [..] [beigetragen werden], den richtigen Standpunkt zu finden, von welchem bei der Beurtheilung des zur Entscheidung vorliegenden Falles ausgegangen werden muß."[532]

Der Grundsatz der richterlichen Unabhängigkeit des Ehrengerichts wurde durch den Abstimmungsmodus eingeschränkt.[533] Danach gaben zuerst die Mitglieder des Ehrenrates ihre Stimme ab[534], danach folgten die jeweils ältesten Offiziere der drei Dienstgrade: Zuerst stimmte bei den Ehrengerichten über Subalternoffiziere der dienstälteste Hauptmann respektive Rittmeister ab, danach der älteste Premierlieutenant, dann der älteste Sekondelieutenant. Dann begann der zweitälteste Hauptmann seine Stimme abzugeben und danach ging die Stimmabgabe weiter bis zum jüngsten Sekondelieutenant, der als letzter abstimmte.

---

529 Allerhöchste Kabinetsordre vom 22. September 1829., betreffend das ehrengerichtliche Verfahren., abgedruckt in: PrMGS Bd.1, S.286f. (S.287).

530 Ebenda.

531 Als Adressaten sah die Kabinettsorder die Generalkommandos der einzelnen Armeekorps vor, sie richtete sich demnach an die Kommandierenden Generale.

532 *Fleck*, Erläuterungen zu den Verordnungen über die Ehrengerichte im Preußischen Heere und über die Bestrafung der Offiziere wegen Zweikampfs, 1. Auflage 1848, S.60f.

533 § 36 EGV [1843].

534 Die Stimmabgabe erfolgte gemäß § 37 EGV [1843] in mündlicher Form gegenüber dem Ehrenrat.

Schließlich folgten die rangniedrigsten und jüngsten Offiziere.[535] Jedes Mitglied hatte eine Stimme.[536] Die Stabsoffiziere waren gemäß §§ 6 Abs.1, 36 Abs.1 EGV [1843] auch bei den Ehrengerichten über Hauptleute und Subalternoffiziere abstimmungsberechtigt. Sie votierten ihrerseits im gleichen Abstimmungsmodus, jedoch erst nach der Abstimmung der Hauptleute und Subalternoffiziere, deren Votum über die Angehörigen ihrer Offizierhauptklasse offensichtlich als wichtiger angesehen wurde. Dieses Verfahren stellte sicher, daß die abstimmenden unteren Dienstgrade nicht durch die Stabsoffiziere beeinflußt wurden. Schließlich hatten schon die Stimmen der Mitglieder des Ehrenrates ein großes Gewicht bei der Beurteilung des Falles. Wenn danach auch noch die dienstältesten Offiziere abgestimmt hätten, wäre der durch das vorangegangene Votum des Ehrenrates ohnehin eingeschränkte Entscheidungsspielraum noch mehr beschränkt worden.

Die Abstimmung war nur gültig, wenn zumindest dreizehn stimmberechtigte Mitglieder des Ehrengerichtes ihre Stimme abgegeben hatten.[537] Die wegen eines wichtigen Grundes abwesenden Offiziere durften ihre Stimme nicht nachträglich abgeben, auch Stellvertretung war nicht zulässig.[538]

Anders verlief das Verfahren gegen Stabsoffiziere. Dort fand

> „... weder eine Versammlung der Mitglieder, noch eine gemeinschaftliche Berathung derselben zum Zweck der Abstimmung statt; vielmehr werden die Akten von dem Ehrenrath nach der im §. 36. bestimmten Folgereihe den Mitgliedern zugesendet, welche demnächst ihr Votum schriftlich, spätestens binnen drei Tagen nach Empfang der Akten, abzugeben haben."[539]

Jedoch konnte nach einem Cirkular=Schreiben des Kriegsministeriums bei Stationierung mehrerer Stabsoffiziere in einer Garnison eine Versammlung stattfinden, in der die Akten verlesen und danach die schriftlich abgegebenen Stim-

---

535 Auch zur Konkretisierung des § 36 EGV [1843] war eine Cirkular=Verfügung des Kriegsministeriums (vom 5. November 1843, betreffend die Ausführung der Allerhöchsten Verordnungen vom 20. Juli 1843 über die Ehrengerichte und die Bestrafung der Duelle unter Offizieren, abgedruckt in: PrMGS Bd.3, S.106ff. [S.113]) ausgegeben worden, die in Nr.12 ad [§] 36 festlegte, daß nach der Stimmabgabe aller Hauptmänner und Premierlieutenants die noch übrig bleibende Zahl der Sekondelieutenants nach ihrer *„Anciennität"*, also nach ihrem Dienstalter in Bezug auf ihrem jeweiligen Dienstgrad, abstimmen sollen. Das sollte aber noch vor der Stimmabgabe der Stabsoffiziere erfolgen.

536 § 36 EGV[1843].

537 § 38 EGV [1843].

538 Ebenda.

539 § 44 EGV [1843].

men dem Ehrenrat übergeben wurden.[540] Die bisweilen größeren Entfernungen der Garnisonsorte einer Division waren wohl der Grund für dieses Abstimmungsverfahren.

Die Stimmabgabe mußte in jedem Fall gemäß § 41 EGV [1843] auf eine nach § 4 EGV [1843][541] zulässige Rechtsfolge lauten. Gab ein Offizier ein ungültiges Votum ab, so hatte ihn der Ehrenart darauf hinzuweisen und auf gültige Stimmabgabe hinzuwirken:

> „Jedes Votum, welches den im §. 4. Enthaltenen Bestimmungen nicht entspricht, ist von dem Ehrenrath zurückzuweisen und dagegen die Abgabe eines diesen Bestimmungen entsprechenden Votums zu fordern."[542]

Stimmten zumindest zwei Drittel der ordnungsgemäß abgegebenen Stimmen in einem Ehrengericht über Hauptleute und Subalternoffiziere für eine zulässige Rechtsfolge, so war das Abstimmungsergebnis gültig.[543] Wurde diese solche Mehrheit nicht erzielt, so wurde dem örtlich zuständigen Ehrengericht über Stabsoffiziere die Beschlußfassung des Falles übertragen.[544] Dafür reichte die einfache Mehrheit der Mitglieder des Ehrengerichtes über Stabsoffiziere aus. Bei Stimmengleichheit entschied die Stimme des dienstältesten Stabsoffiziers.[545]

Bei den Verfahren gegen Stabsoffiziere reichte, soweit nicht mehr als zwei Anträge gestellt worden waren, die einfache Mehrheit der abgegebenen Stimmen aus.[546] Wurden mehr als zwei Anträge gestellt, so genügte die relative Mehrheit.[547] Bei Stimmengleichheit entschied in beiden Fällen auch hier die Stimme des dienstältesten Stabsoffiziers.[548]

---

[540] Cirkular=Schreiben des Kriegs=Ministeriums, die Deklaration der §§. 36. und 44. der Verordnung über die Ehrengerichte betreffend; vom 8. Mai 1844, abgedruckt bei: PrMGS Bd.3, S.153.

[541] Die Stimme mußte sich auf den Numerus Clausus der Erkenntnismöglichkeiten des § 4 EGV [1843] beziehen; siehe oben den Abschnitt *Erkenntnismöglichkeiten der Ehrengerichte*, Kap. II Nr.3 c) cc) (2).

[542] § 41 EGV [1843].

[543] § 45 S.1 EGV [1843].

[544] § 45 S.2 EGV [1843].

[545] Zur ausführlichen Auseinandersetzung mit den Problemen der Abstimmung: *Fleck*, Erläuterungen zu den Verordnungen über die Ehrengerichte im Preußischen Heere und über die Bestrafung der Offiziere wegen Zweikampfs, 1. Auflage 1848, S.68ff.

[546] § 46 Abs.1 EGV [1843].

[547] § 46 Abs.2 EGV [1843].

[548] § 46 Abs.1, Abs.2 EGV [1843].

Über das Verfahren fertigte der Ehrenrat gemäß § 35 Abs.1 S. 1 a. E. EGV [1843] ein Protokoll. Nach *Fleck*[549] sollte dieses stets enthalten:

„... a) eine kurze Bemerkung über die Anordnung und den Zweck der Versammlung des Ehrengerichts, sowie über die vollständige Verlesung der Akten, über die an die Mitglieder des Ehrengerichts von dem Kommandeur gerichtete Ermahnung und die der Abstimmung vorangegangene [..] gemeinsame Berathung; außerdem aber
b) die Vota sämmtlicher Offiziere, welche an der Abstimmung theil genommen haben, nebst den Namens=Unterschriften der Votanten unter ihrem Votum, und
c) das Namens=Verzeichniß derjenigen Mitglieder des Ehrengerichts, welche der Versammlung nicht beigewohnt haben [..], unter Angabe des Grundes, weshalb dies nicht geschehen ist."

Das Ergebnis der Abstimmung war in dem Protokoll zu notieren.

kk) Bestätigung und Ausfertigung des ehrengerichtlichen Spruchs

Wenn die Abstimmung zu einem Ergebnis i. S. d. § 4 EGV [1843] gekommen war, mußte das Erkenntnis vom Ehrenrat unterschrieben werden. Zusammen mit der *„Erkenntnisformel"* mußte die Akte den Lebenslauf des Angeschuldig-ten, eine Sachverhaltsdarstellung sowie eine Urteilsbegründung gemäß § 49 EGV [1843] enthalten. Der ehrengerichtliche Spruch war demgemäß auszu-fertigen und durch den Befehlshaber auf dem Dienstweg zur Bestätigung dem preußischen König vorzulegen.[550] Auch Freisprüche bedurften der Bestätigung des Monarchen.[551]

Aus einem Erlaß des Kriegsministeriums an das Generalkommando des 7. Armeekorps geht hervor, daß außer den im Verfahren Beteiligten nur dem König, den Kommandierenden Generalen sowie den Generalinspekteuren Einsicht in die Akte gewährt werden durfte.[552] Die genannten Generale durften auch eine formelle und materielle Prüfung der vorgelegten Akte vornehmen. Stellten sie einen Rechtsfehler fest, mußte entweder das ehrengerichtliche Er-kenntnis den geltenden Vorschriften unverzüglich angepaßt werden oder, wenn dies nicht

549 *Fleck*, Erläuterungen zu den Verordnungen über die Ehrengerichte im Preußischen Heere und über die Bestrafung der Offiziere wegen Zweikampfs, 1. Auflage 1848, S.58f.

550 § 50 HS.1 EGV [1843].

551 § 49 S.1 Alt.2 EGV [1843].

552 Erlaß des Kriegsministeriums an das Generalkommando des 7. Armeekorps vom 26. Juli 1846, zitiert nach: *Fleck*, Erläuterungen zu den Verordnungen über die Ehrengerichte im Preußischen Heere und über die Bestrafung der Offiziere wegen Zweikampfs, 1. Auflage 1848, S.73.

möglich war, die Rüge in die Akte aufgenommen und dem König die Entscheidung über das weitere Verfahren überlassen werden.[553]

Das *„General=Auditoriat"*[554] war am Bestätigungsverfahren wie zuvor im gesamten ehrengerichtlichen Verfahren mit Ausnahme der Zeugenvernehmungen nicht beteiligt. Die Mitwirkung einer Gerichtsbehörde galt bei ehrengerichtlichen Angelegenheiten als nicht notwendig und unerwünscht.[555]

ll) Die Entscheidung des Königs sowie deren Bekanntgabe

Der König war in seiner Bestätigung oder Verwerfung des ehrengerichtlichen Erkenntnisses keinen Regeln unterworfen.[556] Wurde anfangs der Spruch des Ehrenrates vor der Bestätigung dem Angeklagten mitgeteilt[557], so geschah dies schon bald erst nach der Entscheidung des Königs, die dem Angeklagten vom Ehrenrat mitgeteilt wurde. Diese Bekanntgabe war von jenem schriftlich zu bestätigen.[558]

Lautete das ehrengerichtliche Urteil auf *„Entfernung aus dem Offizierstande"*[559] oder gegen einen Offizier a. D. auf *„Verlust des Rechts, den Diensttitel zu führen"*[560], war das Offizierpatent einzuziehen und dem Kriegsministerium zu übergeben.[561]

---

553 Ebenda.

554 Das Generalauditoriat war die Aufsichtsbehörde und begutachtende Instanz für die dem preußischen König zufallenden Bestätigungsakte, *Anonymus*, Auditeur, in: *v. Alten/v. Albert* [Hrsg.], Handbuch für Heer und Flotte, Bd.1, S.610f. (S.610).

555 Erlaß des Kriegsministeriums an das Generalkommando des 7. Armeekorps vom 26. Juli 1846, zitiert nach: *Fleck*, Erläuterungen zu den Verordnungen über die Ehrengerichte im Preußischen Heere und über die Bestrafung der Offiziere wegen Zweikampfs, 1. Auflage 1848, S.73.

556 §§ 49ff. EGV [1843].

557 Siehe dazu ausführlich *Fleck*, Erläuterungen zu den Verordnungen über die Ehrengerichte im Preußischen Heere und über die Bestrafung der Offiziere wegen Zweikampfs, 1. Auflage 1848, S.84ff.

558 Schon am 5. November 1843 wurde in dieser Angelegenheit eine Regelung erlassen, die die Bekanntgabe des Urteils regelte: Nr.14 ad 50. Cirkular=Verfügung des Kriegsministeriums vom 5. November 1843, betreffend die Ausführung der Allerhöchsten Verordnungen vom 20. Juli 1843 über die Ehrengerichte und die Bestrafung der Duelle unter Offizieren, abgedruckt in: PrMGS Bd.3, S.106ff. (S.113).

559 § 4 c) EGV [1843].

560 § 4 d) EGV [1843].

561 *Fleck*, Erläuterungen zu den Verordnungen über die Ehrengerichte im Preußischen Heere und über die Bestrafung der Offiziere wegen Zweikampfs, 1. Auflage 1848, S.74.

Die Bekanntgabe des Urteils erfolgte auch gegenüber dem Offizierkorps, dem der Angeklagte angehört hatte. In Verfahren gegen inaktivierte oder verabschiedete Offiziere wurde der für sie zuständigen Dienstbehörde das ehrengerichtliche Erkenntnis mit seiner Begründung und der Bestätigungsorder bekannt gemacht.[562] Die Dienstbehörde konnte nun disziplinarische Maßnahmen ergreifen, soweit sie das für notwendig erachtete.[563] War das Ehrengerichtsverfahren wegen eines vorher abgeschlossenen Gerichtsverfahrens eingeleitet worden,[564] so war jenem Gericht der Ausgang des ehrengerichtlichen Verfahrens mitzuteilen.

Das gesamte Verfahren sowie das ehrengerichtliche Erkenntnis unterlagen der Geheimhaltung.[565] Wer dagegen verstieß, beging eine Pflichtverletzung und konnte aufgrund dieses Verstoßes seinerseits einer ehrengerichtlichen Untersuchung unterzogen werden.

mm) Rechtsmittel und Wiederaufnahme

Gegen die Entscheidung des Königs waren Rechtsmittel nicht zulässig.[566] Eine Ausnahme konnte aber der König selbst machen, soweit besondere Gründe gegeben waren. Diese waren *Fleck* zufolge angezeigt, wenn

> „... 1. [..] der Verurtheilte seine Unschuld durch neue, in der früheren Untersuchung nicht aufgenommene Beweismittel darthun will, oder
> 2. wenn er auf Grund einer verfälschten Urkunde, oder falscher Zeugenaussagen verurtheilt zu seyn versichert und diese Behauptung durch Beweismittel unterstützt; oder
> 3. wenn er das frühere Untersuchungsverfahren wegen Nichtbeachtung wesentlicher Förmlichkeiten als nichtig angreift."[567]

Der Antrag war direkt an den König zu stellen. Die Revision einer königlichen Bestätigung konnte begriffsnotwendig nur durch diesen selbst erfolgen.[568]

---

562 *Fleck*, Die Verordnungen über die Ehrengerichte im Preußischen Heere und über die Bestrafung der Offiziere wegen Zweikampfs, 3. Auflage 1865, S.85.
563 Allerhöchste Kabinets=Ordre vom 11. Juni 1846, betreffend die Mittheilung ehrengerichtlicher Erkenntnisse gegen die als Beamte im Staatsdienst angestellten Landwehr=Offiziere und verabschiedeten Offiziere an die ihnen vorgesetzte Civil=Behörde., abgedruckt in: PrMGS Bd.4, S.7.
564 § 24 S.2 EGV [1843].
565 § 51 EGV [1843].
566 § 52 EGV [1843].
567 *Fleck*, Erläuterungen zu den Verordnungen über die Ehrengerichte im Preußischen Heere und über die Bestrafung der Offiziere wegen Zweikampfs, 1. Auflage 1848, S.75.
568 Siehe dazu: Beispiel Nr.I., in: *v. Bojan*, Ehrengerichte, Disziplinarbestrafung und Beschwerden – Beispiele zum Unterricht, Berlin 1913, S.3ff. und in Anhang E.

III. Das Ehrenstrafrecht und die Ehrengerichtsbarkeit bis zur Reichsgründung

1. Die Revolutionsjahre 1848/49

Nachdem sich bis zur Märzrevolution in Deutschland im Jahr 1848 nur hochrangige Militärangehörige, Juristen sowie die Angehörigen der regierenden Fürstenhäuser in schriftlicher Form mit den Sanktionen für unehrenhaftes Verhalten beschäftigt hatten, kam es jetzt erstmals zu einer breiteren Debatte in der Öffentlichkeit und im Parlament über die Offizierehrengerichte und den Offizierehrbegriff. Neu war nicht nur die grundsätzliche Auseinandersetzung mit dem Themenkomplex, sondern das gänzliche Bestreiten der Notwendigkeit einer Offizierehrengerichtsbarkeit.

a) Die Diskussion über die Abschaffung der Ehrengerichte

Die Frankfurter Nationalversammlung[569] war Forum scharfer Debatten zwischen den Befürwortern und den Gegnern der Ehrengerichtsbarkeit. Sie war aus allgemeinen und freien Wahlen hervorgegangen und bestand aus etwa 655 Mitgliedern.[570] Unter anderen Ausschüssen bildete die Nationalversammlung auch einen Wehrausschuß, der Gesetzesvorlagen für eine gesamtdeutsche Regelung der militärischen Verhältnisse erarbeiten sollte.[571] Die Mitglieder waren: Stavenhagen (Berichterstatter), v. Auerswald, v. Maiern, Bock, v. Möring, Martens, Schultze (aus Potsdam), Schilling, v. Boddien, Schleusing, Graf Wartensleben, Teichert, v. Hagenow, v. Beisler. [572] Der Ausschuß tagte bis in den Sep-

---

[569] Die Frankfurter Nationalversammlung konstituierte sich am 18. Mai 1848 und tagte 236 mal bis zum 18. Juni 1849, *Stoll*, Einführung, in: *Wigard* [Hrsg.], Reden für die deutsche Nation 1848/49, Stenographischer Bericht über die Verhandlungen der deutschen constituirenden Nationalversammlung zu Frankfurt am Main, Bd.1, S.XXIIf.

[570] Die Mitglieder wechselten häufig, so daß keine konstante Angabe gemacht werden konnte; siehe dazu die Mitteilungen über ausgeschiedene Mitglieder am Anfang fast jeder Sitzung der Nationalversammlung bei: *Wigard* [Hrsg.], Reden für die deutsche Nation 1848/49, Stenographischer Bericht über die Verhandlungen der deutschen constituirenden Nationalversammlung zu Frankfurt am Main, Bd.1, S.1ff.

[571] Der Wehrausschuß wurde als so genannter *„Ausschuß für Volksbewaffnung und Heerwesen"* am 9. Juni 1848 durch die Nationalversammlung eingesetzt; *Wigard* [Hrsg.], Reden für die deutsche Nation 1848/49, Stenographischer Bericht über die Verhandlungen der deutschen constituirenden Nationalversammlung zu Frankfurt am Main, 15. Sitzung in der Paulskirche, Bd.1, S.269.

[572] Bericht des Ausschusses für die Wehrangelegenheiten zu dem Entwurf eines Gesetzes über die deutsche Wehrverfassung, abgedruckt als Beilage I. zum Protokoll der 85. Öffentlichen Sitzung der verfassunggebenden Reichs=Versammlung vom 25. September 1848, in: *Haßler* [Hrsg.], Verhandlungen der deutschen verfassunggebenden Reichsversammlung zu Frankfurt am Main, Bd. 2, S.330ff. (S.334), BA Koblenz, Bestand: DB 51/425.

tember 1848 und legte der Nationalversammlung als Abschlußbericht einen *„Entwurf zu einem Gesetze über die Deutsche Wehrverfassung"* vor.[573]

In dessen Regelungen über *„Disciplin und Rechtspflege"*, dem XII. Artikel des Entwurfs, wurde in § 70 die gänzliche Abschaffung der Ehrengerichte für die Offiziere vorgesehen.[574] Dies war höchst umstritten und hatte viele Änderungsvorschläge zur Folge.[575] Der Widerspruch gegen diese Vorschrift hatte unterschiedliche Motive. Einerseits war bereits die erst 1843 erlassene Ehrengerichtsverordnung[576] von vielen Offizieren abgelehnt worden, da sie ein staatliches Kontrollorgan für das private Verhalten geworden sei.[577] Zudem waren durch die erweiterten Kompetenzen auch gegenüber inaktiven und pensionierten Offizieren die *„Verhältnisse des Offizierstandes"*[578] nicht mehr nur für die vom zivilen Leben abgegrenzten aktiven Offiziere zu beachten gewesen, sondern auch für die Offiziere, die seit langer Zeit schon ins zivile Leben zurückgekehrt waren.[579] Dies wurde als nicht angemessen empfunden.[580] Weiter gab

---

[573] Fünf und achtzigste Sitzung in der Paulskirche vom 25. September 1848, *Wigard* [Hrsg.] Reden für die deutsche Nation 1848/49, Stenographischer Bericht über die Verhandlungen der deutschen constituirenden Nationalversammlung zu Frankfurt am Main, Bd.3, S.2264ff.

[574] § 70 lautete lapidar: *„Die Ehrengerichte sind abgeschafft."*; abgedruckt in: *Haßler* [Hrsg.], Verhandlungen der deutschen verfassunggebenden Reichsversammlung zu Frankfurt am Main, Bd. 2, S.336ff. (S.343) sowie auch: Bundesarchiv Koblenz, Bestand: DB 51/425 sowie als Druckschrift: Entwurf zu einem Gesetze über die deutsche Wehrverfassung, Frankfurt a. M. 1848.

[575] Die Einführung der allgemeinen Wehrpflicht in § 10ff., die Abschaffung aller militärischen Erziehungsanstalten und der Kriegsschule in §§ 62ff. Siehe auch: *Mettlerkamp*, Minoritäts-Gutachten zum Bericht des Wehrauschusses, Hamburg 1849, in: Staatsarchiv Hamburg, A 480 /33, S.4ff.; *Friedrich Wilhelm IV.*, Bemerkungen zu dem Gesetz-Entwurfe über die deutsche Wehrverfassung, Berlin 1849, S.92ff.; *v. Griesheim*, Kritische Bemerkungen über den Entwurf des Wehr=Ausschusses der Reichs=Versammlung zu einem Gesetz über die Deutsche Wehr=Verfassung, Berlin 1848, S.34f.; *Anonymus*, Die deutsche Wehrverfassung. Ein Vorschlag in Form eines Gesetz-Entwurfs von einem deutschen Officier, Frankfurt a. Main 1848, S.1ff.; *Mosle*, Grundzüge einer Wehrverfassung nach den Bedürfnissen der Zeit, Frankfurt a. Main 1848, S.1ff.; *Anonymus*, Ueber die Abschaffung der Ehrengerichte, in: Militair=Wochenblatt 1847 (Beiheft 1848), S.137ff.; *Anonymus*, Betrachtungen zu dem der Frankfurter Nationalversammlung zur Berathung vorliegenden Entwurf eines Gesetzes über die deutsche Wehrverfassung, Berlin 1848, S.40ff.; *v. Willisen*, Die Heer- und Wehrverfassung. Eine Abhandlung gewidmet den Hohen National=Versammlungen zu Frankfurt und Berlin, Berlin 1848, S.1ff.; *v. Peucker*, Beiträge zur Beleuchtung einiger Grundlagen für die künftige Wehrverfassung Deutschland's, Frankfurt a. Main 1848, S.1ff.

[576] Siehe oben Kapitel II.

[577] Siehe dazu auch: *Dieners*, Das Duell und die Sonderrolle des Militärs, Berlin 1992, S.201.

[578] § 1 EGV [1843].

[579] Die so genannten verabschiedeten Offiziere, siehe oben den Abschnitt *Strafen gegen verabschiedete Offiziere*, Kap. II Nr.3 c) cc) (2) (c).

die Vielzahl von einschlägigen Verordnungen und Verfügungen Anlaß zur Kritik, die es einem Nichtjuristen unmöglich machten, sich erwartungsgemäß zu verhalten und einem Ehrengericht erschwerten, Verfahren vorschriftsmäßig durchzuführen.[581] Auch die Abgrenzung der Kompetenzen[582] von Militär- und Ziviljustiz hatte zu Problemen geführt, die durch die Ehrengerichtsverordnung noch verstärkt worden war.[583]

Seitens der nicht-militärischen Kritiker der Ehrengerichtsverordnung wurde im Wehrausschuß keine Begründung für die Abschaffung genannt; vielmehr sollten

> „... die hier [im XII. Abschnitt] vorgeschlagenen Bestimmungen [..] sich wohl von selbst rechtfertigen, ohne daß es deren weiterer Motivirung bedarf."[584]

---

[580] *Dieners*, Das Duell und die Sonderrolle des Militärs, Berlin 1992, S.202.

[581] Siehe dazu nur die im Zeitraum von einem Jahr nach Erlaß der Ehrengerichtsverordnung ausgegebenen Richtlinien: Cirkular=Verfügung des Kriegsministeriums vom 5. November 1843, betreffend die Ausführung der Allerhöchsten Verordnungen vom 20. Juli 1843 über die Ehrengerichte und die Bestrafung der Duelle unter Offizieren; abgedruckt in: PrMGS Bd.3, S.106ff.; Erlaß des Kriegsministeriums an das General=Kommando des 6. Armee=Korps vom 11. November 1843, betreffend die Ausführung der Allerhöchsten Verordnung über die Ehrengerichte vom 20. Juli 1843, abgedruckt in: a.a.O., S.119f.; Erlaß des Kriegs=Ministeriums an das General=Kommando des Gardekorps, die Ausführung der Verordnung über die Ehrengerichte bei den Garde=Invaliden=Kompagnien und bei der Garde=Landwehr betreffend, vom 29. Februar 1844; abgedruckt in: a.a.O., S.133f.; Cirkular=Verfügung des Kriegs=Ministeriums, die Deklaration der §§ 36 und 44 der Verordnung über die Ehrengerichte betreffend, vom 8. Mai 1844, abgedruckt in: a.a.O., S.153; Cirkular=Verfügung des Allgemeinen Kriegs=Departements vom 4. Juli 1844, betreffend die Auslegung des § 23 der Verordnung über die Ehrengerichte, abgedruckt in: a.a.O., S.209; Allerhöchste Kabinetts=Ordre vom 18. Juli 1844, betreffend die allgemeine Verpflichtung zur eidlichen Vernehmlassung als Zeuge in ehrengerichtlichen Untersuchungssachen, abgedruckt in: a.a.O., S.208; Allerhöchste Kabinetts=Ordre vom 27. September 1845, betreffend die Bestrafung des Zweikampfs zwischen Offizieren und nicht zum Offizierstande gehörenden Militair= und Civilpersonen, Cirkular=Verfügung des Allgemeinen Kriegs=Departements vom 4. Juli 1844, betreffend die Auslegung des § 23 der Verordnung über die Ehrengerichte, abgedruckt in: a.a.O., S.302f.

[582] Siehe dazu oben den Abschnitt *Das Erlaßverfahren der Ehrengerichtsverordnung von 1843*, Kap. II Nr.3 c) cc).

[583] *v. Rotteck*, Ueber stehende Heere und Nationalmiliz, Freyburg 1816; *Freiherr v. Aretin/v. Rotteck*, Staatsrecht der konstitutionellen Monarchie, Bd. 2, Leipzig 1839, S.146f. Siehe auch aus heutiger Sicht: *Conze*, Militarismus, in: *Brunner/Conze/Koselleck* [Hrsg.], Geschichtliche Grundbegriffe, Bd. 4 S.1ff. (S.16ff.).

[584] Bericht des Ausschusses für die Wehrangelegenheiten zu dem Entwurf eines Gesetzes über die deutsche Wehrverfassung, abgedruckt in: *Haßler* [Hrsg.], Verhandlungen der deutschen verfassunggebenden Reichsversammlung zu Frankfurt am Main, Bd. 2, S.330ff. (S.334), BA Koblenz, Bestand: DB 51/425.

Wenn die Zivilisten gänzlich auf eine inhaltliche Begründung verzichteten,[585] lag dem offenbar eine einhellige Meinung unter den Ausschußmitgliedern zugrunde.

Der Vorschlag, die Ehrengerichte abzuschaffen, erntete schwere Kritik. Ein solches Vorhaben war nicht im Sinne der preußischen Konservativen, die sich – allen voran der Kronprinz[586], der sich 5 Jahre zuvor noch vehement gegen die Ehrengerichtsverordnung gewandt hatte – nun entschieden gegen dieses Vorhaben aussprachen.[587] Die gegen einige Entscheidungen der Ehrengerichte erhobene Kritik wurde zwar zum Teil von ihnen zugestanden; man verwies jedoch auf die positiven Wirkungen der Ehrengerichte, die *„gelegentliche Fehlurteile überwiegten“*[588]:

> „... Wenn diese Mißgriffe [der Ehrengerichte] aber auch nicht in Abrede gestellt werden sollen, glauben wir dennoch mit allgemeiner Zustimmung behaupten zu können, daß sich die ungehörigen Vorfälle in Ehrenangelegenheiten seit der Existenz der Ehrengerichte bedeutend verringert haben...“[589]

Im Dezember 1848 fand eine Kundgebung gegen den Entwurf statt, auf der Prinz Wilhelm das geplante Verbot von Ehrengerichten verurteilte.[590] Auch ließ er eine Broschüre veröffentlichen, die seine Einstellung zur Frage der Ehrengerichte verdeutlichte:

> „... Alle Vergehen, welche den gewöhnlichen Strafgesetzen nicht unterliegen, dessenungeachtet aber nicht ungeahnt bleiben dürfen, [...] gehören vor das Forum einer Beratung und Entscheidung der Standesgenossen. [...] Wollte man selbst das

---

[585] Siehe dazu die ausführlichen Ausführungen zum II. Artikel *„Allgemeine Verpflichtung zum Wehrdienste.“*, Entwurf zu einem Gesetze über die deutsche Wehrverfassung, Frankfurt a. M. 1848.

[586] *Prinz von Preußen*, Die Verordnungen über die Ehrengerichte und den Zweikampf unter Offizieren vom 20. Juli 1843, abgedruckt in: Militärische Schriften weiland Kaiser Wilhelms des Großen Majestät, Bd.1, Berlin 1897, S.441ff. sowie oben den Abschnitt *Entwicklungsgeschichte*, Kap. II Nr.3 c) aa).

[587] *Prinz von Preußen*, Bemerkungen zu dem Gesetzentwurf über die Deutsche Wehrverfassung., abgedruckt in: Militärische Schriften weiland Kaiser Wilhelms des Großen Majestät, Bd. 2, Berlin 1897, S.1ff. (S.34f.); *Fleck*, Entwurf eines deutschen Kriegsrechts, erläutert durch eine Geschichte des deutschen Kriegsrechts und einen Rechtfertigungsbericht., Berlin 1848.

[588] *Anonymus*, Ueber die Abschaffung der Ehrengerichte, in: Militair=Wochenblatt 1847, Beiheft 1848, S.137ff. (S.138).

[589] Ebenda.

[590] Zitiert nach: *Dietz* [Hrsg.], Allerhöchste Verordnung über die Ehrengerichte der Offiziere in der Kaiserlichen Marine vom 13. Mai 1911 und Allerhöchste Order vom 2. November 1875 nebst Ergänzungsorder. (EhrV. u. ErgO.), S.21.

Prinzip der Nivellierung so weit ausdehnen, alle Standesunterschiede zu vernichten, so wird es doch wahrlich nie gelingen, auch einen Stand in den Kreis dieser Nivellierung hineinzuziehen, dessen Lebensaufgabe es ist, jeden Augenblick für die höchsten und edelsten Güter der Menschheit das Leben einzusetzen, und sich gerade hiermit von anderen Genossenschaften unterscheidet [...].
Ist doch die Geschichte der neuesten Zeit nicht arm an Beispielen, zu welchen Grausamkeiten und Abscheulichkeiten bewaffnete Massen sich hinreißen lassen, wenn keine Führer an ihrer Spitze stehen, welche vom Prinzip der Ehre durchdrungen sind. [...] Die Standes- und Ehrengerichte entstanden nun aus der Überzeugung, wie diese wieder aus dem Gefühl und Bedürfnisse, daß gewisse Vergehungen, ja selbst nur Unterlassungen innerhalb des Standes selbst und untereinander gewogen und gerichtet werden müssen. Ueberall, wo die militärischen Ehrengerichte gewirkt, haben sie nur zum wahren Wohl und Besten des Offizierstandes beigetragen und sind im Laufe der Zeit bei einzelnen dieser Gerichte Erscheinungen vorgekommen, durch die man sich berechtigt glaubte, sie mißliebig zu machen, so findet das seine Erklärung in dem Umstande, daß Fälle vor deren Forum gebracht worden sind, die nicht dahin gehörten.“ [591]

Dem Bruder des noch regierenden Königs Friedrich Wilhelm IV. waren die Ehrengerichte das wichtigste Mittel zur Disziplinierung der Armee und zur Verteidigung der Monarchie gegen liberale Bestrebungen:

„In der preußischen Armee haben diese Ehrengerichte eine besondere Pflege erfahren, aber auch wesentlich dazu beigetragen, die Offizierkorps auf der Stufe der Bildung, des Ehrgefühls und der Gesittung zu erhalten, welche freilich den Feinden jeder gesetzmäßigen Ordnung ein Dorn im Auge ist. Dieser Bildungszustand der Offiziere, die Ehre einer Armee, d.h. der Treue und des Gehorsams gegen den Herrscher, die Erhalter der Ordnung, weil sie die ausübende Gewalt der Machthaber sein müssen, ist jenen Aposteln der Anarchie im höchsten Grade zuwider. Sie richten ihr Hauptaugenmerk darauf, die Offiziersehre zu untergraben, weil sie so am sichersten hoffen können, die Treue der Armee wankend zu machen.“[592]

Schon wenige Wochen nach der Veröffentlichung des Entwurfs des Wehrausschusses erschienen mehrere Schriften, die sich zwar nicht grundsätzlich gegen ihn aussprachen, die Abschaffung der Ehrengerichte aber ablehnten.[593] Auch in der konstitutionellen Monarchie seien Ehrengerichte unabdingbarer Bestandteil der Rechtspflege:

---

591 *Prinz von Preußen*, Bemerkungen zu dem Gesetzentwurf über die Deutsche Wehrverfassung., abgedruckt in: Militärische Schriften weiland Kaiser Wilhelms des Großen Majestät, Bd. 2, Berlin 1897, S.1ff. (S.34f.).
592 *Prinz von Preußen*, Bemerkungen zu dem Gesetzentwurf über die Deutsche Wehrverfassung., abgedruckt in: Militärische Schriften weiland Kaiser Wilhelms des Großen Majestät, Bd. 2, Berlin 1897, S.1ff. (S.35).
593 Siehe dazu die Literaturangaben in Fußnote Nr.579.

„In der Armee werden nämlich, auch nachdem sie auf die Konstitution vereidigt worden ist, sicher Fälle des unehrenhaften Benehmens von Offizieren vorkommen. Gebrochenes oder nicht gehaltenes Ehrenwort, öffentliche Unsittlich-keiten, Trunk [..] sind Handlungen, die kein Offizier=Korps in seiner Genossenschaft dulden darf, wenn es nicht der allgemeinen Verachtung verfallen will; kein Strafrecht aber bestraft dergleichen Handlungen, die an sich keine Verbrechen sind. Bestehen keine Ehrengerichte, so bleibt kein anderer Ausweg, als daß der König einen solchen Offizier ohne Urtheil und recht aus dem Dienste entläßt. Hierbei erscheint der König absolut[594] und ist es in der That, er erscheint zugleich als Vertreter der verletzten Partei, des Offizier=Korps.
In einem konstitutionellen Staate aber ist es ein wesentlicher Nachtheil für die Krone, wenn sie so, ohne durch das Gesetz gedeckt zu sein, mit Machtsprüchen hervortreten muß, und es ist daher nothwendig, daß der König durch einen gerichtlichen Ausspruch auch in Ehrensachen gegen jeden Angriff gesichert werde."[595]

Die Mehrheit des Wehrausschusses verlangte jedoch nur noch zwei Rechtsgrundlagen der militärischen Rechtspflege: eine *„Disciplinarvorschrift"* und ein *„Militärstrafgesetz"*, die beide von der Legislative zu erlassen seien.[596] Eine Verhandlung des Entwurfs fand nicht mehr statt. Der Entwurf des Wehrausschusses geriet nach dem erfolglosen Ende der Nationalversammlung im Frühjahr 1849 und dem Scheitern aller in Betracht gezogenen deutschen Verfassungslösungen[597] in Vergessenheit.

In der preußische Nationalversammlung fand die Abschaffung der Ehrengerichte keinen Einzug in die Verfassungsentwürfe. In der Regierungsvorlage vom 20. Mai 1848 fand sich nur bezüglich der Militärgerichtsbarkeit der Hin-weis, die Organisation dieser solle in einem noch zu erlassenen Gesetz erfolgen.[598] Im Kommissionsentwurf vom 26. Juli 1848 wurde in § 87 Abs.2 bestimmt, daß die *„zur Aufrechterhaltung der militärischen Disziplin notwen-digen Militär-Gerichte [..] durch das Gesetz bestimmt"* werden.[599] Die Verfas-sungsurkunde,

---

[594] Das heißt keinen Beschränkungen unterworfen.

[595] *v. Griesheim*, Kritische Bemerkungen über den Entwurf des Wehrausschusses der Reichs=Versammlung zu einem Gesetz über die Deutsche Wehr=Verfassung, S.34f.

[596] § 68 des Entwurfs zu einem Gesetze über die deutsche Wehrverfassung.

[597] Siehe dazu auch: *Diestelkamp*, Nationalversammlung, deutsche, 1848/49, in: HRG, Bd. 3, Sp.896ff. (Sp.908); *Kühne*, Die Reichsverfassung der Paulskirche, Frankfurt am Main 1985.

[598] § 68 Verfassungs=Gesetz für den preußischen Staat vom 20. Mai 1848 (Regierungsvorlage), abgedruckt in: Verhandlungen der Preußischen National-Versammlung zu Berlin. Stenographische Berichte. Erste Abtheilung. Erste bis Zweiunddreißigste Sitzung, Bd.1, Breslau 1848, S.2ff. Siehe dazu auch: *Böhr*, Die Verfassungsarbeit der preußischen Nationalversammlung 1848, Frankfurt am Main/Bern/New York/Paris 1992, S.14ff.

[599] § 87 Abs.2 Entwurf der Verfassungsurkunde für den preußischen Staat vom 26. Juli 1848, abgedruckt in: *Anonymus*, Der Verfassungsentwurf der preußischen Nationalversammlung

die der preußische König am 5. Dezember 1848 ohne Zustimmung der preußischen Nationalversammlung erließ, nahm nur redak-tionelle Änderungen vor.[600]

b) Die Pläne zur Reform des Ehrenstrafrechts

Der Entwurf des Wehrausschusses der Frankfurter Nationalversammlung hatte nur disziplinarische Verfahren oder förmliche Strafverfahren gegen Soldaten als statthaft angesehen.[601] Das neben der Ehrengerichtsbarkeit auch die militärischen Ehrenstrafen abgeschafft oder zumindest grundlegend reformiert werden sollten, hatte sich dagegen nicht erkennen lassen.[602] Da es in der Nationalversammlung keine Diskussion über die Beschränkung oder Abschaffung der bürgerlichen Ehrenstrafen gegeben hatte,[603] ist zu vermuten, daß auch militärische Ehrenstrafen weiterhin möglich sein sollten. Nur eine Änderung hatte der Entwurf des Wehrausschusses insoweit vorgesehen. Eine besonders schwere Form der Bestrafung, die nicht mehr als zeitgemäß betrachtete körperliche Züchtigung von einfachen Soldaten, die wegen ihres entehrenden Charakters auch eine Ehrenstrafe war, sollte gemäß § 69 Nr.1 des Entwurfes verboten werden.[604] Auch zur Umsetzung dieses Vorhabens kam es jedoch nicht.

c) Offizierehrenbegriff und Demokratie

Zu dem disziplinarischen Element, das bisher eine wesentliche Begründung des eigenen Offiziersehrenbegriffs war, kam 1848/49 der Kampf um den Zugriff der demokratischen Kräfte auf die Armee.[605] Es sollte von nun an das Treueverhältnis dem König gegenüber auch auf die Verteidigung der bisherigen Staats-

---

verglichen mit der dem Volke aufgedrungenen Verfassungsurkunde des Königs vom 5. December 1848, Leipzig 1848.

600 § 90 Abs.2 Verfassungsurkunde, abgedruckt in: *Anonymus,* Der Verfassungsentwurf der preußischen Nationalversammlung verglichen mit der dem Volke aufgedrungenen Verfassungsurkunde des Königs vom 5. December 1848, Leipzig 1848.

601 § 69 des Entwurfs zu einem Gesetze über die deutsche Wehrverfassung.

602 Eine Ausnahme war der Entwurf eines allgemeinen deutschen Militärstrafgesetzbuches des badischen Generalauditeurs v. Jagemann, der auch die Ehrenstrafen einer Reform unterziehen wollte, *v. Jagemann*, Die Militärstrafen im Lichte der Zeit, Erlangen 1849, S.34ff.

603 In den Stenographischen Berichten über die Sitzungen der Nationalversammlung finden sich keine Wortbeiträge zu den militärischen Ehrenstrafen; Fünf und achtzigste Sitzung in der Paulskirche vom 25. September 1848, in: *Wigard* [Hrsg.] Reden für die deutsche Nation 1848/49, Stenographischer Bericht über die Verhandlungen der deutschen constituirenden Nationalversammlung zu Frankfurt am Main, Bd.3, S.2264ff.

604 Beilage B. zu einem Gesetze über die deutsche Wehrverfassung, abgedruckt in: *Haßler* [Hrsg.], Verhandlungen der deutschen verfassunggebenden Reichsversammlung zu Frankfurt am Main, Bd. 2, S.336ff. (S.343), BA Koblenz, Bestand: DB 51/425.

605 *Wohlfeil*, Ritter – Söldnerführer - Offizier, in: Festschrift Johannes Bärmann, Teil 1, Wiesbaden 1966, S.45ff. (S.67ff.).

und Regierungsform erweitert werden. Das gegenseitige Verhältnis zwischen dem Offizierkorps und dem Monarchen wurde durch den gemeinsamen Kampf gegen Bestrebungen, die Armee auf die Verfassung zu vereidigen, noch verstärkt.[606] Beide wollten den Zugriff des Parlamentes auf das preußische Heer verhindern. Für den Ehrbegriff des Offizierkorps hatte das zur Folge, daß jemand, der sich offen zu demokratischen Auffassungen bekannte, mit Repressionen zu rechnen hatte. Dies war aus der Sicht der Armeeführung und des Königs nur gerecht und folgerichtig, da die Treue zum König und zur Monarchie Grundlage des Ehrenkodexes war.

2. Die Reaktion

Nach dem Scheitern der Revolution von 1848 sollten noch Jahrzehnte vergehen, bis sich die im Verfassungsentwurf der Frankfurter Nationalversammlung vorgesehenen rechtsstaatlichen Elemente zumindest teilweise durchsetzen konnten. Die nun anbrechende Periode wurde als die *„Reaktion"* oder, wie schon die Zeit nach dem Wiener Kongreß, als *„Zeit der Restauration"* bezeichnet.[607] Ein Erfolg der Revolution von 1848 war es immerhin, daß nun auch in Preußen eine Verfassung nicht mehr zu verhindern war. Am 31. Januar 1850 trat die von König Friedrich Wilhelm IV. oktroyierte preußische Verfassung in Kraft.[608] Damit war das Zeitalter des Absolutismus in Deutschland vorbei; Preußen war der bis dahin letzte deutsche Staat ohne Verfassung gewesen.[609] Auch wenn viele Forderungen der Abgeordneten der deutschen wie der preußischen Nationalversammlung unerfüllt blieben,[610] war nun der preußische König erstmals gemäß Art. 61 pr.V.U bei der Gesetzgebung zur Zusammenarbeit mit den beiden neu gebildeten Kammern des preußischen Abgeordnetenhauses verpflichtet. Damit erhielten die Vertreter des Volkes erstmals zumindest mittelbaren Einfluß auf die Rechtssetzung - auch im Bereich des Militär-

---

[606] Siehe dazu umfassend: *Wohlfeil*, Ritter – Söldnerführer - Offizier, in: Festschrift Johannes Bärmann, Teil 1, Wiesbaden 1966, S.45ff. (S.68ff.).

[607] *Frotscher/Pieroth*, Verfassungsgeschichte, München 2002, § 12, S.179.

[608] Die Verfassungs=Urkunde für den Preußischen Staat vom 31. Januar 1850, abgedruckt in: PrDGC, Bd.1. S.744ff. sowie als Druck: Die Verfassungs=Urkunde für den Preußischen Staat, vom 31. Januar 1850, mit Einschaltung der bisherigen gesetzlichen Abänderungen.

[609] Verfassungsurkunde des Königreichs Sachsen. Vom 4. September 1831., in: *Binding* [Hrsg.], Deutsche Staatsgrundgesetze in diplomatisch genauem Abdrucke, Heft VI: Sachsen, Leipzig 1893; Verfassungs-Urkunde für das Königreich Württemberg. Vom 25. September 1819., in: *Binding* [Hrsg.], aaO, Heft VII: Württemberg, Leipzig 1894; Die Verfassung des Großherzogtums Baden. Vom 22. August 1818., in: *Binding* [Hrsg.], aaO, Heft VIII. 1.: Baden, Leipzig 1899.

[610] Unter anderem die Abschaffung der Ehrengerichte, siehe oben den Abschnitt *Die Diskussion über die Abschaffung der Ehrengerichte*, Kap. III Nr.1 a).

wesens. Dieser war jedoch zumeist theoretischer Natur – wie beim Konflikt um die Heeresreform ab 1861.[611]

a) Die Novellierung der Ehrengerichtsverordnung

Da der Entwurf des Wehrausschusses der Frankfurter Nationalversammlung keine Gesetzeskraft erlangt hatte,[612] blieb die Ehrengerichtsverordnung von 1843 in Kraft und wurde weiterhin häufig verändert, reformiert und präzisiert.[613] Ihre in der Paulskirche gerügten Unzulänglichkeiten[614] schlugen sich wieder durch in kurzer Abfolge erscheinenden Erlasse und Allerhöchsten Kabinettsordres, die den Problemen abhelfen sollten, nieder. Eine bedeutendere Veränderung erhielt die Ehrengerichtsverordnung erst am 13. November 1856, als zu den Sanktionsmöglichkeiten der Ehrengerichte die Strafe des gelinden Festungsarrestes hinzutrat.[615] Dessen Dauer konnte zwischen 6 Wochen und 6 Monaten betragen.

Eine weitere Veränderung gab es bei der Bildung des Ehrenrates, der bis 1860 durch die Offiziere gewählt wurde.[616] Nach *„Bedenken gegen die Opportunität“*[617] dieses Verfahrens wurden von diesem Zeitpunkt an der jeweils dienstälteste Offizier eines jeden Offizierranges bei den Ehrengerichten über die Subalternoffiziere sowie die ältesten Regiments- oder Bataillionskommandeure

---

[611] Siehe dazu: *Helfert*, Der preußische Liberalismus und die Heeresreform von 1860, Bonn 1989.

[612] Vgl oben den Abschnitt *Die Diskussion über die Abschaffung der Ehrengerichte*, Kap. III Nr.1 a).

[613] Allerhöchste Kabinets=Ordre vom 22. Juli 1852, wonach gegen Offiziere, welche wegen eines Zweikampfs durch kriegsrechtlichen Spruch bestraft worden sind, ein nachträgliches ehrengerichtliches Verfahren über die Veranlassung eines Duells nur mit Allerhöchster Genehmigung Sr. Majestät des Königs eingeleitet werden soll., abgedruckt in: PrMGS Bd.5, S.212; Allerhöchste Kabinets=Ordre vom 13. November 1856, betreffend die Ergänzung des § 4 der Verordnung über die Ehrengerichte vom 20. Juli 1843, abgedruckt in: PrMGS Bd.6, S.4f.; Allerhöchste Kabinets=Ordre vom 11. August 1863, betreffend die Vollstreckung der auf Entfernung aus dem Offizierstandes lautenden kriegs= oder ehrengerichtlicher Erkenntnisse, wenn der Verurtheilte Orden oder Ehrenzeichen besitzt., abgedruckt in: PrMGS Bd.7, S.79.

[614] Siehe oben den Abschnitt *Die Diskussion über die Abschaffung der Ehrengerichte*, Kap. III Nr.1 a).

[615] Allerhöchste Kabinets=Ordre vom 13. November 1856, betreffend die Ergänzung des § 4 der Verordnung über die Ehrengerichte vom 20. Juli 1843, abgedruckt in: PrMGS Bd.6, S.4f.

[616] § 14 Abs.1 EGV [1843].

[617] *Fleck*, Die Verordnungen über die Ehrengerichte im Preußischen Heere und über die Bestrafung der Offiziere wegen Zweikampfs, 3. Auflage 1865, S.27.

kraft Amtes Mitglieder des Ehrenrates; es galt also das *„Anciennitätsprinzip"*.[618]

b) Das Ehrenstrafrecht

Das erstmals mit dem 1845 erlassenen Militärstrafgesetzbuch umfassend geregelte militärische Ehrenstrafrecht erfuhr, wie bereits dargestellt,[619] schon in den ersten Jahren seines Bestehens wichtige Konkretisierungen und Ausführungsbestimmungen. Dies setzte sich in den Jahren bis zur Reichsgründung in sehr vielen *„Kabinets=Ordres"*, Verfügungen und Anordnungen fort, von denen einige Einfluß auf das Ehrenstrafrecht hatten.

aa) Änderungen des PrMStGB

Durch Gesetz vom 15. April 1852 wurde das preußische Militärstrafgesetzbuch dahingehend geändert, daß die *„Ausstoßung aus dem Soldatenstande"* immer dann zwingend eintrat, wenn der Angeklagte zu einer Zuchthausstrafe verurteilt wurde.[620] Bisher war diese Strafe neben der Zuchthausstrafe nur fakultativ zulässig gewesen.[621] Nach dem gleichen Gesetz wurden Gemeine entlassen, denen ihre Ehrenrechte für länger als drei Jahre aberkannt worden waren.[622]

bb) Erlaß von Ausführungsbestimmungen

Zur Konkretisierung des preußischen Militärstrafgesetzbuches wurden im Verordnungswege Ausführungsbestimmungen erlassen.[623] Bezüglich der ausdrücklichen Erwähnung militärischer Ehrenstrafen im Tenor der Urteile von Kriegs- und Standgerichten wurde verfügt, daß dies nicht, wie ursprünglich vorgesehen,[624] nur im veröffentlichten Teil des Erkenntnisses erwähnt werden

---

[618] Allerhöchste Kabinetts=Ordre vom 8. Oktober 1860, zitiert nach *Fleck*, Die Verordnungen über die Ehrengerichte im Preußischen Heere und über die Bestrafung der Offiziere wegen Zweikampfs, 3. Auflage 1865, S.28.

[619] Siehe dazu die Fundstellen im Abschnitt *Der Katalog der militärischen Ehrenstrafen des PrMStGB*, Kap. II. Nr.2, bb) dd).

[620] § 3 Gesetz vom 15. April 1852, die Abänderung mehrerer Bestimmungen in den Militair=Strafgesetzen betreffend, abgedruckt in: PrMGS Bd.5, S.161ff. (S.162).

[621] Siehe oben den Abschnitt *Ausstoßung aus dem Soldatenstande*, Kap. II. Nr.2, b) dd) 1).

[622] § 5 des Gesetzes vom 15. April 1852, die Abänderung mehrerer Bestimmungen in den Militair=Strafgesetzen betreffend, abgedruckt in: PrMGS Bd.5, S.161ff. (S.161).

[623] Gesetz vom 15. April 1852, die Abänderung mehrerer Bestimmungen in den Militair=Strafgesetzen betreffend, abgedruckt in: PrMGS Bd.5, S.161ff.; Allerhöchste Verordnung vom 18. Mai 1852, zur Ausführung des Gesetzes vom 15. April 1852, die Abänderung mehrerer Bestimmungen in den Militair=Strafgesetzen betreffend, abgedruckt in: PrMGS Bd.5, S.164ff.

[624] Allerhöchste Verordnung vom 18. Mai 1852, zur Ausführung des Gesetzes vom 15. April 1852, die Abänderung mehrerer Bestimmungen in den Militair=Strafgesetzen betreffend, zu § 5 Nr.6, abgedruckt in: PrMGS Bd.5, S.164ff. (S.165).

sollten, sondern auch gegenüber dem Angeklagten bei der Verkündung des Urteils, wenn die Ehrenstrafe wegen allgemeiner, nicht-militärischer Delikte verhängt wurde.[625]

Die den zeitlichen Anwendungsbereich des Militärstrafgesetzbuches regelnde Bestimmung des § 5 Einl. PrMStGB [1845] wurde durch die am 9. Dezember 1858 erlassene „*Militair=Ersatz=Instruktion*“[626] und eine daraufhin erlassene Verfügung des Kriegsministers und des Innenministers[627] konkretisiert. Danach mußte der einer Straftat Überführte, die er vor seinem Dienstantritt begangen hatte, aus dem Dienst entlassen werden, wenn

> „... 1. das von einer Militairperson vor dem Eintritt in den Militairstand verübte Vergehen ein solches ist, welches die Strafgesetze nicht blos mit Freiheitsstrafe, sondern zugleich auch mit Ehrenstrafen bedrohen; ohne Rücksicht darauf, ob das Gesetz dem erkennenden Gericht gestattet, bei Annahme mildernder Umstände, wie z. B. bei dem einfachen Diebstahl, von Verhängung der Ehrenstrafen abzusehen, oder wenn
> 2. die wegen eines, nicht mit Ehrenstrafen bedrohten Vergehens zu gegenwärtigende Strafe voraussichtlich in Gefängniß von längerer als achtwöchiger Dauer best[and].“[628]

Demnach gab es für die Dienstentlassung wegen vor Dienstantritt begangener Delikte erst seit 1859 klare Regelungen. Wer allerdings eine solche Dienstentlassung vorzunehmen hatte, blieb unklar. Über die Zulässigkeit einer Rehabilitierung des Entlassenen nach Beweis seiner Unschuld gab es keine Vorschriften.

3. Der Norddeutsche Bund

Am 16. April 1867 wurde nach dem Krieg Österreichs gegen Preußen und dem Sieg Preußens bei Königgrätz[629] der Norddeutsche Bund gegründet.[630] Da die

---

625 Allerhöchste Kabinetts=Ordre vom 6. Juni 1857 und Cirkular=Schreiben des General=Auditoriats vom 11. Juni 1857, betreffend die Fassung des Tenors der kriegs= und standrechtlichen Erkenntnisse, wenn militärische Ehrenstrafen wegen gemeiner Verbrechen oder Vergehen von dem Angeschuldigten verwirkt sind, abgedruckt in: PrMGS Bd.6, S.16ff.

626 § 181 Militair=Ersatz=Instruktion für die Preußischen Staaten, vom 9. Dezember 1858, abgedruckt in: PrMGS Bd.6, S.110ff. (S.133f.)

627 Allgemeine Verfügung der Minister des Krieges und des Innern vom 9. Juli 1859, betreffend die Erläuterung des § 181. der Ersatz=Instruktion vom 9. Dezember 1858, abgedruckt in: PrMGS Bd.6, S.159f.

628 Ebenda.

629 *Smith/v. Alten* [Hrsg.], Die Kriege vom Altertum bis zur Gegenwart, in: *v. Alten/v. Albert*, Handbuch für Heer und Flotte, Sonderband, S.670.

meisten Einwohner des Bundes Preußen waren und auch über 80% des Bundesgebietes preußisches Staatsgebiet war, hatte Preußen eine Hegemonialstellung[631] im Norddeutschen Bund.[632] Deshalb ergaben sich im preußischen Militärrecht zunächst keine Veränderungen. Die Verfassung des Norddeutschen Bundes enthielt die Bestimmung, daß *„nach Publikation dieser Verfassung in dem gesamten Bundesgebiete die gesamte preussische Militärgesetzgebung, insbesondere das Militärstrafgesetzbuch vom 3. April 1845 sowie die Ehrengerichtsverordnung vom 20. Juli 1843 ungesäumt einzuführen"* sei.[633] Die Einführung des Militärstrafgesetzbuches geschah durch Verordnung vom 29. Dezember 1867 in dem ganzen damaligen Bundes-gebiet,[634] mit Ausnahme des Königreiches Sachsen, welches bereits seit dem 4. November 1867 ein im Wesentlichen dem preußischen nachgebildetes Militär-strafgesetzbuch besaß.[635] Die preußische Ehrengerichtsverordnung von 1843 wurde durch Verordnung am 29. Dezember 1867 bundeseinheitlich einge-führt.[636]

---

[630] Verfassung des Norddeutschen Bundes, BGBl. 1867 S.1ff. Zu den einzelnen Mitgliedsstaaten siehe die Aufzählung in Art. 1 BV.

[631] Zur Übernahme der preußischen Heeresorganisation durch den Norddeutschen Bund und das Deutsche Reich siehe auch: *Messerschmidt*, Die politische Geschichte der preußisch-deutschen Armee, in: Deutsche Militärgeschichte (1648-1939), Bd.2, 1. Teil, München 1983, S.1ff (S.205ff.).

[632] Das ergab sich beispielsweise aus der Stellung des preußischen Königs, der befugt war, den Bundeskanzler zu ernennen und den Norddeutschen Bund nach außen vertrat, Art. 11 Abs.1, 15 Abs.1 BV.

[633] Art. 61 Abs.1 BV.

[634] Verordnung, die Einführung des preußischen Militär=Strafrechts im ganzen Bundesgebiete betreffend vom 29. Dezember 1867, BGBl. 1867, S.185; siehe dazu auch: Allerhöchster Erlaß, betreffend die Publikation und Einführung des Strafgesetzbuches für das Preußische Heer, in: GStA PK, I. HA (Justizministerium) Rep. 84a – 8570; BGBl. 1867 S.187ff.

[635] *Markus*, Die besonderen Ehrenstrafen des Militärstrafgesetzbuches, Crefeld 1916, S.6f.

[636] § 2 nebst Anhang der Verordnung, die Einführung des preußischen Militär=Strafrechts im ganzen Bundesgebiete betreffend vom 29. Dezember 1867, BGBl. 1867, S.185ff.

IV. Das Ehrenstrafrecht und die Ehrengerichtsbarkeit im Kaiserreich

Nachdem sich der Sieg über Frankreich im deutsch-französischen Krieg von 1870/71 abgezeichnet hatte, erweiterte sich der Norddeutsche Bund zum Deutschen Reich unter Einbeziehung der süddeutschen Staaten mit Ausnahme Österreichs. Eine der vorrangigsten Aufgaben des am 18. Januar 1871 gegründeten deutschen Reiches war die Herstellung einheitlicher Gesetze für die wichtigsten Lebensbereiche der Deutschen.[637] Darunter fiel auch der Erlaß einer einheitlichen Militärgesetzgebung. Aus diesem Grund wurde in der neuen Reichsverfassung[638] in Art. 61 Abs.1[639] die Einführung der preußischen Militärgesetzgebung im gesamten Staatsgebiet vorgesehen. Hiervon ausgenommen waren nur die Länder Bayern und Württemberg. Kurz bevor der Norddeutsche Bund zum Deutschen Reich erweitert wurde, war in § 5 des Vertrages über den Bei-tritt des Königreiches Bayern zur Verfassung des Deutschen Bundes vom 23. November 1870 bestimmt worden, daß Art. 61 der Verfassung auf Bayern keine Anwendung finden, Bayern vielmehr zunächst seine Militärgesetzgebung behalten solle.[640] Das Land Bayern hatte erst wenige Monate zuvor sein eigenes Militärstrafgesetzbuch verabschiedet.[641] Desgleichen wurde in der Militärkonvention mit Württemberg vom 21. und 25. November 1870 festgesetzt, daß das Württembergische Militärstrafgesetzbuch vorerst und bis zur Regelung im Wege der Bundesgesetzgebung in Geltung bleibe.[642] Reichseinheitlich sollte als gesetzlicher Überbau gem. Art. 61 Abs.2 RV ein Reichsmilitärgesetz geschaffen werden. Dieses trat nach Beratung und Beschlußfassung im Reichstag und im Bundesrat am 2. Mai 1874 in Kraft.[643]

---

[637] Aus diesem Grund wurden in Art. 2 RV umfangreiche Kompetenzzuweisungen für die Gesetzgebungsbefugnisse des Reiches geregelt.

[638] Verfassung des Deutschen Reiches, RGBl. 1871, S.64ff. (S.80).

[639] Bezüglich der Numerierung sowie des gesamten Wortlautes war das derselbe Art. 61, der auch in der Verfassung des Norddeutschen Bundes die Einführung der preußischen Militärgesetzgebung veranlaßte; Siehe oben Abschnitt *Der Norddeutsche Bund*, Kap. III. Nr.3.

[640] § 5 des Vertrages, betreffend den Beitritt Bayerns zur Verfassung des Deutschen Bundes vom 23. November 1870, BGBl. 1871, abgedruckt in: RGBl. 1871, S.9ff.

[641] Militärstrafgesetzbuch für das Königreich Bayern vom 29. April 1869. Amtliche Ausgabe, München 1869. Zur Gesetzgebungsgeschichte siehe: *Schmid*, Die Gesetzgebungsgeschichte des Militärstrafrechts für das Königreich Bayern zwischen 1806 und 1900, München 2001, S.172ff., *Oberniedermayr*, Commentar über das Militärstrafgesetzbuch für das Königreich Bayern, München 1870, S.1ff.

[642] Württemberg schloß mit dem Norddeutschen Bund am 21. und 25. November eine Militärkonvention, die es erlaubte, das bis zur bundeseinheitlichen Regelung das württembergische Militärstrafgesetzbuch in Kraft bleiben dürfe; Militair=Konvention zwischen dem Norddeutschen Bunde und Württemberg, BGBl. 1870 S.658ff.

[643] Reichs=Militärgesetz vom 2. Mai 1874, RGBl. S.45ff.

Unter den Regelungsbereich des Art. 61 Abs.1 RV fiel auch die preußische Ehrengerichtsverordnung von 1843. Sie war mittlerweile dringend reformbedürftig worden. Außerdem waren in den fast 30 Jahren seit ihrem Erlaß eine Fülle an Ergänzungen, Ausführungsbestimmungen und Auslegungsverfügungen ergangen, die das Gebiet der Ehrengerichtsbarkeit unübersichtlich gemacht hatten.[644] Deshalb wurde eine wesentlich erweiterte Neufassung der *„Allerhöchste Verordnung über die Ehrengerichte der Offiziere im preußischen Heere"* am gleichen Tage wie das Reichsmilitärgesetz – also am 2. Mai 1874 - vom Kaiser auf dem Verordnungswege erlassen.[645] Beide preußischen Kammern wurden am Verfahren nicht beteiligt.

Wie schon aus dem Namen hervorgeht, handelte es sich nicht um eine Reichserordnung. Die Verordnung war kein Gesetz und galt nur für das preußische Heer. Da jedoch die drei Staaten, die eigene Ehrengerichtsverordnungen erließen (Bayern, Württemberg und Sachsen), sich sehr stark an den preußischen Entwurf anlehnten, war trotz der vier jeweils gültigen Verordnungen praktisch eine reichseinheitliche Regelung eingeführt worden.[646]

Die militärischen Ehrenstrafen waren reichseinheitlich schon mit dem am 20. Juni 1872 verkündeten Militärstrafgesetzbuch für das Deutsche Reich[647] geregelt worden. Dieses trat somit an Stelle der vier noch geltenden einzelstaatlichen Regelungen.

1. Der Ehrbegriff des Offizierkorps im Kaiserreich

Innerhalb der Offizierkorps herrschte im Kaiserreich weitgehend Einigkeit über die Merkmale der Offizierehre. Weiterhin hatte die schon erwähnte Definition von *Wiesend*[648] auch für diese Zeit Geltung. Der militärische Gehorsam spielte

---

644 Siehe oben den Abschnitt *Die Diskussion über die Abschaffung der Ehrengerichte*, Kap. III. Nr.1 a).

645 Kompendium über Militärrecht, Abschnitt VI, S.273ff.

646 Bayern erließ die Ehrengerichtsverordnung am 31. August 1874; Württemberg am gleichen Tag wie Preußen am 2. Mai 1874 und Sachsen am 10. August 1874; *Dietz* [Hrsg.], Die Ehrengerichtsverordnungen enthaltend die Allerh. Verordnungen über Ehrengerichte der Offiziere und Sanitätsoffiziere im Preußischen und Bayerischen Heere, der Offiziere und Sanitätsoffiziere des Kommandos der Schutztruppen im Reichskolonialamt und der Kais. Schutztruppen, die Ergänzungsorder nebst ergänzenden Erlassen und Bestimmungen., Rastatt 1912, S.5f.

647 Militär=Strafgesetzbuch für das Deutsche Reich vom 20. Juni 1872, RGBl. 1872 S.174ff.

648 *Wiesend*, Die Schuld bei den zur Zuständigkeit der militärischen Ehrengerichte gehörigen Handlungen, München 1917, S.13 sowie Abschnitt *Der Ehrbegriff des preußischen Offizierkorps zu Beginn des 19. Jahrhunderts*, Kap. I Nr.1 c) bb).

jedoch in dem Schrifttum zum Ehrbegriff eine größere Rolle als bisher. Generalleutnant *v. Boguslawski*[649] zählte zu den Offizierpflichten vor allem

> „....die Bewährung des physischen Mutes, die Verachtung der Gefahr. Aber auch der moralische Mut, d. h. die Entschlusskraft, ferner die Fähigkeit, eine große Ver-antwortlichkeit auf sich zu nehmen, sich für die Allgemeinheit aufzuopfern, endlich die unerschütterliche Treue zur Fahne und zum Kriegsherrn (Chef des Staates, in der Republik der Staat selbst)."[650]

Daß sich die als unehrenhaft anzusehenden Verhaltensweisen nach Gründung des Kaiserreiches verändert hätten, ließ die neue Ehrengerichtsverordnung nicht erkennen. Die Beispiele für unehrenhaftes Verhalten, die sich noch in der Ehrengerichtsverordnung von 1843 gefunden hatten, wurden in die neue Verordnung nicht aufgenommen. Dies wurde damit begründet, daß die Aufzählung von Handlungen, welche irgendwie geeignet sein könnten, die Standesehre zu schädigen, in Anbetracht der vielfältigen Pflichten, Normen und Überlieferungen, welche die Offiziersehre in sich begreife und die in der verschiedensten Gestalt nach außen träten, nicht möglich wäre.[651]

Gleichwohl findet sich jedoch auch im Nachfolger der 1843 erlassenen Ehrengerichtsverordnung eine Aufzählung der Tugenden eines Offiziers. Diese stellte Kaiser Wilhelm I. der Einleitung der Ehrengerichtsverordnung voran.[652] Diese *„Allerhöchste Einleitungsorder"* bezeichnete es als *„höchste und heiligste Pflicht des ganzen Standes"*, *„Reinerhaltung der Ehre, Treue bis in den Tod, unerschütterlichen Mut, strenge Verschwiegenheit, aufopfernde Erfüllung, selbst der anscheinend kleinsten Pflichten"* zu üben. Weiter verlangte Kaiser Wilhelm I. von seinen Offizieren würdevolles und gebildetes Auftreten, insbesondere an öffentlichen Orten, die Wahl geeigneten Umgangs, Meiden von Ausschweifungen, *„Trunksucht"*, *„Hasard- und hasardmäßigem Börsenspiel"* und ähnlichen Unternehmungen, Vorsicht bei Verpfändung des Ehrenwortes, Mäßigkeit und Einfachheit der Lebensweise, treue Kameradschaft und *„wahre*[n] *Korpsgeist"*.[653]

---

[649] Albert v. Boguslawski, geb. am 24.12.1834 in Berlin, gestorben am 07. September 1905 in Berlin, war neben seiner Tätigkeit als Generalleutnant im preußischen Heer Romanschriftsteller und Verfasser einiger Werke zum Ehrenkodex der preußischen Offiziere, *ders.*, Der Ehrbegriff des Offizierstandes, Berlin 1875, *ders.*, Die Ehre und das Duell, Berlin 1897; siehe zu seiner Biographie auch den Eintrag unter seinem Namen in: DBE, Bd.1, S.642.

[650] Statt vieler nur: *v. Boguslawski*, Der Ehrbegriff des Offizierstandes, Berlin 1875, S.6.

[651] *Elsner v. Gronow/Sohl*, Militärstrafrecht für Heer und Marine des Deutschen Reichs, Ehrengerichtsverordnung, Berlin 1906, zu § 2a, S.680.

[652] Der gesamte Text der Einleitungsordre zur Ehrengerichtsverordnung von 1874 ist im Anhang C abgedruckt.

[653] Ebenda.

Wer gegen diese Pflichten verstoßen und dadurch in den Augen seiner Kameraden seine Ehre leichtfertig aufs Spiel gesetzt hatte, sollte nicht die Ehre des gesamten Offizierkorps in Mitleidenschaft ziehen dürfen. Ihm sollte die Berechtigung, dem Offizierkorps weiterhin anzugehören, aberkannt werden:

> „Das Leben des Officiers ist der Vertheidigung des Thrones und des Vaterlandes geweiht und wer dasselbe um einen kleinlichen Zweck einsetztet, beweist, daß er sich seiner ernsteren Bestimmung nicht bewußt ist, und nicht die richtige Haltung zu behaupten weiß, welche auf Sittlichkeit und wahrem Ehrgefühle beruhet."[654]

Nachdem schon 1848/49 versucht worden war, den Verfassungsorganen Zugriff auf die Armee zu verschaffen, kam im Verlauf des 19. Jahrhunderts zum Ehrenkodex der Offiziere auch die Verteidigung der Monarchie gegen progressive Kräfte hinzu. Eine allzu liberale, wenn nicht gar sozialdemokratische Gesinnung wurde als unvereinbar mit dem Ehrbegriff des Offizierstandes angesehen. Die Armee sollte nicht nur Beschützer des Staates, sondern auch Instrument des Königs gegen *„vaterlandslose Gesellen"*[655] sein. Der Ehrbegriff war Instrument zur Bildung einheitlicher Königstreue des Offizierkorps.[656]

2. Die Reichstagsverhandlungen zum Abschnitt der militärischen Ehrenstrafen im Reichsmilitärstrafgesetzbuch von 1872

Am 18. April 1872 fand im Reichstag die erste Lesung des erst einen Monat vorher, am 18. März 1872, im Reichs=Anzeiger[657] publizierten ersten Entwurfes[658] des Reichsmilitärstrafgesetzbuches im Reichstag statt.[659] Dieser sah sich nicht zuletzt wegen seiner späten Veröffentlichung im Reichstag starker Kritik

---

[654] *v. Rudloff* [Hrsg.], Handbuch des Preußischen Militairrechts, Bd.3, Berlin 1835, Zum §. 1162., S.246.

[655] In konservativen Kreisen damals übliche Bezeichnung für die Mitglieder der Sozialdemokratischen Partei Deutschlands.

[656] Siehe dazu umfassend: *Dieners*, Das Duell und die Sonderrolle des Militärs, Berlin 1992, S.262ff.

[657] Entwurf eines Militär=Strafgesetzbuchs für das Deutsche Reich, in: Reichs=Anzeiger und Königlich Preußischer Staats=Anzeiger vom 18. März 1872, No. 67, Erste Beilage, S.1549-1555, in: Staatsbibliothek zu Berlin – Preussischer Kulturbesitz / Zeitungsabteilung – Westhafenspeicher, Zsn 90 160 MR D.

[658] Der Entwurf zum Militärstrafgesetzbuch für das Deutsche Reich ist abgedruckt in: Stenographische Berichte über die Verhandlungen des Deutschen Reichstages, I. Legislatur-Periode – III. Session 1872, Dritter Band, Anlagen zu den Verhandlungen des Reichstages Nr.1-200, Anlage Nr.5, S.3ff.

[659] Stenographische Berichte über die Verhandlungen des Deutschen Reichstages, I. Legislatur-Periode – III. Session 1872, Erster Band, Von der Eröffnungssitzung am 8. April und der Ersten bis Dreißigsten Sitzung am 28. Mai 1872, 9. Sitzung am 18. April 1872, S.91-106.

ausgesetzt. Einer der Hauptkritikpunkte der Nationalliberalen Partei[660] richtete sich gegen das Sanktionensystem.[661] Vor allem die unterschiedlichen Arrestarten und Haftarten für Offiziere, Unteroffiziere und Mannschaften wurden bemängelt.[662] Gelobt wurde von allen an der Debatte beteiligten Rednern, daß der Entwurf eine wesentliche Verbesserung des preußischen Militärstrafgesetzbuchs von 1845 sei.[663] Die militärischen Ehrenstrafen waren jedoch nicht Gegenstand der Debatte der ersten Lesung, da die Abgeordneten damit wohl einverstanden waren. Am Ende der ersten Lesung wurde eine 21-köpfige Kommission zur weiteren Beratung des Entwurfes eingesetzt.[664]

Für die am 7. Juni 1872 stattfindende zweite Lesung wurden zwei Kommissionsberichte[665] vorgelegt. Diese wichen bezüglich der Ehrenstrafen nur unwesentlich voneinander und vom ersten Entwurf ab.[666] Zum zweiten Kommissi-

---

[660] Antrag der Abgeordneten Dr. Lasker und anderer. Eduard Lasker war MdR von 1871-1884 und eine Führungspersönlichkeit der Nationalliberalen Partei, siehe dazu auch: *Schwarz*, Biographisches Handbuch der Reichstage, Hamburg 1965.

[661] Äußerungen der Abgeordneten Lasker, Dr. Schwarze und Dr. Meyer (Thorn) in: Stenographische Berichte über die Verhandlungen des Deutschen Reichstages, I. Legislatur-Periode – III. Session 1872, Erster Band, Von der Eröffnungssitzung am 8. April und der Ersten bis Dreißigsten Sitzung am 28. Mai 1872, 9. Sitzung am 18. April 1872, S.91ff (S.94ff., S.102ff. S.105f.).

[662] Ebenda.

[663] Abgeordneter Dr. Friedberg (Vertreter des Justizministeriums), in: Stenographische Berichte über die Verhandlungen des Deutschen Reichstages, I. Legislatur-Periode – III. Session 1872, Erster Band, Von der Eröffnungssitzung am 8. April und der Ersten bis Dreißigsten Sitzung am 28. Mai 1872, 9. Sitzung am 18. April 1872, S.91ff. (S.92ff.) sowie Abgeordneter Lasker, ebenda S.91ff. (S.95f.).

[664] Stenographische Berichte über die Verhandlungen des Deutschen Reichstages, I. Legislatur-Periode – III. Session 1872, Erster Band, Von der Eröffnungssitzung am 8. April und der Ersten bis Dreißigsten Sitzung am 28. Mai 1872, 9. Sitzung am 18. April 1872, S.91ff. (S.106).

[665] Zusammenstellung des Entwurfs eines Militär=Strafgesetzbuchs für das Deutsche Reich – Nr.5 der Drucksachen – mit den Beschlüssen der VI. Kommission, abgedruckt in: Stenographische Berichte über die Verhandlungen des Deutschen Reichstages, I. Legislatur-Periode – III. Session 1872, Dritter Band, Anlagen zu den Verhandlungen des Reichstages Nr.1-200, Anlage Nr.90, S.367ff. und in: GStA PK, I. HA. (Justizministerium) Rep. 84a. 8571; sowie Zusammenstellung des Entwurfs eines Militär=Strafgesetzbuchs für das Deutsche Reich mit den Beschlüssen der Kommission in Zweiter Lesung, in: Stenographische Berichte über die Verhandlungen des Deutschen Reichstages, I. Legislatur-Periode – III. Session 1872, Dritter Band, Anlagen zu den Verhandlungen des Reichstages Nr.1-200, Anlage Nr.122, S.546ff. und in: GStA PK, I. HA. (Justizministerium) Rep. 84a. 8571.

[666] So sollte eine Entfernung aus dem Heere oder der Kaiserlichen Marine auch bei einer Verurteilung eines Militärangehörigen zu einer Gefängnisstrafe von mehr als 5-jähriger Dauer möglich sein, § 31 der Beschlüsse der VI. Kommission, abgedruckt in: Stenographische Berichte über die Verhandlungen des Deutschen Reichstages, I. Legislatur-Periode – III. Session

onsbericht gab es mehrere Änderungsvorschläge,[667] die sich vor allem mit den Arreststrafen befaßten. [668] In der zweiten Lesung wurden die Meinungsverschiedenheiten der ersten Lesung wiederholt; zu den Ehrenstrafen wurden weder Änderungsanträge gestellt noch das Wort gewünscht.[669]

Die dritte Lesung fand schon am Morgen nach der zweiten Lesung statt[670] und befaßte sich abermals mit dem zweiten Kommissionsbericht[671] in der am Vortag beschlossenen, abgeänderten Form. Beim endgültigen Beschluß über den Erlaß des Reichsmilitärstrafgesetzbuches blieb der Abschnitt über die militärischen Ehrenstrafen ohne eine Erwähnung[672] und wurde in der Form des Vorschlages der zweiten Kommission beschlossen.[673] Über die Notwendigkeit besonderer militärischer Ehrenstrafen bestand somit Einmütigkeit im Reichstag. Dies wurde auch nicht von den Sozialdemokraten angezweifelt.

3. Die Ehrenstrafen des Reichsmilitärstrafgesetzbuches von 1872

Anknüpfend an das preußische Militärstrafgesetzbuch von 1845[674] kannte das Reichsmilitärstrafgesetzbuch mehrere, in Haupt- und Nebenstrafen eingeteilte

---

1872, Dritter Band, Anlagen zu den Verhandlungen des Reichstages Nr.1-200, Anlage Nr.90, S.367ff. (S.272).

[667] Die Änderungsvorschläge sind als Anlagen abgedruckt in: Stenographische Berichte über die Verhandlungen des Deutschen Reichstages, I. Legislatur-Periode – III. Session 1872, Dritter Band, Anlagen zu den Verhandlungen des Reichstages Nr.1-200, Anlagen Nr.123, 146, 149, S.571, 621, 626.

[668] §§ 22ff. RMStGB [1872].

[669] Stenographische Berichte über die Verhandlungen des Deutschen Reichstages, I. Legislatur-Periode – III. Session 1872, Zweiter Band, Von der Einunddreißigsten bis Achtundvierzigsten Sitzung am 19. Juni 1872, 37. Sitzung am 07. Juni 1872, S.807ff. (S.826).

[670] Stenographische Berichte über die Verhandlungen des Deutschen Reichstages, I. Legislatur-Periode – III. Session 1872, Zweiter Band, Von der Einunddreißigsten bis Achtundvierzigsten Sitzung am 19. Juni 1872, 38. Sitzung am 08. Juni 1872, S.835ff.

[671] Zusammenstellung des Entwurfs eines Militär=Strafgesetzbuchs für das Deutsche Reich mit den Beschlüssen der Kommission in Zweiter Lesung, abgedruckt in: Stenographische Berichte über die Verhandlungen des Deutschen Reichstages, I. Legislatur-Periode – III. Session 1872, Dritter Band, Anlagen zu den Verhandlungen des Reichstages Nr.1-200, Anlage Nr.122, S.546ff.

[672] Stenographische Berichte über die Verhandlungen des Deutschen Reichstages, I. Legislatur-Periode – III. Session 1872, Zweiter Band, Von der Einunddreißigsten bis Achtundvierzigsten Sitzung am 19. Juni 1872, 38. Sitzung am 08. Juni 1872, S.835ff. (S.845).

[673] Zur Entstehungsgeschichte des Reichsmilitärstrafgesetzbuches siehe: Acta des Justiz-Ministeriums betreffend die Militär=Straf=Angelegenheiten (Militär=Straf=Gesetzgebung), in: GStA PK, I. HA (Justizministerium) Rep. 84a, 8571.

[674] Siehe dazu oben den Abschnitt *Die Ehrenstrafen des preußischen Militärstrafgesetzbuches von 1845*, Kap. II Nr.2 b).

Sanktionsarten.[675] Zu den Hauptstrafen zählte die Todesstrafe, unterschiedliche Arten des Freiheitsentzugs[676] und die Geldstrafe.[677] Die militärischen Ehrenstrafen galten mit einer Ausnahme, dem Verweis,[678] als Nebenstrafen.[679]

Das Reichsmilitärstrafgesetzbuch regelte die Ehrenstrafen im Allgemeinen Teil.[680] Im Besonderen Teil bei den Straftatbeständen wurde dann auf den Allgemeinen Teil verwiesen. Wurde demnach nach dem Besonderen Teil eine Ehrenstrafe angedroht, bestimmten sich die Rechtsfolgen nach dem Allgemeinen Teil. Der Grundsatz *„lex specialis derogat legi generali"* hatte zur Folge, daß die Ehrenstrafen des Allgemeinen Teils nur dann zur Geltung kom-men konnten, wenn diese nicht schon nach dem Besonderen Teil eine Ehren-strafe zur Folge hatte.[681]

a) persönlicher Anwendungsbereich

Aus § 3 RMStGB [1872] ergab sich zunächst die Geltung des Reichsmilitärstrafgesetzbuches nur für *„Militärpersonen"*. Aus § 4 RMStGB [1872] wurde jedoch durch Legaldefinition deutlich, daß *„die Personen des Soldatenstandes und die Militärbeamten"* zu den Militärpersonen gehörten, die dem Reichsmilitärstrafgesetzbuch unterworfen waren. Aus den Motiven ergab sich auch,

---

675 §§ 14ff. RMStGB [1872].

676 Beispielsweise Zuchthaus, Gefängnis, Festungshaft sowie Arten des Arrestes, §§ 14-28 RMStGB [1872].

677 § 29 RMStGB [1872] in Verbindung mit den Vorschriften des Reichsstrafgesetzbuches.

678 Der Verweis war eine Ehrenhauptstrafe: *Markus*, Die besonderen Ehrenstrafen des Militärstrafgesetzbuches, Crefeld 1916, S.3; *v. Lizst*, Lehrbuch des Deutschen Strafrechts, Berlin 1912, S.269ff.

679 *Weigel*, in: v. Koppmann/Weigel, Kommentar zum Militär-Strafgesetzbuch für das Deutsche Reich, München 1903, Vor § 14, S.76; *Elsner v. Gronow/Sohl*, Militärstrafrecht für Heer und Marine des Deutschen Reichs, Militärstrafgesetzbuch, Berlin 1906, § 30, Rn.3; *Markus*, Die besonderen Ehrenstrafen des Militärstrafgesetzbuches, Crefeld 1916, S.3f., *Romen/Rissom*, Militärstrafgesetzbuch für das Deutsche Reich vom 20. Juni 1872 nebst Einführungsgesetz., Berlin 1916, § 30, Rn.1; *Keller*, Militärstrafgesetzbuch für das Deutsche Reich, Berlin 1873, S.70; *Weissenbach*, Das Militärstrafgesetzbuch für das Deutsche Reich nebst dem Gesetz über die Einführung desselben vom 20. Juni 1872, Kassel 1873, S.31; *Solms* [Hrsg.], Strafrecht und Strafprozeß für Heer und Marine des Deutschen Reichs., Berlin 1892, S.39. Vgl *v. Lizst*, Lehrbuch des Deutschen Strafrechts, Berlin 1912, S.269ff., zu der Einordnung der allgemeinen Ehrenstrafen des Reichsstrafgesetzbuches.

680 §§ 30-45 und 54 Abs.3 RMStGB [1871].

681 Wenn ein Tatbestand im Besonderen Teil eine Ehrenstrafe selbständig androhte, so waren die im Allgemeinen Teil geregelten Ehrenstrafen subsidiär; *Herz/Ernst*, Strafrecht der Militärpersonen, Berlin 1905, § 30 Anm.5; *Markus*, Die besonderen Ehrenstrafen des Militärstrafgesetzbuches, Crefeld 1916, S.9.

daß diese sehr allgemein gehaltene Definition dem Wunsch des Gesetzgebers folgte, der eine genauere Eingrenzung nicht für notwendig erachtete:

> „Eine ausdrückliche Bestimmung darüber, auf welche Personen das Militär=Strafgesetzbuch Anwendung finde, hat der Entwurf nicht für nothwendig erachtet. [..] [Der Entwurf] nimmt [..] vielmehr an, daß sich die Entscheidung dieser Frage aus den einzelnen Vorschriften genügend ergebe.[682]

Die grundsätzliche Unterteilung zwischen Soldaten und Militärbeamten mußte aufgrund der verschiedenen Rechtsverhältnisse dieser beiden Gruppen vorgenommen werden.[683] Bei den militärischen Ehrenstrafen konnten aufgrund ihrer unterschiedlichen Nomenklatur die *„Strafen gegen Soldaten"* von den *„Strafen gegen Militärbeamte"* ohne Probleme unterschieden werden.[684]

aa) Offiziere des Beurlaubtenstandes[685]

In der Gruppe der Soldaten mußte bei den Offizieren zwischen den aktiven Offizieren und den Offizieren des Beurlaubtenstandes unterschieden werden. Einer erstmals durch die Wehrordnung vom 04. Juli 1868 vorgenommenen Einteilung entsprechend wurden die Gesamtheit der nicht mehr aktiven Offiziere in Reserve- und Landwehroffiziere eingeteilt.[686] Beide Gruppen zusammen bildeten von nun an den Beurlaubtenstand. Vor allem wegen der stetigen Vermehrung der Zahl der Militärangehörigen seit dem Ende des 19. Jahrhunderts[687] gab es nun eine immer größere Zahl solcher Offiziere. Sie waren zumeist ehemalige *„Einjährig-Freiwillige"*, die sich dank ihres Wohlstandes eine Verkürzung der militärischen Dienstpflicht leisten konnten. Sie schlossen

---

682 Motive zu dem Entwurfe eines Militär=Strafgesetzbuches für das Deutsche Reich, abgedruckt in: Stenographische Berichte über die Verhandlungen des Deutschen Reichstages, I. Legislatur-Periode – III. Session 1872, Dritter Band, Anlagen zu den Verhandlungen des Reichstages Nr.1-200, Anlage Nr.5, S.14ff. (S.18).

683 Zur Frage des Amtseides: *Hattenhauer*, Geschichte des deutschen Beamtentums, Köln/Berlin/Bonn/München 1993, S.262f.

684 §§ 30- 42 RMStGB [1872] für die Soldaten sowie §§ 43 - 45 RMStGB [1872] für die Militärbeamten.

685 Umfassend: *Nestler*, Der Dienst im Beurlaubtenstand. Eine Begriffsbestimmung, in: Sammlung militärischer Abhandlungen und Studien, Band II Heft 4, Rastatt 1915, S.1ff.

686 Zur Wehrordnung in Preußen: *Gugel*, Wehrordnung, Die deutsche, in: *Dietz* [Hrsg.], Handwörterbuch des Militärrechts, S.868. Zur den Wehrordnungen im Kaiserreich siehe: *Anonymus*, Deutsche Wehr=Ordnung, Berlin 1875; *Anonymus*, Deutsche Wehrordnung, Berlin 1888.

687 Anschaulich: *Ferguson*, Der falsche Krieg, Der Erste Weltkrieg und das 20. Jahrhundert, Stuttgart 1999, S.129ff.

ihre selbst finanzierte Ausbildung als Reserveoffizieraspirant ab.[688] Die Offiziere des Beurlaubtenstandes waren in den allermeisten Fällen keine Stabsoffiziere, genossen gleichwohl höchstes gesellschaftliches Ansehen.[689] Sie unterlagen, soweit sie aktiven Dienst leisteten, dem Geltungsbereich des Militärstrafgesetzbuches und konnten zu jeder Zeit auch mit einer militärischen Ehrenstrafe belegt werden.[690] Dies ergab sich aus § 6 RMStGB [1872] sowie aus besonderen Regelungen für die Offiziere des Beurlaubtenstandes.[691]

bb) Militärbeamte[692]

Neben den Strafen gegen Soldaten[693] gab es auch solche gegen Militärbeamte[694]. Die in § 4 RMStGB [1872] enthaltene Legaldefinition war ungenau, da sie nahelegte, daß alle Beamten in der Militärverwaltung dem Militärstrafgesetzbuch unterstanden hätten. Die Zivilbeamten unterlagen jedoch dem Militärstrafgesetzbuch nicht, obwohl sie zu den Heeresangehörigen zählten. Sie wurden nach dem bürgerlichen Strafrecht beurteilt.[695]

Entsprechend der Dienststellung und dem Dienstverhältnis unterschied man obere Militärbeamte im Offizierrang und untere Militärbeamte im Rang vom Feldwebel oder darunter.[696]

Die Militärbeamten befanden sich in einer militärrechtlichen Doppelstellung. Neben der Stellung als Militärpersonen waren sie Staatsbeamte.[697] Das letztere

---

688 *Anonymus*, Einjährig - Freiwillige, in: *v. Alten/v. Albert* [Hrsg.], Handbuch für Heer und Flotte, Bd. 3, S.303f. (S.303).

689 Nicht wenigen Reserveoffizieren war ihr Offizierdienstgrad, auch wenn es sich um nicht mehr als den eines Leutnant d. R. gehandelt hatte, so wichtig, dass beispielsweise in ihrer Todesanzeige dieser vor einem hohen Beamtentitel angeführt wurde.

690 § 10 Nr.2 RMStGB [1872].

691 §§ 42, 68, 69, 101, 113, 126 RMStGB [1872].

692 Zum militärischen Beamtenrecht: *Erhard*, Die rechtliche Stellung der deutschen Militärbeamten unter Berücksichtigung des bayer. Sonderrechtes, in: Sammlung militärischer Abhandlungen und Studien, Band II, Heft 2, Rastatt 1913.

693 §§ 30-41 RMStGB [1872].

694 §§ 42 RMStGB [1872].

695 Ausführlich: *Erhard*, Die rechtliche Stellung der deutschen Militärbeamten unter Berücksichtigung des bayer. Sonderrechtes, in: Sammlung militärischer Abhandlungen und Studien, Band II, Heft 2, Rastatt 1913, S.9ff.

696 Verzeichniß der zum Deutschen Heer und zur Kaiserlichen Marine gehörenden Militärpersonen, abgedruckt in: Stenographische Berichte über die Verhandlungen des Deutschen Reichstages, I. Legislatur-Periode – III. Session 1872, Dritter Band, Anlagen zu den Verhandlungen des Reichstages Nr.1-200, Anlage Nr.5, S.13.

überwog, zeigte sich jedoch darin, daß sie nur bei Begehung militärischer Straftaten *„im Felde"* wie die Personen des Soldatenstandes dem Militärstrafrecht unterlagen. Gemäß §§ 9, 10, 153 RMStGB [1872] sind die Militärbeamten im Kriegsfall folgenden Abschnitten des Militärstrafgesetzbuches unterstellt: Kriegsverrat (§§ 56-61), Gefährdung der Kriegsmacht (§ 62), unerlaubte Entfernung und Fahnenflucht (§§ 64-80), Verletzung der Pflichten der militärischen Unterordnung (§§ 89-113) und widerrechtliche Handlungen im Felde gegen Personen oder Eigentum (§§ 127-136). Für die Friedenszeit stellte § 154 RMStGB [1872] fest, daß durch Militärbeamte begangene Delikte nach den allgemeinen beamtenrechtlichen Vorschriften zu ahnden waren.[698] Die Liste der Militärbeamten wurde genau festgelegt.[699]

cc) Offiziere à la suite der Armee

Auch die *„Offiziere à la suite"*[700] unterstanden unter gewissen Voraussetzungen der Geltung des Reichsmilitärstrafgesetzbuches. Sie gehörten zwar eigentlich nicht *„zum Soldatenstande"*, unterlagen aber *„wenn und insolange sie zu vorübergehender Dienstleistung zugelassen"* waren, dessen Vorschriften.[701]

b) zeitlicher Geltungsbereich des RMStGB

Der zeitliche Geltungsbereich des Reichsmilitärstrafgesetzbuches erstreckte sich als Folge von § 2 RMStGB [1872] in Verbindung mit § 2 RStGB [1871] nur auf die Straftaten, die nach Diensteintritt des Täters begangen wurden.[702] Das bestä-

---

697 *Erhard*, Die rechtliche Stellung der deutschen Militärbeamten unter Berücksichtigung des bayer. Sonderrechtes, in: Sammlung militärischer Abhandlungen und Studien, Band II, Heft 2, Rastatt 1913, S.9ff.

698 *Erhard*, Die rechtliche Stellung der deutschen Militärbeamten unter Berücksichtigung des bayer. Sonderrechtes, in: Sammlung militärischer Abhandlungen und Studien, Band II, Heft 2, Rastatt 1913, S.28ff.

699 Die genaue Auflistung aller zu den Militärbeamten im Sinne des Militärstrafgesetzbuches zählenden Beamten wurde mehrfach modifiziert. Zunächst wurde dem neu erlassenen Militärstrafgesetzbuch in der Anlage B. (RGBl. 1872 S.204) ein Verzeichnis beigefügt; das dann durch die Verordnung, betreffend die Klasseneinteilung der Militärbeamten des Reichsheeres und der Marine vom 29. Juni 1880, RGBl. 1880 S.169ff., konkretisiert wurde. Diese Klasseneinteilung wurde wiederum durch eine Neufassung ders. Verordnung vom 13. August 1895, RGBl. 1895 S.431ff., danach vom 12. August 1901, RGBl. 1901 S.283ff. und schließlich vom 1. August 1908, RGBl. 1908 S.483ff. abgelöst.

700 Diese Offiziere eines Truppenteils oder einer Behörde waren zumeist Angehörige fürstlicher Familien und wurden entweder als Adjutanten oder ehrenhalber *à la suite* eines Truppenteiles geführt, *Anonymus*, À la suite, in: *v. Alten/v. Albert* [Hrsg.], Handbuch für Heer und Flotte, Bd. 1, S.217.

701 § 2 Abs.3 EGRMStGB [1872].

702 § 2 RStGB [1871] stellte den auch heute gültigen Grundsatz *„Nulla poena, nullum crimen sine lege"* auf, der über § 2 RMStGB [1872] auch für das Militärstrafrecht Geltung fand.

tigten auch die Motive zu § 51, die sich mit der Bestrafung von Delikten vor Eintritt des Straftäters ins militärische Dienstverhältnis auseinandersetzten:

> „Ohne der Lösung der Frage vorzugreifen, in welchen Fällen Militärgerichte über solche strafbare Handlungen zu entscheiden haben, welche von Militärpersonen v o r ihrem Eintritte in den Militärstand begangen worden sind [..] stellt § 51 [..] den in sich begründeten allgemeinen Grundsatz auf, daß bei etwaiger Entscheidung durch die Militärgerichte nur diejenigen Gesetze zur Anwendung kommen dürfen, welchen der Angeschuldigte unterworfen sein würde, wenn er sich noch in bürgerlichen Verhältnissen befände."[703]

Aber obwohl bei der Findung der Strafe für diese Fälle das Reichsmilitärstrafgesetzbuch außer Acht blieb, mußte die Art der Strafe dessen Strafenkatalog entnommen werden.[704] Dies wäre *„... durch die Stellung des zu Verurtheilenden als Militärperson bedingt"*.[705]

Juristischen Streit über den zeitlichen Anwendungsbereich gab es bei den Personen des Beurlaubtenstandes wegen der Kontrollversammlung.[706] Kontrollversammlung war die Zusammenkunft der beurlaubten Offiziere eines Standortes zur Überprüfung und Information der Beurlaubten.[707] Unterschiedlich beurteilt wurde dabei die Frage, ob die Beurlaubten in der Zeit, in der sie an der Kontrollversammlung teilnahmen, sich *„im Dienst"* im Rahmen des Beurlaub-

---

[703] § 51 der Motive zu dem Entwurfe eines Militär=Strafgesetzbuches für das Deutsche Reich, abgedruckt in: Stenographische Berichte über die Verhandlungen des Deutschen Reichstages, I. Legislatur-Periode – III. Session 1872, Dritter Band, Anlagen zu den Verhandlungen des Reichstages Nr.1-200, Anlage Nr.5, S.28.

[704] Ebenda.

[705] Ebenda.

[706] *Gugel*, Beurlaubtenstand, in: *Dietz* [Hrsg.], Handwörterbuch des Militärrechts, S.163ff.; *Nestler*, Der Dienst im Beurlaubtenstand. Eine Begriffsbestimmung, in: Sammlung militärischer Abhandlungen und Studien, Band II, Heft 4, Rastatt 1915, S.41ff.; *Gerland*, Die Kontrollversammlungen und der § 38 B 1 des Reichsmilitärgesetzes, in: Recht und Staat in Geschichte und Gegenwart, Band 5, Tübingen 1914; *Hücking*, Wie lange stehen die zur Kontrolversammlung einbeorderten Mannschaften unter den Militärgesetzen?, in: GA Bd. 34, S.453ff. (S.453ff.); *Rissom*, Die Personen des Beurlaubtenstandes im Militärstrafgesetzbuch, in: GA Bd. 55, S.93ff. (S.99ff.); *Dietz*, Die Disziplinarstrafordnung für das Heer (einschließlich bayerisches Heer und Schutztruppen), Rastatt 1917, S.207f., 227ff.; *Hecker*, Militärpersonen, in: *v. Stengel* [Hrsg.], Wörterbuch des deutschen Verwaltungsrechts, Bd.2, Freiburg i. Br. 1890, S.125ff. (S.127); *Walde*, Reichs=Militärgesetz vom 2. Mai 1874 mit Wehrgesetz, Reichsverfassung Abschnitt XI, Militärkonventionen und Gesetz betr. die freiwillige Gerichtsbarkeit usw. im Heere, Leipzig 1906, S.56ff.; *Höinghaus*, Reichs=Militärgesetz, Berlin 1874, S.49ff.

[707] *Hecker*, Militärpersonen, in: *v. Stengel* [Hrsg.], Wörterbuch des deutschen Verwaltungsrechts, Bd.2, Freiburg i. Br. 1890, S.125ff. (S.127).

tenverhältnisses im Sinne des § 6 RMStGB [1872] befanden oder ob sie Dienst im Sinne des § 38 B. 1) RMG[708] ableisteten. Nach dieser Vorfrage beurteilte sich nämlich die Dauer des Dienstverhältnisses, da nach dem Reichsmilitärstrafgesetzbuch die

> „... Personen des Beurlaubtenstandes [..] den Strafvorschriften dieses Gesetzes in der Zeit [unterliegen], in welcher sie sich im Dienste befinden; außerhalb dieser Zeit finden auf sie nur diejenigen Vorschriften Anwendung, welche in diesem Gesetze ausdrücklich[709] auf Personen des Beurlaubtenstandes für anwendbar erklärt worden sind."[710]

Nach § 38 B. 1) RMG waren demgegenüber

> „... die aus dem Beurlaubtenstande zum Dienst einberufenen Offiziere [..] von dem Tage, zu welchem sie einberufen sind, bis zum Ablauf des Tages der Wiederentlassung..."[711]

dem aktiven Heer zuzurechnen und demnach auch in den Stunden vor und nach der Kontrollversammlung uneingeschränkt der Militärgerichtsbarkeit unterworfen. Praktische Bedeutung hatte dies für die Verhängung militärischer Ehrenstrafen, wenn am Tage der Versammlung durch Beurlaubte Straftaten begangen wurden. Kam es etwa zu Ausschreitungen nach einer solchen Versammlung, so konnten bei Anwendung des § 6 RMStGB [1872] die Täter nur gemäß § 31 Abs.1 RStGB [1871][712] zu einer Ehrenstrafe verurteilt werden, während nach dem § 38 B. 1) RMG die in den §§ 30ff. RMStGB [1872] geregelten Ehrenstrafen uneingeschränkt anwendbar gewesen wären. Nachdem sich das Reichsmilitärgericht in ständiger Rechtsprechung zu dieser Frage geäußert hatte, fand in diesen Fällen das Reichsmilitärgesetz Anwendung, so daß der gesamte Tag der Kontrollversammlung als Dienst galt.[713]

---

708 Reichs=Militärgesetz vom 2. Mai 1874, RGBl. 1874 S.45ff. (S.56).

709 §§ 101 (unbefugte Veranstaltung einer Versammlung von Personen des Soldatenstandes behufs Beratung über militärische Angelegenheiten oder Einrichtungen), 113 (Ungehorsam oder Widersetzung gegen einen rechtmäßigen Befehl in dienstlichen Angelegenheiten sowie Handlungen gegen die militärische Unterordnung im dienstlichen Verkehr mit dem Vorgesetzten), 126 (Mißbrauch der Dienstgewalt im dienstlichen Verkehr mit dem Untergebenen).

710 § 6 RMStGB [1872].

711 Reichs=Militärgesetz vom 2. Mai 1874, RGBl. 1874 S.45ff. (S.56).

712 § 31 Abs.1 RStGB [1871]: *„Die Verurtheilung zu einer Zuchthausstrafe hat die dauernde Unfähigkeit zum Dienste im Deutschen Heere und der Kaiserlichen Marine* [..] *von Rechtswegen zur Folge."* Andere militärische Ehrenstrafen wären in einem strafgerichtlichen Verfahren demzufolge ausgeschlossen.

713 Für die Anwendung des § 38 B. 1) RMG sprach sich die Rechtsprechung des Reichsgerichts und des Reichsmilitärgerichts aus, beispielsweise RG, II. Strafsenat, Urt. v. 30. Juni

c) Sachliche Zuständigkeit

Die Ehrenstrafen des Reichsmilitärstrafgesetzbuches konnten nur durch ein gerichtliches Urteil verhängt werden.[714] Deshalb waren nur die in der Militärstrafgerichtsordnung beziehungsweise bis zu deren Erlaß im Jahr 1898 die im Zweiten Theil des PrMStGB genannten Militärgerichte dazu befugt.[715] Als Gerichtsinstanzen setzte die Militärstrafgerichtsordnung die Standgerichte (§§ 38ff.), die Kriegsgerichte (§§ 49ff.), die Oberkriegsgerichte (§§ 65ff.) sowie das Reichsmilitärgericht (§§ 71ff.) ein. Die Verhängung von Ehrenstrafen blieb dabei der höheren Gerichtsbarkeit überlassen.[716] Eine Ausnahme davon machte § 15 Abs.3 RMStGO [1898], der die Versetzung in die zweite Klasse des Soldatenstandes auch Standgerichten im Felde ermöglichte.

Die Militärgerichte waren nicht nur zur Verhängung militärischer Ehrenstrafen befugt. In besonderen Fällen konnten sie auch die im Reichsstrafgesetzbuch geregelten bürgerliche Ehrenstrafen gegen Militärangehörige auszusprechen. Dies ergab sich aus dem Wortlaut des § 2 RMStGB [1872]:

> „Diejenigen Bestimmungen, welche nach den Vorschriften des Deutschen Strafgesetzbuches in Beziehung auf Verbrechen und Vergehen allgemein gelten, finden auf militärische Verbrechen und Vergehen entsprechende Anwendung."

Die bürgerlichen Ehrenstrafen waren in den §§ 32ff. RStGB [1871] geregelt.[717] Die Militärgerichte konnten somit wegen eines originär militärischen Sachver-

---

1885 g. Th. Rep. 1502/85, abgedruckt in: RGSt Bd.12, S.319ff.; RG, II. Strafsenat, Urt. v. 21. September 1886 g. St. Rep. 1890/86, abgedruckt in: RGSt Bd.14, S.328ff.; RMILG, Beschl. des I. Sen. v. 18. November 1901 Nr.539.01, abgedruckt in: RMILGE Bd.2, S.59f.; RMILG, Urth. des I. Sen. v. 5. Mai 1902 Nr.270.02, abgedruckt in: RMILGE Bd.3, S.27ff.; RMILG, Urth. des I. Sen. v. 12. Oktober 1903 Nr.661.03, abgedruckt in: RMILGE Bd.6, S.72ff. (S.74); RMILG, Urth. des III. (bayer.) Sen. v. 1. März 1904 Nr.34.04, abgedruckt in: RMILGE Bd.6, S.267ff.; RMILG, Urth. des II. Sen. v. 21. Januar 1905 Nr.27/415.05, abgedruckt in: RMILGE Bd.8, S.113f.; RMILG, Urth. des I. Sen. v. 29. April 1909 Nr.91/2064, abgedruckt in: RMILGE Bd.14, S.17ff.

[714] Das Erfordernis der gerichtlichen Verhängung von Ehrenstrafen leitete sich schon aus der Einteilung derselben als Nebenstrafen ab, siehe oben Abschnitt *Haupt- und Nebenstrafen*, Kap. I Nr.2 a).

[715] RMStGO [1898], abgedruckt im: Kompendium für Militärrecht, Abschnitt I., S.1ff.; zur Reformgeschichte siehe: *Rauh*, Föderalismus und Parlamentarismus im Wilhelminischen Reich, Düsseldorf 1973, S.151ff. und *Scheidemann*, Der Kampf um die Militärgerichtsbarkeit, Dortmund 1927, S.38ff.

[716] § 15 Abs.2 RMStGO [1898], der Standgerichte grundsätzlich von der Verhängung von Ehrenstrafen ausschloß.

[717] Interessant war auch die Vorschrift des § 31 Abs.1 Alt. 1 RStGB [1871], die bei Verurteilung zu einer Zuchthausstrafe einen Eintritt in das Militär zwingend versagte.

halts neben der Hauptstrafe, die sich nach dem Militärstrafgesetzbuch richtete, auch eine Nebenstrafe aus dem Reichsstrafgesetzbuch verhängen. Hatte also zum Beispiel ein Soldat einen Tatbestand des Militärstrafgesetzbuchs rechtswidrig und schuldhaft verwirklicht, so konnte gegen ihn auch auf Verlust der bürgerlichen Ehrenrechte erkannt werden.[718] Allgemeine bürgerliche Straftaten, die keinen militärischen Verbrechens oder Vergehenstatbestand erfüllten, konnten nach den allgemeinen Strafgesetzen abgeurteilt werden.[719]

d) Strafen gegen Soldaten

Die gegen Personen des Soldatenstandes zulässigen militärischen Ehrenstrafen wurden in § 30 RMStGB [1872] aufgezählt:

„... 1) Entfernung aus dem Heer oder der Marine;
2) gegen Offiziere: Dienstentlassung;
3) gegen Unteroffiziere und Gemeine: Versetzung in die zweite Klasse des Soldatenstandes;
4) gegen Unteroffiziere: Degradation."

Die Strafarten waren im Wesentlichen aus dem preußischen Militärstrafgesetzbuch übernommen worden.[720] Nur die Strafe der Kassation[721] fand keine Aufnahme in das Reichsmilitärstrafgesetzbuch.[722]

In der Systematik der militärischen Ehrenstrafen fanden sich auch Ähnlichkeiten mit nicht-miltärischen Gesetzeswerken. So gab es Parallelen zu dem seit dem 01. Januar 1872 geltenden Reichsstrafgesetzbuch.[723] Neben den militäri-

---

718 Statt vieler nur: *Herz/Ernst*, Strafrecht der Militärpersonen, Berlin 1905, § 30 Anm.1.

719 *Markus*, Die besonderen Ehrenstrafen des Militärstrafgesetzbuches, Crefeld 1916, S.22f.; *Herz/Ernst*, Strafrecht der Militärpersonen, Berlin 1905, § 30 Anm.1; siehe auch § 3 RMStGB [1872].

720 § 36 der Motive zu dem Entwurfe eines Militär=Strafgesetzbuches für das Deutsche Reich, abgedruckt in: Stenographische Berichte über die Verhandlungen des Deutschen Reichstages, I. Legislatur-Periode – III. Session 1872, Dritter Band, Anlagen zu den Verhandlungen des Reichstages Nr.1-200, Anlage Nr.5, S.26; siehe dazu oben den Abschnitt *Kassation*, Kap. II. Nr.2, b) dd) 2).

721 Sieh oben den Abschnitt *Kassation*, Kap. II. Nr.2, b) dd) 2).

722 Als schwerste militärische Ehrenstrafe galt nun die Entfernung aus dem Heer, die unter dem entsprechenden Begriff *„Ausstoßung aus dem Heer"* im PrMStGB nur zweitschwerste Ehrenstrafe nach der Kassation gewesen war, § 44ff. PrMStGB [1845].

723 Nr.I. der Erläuterungen zum Ersten Theil in den Motiven zu dem Entwurfe eines Militär=Strafgesetzbuches für das Deutsche Reich, abgedruckt in: Stenographische Berichte über die Verhandlungen des Deutschen Reichstages, I. Legislatur-Periode – III. Session 1872, Dritter Band, Anlagen zu den Verhandlungen des Reichstages Nr.1-200, Anlage Nr.5, S.21. Zum zum Verhältnis der Zivil- zu Militärgerichten siehe: *Delius*, Rechtshülfe zwischen Civil- und Militärgerichten., in: AÖV 1894, S.240ff.

schen Ehrenstrafen des Reichsmilitärstrafgesetzbuches konnte auch gemäß §§ 32 RStGB [1871] in Verbindung mit §§ 1, 2, 17 Abs.2, 134[724], 138 Abs.1[725] RMStGB [1872] auf Verlust der bürgerlichen Ehrenrechte erkannt werden.

Die militärischen Ehrenstrafen waren durch das Gesetz zwingend vorgeschrieben[726] oder in das Ermessen des Richters gestellt.[727] Für die Wahl der Ehrenstrafe war der militärische Rang des Täters von Bedeutung.[728] Vor allem wurde zwischen Offizieren auf der einen Seite und Unteroffizieren und Gemeinen auf der anderen Seite unterschieden.[729]

aa) Entfernung aus dem Heer

Nach den Motiven zum Militärstrafgesetzbuch sollte die Entfernung aus dem Heer gemäß § 31 RMStGB [1872] als schwerste Ehrenstrafe nur für Vergehen oder Verbrechen ausgesprochen werden, die die dauernde *„Waffenunwürdigkeit"* des Täters erkennen ließen.[730] Deshalb schloß diese Strafe neben dem Ausschluß aus dem Heer auch den Wiedereintritt in den Soldatenstand auf Lebenszeit aus.[731] Ein dauerndes Verbot der Zugehörigkeit zu den Streitkräften konnte neben § 31 RMStGB [1872] nur noch gemäß § 31 Abs.1 RStGB [1871] ausgesprochen werden:

> „Die Verurtheilung zur Zuchthausstrafe hat die dauernde Unfähigkeit zum Dienste in dem Deutschen Heere und der Kaiserlichen Marine [..] zur Folge."

Im Fall des § 31 RMStGB [1872] trat das Verbot, den Streitkräften anzugehören, zwingend ein.[732] Die Entfernung aus dem Heere mußte jedesmal ausdrücklich im Urteil ausgesprochen werden.[733] Wurde etwa ein Militärangehöri-

---

724 *„Diebstahl von Sachen Gefallener im Felde".*

725 *„Diebstahl oder Unterschlagung im Dienst".*

726 §§ 31 Abs.1, 2; 34 Abs.1; 37 Abs.1; 40 Abs.1; § 42 Abs.1 RMStGB [1872].

727 §§ 31 Abs.3; 34 Abs.2; 37 Abs.2; § 38; § 40 Abs.2; § 42 Abs.2; § 43 RMStGB [1872].

728 § 30 RMStGB [1872].

729 Das zeigte sich schon bei der Aufzählung der verschiedenen Ehrenstrafen in § 30 RMStGB [1872].

730 Motive zu §§ 37., 38., 39. des Entwurfe[s] eines Militär=Strafgesetzbuches für das Deutsche Reich, abgedruckt in: Stenographische Berichte über die Verhandlungen des Deutschen Reichstages, I. Legislatur-Periode – III. Session 1872, Dritter Band, Anlagen zu den Verhandlungen des Reichstages Nr.1-200, Anlage Nr.5, S.26.

731 Ebenda.

732 Ebenda.

733 Motive zu §§ 37, 38, 39 des Entwurfe[s] eines Militär=Strafgesetzbuches für das Deutsche Reich, abgedruckt in: Stenographische Berichte über die Verhandlungen des Deutschen Reichstages, I. Legislatur-Periode – III. Session 1872, Dritter Band, Anlagen zu den Verhandlungen des Reichstages Nr.1-200, Anlage Nr.5, S.26.

ger zu einer Zuchthausstrafe verurteilt, hatte dies für ihn unabhängig vom militärischen Rang die Entfernung aus dem Heer zur Folge.[734] Die Entfernung aus dem Heer war somit die einzige Ehrenstrafe, die gegen Soldaten aller Dienstgrade zulässig war;[735] sie konnte einerseits gemäß § 31 Abs.1 RMStGB [1872] gegen Unteroffiziere und Gemeine und andererseits gemäß § 31 Abs.2 RMStGB [1872] gegen Offiziere verhängt werden.

Unterschiede in der Wahl der Strafart ergaben sich dagegen in den Voraussetzungen einer Entfernung aus dem Heer. Für Unteroffiziere und Gemeine mußte zumindest auf einen mehr als dreijährigen Verlust der bürgerlichen Ehrenrechte erkannt worden sein,[736] während bei Offizieren die Aberkennung der bürgerlichen Ehrenrechte unabhängig von der Dauer zur Entfernung aus dem Heer führte.[737] Dies war Ausdruck des besonderen Ehrbegriffs der Offiziere. Ein Offizier ohne bürgerliche Ehrenrechte war für das Heer endgültig untragbar. Ein Soldat, der nicht dem Offizierstand angehörte, konnte also für eine gewisse Dauer ehrlos sein, ohne zugleich aus dem Dienstverhältnis ausscheiden zu müssen, während ein auch nur für eine sehr kurze Zeit für ehrlos erklärter Offizier sofort aus dem Dienst entfernt wurde.

Für § 31 RMStGB [1872] war es unerheblich, ob Hauptstrafen die Entfernung aus dem Heer zwingend herbeiführten oder ob das Gericht die Entfernung aus dem Heer durch Ermessensentscheidung aussprach. Auch war es nicht von Bedeutung, ob der fragliche Tatbestand im Reichsstrafgesetzbuch oder im Militärstrafgesetzbuch unter Strafe gestellt war.[738] Die Entfernung aus dem Heer war unabhängig vom Dienstgrad nicht nur bei Verhängung einer Zuchthausstrafe[739], sondern auch bei qualifizierter Selbstverstümmelung[740] auszusprechen. Gegen Offiziere mußte außerdem die Entfernung aus dem Heer ausgesprochen werden, wenn gegen Gemeine und Unteroffiziere die Versetzung in die 2. Klasse zwingend *„geboten"* war: Das war für folgende Tatbestände des Besonderen Teils vorgesehen: §§ 74 (Fahnenflucht), 81 Abs.1 (Selbstverstümmelung), 85 Abs.2 (minder schwerer Fall der Feigheit vor dem Feind), 106 (militärischer Aufruhr), 131 (Plünderung), 132 Alt. 2 (schwerer Fall der Verheerung oder Verwüstung

---

734 § 31 RMStGB [1872].
735 Ebenda.
736 § 31 Abs.1 RMStGB [1872].
737 Ebenda.
738 *Elsner v. Gronow/Sohl*, Militärstrafrecht für Heer und Marine des Deutschen Reichs., Militärstrafgesetzbuch, Berlin 1906, § 31, Rn.3.
739 § 31 Abs. 1, Abs.2 Nr.1 RMStGB [1872].
740 § 81 Abs.2 RMStGB [1872], der für die Selbstverstümmelung (§ 81 Abs.1 MStGB[1872]) forderte, daß eine *„Unfähigkeit zu Arbeiten für militärische Zwecke"* beim Täter eingetreten war.

fremder Sachen im Felde), 133 Abs.2 (Beteiligung an einer schweren Plünderung), 134 (Unterschlagung von Sachen Gefallener Kameraden), 139 (Ausstellung unrichtiger Dienstatteste, Dienstmeldungen).

Die Erkennung auf *„Entfernung aus dem Heere"* stand auch im Ermessen des Gerichtes, wenn Unteroffiziere oder Gemeine Gefängnis von mehr als fünfjähriger Dauer zu verbüßen hatten oder wenn gegen Offiziere, wären sie Unteroffziere oder Gemeine gewesen, auf Versetzung in die zweite Klasse des Soldatenstandes zu entscheiden gewesen wäre.[741] Damit waren aber nicht die Voraussetzungen des § 37 RMStGB [1872] gemeint, der für den Allgemeinen Teil des Militärstrafgesetzbuches die Voraussetzungen für die Versetzung in die zweite Klasse des Soldatenstandes bestimmte. Dies ergab sich aus dem Wortlaut des § 31 Abs.2 Nr.2 RMStGB [1872].[742] Vielmehr waren die Tatbestände des Besonderen Teils gemeint, die als Rechtsfolge die Versetzung in die zweite Klasse des Soldatenstandes nicht nur fakultativ vorsahen.[743] Es war fraglich, ob eine Gesamtstrafe[744] in Gestalt einer Freiheitsentziehung von über fünf Jahren ausreichend war oder ob eine der in Realkonkurrenz stehenden Taten zu einer Strafe von mehr als fünf Jahren geführt haben mußte. Das Genügen der ersten Alternative war im Hinblick auf den Wortlaut des § 54 Abs.3 RMStGB [1872], der

> „... die Verurtheilung zu einer Gesammtstrafe [..] die Verurteilung zu einer Ehrenstrafe [nicht ausschloß], wenn diese auch nur neben einer der verwirkten Einzelstrafen zulässig oder geboten [war],..."

zu verneinen. Auch wenn einige Militärjuristen einräumten, ihnen erscheine eine solche Regelung wünschenswert, war auch nach deren Ansicht eine solche Interpretation nach geltendem Recht gesetzeswidrig.[745] Darüber hinaus hätte eine solche Handhabung den vergleichbaren Vorschriften des Reichsstrafgesetzbuches widersprochen, die eine dem § 54 Abs.3 RMStGB [1872] gleichlautende Regelung für die bürgerlichen Ehrenstrafen vorsahen.[746]

---

[741] § 31 Abs.3 RMStGB [1872]; *Schlayer*, Militärstrafrecht, in: Handbuch der Gesetzgebung in Preußen und dem Deutschen Reiche, Bd.3, 2. Teil, Berlin 1904, S.20.

[742] *„Gegen Offiziere muß auf diese Entfernung erkannt werden:* [..] *2. wo gegen Unteroffiziere und Gemeine die Versetzung in die zweite Klasse des Soldatenstandes geboten ist."*

[743] *Markus*, Die besonderen Ehrenstrafen des Militärstrafgesetzbuches, Crefeld 1916, S.36.

[744] Wortlaut § 54 Abs.1 S.1 RMStGB [1872]: *„Wenn mehrere zeitige Freiheitsstrafen zusammentreffen, so ist auf eine Gesammtstrafe nach den Vorschriften des Deutschen Strafgesetzbuches zu erkennen."*

[745] *Elsner v. Gronow/Sohl*, Militärstrafrecht für Heer und Marine des deutschen Reichs, Militärstrafgesetzbuch, Berlin 1906, § 31, Rn.8, S.36.

[746] §§ 76, 32 RStGB [1871].

Die rechtlichen Folgen der Entfernung aus dem Heer waren vielfältig und Ausdruck des schweren Strafcharakters dieser Vorschrift. Da die aus dem Heer entfernten Personen nicht mehr Angehörige des Heeres waren, wurde der etwa daneben als Hauptstrafe verhängte Freiheitsentzug durch die bürgerlichen Behörden vollstreckt.[747] Auch zuvor mit *„Dienstentlassung"* bestrafte Offiziere konnten gleichwohl noch mit der Entfernung aus dem Heer bestraft werden, um so den dauernden Verlust der Wiedereintrittsfähigkeit festzustellen.[748] Die Erkennung auf Verlust des Offiziertitels gemäß § 33 RMStGB [1872] wäre in einem solchen Fall rechtsfehlerhaft gewesen.[749]

Die Folgen der Entfernung aus dem Heer waren, neben dem Verlust des Dienstgrades und der Dienststelle, die Aberkennung der Auszeichnungen sowie der durch den Dienst erworbenen Ansprüche, soweit *„dieselben durch Richterspruch aberkennbar"* waren.[750] Unter diesen Begriff wurde zunächst die sofortige Einstellung der Gehaltszahlungen, die der bis zu seiner Verurteilung aktive Soldat bezogen hatte, subsumiert. Welche der erworbenen Ansprüche außerdem aberkannt werden konnten, war dem Militärstrafgesetzbuch nicht zu entnehmen. Bis zu dessen Inkrafttreten hatte es im preußischen Militärstrafgesetzbuch die Regelung gegeben, daß alle durch den Militärdienst erworbenen Ansprüche durch den Ausschluß aus dem Heer abzuerkennen waren.[751] Der durch das Reichs=Militair=Pensionsgesetz eingeführte § 32 b)[752] bestimmte nun, daß für Offiziere das Recht auf Bezug der Pension neben dem Todesfall nur *„durch rechtskräftige gerichtliche Verurteilung zum Pensionsverlust"* wegfallen konnte. Bezüglich der *„Unterklassen"*[753] wurde dieses noch im § 100 Pensionsgesetz verdeutlicht:

> „Das Recht zur Pension erlischt:
> 1) durch den Tod;
> 2) im Falle temporairer Anerkennung mit Ablauf der Zeit, für welche die Bewilligung erfolgt war;

---

[747] *Elsner v. Gronow/Sohl*, Militärstrafrecht für Heer und Marine des deutschen Reichs, Militärstrafgesetzbuch, Berlin 1906, § 31, Rn.6, S.36.

[748] Urteil des 1. Senats des Reichsmilitärgerichts v. 6. November 1911, Nr.222/222, abgedruckt in: RMilGE, Bd. 16, S.177, S.177ff.

[749] Ebenda.

[750] § 32 Nr.1 a. E. RMStGB [1872].

[751] Siehe oben die Abschnitte *Ausstoßung aus dem Soldatenstande*, Kap. II. Nr.2, b) dd) 1); *Kassation*, Kap. II. Nr.2, b) dd) 2); *Entfernung aus dem Offizierstande*, Kap. II. Nr.2, b) dd) 3); *Dienstentlassung*, Kap. II. Nr.2, b) dd) 4).

[752] Gesetz, betreffend die Pensionirung und Versorgung der Militairpersonen des Reichsheeres und der Kaiserlichen Marine, sowie der Bewilligungen für die Hinterbliebenen solcher Personen vom 27. Juni 1871, RGBl. 1871 S.275ff.

[753] Anderer Ausdruck für Unteroffiziere und Gemeine.

3) sobald das Gegentheil der Voraussetzungen erwiesen ist, unter denen die Bewilligung der Kompetenz stattgefunden hat."[754]

Damit konnte den Offizieren als Folge der Entfernung aus dem Heer und der Dienstentlassung der Verlust des Pensionsanspruches eintreten, während bei allen anderen Militärangehörigen dieses wegen der eben zitierten Regelung nicht erfolgen konnte.[755] Die Gesetzeslage änderte sich schon 1893, indem durch die Novellierung des Pensionsgesetzes der Verlust der Pensionsansprüche gemäß des neugefaßten § 32 b) Pensionsgesetz durch rechtskräftige Verur-teilung zu einer Zuchthausstrafe wegen *„Hoch-, Landes- bzw. Kriegsverrathes"* sowie wegen Verrathes militärischer Geheimnisse zwingend eintrat.[756]

1906 änderte sich abermals die Rechtslage in Pensionsangelegenheiten. Anstatt der bisher bestehenden Regelungen für Offiziere[757] einerseits und *„Unterklassen"*[758] andererseits wurden nun Versorgungsgesetze geschaffen, die die Pensionsansprüche nur noch zwingend der genannten Verratstatbestände aberkannten.[759] Gerichtliche Aberkennung erworbener Pensionsansprüche war in

[754] Gesetz, betreffend die Pensionirung und Versorgung der Militairpersonen des Reichsheeres und der Kaiserlichen Marine, sowie der Bewilligungen für die Hinterbliebenen solcher Personen vom 27. Juni 1871, RGBl. 1871 S.275ff.

[755] *Markus*, Die besonderen Ehrenstrafen des Militärstrafgesetzbuches, Crefeld 1916, S.40; *Herz/Ernst*, Strafrecht der Militärpersonen, Berlin 1905, § 32 Rn. 2, S.39.

[756] Gesetz, betreffend einige Abänderungen und Ergänzungen der Militärpensionsgesetze vom 27. Juni 1871 und vom 4. April 1874, sowie des Reichsbeamtengesetzes vom 31. März 1873 und des Gesetzes über den Reichs=Invalidenfonds vom 11. Mai 1877, vom 22. Mai 1893, RGBl. 1893 S.171ff.

[757] Gesetz über die Pensionierung der Offiziere einschließlich Sanitätsoffiziere des Reichsheeres, der Kaiserlichen Marine und der Kaiserlichen Schutztruppen vom 31. Mai 1906 (Offizierspensionsgesetz), RGBl. 1906 S.565ff.

[758] Gesetz über die Versorgung der Personen der Unterklassen des Reichsheeres, der Kaiserlichen Marine und der Kaiserlichen Schutztruppen vom 31. Mai 1906 (Mannschaftsversorgungsgesetz), RGBl. 1906 S.593ff.

[759] § 22 Nr.2 Gesetz über die Pensionierung der Offiziere einschließlich Sanitätsoffiziere des Reichsheeres, der Kaiserlichen Marine und der Kaiserlichen Schutztruppen vom 31. Mai 1906 (Offizierspensionsgesetz), RGBl. 1906 S.565ff. und § 33 Gesetz über die Versorgung der Personen der Unterklassen des Reichsheeres, der Kaiserlichen Marine und der Kaiserlichen Schutztruppen vom 31. Mai 1906 (Mannschaftsversorgungsgesetz), RGBl. 1906 S.593ff.; siehe dazu auch: Protokolle zu den Gesetzentwürfen, betreffend die Pensionierung der Offiziere und der Versorgung der Unterklassen des Reichsheeres, in: GStA PK, I. HA (Justizministerium) Rep. 84a – 3873; Gesetzentwürfe betreffend die Pensionierung der Offiziere und der Versorgung der Unterklassen des Reichsheeres, in: GStA PK, I. HA (Justizministerium) Rep. 84a – 3872.

Übereinstimmung mit der eben genannten Regelung aus dem Jahr 1893 nun für alle Soldaten außerhalb der Verratstatbestände nicht mehr zulässig.[760]

Die durch den Dienst erworbenen Rechte erschöpften sich jedoch nicht in Pensionsansprüchen. Neben diesen pflegten die Unteroffiziere und Gemeinen den Zivilversorgungsschein zu erwerben.[761] Dieser stand ihnen gemäß §§ 15f. Mannschaftsversorgungsgesetz nach zwölfjähriger Dienstzeit zu, wenn sie die Voraussetzungen an einen Kapitulanten[762] erfüllten. Der Anspruch auf einen Zivilversorgungsschein war davon abhängig, ob der Soldat über die für eine Beamtenlaufbahn erforderlichen Eigenschaften verfügte.[763] Die Entscheidung, ob dies der Fall, oder ob dies wegen der Verurteilung nicht mehr gegeben war, lag nicht beim Strafgericht, sondern gemäß § 27 des Militärversorgungsgesetzes bei der obersten Militärverwaltungsbehörde des Kontingents.[764]

bb) Versetzung in die zweite Klasse des Soldatenstandes

Die schon aus dem preußischen Militärstrafgesetzbuch[765] bekannte Versetzung in die zweite Klasse des Soldatenstandes fand auch in das Reichsmilitärstrafgesetzbuch Aufnahme.[766] In diese Vorschrift ging auch die *„Versetzung in die*

---

760 §§ 22 Nr.2, 36, 45, 62 Gesetz über die Pensionierung der Offiziere einschließlich Sanitätsoffiziere des Reichsheeres, der Kaiserlichen Marine und der Kaiserlichen Schutztruppen vom 31. Mai 1906 (Offizierspensionsgesetz), RGBl. 1906 S.565ff. sowie §§ 15, 33 Nr.2, 43, 49, 63 Gesetz über die Versorgung der Personen der Unterklassen des Reichsheeres, der Kaiserlichen Marine und der Kaiserlichen Schutztruppen vom 31. Mai 1906 (Mannschaftsversorgungsgesetz), RGBl. 1906 S.593ff.

761 Den Inhabern dieses Scheines stand ein Anspruch auf eine Beamtenstellung nach Beendigung des Militärdienstes zu; siehe dazu auch: §§ 25f. der Grundsätze für die Besetzung der Subaltern= und Unterbeamtenstellen bei den Reichs= und Staatsbehörden mit Militäranwärtern. Vom 7. und 21. März 1882, abgedruckt in: AVBl. 1882, S.326ff. (S.335f.)

762 § 1 Abs.3 S.1 Gesetz über die Versorgung der Personen der Unterklassen des Reichsheeres, der Kaiserlichen Marine und der Kaiserlichen Schutztruppen vom 31. Mai 1906 (Mannschaftsversorgungsgesetz), RGBl. 1906 S.593ff.: *„Als Kapitulanten gelten diejenigen Unteroffiziere und Gemeinen, welche sich über die gesetzliche Dienstzeit hinaus zum aktiven Dienste verpflichtet haben und in dessen Ableistung begriffen sind."*

763 *Mayer*, Militärstrafrecht, Bd.1, Allgemeiner Teil, Leipzig 1907, S.135; *Gugel*, in: *Dietz* [Hrsg.], Handwörterbuch des Militärrechts, S.890f. sowie § 16 Gesetz über die Versorgung der Personen der Unterklassen des Reichsheeres, der Kaiserlichen Marine und der Kaiserlichen Schutztruppen vom 31. Mai 1906 (Mannschaftsversorgungsgesetz), RGBl. 1906 S.593ff.

764 Gesetz über die Versorgung der Personen der Unterklassen des Reichsheeres, der Kaiserlichen Marine und der Kaiserlichen Schutztruppen vom 31. Mai 1906 (Mannschaftsversorgungsgesetz), RGBl. 1906 S.593ff.

765 Siehe oben Abschnitt *Versetzung in die zweite Klasse des Soldatenstandes*, Kap. II. Nr.2, b) dd) 5).

766 §§ 37-39 RMStGB [1872].

Strafklasse"[767], die das bayerische Militärstrafgesetzbuch vom 29. April 1869[768] eingeführt hatte, als vergleichbare Strafe mit ein.

Der Anwendungsbereich der Strafe wurde nicht verändert, sie durfte weiterhin nur gegen Unteroffiziere und Gemeine verhängt werden. Die Versetzung in die zweite Klasse des Soldatenstandes war obligatorisch bei einem Verlust der bürgerlichen Ehrenrechte unter einer Dauer von 3 Jahren.[769] Er mußte durch ein ordentliches Gericht verhängt worden sein; die Verurteilung wegen Verwirklichung eines Tatbestandes des Besonderen Teils des Reichsmilitärstrafgesetzbuches, der fakultativ eine Aberkennung ermöglichte, reichte dazu nicht aus.

Die Versetzung in die zweite Klasse des Soldatenstandes war eine im Ermessen des Gerichts stehende Ehrenstrafe bei einer Verurteilung wegen *„ehrenrühriger"*[770] oder *„entehrender"*[771] Straftaten[772], wenn nicht auf Verlust der bürgerlichen Ehrenrechte erkannt wurde. Nach Ansicht des Gesetzgebers waren wegen solcher Straftaten verurteilte Soldaten in so besonders starkem Maße stigmatisiert, dass bei ihnen besondere Vorschriften eingreifen sollten.[773] Die Aufzählung war abschließend, so daß die Begehung ähnlicher Tatbestände aus dem Bereich der Vermögensdelikte wie Begünstigung (§ 257 RStGB [1871]) und Untreue (§ 266 RStGB [1871]) nicht in den Anwendungsbereich des § 37 Abs.2

---

767 Art. 25 Nr.3, 32, 33 BayMStGB [1869].

768 Militärstrafgesetzbuch und Militärstrafgerichtsordnung für das Königreich Bayern vom 29. April 1869, Amtliche Ausgabe 1869, siehe auch zur Gesetzgebungsgeschichte: *Schmid*, Die Gesetzgebungsgeschichte des Militärstrafrechts für das Königreich Bayern zwischen 1806 und 1900, München 2001, S.172ff.

769 § 37 Abs.1 RMStGB [1872].

770 *Markus*, Die besonderen Ehrenstrafen des Militärstrafgesetzbuches, Crefeld 1916, S.50.

771 *Weigel*, in: v. Koppmann/Weigel, Kommentar zum Militär-Strafgesetzbuch für das Deutsche Reich, München 1903, § 37 Rn.9; *Elsner v. Gronow/Sohl*, Militärstrafrecht für Heer und Marine des Deutschen Reichs, Militärstrafgesetzbuch, Berlin 1906, § 37 Rn.8; S.42.

772 Enumerativ sind in § 37 Abs.2 Nr.2 RMStGB [1872] aufgeführt: Diebstahl (§§ 242ff. RStGB [1871]; § 138 RMStGB [1872]), Unterschlagung (§ 246 RStGB [1871]; § 138 RMStGB [1872]), Raub (§ 249 RStGB [1871]), Erpressung (§ 253 RStGB [1871]), Hehlerei (§§ 258f. RStGB [1871]), Betrug (§ 263ff. RStGB [1871], §§ 239, 242 Reichskonkursordnung in der Fassung vom 17. Mai 1898, andere Ansicht: *Weigel*, in: Koppmann/Weigel, Kommentar zum Militär-Strafgesetzbuch für das Deutsche Reich, München 1903, § 37 Rn. 9, der die eben erwähnten Tatbestände der Reichskonkursordnung nicht in diesen Katalog einordnet) und Urkundenfälschung (§§ 267ff. RStGB [1871]).

773 Motive zu §§ 43., 44., 45. des Entwurfe[s] eines Militär=Strafgesetzbuches für das Deutsche Reich, abgedruckt in: Stenographische Berichte über die Verhandlungen des Deutschen Reichstages, I. Legislatur-Periode – III. Session 1872, Dritter Band, Anlagen zu den Verhandlungen des Reichstages Nr.1-200, Anlage Nr.5, S.27.

Nr.2 RMStGB [1872] fielen.[774] Auch Abwandlungen der aufgezählten Delikte eröffneten wegen des Analogieverbotes nicht die Möglichkeit der Versetzung in die zweite Klasse des Soldatenstandes - so z. B. der im Reichsstrafgesetzbuch normierte Mundraub[775], der Forst- und Felddiebstahl[776] oder die Unterschlagung im Amt[777]. Ausdrücklich wurde betont, daß es sich beim § 37 Abs.2 RMStGB [1872] um eine Vorschrift handelte, die dem Militärgericht die Ermessensentscheidung nach *„einer pflichtgemäßen Prüfung der Umstände des einzelnen Falles"*[778] eröffnete. Die täterschaftliche Begehung eines dieser Delikte war nicht erforderlich; jede Teilnahme an einer solchen Straftat war ausreichend.[779]

Die Versetzung in die zweite Klasse des Soldatenstandes war eine der häufigsten im Besonderen Teil angedrohten Ehrenstrafen und zum Teil obligatorische und zum Teil fakultative Folge der Delikte.
Ein weiterer Fall einer im Ermessen des Gerichts stehenden Versetzung in die zweite Klasse des Soldatenstandes war der *„wiederholte Rückfall"* gemäß §§ 37 Abs.1 Nr.1 in Verbindung mit § 13 Abs.1 RMStGB [1872]. Rückfällig war nach der Legaldefinition des Reichsmilitärstrafgesetzbuches ein Täter, der

> „... wegen eines militärischen Verbrechens oder Vergehens durch ein deutsches Gericht verurtheilt und bestraft worden ist [und] dasselbe[780] militärische Verbrechen oder Vergehen abermals begeht."[781]

---

[774] *Weigel*, in: v. Koppmann/Weigel, Kommentar zum Militär-Strafgesetzbuch für das Deutsche Reich, München 1903, § 37 Rn.9; *Elsner v. Gronow/Sohl*, Militärstrafrecht für Heer und Marine des Deutschen Reichs, Militärstrafgesetzbuch, Berlin 1906, § 37 Rn.8; S.42; *Herz/Ernst*, Strafrecht der Militärpersonen, Berlin 1905, § 37 Rn.8, S.44.

[775] § 370 Nr.5 RStGB [1872]; Urteil des 2. Senats des Reichsmilitärgerichts v. 7. September 1904, Nr.3110.04, abgedruckt in: RMilGE, Bd. 7, S.217, S.218f.

[776] § 18 des Preußischen Feld- und Forstpolizeigesetzes vom 1. April 1880, abgedruckt in: PrGS 1880, S.230ff.; Urteil des 2. Senats des Reichsmilitärgerichts v. 7. September 1904, Nr.3110.04, abgedruckt in: RMilGE, Bd. 7, S.217, S.218f.

[777] Urteil des 2. Senats des Reichsmilitärgerichts v. 23. Januar 1907, Nr.23/680.07, abgedruckt in: RMilGE, Bd. 11, S.15, S.15.

[778] Urteil des 2. Senats des Reichsmilitärgerichts v. 15. August 1906, Nr.146/3492.06, abgedruckt in: RMilGE, Bd. 10., S.184, S.184f.; Urteil des 2. Senats des Reichsmilitärgerichts v. 16. Mai 1908, Nr.97/2356, abgedruckt in: RMilGE Bd. 12, S.207, S.211f.

[779] *Weigel*, in: v. Koppmann/Weigel, Kommentar zum Militär-Strafgesetzbuch für das Deutsche Reich, München 1903, § 37 Rn.11; *Elsner v. Gronow/Sohl*, Militärstrafrecht für Heer und Marine des Deutschen Reichs, Militärstrafgesetzbuch, Berlin 1906, § 37 Rn.8; S.42; *Herz/Ernst*, Strafrecht der Militärpersonen, Berlin 1905, § 37 Rn.7, S.44.

[780] Dabei stand die Verurteilung wegen Versuchs einer Straftat oder wegen Teilnahme an einer Straftat dem vollendeten Delikt gleich; siehe dazu die im zivilen Bereich ergangenen Entscheidung des Reichsgerichts: Urteil des 1. Strafsenats des Reichsgerichts vom 23. September 1880 g. I. Rep. 2016/80, in: RGSt Bd.2, S.261f. (S.262).

[781] § 13 RMStGB [1872].

Ein wiederholter Rückfall lag vor, wenn zu den Voraussetzungen des Rückfalles zwei weitere, einschlägige Vorstrafen[782] hinzutraten und seit der vollständigen Verbüßung der Strafe der letzten dieser Vorstrafen noch nicht fünf Jahre vergangen waren.[783]

Die Motive zum Militärstrafgesetzbuch äußerten sich zu den Rechtsfolgen der Versetzung in die zweite Klasse des Soldatenstandes folgendermaßen:

> „...[N]achdem die körperliche Züchtigung aus dem Strafkataloge des [..] ausgeschieden ist, nur noch die Wirkung [hatte], daß der dazu Verurteilte die National=Kokarde und das National=Militär=Abzeichen nicht tragen darf, Orden und Ehrenzeichen verliert, auch Versorgungs=Ansprüche nicht geltend machen kann, soweit letztere überhaupt durch Richterspruch verloren gehen können."[784]

Die Folgen der Strafe blieben damit im Vergleich zum preußischen Militärstrafgesetzbuch mit Ausnahme des Wegfalls körperlicher Züchtigungen im Wesentlichen unverändert.[785]

Neben dem dauernden Verlust der Orden und Ehrenzeichen sowie der Militärkokarde verlor der Bestrafte auch den etwa noch bestehenden Gefreitenrang sowie alle Bezüge, die über den einfachen Soldatensold hinausgingen. Auch auf die Einjährig-Freiwilligen, soweit sie noch nicht im Offizierrang standen, hatte die Strafe Auswirkungen: Sie verloren das Recht auf Verkürzung der Dienstzeit und hatten den regulären Militärdienst mit 3-jähriger Dauer zu absolvieren.[786]

---

782 *Schlayer*, Militärstrafrecht, in: Handbuch der Gesetzgebung in Preußen und dem Deutschen Reiche, Bd.3, 2. Teil, Berlin 1904, Rn.54, S.12; *Markus*, Die besonderen Ehrenstrafen des Militärstrafgesetzbuches, Crefeld 1916, S.48.

783 *Weigel*, in: v. Koppmann/Weigel, Kommentar zum Militär-Strafgesetzbuch für das Deutsche Reich, München 1903, § 13 Rn.15; *Herz/Ernst*, Strafrecht der Militärpersonen, Berlin 1905, § 13 Rn.7, S.22f.; *Romen/Rissom*, Militärstrafgesetzbuch für das Deutsche Reich vom 20. Juni 1872 nebst dem Einführungsgsesetz., Berlin 1916, § 13, Rn.6; *Walde*, Militärstrafgesetzbuch für das Deutsche Reich vom 20. Juni 1872 nebst Kriegsartikeln für das Heer vom 22. September 1902 und Disziplinar=Strafordnung für das Heer vom 31. Oktober 1872 in der jetzt geltenden Fassung, Leipzig 1917, S.7.

784 Motive zu §§ 43, 44, 45 des Entwurfe[s] eines Militär=Strafgesetzbuches für das Deutsche Reich, abgedruckt in: Stenographische Berichte über die Verhandlungen des Deutschen Reichstages, I. Legislatur-Periode – III. Session 1872, Dritter Band, Anlagen zu den Verhandlungen des Reichstages Nr.1-200, Anlage Nr.5, S.27; GStA PK, I. HA (Justizministerium) Rep. 84a, 8571.

785 Siehe oben den Abschnitt *Versetzung in die zweite Klasse des Soldatenstandes*, Kap. II. Nr.2, b) dd) 5).

786 § 50 Abs.4 Reichs=Militair=Gesetz vom 2. Mai 1874, RGBl. 1874 S.45ff.

Die Ziele, die der Gesetzgeber mit der Versetzung in die zweite Klasse des Soldatenstandes verfolgte, lagen aber nicht nur im repressiven Bereich. Vielmehr war im Gegensatz etwa zur Entfernung aus dem Heere in der Art der Strafe angelegt, daß sich die Bestraften durch die Strafvollstreckung bessern sollten und nach erfolgter Besserung wieder in die Erste Klasse zurückversetzt werden konnten.[787] Verfehlte nun die Bestrafung diesen Zweck, indem der Bestrafte durch häufige disziplinarische Verfehlungen auffiel, die in den Sanktionsbereich der Disziplinarstrafordnung fielen, so konnte der in die zweite Klasse Versetzte *„nach fruchtloser Anwendung“* der Disziplinarstrafen gemäß § 3 C. 4. DStO [1872] in eine *„Arbeiterabtheilung“* überwiesen werden.

Die Versetzung in die Zweite Klasse des Soldatenstandes war keine für die gesamte Dauer des Dienstverhältnisses vorgesehene Strafe. Zur Rehabilitierung, also zur Rückversetzung in die erste Klasse gab es besondere Vorschriften.[788] Für die erstmalige Rehabilitierung galten feste Vorschriften und Zeitspannen:

> „[Sie] darf nachgesucht werden, wenn die Strafe, neben welcher auf Versetzung in die zweite Klasse des Soldatenstandes rechtskräftig erkannt worden ist, in Geldstrafe besteht, nach Ablauf eines Jahres seit Verbüßung der Strafe, im Uebrigen erst nach Ablauf eines der Hälfte der verbüßten Strafzeit gleichkommenden Zeitabschnittes, jedoch nicht vor Ablauf eines Jahres seit Verbüßung der Strafe und nicht bevor der Verurtheilte die bürgerlichen Ehrenrechte wieder erlangt hat.“[789]

Alle Rehabilitierungen hatten jedoch auch gemeinsame Voraussetzungen: Sie konnten nur auf Veranlassung des Dienstherrn ergehen und erfolgten nicht automatisch nach Ablauf bestimmter Fristen.[790] Dies wurde aus Gründen der Disziplin für notwendig erachtet.[791] Zwischen einer ersten und weiteren Rehabilitierungen nach erneuter Versetzung in die zweite Klasse wurde streng unter-

---

[787] Motive zu §§ 43., 44., 45. des Entwurfe[s] eines Militär=Strafgesetzbuches für das Deutsche Reich, abgedruckt in: Stenographische Berichte über die Verhandlungen des Deutschen Reichstages, I. Legislatur-Periode – III. Session 1872, Dritter Band, Anlagen zu den Verhandlungen des Reichstages Nr.1-200, Anlage Nr.5, S.27.

[788] Allerhöchste Ordre vom 16. August 1883, im preußischen Heer veröffentlicht worden am 24. August 1883, abgedruckt in: AVBl. vom 5. September 1883, Nr.20/162, S.155.

[789] Ebenda.

[790] Motive zu §§ 43., 44., 45. des Entwurfe[s] eines Militär=Strafgesetzbuches für das Deutsche Reich, abgedruckt in: Stenographische Berichte über die Verhandlungen des Deutschen Reichstages, I. Legislatur-Periode – III. Session 1872, Dritter Band, Anlagen zu den Verhandlungen des Reichstages Nr.1-200, Anlage Nr.5, S.27.

[791] Ebenda.

schieden.[792] Für die zum zweiten Mal in die Zweite Klasse Versetzten gab es noch die Möglichkeit einer nochmaligen, dritten Rehabilitierung.[793] Während wenige Soldaten zweimal rehabilitiert wurden, war im Falle einer dritten Versetzung in die zweite Klasse die Zulässigkeit einer dritten Rehabilitierung stark umstritten.[794]

cc) Verlust des Offiziertitels

Der Verlust des Offiziertitels war eine Ehrenstrafe, die *„gegen pensionirte Offiziere* [..] *statt* [..] *Entfernung aus dem Heer oder der Marine"*[795] eintrat. Sie war aus dem preußischen Militärstrafgesetzbuch entnommen worden.[796] *„Pensionierte Offiziere"* waren nur Offiziere, die noch nicht verabschiedet oder mit Pension zur Disposition gestellt worden waren.[797] Der Grund, daß man auch die nicht mehr im Dienst befindlichen Offiziere dem Militärstrafrecht unterstellte, war, daß

> „...diese Offiziere im Bedarfsfalle, namentlich in Kriegszeiten, zu militärischen Dienstleistungen ihrem Range entsprechend verwendet werden können, wie denn auch dieselben in dem jetzt beendeten Kriege gegen Frankreich, in großer Anzahl zu solchen Dienstleistungen verwendet worden sind.[798]

Die verabschiedeten Offiziere unterstanden unter den Voraussetzungen der Militärstrafgerichtsordnung weiterhin der Militärgerichtsbarkeit:

---

[792] Allerhöchste Ordre vom 16. August 1883, im preußischen Heer veröffentlicht worden am 24. August 1883, abgedruckt in: AVBl. vom 5. September 1883, Nr.20/162, S.155.

[793] Ebenda.

[794] *Markus*, Die besonderen Ehrenstrafen des Militärstrafgesetzbuches, Crefeld 1916, S.61; § 36 Wehrordnung vom 22.11.1888 sowie Anlage 8 dazu, in: Deutsche Wehrordnung.

[795] § 33 S.1 RMStGB [1872]; die Entfernung aus dem Heer ist war gegen aktive Soldaten zulässig, siehe oben den Abschnitt *Entfernung aus dem Heer*, Kap. IV Nr.3 d) aa).

[796] Siehe oben den Abschnitt *Strafen gegen nicht mehr aktive Soldaten*, Kap. II Nr.2 b) dd) 7).

[797] Gesetz, betreffend die Abänderung der Militär=Strafgerichtsordnung vom 3. Mai 1890, RGBl. 1890 S.63, wonach die verabschiedeten Offiziere der Militärgerichtsbarkeit nicht unterworfen waren und sie deswegen auch nicht mit dem Verlust des Offiziertitels bestraft werden konnten. Eine Ausnahme ergab sich nur dann, wenn und solange die verabschiedeten Offiziere gemäß § 1 Nr.7 RMStGO [1898] *„im aktiven Heere* [..] *vorübergehend Verwendung"* fanden.

[798] Motive zu §§ 37, 38, 39 des Entwurfe[s] eines Militär=Strafgesetzbuches für das Deutsche Reich, abgedruckt in: Stenographische Berichte über die Verhandlungen des Deutschen Reichstages, I. Legislatur-Periode – III. Session 1872, Dritter Band, Anlagen zu den Verhandlungen des Reichstages Nr.1-200, Anlage Nr.5, S.27.

„Durch die Beendigung des die Militärstrafgerichtsbarkeit begründenden Verhältnisses wird hinsichtlich der vorher begangenen strafbaren Handlungen die Zuständigkeit der Militärgerichte nicht aufgehoben."[799]

Deswegen konnte ihnen auch der Offiziertitel aberkannt werden.

Rechtsfolgen der Aberkennung des Offiziertitels waren der dauernde Verlust der Orden und Ehrenzeichen[800], die Unfähigkeit zum Wiedereintritt in die Streitkräfte[801] sowie die Verwirkung des Rechts, die Offizieruniform zu tragen.[802] Ein wesentlicher Unterschied zu den Rechtsfolgen der *„Entfernung aus dem Heere"* bestand darin, daß der Anspruch auf Zahlung der Pension durch den Verlust des Offiziertitels nicht berührt wurde.[803] Die Rechtsfolgen des Ver-lustes des Offiziertitels traten zwingend ein und waren nicht eigens im Urteil aufzuführen.[804]

Ob eine Verurteilung wegen einer Straftat erfolgen sollte, die der Angeklagte nach seiner Pensionierung begangen hatte und deretwegen er seinen Offiziertitel verlor, blieb unklar. § 33 RMStGB [1872] machte dazu keine Angaben. Für die überwiegende Ansicht[805] war der Zeitpunkt der Begehung der Tat unbedeutend, solange die Verurteilung nach Eintritt der Pensionierung erfolgte. Dagegen wurde eingewendet, § 33 RMStGB [1872] enthalte keine selbständigen Strafandrohung und unterwerfe daher die pensionierten Offiziere nicht dem materiellen Militärstrafrecht.[806] Auch wenn man die Zeit der Begehung der Straftat für erheblich erachte, folge daraus, daß sich § 33 RMStGB [1872] in seinem zeitlichen Anwendungsbereich nur auf vor der Pensionierung begangene Delikte beziehe.[807]

---

799 §§ 10, 11 RMStGO [1898].

800 § 33 S.2 HS.1 in Verbindung mit § 32 Nr.2 RMStGB [1872]

801 § 33 S.2 HS.1 in Verbindung mit § 32 Nr.3 RMStGB [1872].

802 § 33 S.2 HS.2 RMStGB [1872].

803 *Herz/Ernst*, Strafrecht der Militärpersonen, Berlin 1905, §§ 33 Rn.2, 32 Rn.2, S.39f.

804 § 33 S.2 a. E. RMStGB [1872].

805 *Weigel*, in: v. Koppmann/Weigel, Kommentar zum Militär-Strafgesetzbuch für das Deutsche Reich, München 1903, § 33 Rn.3 a. E.; *Rotermund*, Kommentar zum Militärstrafgesetzbuch für das Deutsche Reich, Hannover 1909, § 33 Rn.5; *Endres*, Militärstrafgesetzbuch für das Deutsche Reich nebst dem Einführungsgesetze, Würzburg 1903, § 33 Rn.3.

806 *Romen/Rissom*, Militärstrafgesetzbuch für das Deutsche Reich vom 20. Juni 1872 nebst dem Einführungsgesetz, Berlin 1916, § 33 Rn.1 a), b).

807 Ebenda.

dd) Degradation

Die schon aus dem preußischen Militärstrafgesetzbuch[808] bekannte Degradation sollte gegen einen Unteroffizier verhängt werden, wenn die Straftat *„das Verbleiben in dem Verhältnisse eines Vorgesetzten nicht gestattet*[e]*"*.[809] Sie sollte auch die *„persönliche Würdigkeit"* des zu dieser Strafe Verurteilten mindern.[810] Sie konnte ausschließlich gegen Unteroffiziere verhängt werden[811] und setzte den Unteroffizier in den Rang eines Gemeinen herab; der Bestrafte hörte mit Rechtskraft des Urteils auf, Unteroffizier zu sein und verlor auch einen etwa vor der Ernennung zum Unteroffizier besessenen Gefreitenrang.[812] Im Unterschied dazu konnten den höheren Mannschaftsdienstgraden[813] ihr Dienstgrad nur im Disziplinarwege gemäß §§ 3 C Nr.3, 41 Nr.2 DStO [1872] aberkannt werden.[814] Die Degradation trat nicht zwingend ein und war im Urteilstenor ausdrücklich zu auszusprechen.[815] Sie war im Vergleich zur Versetzung in die zweite Klasse des Soldatenstandes die mildere Strafe[816] und in den folgenden Fällen des Allgemeinen Teils des Militärstrafgesetzbuches obligatorisch zu verhängen:

---

[808] Abschnitt *Degradation*, Kap. II Nr.2 b) dd) 6).

[809] Motive zu §§ 48, 49 des Entwurfe[s] eines Militär=Strafgesetzbuches für das Deutsche Reich, abgedruckt in: Stenographische Berichte über die Verhandlungen des Deutschen Reichstages, I. Legislatur-Periode – III. Session 1872, Dritter Band, Anlagen zu den Verhandlungen des Reichstages Nr.1-200, Anlage Nr.5, S.28.

[810] Ebenda.

[811] § 30 Nr.4 RMStGB [1872].

[812] Motive zu §§ 48, 49 des Entwurfe[s] eines Militär=Strafgesetzbuches für das Deutsche Reich, abgedruckt in: Stenographische Berichte über die Verhandlungen des Deutschen Reichstages, I. Legislatur-Periode – III. Session 1872, Dritter Band, Anlagen zu den Verhandlungen des Reichstages Nr.1-200, Anlage Nr.5, S.28.

[813] Gefreite oder Obergefreite.

[814] *Dietz* [Hrsg.], Disziplinarstrafrecht, Beschwerderecht, Ehrengerichtsbarkeit, Rastatt 1917, S.38ff.

[815] § 40 RMStGB [1872]: *„Auf Degradation muß erkannt werden..."*; sowie: *Lorenz/Haeger*, Neueres Militärstrafrecht, Berlin 1917, S.47.

[816] Urteil des 1. Senats des Reichsmilitärgerichts v. 20. Januar 1902, Nr.29/02, abgedruckt in: RMilGE, Bd. 2, S.171ff, S.171ff.; in diesem Fall wurde übersehen, gegen den in die zweite Klasse des Soldatenstandes versetzten Unteroffizier auch auf Degradation zu erkennen. Dieses war jedoch gemäß § 40 Abs.1 Nr.2 RMStGB [1872] rechtlich geboten. Das Urteil wurde später nach Berufung des Angeklagten von der nächsthöheren Instanz, dem Oberkriegsgericht unter Erkennung auf Degradation bei Wegfall der Versetzung in die zweite Klasse des Soldatenstandes revidiert. Die daraufhin erhobene Beschwerde, dieses sei eine nach § 396 RMStGO [1898] (Verbot der reformatio in peius) unzulässige Strafverschärfung, wurde vom Gericht mit der Begründung zurückgewiesen, daß sie im Vergleich zur Versetzung in die zweite Klasse des Soldatenstandes die mildere Strafe wäre.

„... 1. neben Gefängnis von längerer als einjähriger Dauer;
2. neben Versetzung in die zweite Klasse des Soldatenstandes[817]
3. neben Aberkennung der Fähigkeit zur Bekleidung öffentlicher Ämter[818]."[819]

Im Ermessen des Gerichts stand die Degradation:

„1. Neben Gefängniß von einjähriger oder kürzerer Dauer;
2. wegen wiederholten Rückfalls;[820]
3. wegen einer strafbaren Handlung der im § 37 Abs. 2 Nr. 2[821] bezeichneten Art."[822]

Erläuterungsbedürftig war der Begriff der kürzeren Gefängnisdauer in § 40 Abs.2 Nr.1 RMStGB [1872]. Ursprünglich ging diese Bestimmung auf die Deradationsvorschrift des preußischen Militärstrafgesetzbuches zurück, die die Festungsstrafe mit der Degradation verbunden hatte.[823] Die Mindestdauer der Festungsstrafe hatte 3 Monate betragen und keinen entehrenden Charakter.[824] Nach dem Reichsmilitärstrafgesetzbuch kam somit nur eine Strafe in Betracht, die gleichfalls in einem Festungsgefängnis zu verbüßen war und keine Verminderung der persönlichen Ehre zur Folge hatte. Dazu mußte die Festungstrafe in ihrer Dauer der in § 17 RMStGB [1872] bezeichneten Fristen ent-

---

[817] Soldaten, die in die zweite Klasse des Soldatenstandes versetzt wurden, waren gerade einer Vorgesetztenstellung nicht *„würdig"*, Motive zu §§ 43, 44, 45 des Entwurfe[s] eines Militär=Strafgesetzbuches für das Deutsche Reich, abgedruckt in: Stenographische Berichte über die Verhandlungen des Deutschen Reichstages, I. Legislatur-Periode – III. Session 1872, Dritter Band, Anlagen zu den Verhandlungen des Reichstages Nr.1-200, Anlage Nr.5, S.27.

[818] §§ 35 Abs.1, 128 Abs.2, 129 Abs.2, 331, 339, 340, 341, 352, 353, 354, 355, 357, 358 RStGB [1871], die als Nebenstrafe fakultativ die Aberkennung zur Bekleidung öffentlicher Ämter androhten. Diese Strafe konnte neben einer Gefängnisstrafe, wenn auch die Aberkennung der bürgerlichen Ehrenrechte zumindest zulässig war, verhängt werden und hatte dann automatisch die Degradation zur Folge.

[819] § 40 RMStGB [1872].

[820] Der Begriff des *„wiederholten Rückfalls"* war gleichbedeutend mit der gleichlautenden Vorschrift bei der Versetzung in die zweite Klasse des Soldatenstandes; §§ 37 Abs.2 Nr.1, 13 Abs.3 RMStGB [1872] sowie die Ausführungen zum wiederholten Rückfall im Abschnitt *Versetzung in die zweite Klasse des Soldatenstandes*, Kap. IV Nr.3 d) bb).

[821] In § 38 Abs.2 Nr.2 RMStGB fand sich eine Aufzählung von Vermögensdelikten, siehe oben den Abschnitt *Versetzung in die zweite Klasse des Soldatenstandes*, Kap. IV Nr.3 d) bb).

[822] § 40 Abs.2 RMStGB [1872].

[823] § 40 Abs.2 Nr.1 T. I PrMStGB [1845].

[824] Motive zu § 15 I. des Entwurfe[s] eines Militär=Strafgesetzbuches für das Deutsche Reich, abgedruckt in: Stenographische Berichte über die Verhandlungen des Deutschen Reichstages, I. Legislatur-Periode – III. Session 1872, Dritter Band, Anlagen zu den Verhandlungen des Reichstages Nr.1-200, Anlage Nr.5, S.24.

prechen. Das Reichsmilitärgericht verlangte deshalb eine Verurteilung zu einer Hauptstrafe von mindestens 43 Tagen:

> „Die Vorschrift des Abs.2 Nr.1 des § 40 M.St.G.B. hat [..] nur eine solche Gefängnisstrafe im Auge, deren Mindestbetrag den im § 17 a.a.O. für die militärische Gefängnisstrafe festgesetzten Mindestbetrag von 43 Tagen entspricht."[825]

Nach den Vorschriften des Besonderen Teils des Militärstrafgesetzbuches war auf Degradation zu erkennen, wenn sich der Angeklagte der Fahnenflucht[826] oder einer Mißhandlung Untergebener[827] im wiederholten Rückfalle[828] schuldig gemacht hatte. Schließlich war die Degradation fakultativ verhängbar wegen einiger Tatbestände im siebten Abschnitt des Besonderen Teils des Reichsmilitärstrafgesetzbuches, die den Mißbrauch der Dienstgewalt betrafen: §§ 114 (Mißbrauch der Dienstgewalt), 117 (Abhalten von Beschwerden), 119 (Beeinlussung der Rechtspflege), 122 Abs.1 (Mißhandlung Untergebener) RMStGB [1872].

Neben dem Verlust des Dienstranges wurden dem Degradierten die durch den Dienst als Unteroffizier erworbenen Bezüge zwingend aberkannt.[829] Die dem Degradierten aus seiner Zeit als Angehöriger der *„Gemeinen"* etwa zustehenden Bezüge gingen dadurch jedoch nicht verloren.[830] Auch der Anspruch auf einen Zivilversorgungsschein mußte durch Degradation nicht verloren gehen.[831] Auch die Militärrente[832] und schon erworbene Pensionsansprüche blieben unberührt.[833] Die Dienstgradabzeichen waren dem Verurteilten ohne besondere Förmlichkeiten abzunehmen.[834] Die Degradation schloß eine spätere Beför-

---

[825] Urteil des 1. Senats des Reichsmilitärgerichts vom 10. November 1902, Nr.716.02, abgedruckt in: RMilGE Bd. 4, S.21ff. (S.21).

[826] § 75 RMStGB [1872]. Dazu durfte aber die Fahnenflucht nicht im Kriegsfall geschehen sein und der Flüchtige sich innerhalb von sechs Wochen gestellt haben. Ansonsten drohten ihm höhere Ehrenstrafen, siehe: auch: §§ 69ff. RMStGB [1872].

[827] § 122 Abs.1 RMStGB [1872].

[828] § 122 Abs.2 RMStGB [1872].

[829] § 41 RMStGB [1872].

[830] Statt vieler nur: *Herz/Ernst*, Strafrecht der Militärpersonen, Berlin 1905, § 41 Rn.2, S.49.

[831] *Weigel*, in: v. Koppmann/Weigel, Kommentar zum Militär-Strafgesetzbuch für das Deutsche Reich, München 1903, § 32 Rn.3 sowie oben den Abschnitt *Degradation*, Kap. IV Nr.3 d) dd).

[832] §§ 1, 15ff., 33f. Gesetz über die Versorgung der Personen der Unterklassen des Reichsheeres, der Kaiserlichen Marine und der Kaiserlichen Schutztruppen vom 31. Mai 1906 (Mannschaftsversorgungsgesetz), RGBl. 1906 S.593ff.

[833] Siehe auch oben den Abschnitt *Entfernung aus dem Heer*, Kap. IV Nr..3 d) aa).

[834] § 133 S.2 Preußische Militärstrafvollstreckungsvorschrift vom 9. Februar 1888 (PrMStrVV).

derung nicht aus; es gab im Unterschied zur Versetzung in die zweite Klasse des Soldatenstandes auch keine Fristen, innerhalb derer der Degradierte nicht wieder befördert werden durfte.[835]

ee) Dienstentlassung

Die Strafe der Dienstentlassung war aus dem preußischen Militärstrafgesetzbuch[836] in das Reichsmilitärstrafgesetzbuch übernommen worden. Sie blieb eine nur für aktive Offiziere[837] zulässige Ehrenstrafe und war gegenüber der Entfernung aus dem Heere die mildere Sanktion, da der Verurteilte nur seiner Dienststelle enthoben wurde.[838] Es sollten die Offiziere aus dem Heer entlassen werden,

> „... welche zwar des Offiziers=Charakters und der Zugehörigkeit zum Offizierstande nicht unwürdig erscheinen, aber wegen strafbarer Handlungen in ihrer Stellung nicht mehr verbleiben können“[839].

Die Dienstentlassung war obligatorisch:

> „ 1. Neben Erkennung auf Unfähigkeit zur Bekleidung öffentlicher Ämter;
> 2. wo gegen Unteroffiziere Degradation geboten ist.“ [840]

Sie war damit bezüglich der militärischen Ehrenstrafen mit der Degradation für Unteroffiziere[841] sowie vom Strafzweck her mit der allgemeinen, in § 35 RStGB [1871] geregelten Ehrenstrafe der Unfähigkeit zur Bekleidung öffentlicher Äm-

---

[835] Statt vieler nur: *Herz/Ernst*, Strafrecht der Militärpersonen, Berlin 1905, § 40 Rn.2, S.48.

[836] § 47 T. I PrMStGB [1845], siehe auch oben den Abschnitt *Dienstentlassung*, Kap. II Nr.2 b) dd) 4).

[837] § 30 Nr.2 RMStGB [1872]; siehe auch die entsprechende Strafe in einem ehrengerichtlichen Verfahren, § 52 EGV [1874].

[838] Motive zu §§ 40, 41, 42 des Entwurfe[s] eines Militär=Strafgesetzbuches für das Deutsche Reich, abgedruckt in: Stenographische Berichte über die Verhandlungen des Deutschen Reichstages, I. Legislatur-Periode – III. Session 1872, Dritter Band, Anlagen zu den Verhandlungen des Reichstages Nr.1-200, Anlage Nr.5, S.27; *Romen/Rissom*, Militärstrafgesetzbuch für das Deutsche Reich vom 20. Juni 1872 nebst dem Einführungsgesetz, Berlin 1916, § 34 Rn.1.

[839] Motive zu §§ 43, 44, 45 des Entwurfe[s] eines Militär=Strafgesetzbuches für das Deutsche Reich, abgedruckt in: Stenographische Berichte über die Verhandlungen des Deutschen Reichstages, I. Legislatur-Periode – III. Session 1872, Dritter Band, Anlagen zu den Verhandlungen des Reichstages Nr.1-200, Anlage Nr.5, S.27.

[840] § 34 RMStGB [1872]: *„Auf Dienstentlassung muß erkannt werden:“*; daraus ergab sich, daß im Urteilstenor auf die Verhängung dieser Strafe Bezug genommen werden mußte.

[841] Siehe oben den Abschnitt *Degradation*, Kap. IV Nr.3 d) dd).

ter, vergleichbar.[842] Im ehrengerichtlichen Verfahren entsprach sie der Entlassung mit schlichtem Abschied.[843]

Die in § 34 Abs.1 Nr.1 RMStGB [1872] bezeichnete Unfähigkeit zur Bekleidung öffentlicher Ämter als Voraussetzung einer Dienstentlassung bezog sich nur auf solche des bürgerlichen Strafrechts.[844] Es waren nur jene Fälle gemeint, in denen diese Strafe nicht Folge der Verurteilung zur Zuchthausstrafe oder zum Verlust der bürgerlichen Ehrenrechte war, da nach § 31 Abs.2 RMStGB [1872] die Verurteilung zu einer Zuchthausstrafe beziehungsweise neben jeder Verurteilung eines Offiziers zu einer Zuchthausstrafe sowie zu einem auch nur temporären Verlust der bürgerlichen Ehrenrechte zwingend zum dauernden Ausschluß aus dem Heer führte.[845]

Rechtliche Folgen der Dienstentlassung waren:

> „... Verlust der Dienststelle und aller durch den Dienst als Offizier erworbenen Ansprüche, soweit dieselben durch Richterspruch aberkannt werden können,[846] ingleichen die Verwirkung des Rechts, die Offizieruniform zu tragen, von Rechts wegen zur Folge. Der Verlust des Diensttitels ist mit dieser Strafe nicht verbunden."[847]

Beachtenswert war, daß nur die durch den Dienst als Offizier erworbenen Ansprüche wie die Pension[848] verloren gingen, da die Dienstentlassung keine dauernde Unfähigkeit zum Militärdienst zur Folge hatte.[849] Die etwa vorher durch den Dienst als Unteroffizier oder Gemeiner erworbenen Ansprüche blieben demnach erhalten.[850] Praktische Bedeutung hatte dies nur in seltenen Fällen,

---

[842] Statt vieler nur: *Romen/Rissom*, Militär-Strafgesetzbuch für das Deutsche Reich vom 20. Juni 1872 nebst dem Einführungsgesetz., Berlin 1916, § 34, Rn. 1.

[843] § 52 EGV [1874].

[844] §§ 35, 128, 129, 131, 339-341, 352-255, 357f. RStGB [1871].

[845] *Weigel*, in: v. Koppmann/Weigel, Kommentar zum Militär-Strafgesetzbuch für das Deutsche Reich, München 1903, § 34 Rn.3.

[846] Siehe dazu oben Abschnitt *Entfernung aus dem Heer*, Kap. IV Nr.3 d) aa).

[847] § 35 RMStGB [1872].

[848] § 1 Gesetz über die Pensionierung der Offiziere einschließlich Sanitätsoffiziere des Reichsheeres, der Kaiserlichen Marine und der Kaiserlichen Schutztruppen vom 31. Mai 1906 (Offizierspensionsgesetz), RGBl. 1906 S.565ff.

[849] Ebenda.

[850] *Endres*, Militärstrafgesetzbuch für das Deutsche Reich nebst dem Einführungsgesetze, Würzburg 1903, § 35 Rn.2; *Herz/Ernst*, Strafrecht der Militärpersonen, Berlin 1905, § 35 Rn.3; *Weigel*, in: v. Koppmann/Weigel, Kommentar zum Militär-Strafgesetzbuch für das Deutsche Reich, München 1903, § 36 Rn.3.

da die meisten Offiziere nur sehr kurze Zeit als Unteroffiziere oder Gemeine gedient hatten.

Daß die Rechtsfolgen der Dienstentlassung der gegenüber der Entfernung aus dem Heer milder war, zeigte sich vor allem daran, daß der Entlassene den Diensttitel und das Offizierpatent behielt.[851] Weiter verblieben ihm seine Orden und Ehrenzeichen.[852] Auch war die Rückkehr in den aktiven Dienst zulässig.[853] Ob in diesem Fall der Entlassene seine frühere Dienststellung als Offizier erhielt, wurde unterschiedlich beurteilt. Einerseits wurde angenommen, er habe seine Offiziereigenschaft mit der Entlassung verloren.[854] Daher sei nur ein Wiedereintritt als Gemeiner möglich. Anderer Auffassung war *Endres*, der wegen der Belassung des Offiziertitels und –patents annahm, der Entlassene behalte hätte seine Offiziersstellung.[855] Das militärische Dienstverhältnis werde nicht vollständig gelöst und die Einstellung als Offizier mithin möglich.[856]

ff) Verlust der Offizieruniform

Der Verlust des Rechts, Offizieruniform zu tragen, trat bei pensionierten Offizieren[857] an die Stelle der Dienstentlassung.[858] Voraussetzung dafür war, daß dem zu bestrafenden Offizier bei seiner Pensionierung das Recht belassen worden war, die Uniform auch über die Verabschiedung hinaus tragen zu

---

[851] Motive zu §§ 43, 44, 45 des Entwurfe[s] eines Militär=Strafgesetzbuches für das Deutsche Reich, abgedruckt in: Stenographische Berichte über die Verhandlungen des Deutschen Reichstages, I. Legislatur-Periode – III. Session 1872, Dritter Band, Anlagen zu den Verhandlungen des Reichstages Nr.1-200, Anlage Nr.5, S.27.

[852] *Endres*, Militärstrafgesetzbuch für das Deutsche Reich nebst dem Einführungsgesetze, Würzburg 1903, § 35 Rn.2; *Herz/Ernst*, Strafrecht der Militärpersonen, Berlin 1905, § 35 Rn.1; *Weigel*, in: v. Koppmann/Weigel, Kommentar zum Militär-Strafgesetzbuch für das Deutsche Reich, München 1903, § 36 Rn.4; *Hecker*, Lehrbuch des Deutschen Militärstrafrechts, Stuttgart 1887, S.68; *Romen/Rissom*, Militärstrafgesetzbuch für das Deutsche Reich vom 20. Juni 1872 nebst dem Einführungsgesetz, Berlin 1916, § 35 Rn.1. *Rotermund*, Kommentar zum Militärstrafgesetzbuch für das Deutsche Reich, Hannover 1909, § 35 Rn.1; *Solms*, Strafrecht und Strafprozeß für Heer und Marine des Deutschen Reichs., Berlin 1892, § 35 Rn.1.

[853] Ebenda.

[854] *Markus*, Die besonderen Ehrenstrafen des Militärstrafgesetzbuches, Crefeld 1916, S.74; *Hecker*, Lehrbuch des Deutschen Militärstrafrechts, Stuttgart 1887, S.68; *Solms*, Strafrecht und Strafprozeß für Heer und Marine des Deutschen Reichs., Berlin 1892, § 35 Rn.2.

[855] *Endres*, Militärstrafgesetzbuch für das Deutsche Reich nebst dem Einführungsgesetze, Würzburg 1903, § 35 Rn.1.

[856] Ebenda.

[857] § 36 RMStGB [1872]: „*Gegen pensionierte Offiziere, welche das Recht zum Tragen der Offizieruniform haben, ist statt auf Dienstentlassung auf Verlust dieses Rechtes zu erkennen.*"

[858] Siehe oben den Abschnitt *Dienstentlassung*, Kap. IV Nr.3 d) ee).

dürfen.[859] Gegen Offiziere, die ohne dieses Recht verabschiedet wurden, sowie für Offiziere á la suite war die Verhängung dieser Strafe unzulässig.[860] Seit 1890 mußten diese Offiziere die Bezeichnung *„z. D."* führen, sie waren also zur Disposition gestellt.[861] Endgültig verabschiedete Offiziere ohne Vorbehalt ihrer Reaktivierung waren mithin der Militärgerichtsbarkeit nicht mehr unterworfen.[862] Den Verlust des Offiziertitels gegen diese Offiziere zu verhängen war nur noch möglich, wenn durch ein ziviles Gericht auf Zuchthaus erkannt worden war.[863]

gg) Ehrenstrafen gegen Soldaten des Beurlaubtenstandes

Im Vergleich zu den in den §§ 30-40 RMStGB [1872] enthaltenen Regelungen über die Ehrenstrafen für alle aktiven Soldaten war § 42 RMStGB [1872] eine besondere Vorschrift für die Personen des Beurlaubtenstandes. Zu diesen gehörten gemäß § 56 RMG[864]

> „a. die Offiziere, Aerzte, Beamten und Mannschaften der Reserve und Landwehr;
> b. die vorläufig in die Heimath beurlaubten Rekruten und Freiwilligen[865];
> c. die bis zur Entscheidung über ihr ferneres Militärverhältniß zur Verfügung der Ersatzbehörde entlassenen Mannschaften[866];
> d. die vor der Erfüllung der aktiven Dienstpflicht zur Disposition der Truppenteile beurlaubten Mannschaften[867]."

Erstmals war 1852 in Preußen eine Regelung eingeführt worden, die die Umwandlung bürgerlicher Strafen wegen nichtmilitärischer Vergehen oder Verbrechen verurteilter beurlaubter Soldaten in militärische untersagte. [868] Diese Vorschrift stand im engsten Zusammenhang mit den in den Staaten des Deutschen Bundes und später des Deutschen Reiches bestehenden Regelungen über die Militärgerichtsbarkeit und den Militärgerichtsstand. Danach waren alle zum Beurlaubtenstande gehörenden Personen des Soldatenstandes während der

---

[859] Siehe dazu auch: *Weigel*, in: v. Koppmann/Weigel, Kommentar zum Militär-Strafgesetzbuch für das Deutsche Reich, München 1903, § 36 Rn.8.

[860] Ebenda.

[861] Gesetz, betreffend die Abänderung der Militär=Strafgerichtsordnung vom 3. Mai 1890, RGBl. 1890 S.63.

[862] Ebenda.

[863] § 31 RStGB [1871].

[864] Reichs=Militair=Gesetz vom 02. Mai 1874, RGBl. 1874, S.45ff.

[865] § 34 Reichs=Militair=Gesetz vom 02. Mai 1874, RGBl. 1874, S.45ff.

[866] § 54 Reichs=Militair=Gesetz vom 02. Mai 1874, RGBl. 1874, S.45ff.

[867] §§ 51, 60 Nr.5 Reichs=Militair=Gesetz vom 02. Mai 1874, RGBl. 1874, S.45ff., § 111 Nr.10 Wehrordnung [1888], in: Deutsche Wehrordnung.

[868] § 4 Abs.2 Gesetz, die Abänderung mehrerer Bestimmungen in den Militär=Strafgesetzen betreffend, vom 15. April 1852, abgedruckt in: PrGS 1852, S.115ff.

Beurlaubung in Strafsachen wegen allgemeiner Delikte den Zivilgerichten unterworfen.[869]

Zugleich beruhte diese Vorschrift auf der Erwägung, daß Personen des Beurlaubtenstandes nach Verbüßung einer ihnen auferlegten Freiheitsstrafe in ihre bürgerlichen Verhältnisse zurücktraten und es deswegen einer Strafumwandlung nicht bedurfte, wenn gegen sie während der Beurlaubung auf eine bürgerliche Freiheitsstrafe erkannt worden.[870] Diese Erwägungen lagen dem § 42 RMStGB [1872] zugrunde.[871]

§ 42 Abs.1 RMStGB [1872] sah darüber hinaus vor, daß im Falle der Verurteilung einer Person des Beurlaubtenstandes zu einer Zuchthausstrafe, zum Verlust der bürgerlichen Ehrenrechte oder zur Unfähigkeit zur Bekleidung öffentlicher Ämter auf diejenigen militärischen Ehrenstrafen erkannt werden mußte, welche nach den Bestimmungen der §§ 30-40 RMStGB[872] [1872] zu verhängen waren. Es war somit keine Erwähnung im Gerichtsurteil notwendig, um diese Rechtsfolge eintreten zu lassen.[873] Dabei war zu beachten, daß Straftaten mit militärischem Charakter, also im Militärstrafgesetzbuch aufgeführte Delikte, immer im militärgerichtlichen Verfahren zu behandeln waren.[874] Die dabei verhängten Ehrenstrafen traten dann für die beurlaubten Soldaten nicht gem. § 42 Abs.1 RMStGB [1872] automatisch ein, sondern mußten ausdrücklich als Nebenstrafen im Urteilsspruch aufgeführt werden.[875] Das war zwar nicht aus dem unmittelbaren Wortlaut zu erschließen, ergab sich aber aus dem Zusammenhang des Gesetzes.[876]

---

[869] Zum Militärgerichtsstand siehe: §§ 5ff. RMStGO [1898].

[870] Motive zu §§ 50. des Entwurfe[s] eines Militär=Strafgesetzbuches für das Deutsche Reich, abgedruckt in: Stenographische Berichte über die Verhandlungen des Deutschen Reichstages, I. Legislatur-Periode – III. Session 1872, Dritter Band, Anlagen zu den Verhandlungen des Reichstages Nr.1-200, Anlage Nr.5, S.28.

[871] Ebenda.

[872] Die Beurlaubten wurden beispielsweise bei einer Verurteilung zu einer Zuchthausstrafe aus § 42 Abs.1 in Verbindung mit § 31 Abs.1 (für Unteroffiziere und Gemeine) oder Abs.2 Nr.1 (für Offiziere) RMStGB [1872] mit der Entfernung aus dem Heer bestraft. Bezüglich der einzelnen Voraussetzungen s. o. Abschnitt *Entfernung aus dem Heer*, Kap. IV Nr.3 d) aa).

[873] Statt vieler nur: *Weigel*, in: v. Koppmann/Weigel, Kommentar zum Militär-Strafgesetzbuch für das Deutsche Reich, München 1903, § 42 Rn.4.

[874] §§ 5 Nr.1, 10 RMStGO [1898].

[875] §§ 31-41 RMStGB [1872].

[876] *Markus*, Die besonderen Ehrenstrafen des Militärstrafgesetzbuches, Crefeld 1916, S.78.

hh) Ehrenstrafen nach dem Reichsstrafgesetzbuch

Neben den im Militärstrafgesetzbuch geregelten Ehrenstrafen waren auch solche des allgemeinen Strafrechts auf Angehörige des Soldatenstandes anwendbar. Da das Militärstrafgesetzbuch bezüglich der Ehrenstrafen des allge-meinen Strafrechts keine besondere Regelung traf und in seinen Vorschriften auf jene verwies,[877] war es unter anderem nach Maßgabe des § 2 RMStGB [1872] in Verbindung mit §§ 32-37 RStGB [1871][878] zulässig, nichtmilitärische Ehrenstrafen gegen Militärangehörige zu verhängen.

1) Verlust der bürgerlichen Ehrenrechte

Der Verlust der bürgerlichen Ehrenrechte war gemäß § 32 Abs.1 RStGB [1871][879] eine stets zulässige Nebenstrafe, wenn ein militärisches Verbrechen mit dem Tode oder mit Zuchthaus bestraft wurde sowie wenn eine Gefängnisstrafe von mindestens 3-monatiger Dauer ausgesprochen und

> „...entweder das Gesetz den Verlust der bürgerlichen Ehrenrechte ausdrücklich zuläßt[880] oder die Gefängnißstrafe wegen Annahme mildernder Umstände an Stelle von Zuchthausstrafe ausgesprochen w[urde]."

Die Annahme mildernder Umstände bei Zuchthausstrafen war nur bei Feigheit vor und nach dem Gefecht in einem minder schweren Fall (§ 85 Abs.2 RMStGB [1872]), bei Mißhandlung Untergebener mit schwerer Folge oder Todesfolge in jeweils einem minder schweren Fall (§ 123 Abs.1, Abs.3 RMStGB [1872]), bei Unterschlagung von Sachen Gefallener in einem minder schweren Fall (§ 134 RMStGB [1872]) sowie wegen Bestechung in einem minder schweren Fall (§ 140 S.2 RMStGB [1872]) möglich.

Die Dauer des Verlustes der bürgerlichen Ehrenrechte beschränkte § 32 Abs.2 RStGB [1871] nur in den Fällen, in denen als Hauptstrafe auf zeitlich begrenzte Zuchthaus- oder Gefängnisstrafe erkannt wurde. Neben einer gerichtlich verhängten Arreststrafe[881] oder Festungshaft[882] war die Aberkennung der bürgerlichen Ehrenrechte nicht zulässig.[883]

---

877 §§ 31ff. RMStGB [1872].

878 Siehe zusätzlich auch: §§ 81, 83f., 87-91, 94f. RStGB [1871] sowie § 14 Gesetz gegen den Verrat militärischer Geheimnisse vom 3. Juni 1914, RGBl. 1914 S.195ff

879 In Verbindung mit § 2 RMStGB [1872] auch auf Militärpersonen anwendbar.

880 §§ 134, 138 RMStGB [1872].

881 §§ 19-28 RMStGB [1872].

882 § 16 RMStGB [1872] sowie den Abschnitt über das Duell (§§ 201ff. RMStGB [1872]).

883 Statt vieler nur: *Herz/Ernst*, Strafrecht der Militärpersonen, Berlin 1905, § 32 Rn.4, S.268.

2) Unfähigkeit zur Bekleidung öffentlicher beziehungsweise Verlust der bekleideten öffentlichen Ämter

Die Unfähigkeit[884] zur Bekleidung öffentlicher beziehungsweise der Verlust[885] bekleideter öffentlicher Ämter war eine Ehrenstrafe des Reichsstrafgesetzbuches und blieb auf den Verlust einiger zu den bürgerlichen Ehrenrechten gehörenden Rechten beschränkt.[886] Die Verhängung dieser Ehrenstrafe war möglich

> „... neben einer Gefängnißstrafe, mit welcher die Aberkennung der bürgerlichen Ehrenrechte überhaupt hätte verbunden werden können."[887]

Die Dauer der Sanktion lag zwischen einem und fünf Jahren. Ihre Rechtsfolgen richteten sich nach den §§ 31, 33 RStGB [1872].

e) Ehrenstrafen gegen Militärbeamte

Die Militärbeamten gehörten nach § 4 RMStGB [1872] nicht zu den Personen des Soldatenstandes. Aus diesem Grund wurden eigens für sie besondere Strafvorschriften in das Reichsmilitärstrafgesetzbuch aufgenommen.[888] In Friedenszeiten war die Verhängung militärischer Ehrenstrafen gegen Militärbeamte nur bei Vorliegen der Voraussetzungen des § 43 RMStGB [1872], also nach einer Vorschrift des Allgemeinen Teils des Reichsmilitärstrafgesetzbuches, möglich.[889] Diese Vorschrift enthielt die einzige besondere militärische Ehrenstrafe gegen Militärbeamte, den *„Amtsverlust"*:

> „Auf Amtsverlust kann gegen Militärbeamte erkannt werden:
> 1) neben Freiheitsstrafe von mehr als einjähriger Dauer;
> 2) wenn die Verurteilung wegen einer strafbaren Handlung der in § 37 Abs. 2 Nr. 2 bezeichneten Art[890] erfolgt."[891]

Eine Vorschrift über die Rechtsfolgen des Amtsverlustes traf das Militärstrafgesetzbuch nicht. Nur aus den Motiven zum Reichsmilitärstrafgesetzbuch ging hervor, daß dies anderen Gesetzen vorbehalten bleiben sollte:[892]

---

884 Gemäß § 35 Abs.1 RStGB [1871].
885 Gemäß § 35 Abs.2 RStGB [1871].
886 Statt vieler nur: *Frank*, Das Strafgesetzbuch für das Deutsche Reich nebst dem Einfüh5rungsgesetze, Tübingen 1907, § 35 Rn.1.
887 § 35 Abs.1 RStGB [1871].
888 §§ 43-45 RMStGB [1872].
889 Siehe oben den Abschnitt *Militärbeamte*, Kap. IV Nr.3 a) bb).
890 Damit war eine Verurteilung zu einem ehrenrührigen Vermögensdelikt gemeint, siehe dazu die Aufzählung in Fußnote Nr.772.
891 § 43 RMStGB [1872].
892 Motive zu § 53 des Entwurfe[s] eines Militär=Strafgesetzbuches für das Deutsche Reich, abgedruckt in: Stenographische Berichte über die Verhandlungen des Deutschen Reichstages,

„Eine Bestimmung über die Wirkungen der Strafe des Amtsverlustes glaubte der Entwurf nicht geben zu sollen. Denn daß mit dieser Strafe der Verlust des bekleideten Amtes verbunden sei, ist ohne weiteres selbstverständlich. Inwieweit aber der zur Strafe des Amtsverlustes Verurtheilte auch die Pensionsansprüche verliere, muß nicht dem Militärstrafgesetzbuche, sondern in dem Staatsdiener=Gesetze vorgeschrieben werden."[893]

Aus § 75 Nr.2 Abs.1 RBG[894] folgte, daß der mit Amtsverlust Bestrafte infolge der Dienstentlassung seinen Titel verlor. Das Beamtenrecht bestimmte weiterhin, daß aktive Militärbeamte, die mit Amtsverlust oder einer mit dem Amtsverlust verbundenen Hauptstrafe belegt worden waren, ihren Pensionsanspruch verloren.[895] Es war gleichwohl möglich, dem Beamten im Gnadenwege durch die Disziplinarbehörde einen Teil der Pension auf Lebenszeit oder für eine gewisse Zeit zu gewähren.[896] War der Beamte schon vor dem Amtsverlust in den Ruhestand getreten, sollte der Pensionsanspruch nicht mehr erlöschen kön-nen, auch wenn der Beamte bei Einleitung des Gerichtsverfahrens noch aktiver Militärbeamter gewesen war.[897]

Der Amtsverlust schloß die Möglichkeit der erneuten Ernennung zum Beamten nicht endgültig aus[898] und unterschied sich insofern von der dauernden Unfähigkeit zur Bekleidung öffentlicher Ämter im Reichsstrafgesetzbuch. Die gegen Militärbeamte wegen nichtmilitärischer Delikte zulässigen Ehrenstrafen bestimmten sich nach den §§ 31ff. RStGB [1871].

Wenn auch im allgemeinen Teil des Militärstrafgesetzbuches die Androhung des Amtsverlustes nur fakultativen Charakter hatte, war er in einigen Fällen doch zwingend geboten. Zunächst galt das für Aberkennungen bürgerlicher

---

I. Legislatur-Periode – III. Session 1872, Dritter Band, Anlagen zu den Verhandlungen des Reichstages Nr.1-200, Anlage Nr.5, S.29.

893 Motive zu § 52 des Entwurfe[s] eines Militär=Strafgesetzbuches für das Deutsche Reich, abgedruckt in: Stenographische Berichte über die Verhandlungen des Deutschen Reichstages, I. Legislatur-Periode – III. Session 1872, Dritter Band, Anlagen zu den Verhandlungen des Reichstages Nr.1-200, Anlage Nr.5, S.29.

894 Gesetz, betreffend die Rechtsverhältnisse der Reichsbeamten vom 31. März 1873, RGBl. 1873 S.61ff.

895 § 75 Nr.2 Abs.1 S.1 in Verbindung mit § 34 Gesetz, betreffend die Rechtsverhältnisse der Reichsbeamten vom 31. März 1873, RGBl. 1873 S.61ff.

896 § 75 Nr.2 Abs.2 a. E. Gesetz, betreffend die Rechtsverhältnisse der Reichsbeamten vom 31. März 1873, RGBl. 1873 S.61ff.

897 *Schlayer*, Über den einseitigen Widerruf der Pensionierung eines Reichsbeamten und Eintritt des Pensionsverlustes infolge vor der Versetzung in den Ruhestand verübter strafbarer Handlungen, in: ZStW Bd. 23, S.239ff. (S.244f.)

898 Statt vieler nur: *Herz/Ernst*, Strafrecht der Militärpersonen, Berlin 1905, § 43 Rn.4, S.52.

Ehrenrechte.[899] Auch bedeutete der Amtsverlust als zwingende Rechtsfolge der Verurteilung zu einer Zuchthausstrafe gemäß § 31 RStGB [1871] die dauernde Unfähigkeit des Verurteilten zur Bekleidung öffentlicher Ämter.[900] Im *„Felde"* unterstanden auch die Militärbeamten bestimmten Vorschriften des Besonderen Teils,[901] so daß sie bei Verstößen gegen diese Abschnitte mit Amtsverlust nach § 43 RMStGB [1872] bestraft werden konnten.

Die Militärbeamten konnten nicht nur gemäß § 43 RMStGB [1872] nach Ermessen des Gerichts, sondern auch nach den Vorschriften des Besonderen Teils[902] des Reichsstrafgesetzbuches sowie nach der zwingend eintretenden Folge eines ein- bis fünfjährigen Verlustes der Fähigkeit zur Bekleidung öffentlicher Ämter mit Amtsverlust belegt werden[903]. In Kriegszeiten war die Verhängung des Amtsverlustes in den Fällen möglich, in denen gegen Unteroffiziere und Gemeine die Versetzung in die zweite Klasse des Soldatenstandes zulässig war.[904]

f) Anwendung der Ehrenstrafen

Die Statistik der verhängten Ehrenstrafen zeigt wesentliche Unterschiede in der Häufigkeit der einzelnen Ehrenstrafen. Gegen Unteroffiziere und Mannschaften wurden Ehrenstrafen wesentlich häufiger verhängt als gegen Offiziere.

Wenn man die damalige Friedensstärke des deutschen Heeres zugrunde legt,[905] wurden in den Jahren 1901-1906 durchschnittlich pro 276 Unteroffiziere und

---

[899] § 33 RStGB [1871].

[900] *Markus*, Die besonderen Ehrenstrafen des Militärstrafgesetzbuches, Crefeld 1916, S.86.

[901] §§ 57-80, 89-113, 127-136 in Verbindung mit § 153 RMStGB [1872].

[902] §§ 81, 83, 84, 87, 90, 94f., RStGB [1871].

[903] §§ 128, 129, 358 in Verbindung mit § 35 RStGB [1871].

[904] Zu diesen Voraussetzungen siehe oben den Abschnitt *Versetzung in die zweite Klasse des Soldatenstandes*, Kap. IV Nr.3 d) bb).

[905] Dazu anschaulich: *Ferguson*, Der falsche Krieg, Der Erste Weltkrieg und das 20. Jahrhundert, Stuttgart 1999, S.129ff. sowie im Einzelnen für die Zeit des Kaiserreiches: Gesetz, betreffend die Friedenspräsenzstärke des deutschen Heeres und die Ausgaben für die Verwaltung desselben für die Jahre 1872., 1873., 1874. Vom 9. Dezember 1871, RGBl. 1871 S.411f. (Festsetzung auf 401,659 Soldaten insgesamt); Gesetz, betreffend die Friedenspräsenzstärke des deutschen Heeres vom 25. März 1899, RGBl. 1899 S.213f. (Festsetzung auf 495,500 Mannschaften); Gesetz, betreffend die Friedenspräsenzstärke des deutschen Heeres vom 15. April 1905, RGBl. 1905 S.247f. (Festsetzung auf 505,839 Mannschaften); Gesetz zur Ergänzung des Gesetzes über die Friedenspräsenzstärke des deutschen Heeres vom 27. März 1911/ vom 14. Juni 1912 und des Besoldungsgesetzes sowie zur Änderung des Gesetzes über die Versorgung der Personen der Unterklassen des Reichsheers, der Kaiserlichen Marine und der Kaiserlichen Schutztruppen vom 31. Mai 1906 (des Mannschaftsversorgungsgesetzes). Vom 3. Juli 1913, RGBl. 1913 S.496ff. (Festsetzung auf 661,478 Mannschaften).

Gemeine eine Versetzung in die zweite Klasse des Soldatenstandes ausgesprochen. Diese hohe Zahl der in die Zweite Klasse Versetzten machte deutlich, daß man es vorzog, die straffälligen Mannschafts- und Unteroffiziersdienstgrade besonders hart zu bestrafen, nicht aber unehrenhaft aus dem Militärverhältnis zu entlassen:

Tab. 1:[906] Statistik über die Verhängung von Ehrenstrafen gegenüber Angehörigen des deutschen Heeres beziehungsweise der kaiserlichen Marine 1901-1906:

	Ehrverlust		Polizeiaufsicht		Entfernung		Dienstentlassung		Degradation		Versetzung in die 2. Klasse des Soldatenstandes	
	Heer	Marine	Heer	Marine	Heer	Marine	Heer	Marine	Heer	Marine	Heer	Marine
1901	164	14	27	2	113	13	6	2	266	19	1926	116
1902	152	6	28	-	129	12	11	3	292	13	1977	115
1903	146	8	32	-	116	10	5	3	310	9	1842	168
1904	145	6	28	2	120	10	8	-	304	15	1674	146
1905	134	12	18	5	91	10	11	-	231	23	1619	137
1906	146	5	17	3	83	13	17	2	246	28	1736	168

Über das Verhältnis der Bestraften zur Gesamtzahl der Soldaten gibt eine Tabelle Aufschluß:

Tab. 2:[907] Statistik über die Verhängung von Ehrenstrafen pro 100.000 Angehörige des deutschen Heeres:

	Verlust der bürgerlichen Ehrenrechte	Polizeiaufsicht	Entfernung aus dem Heere	Degradation	Versetzung in die 2. Klasse des Soldatenstandes
1901	120	19	83	195	1416
1902	109	20	92	210	1422
1903	102	22	81	216	1288
1904	103	20	85	217	1195
1905	107	14	72	184	1295
1906	112	13	63	189	1335

---

906 *Dietz*, Die Militärstrafrechtspflege im Lichte der Kriminalstatistik für das Deutsche Heer und die Kaiserliche Marine, Oldenburg i. Gr. 1908, S.56.
907 *Dietz*, Die Militärstrafrechtspflege im Lichte der Kriminalstatistik für das Deutsche Heer und die Kaiserliche Marine, Oldenburg i. Gr. 1908, S.58.

Die Bedeutung der Ehrenstrafen ist nach diesen Ergebnissen als erheblich anzusehen.

Innerhalb des Sanktionensystems nahmen sie eine bedeutsame Stellung ein:

Tab. 3:[908] Statistik über die Verhängung von Ehrenstrafen pro 1000 wegen bürgerlicher oder militärischer Delikte zu Hauptstrafen verurteilten Angehörigen des deutschen Heeres:

	Verlust der bürgerlichen Ehrenrechte	Polizeiaufsicht	Entfernung aus dem Heere	Degradation	Versetzung in die 2. Klasse des Soldatenstandes
1901	27	4,4	18	44	318
1906	23	2,7	13	39	282

Danach wurden über ein Drittel der straffälligen Militärangehörigen neben einer Hauptstrafe zu einer Ehrenstrafe verurteilt.

g) Änderungen des Ehrenstrafrechts im Militärstrafgesetzbuch bis zum Ende des Ersten Weltkrieges

Im materiellen Ehrenstrafrecht gab es bis zum Ersten Weltkrieg keine Änderungen. Auch wenn kurz vor dessen Ausbruch und während des Krieges das Militärstrafgesetzbuch mehrfach geändert wurde, hatte dies doch nur Einfluß auf die Strafrahmen des Besonderen Teils.[909] Mit Kriegsbeginn hatten aber die *„im Felde"* begangenen Straftatbestände erhebliche Strafrahmenverschärfungen zur Folge.[910] Außerdem wurde durch das Kriegszustandsgesetz[911] und § 4 des Einführungsgesetzes zum Reichsstrafgesetzbuch[912] für mehrere Tatbestände die Todesstrafe eingeführt.[913] § 4 EGRStGB [1872] bestimmte,

---

[908] Ebenda.

[909] Gesetz, betreffend Änderung der §§ 66, 70 usw. des Militärstrafgesetzbuchs vom 14. Juli 1914, RGBl. 1914 S.247f.; Gesetz, betreffend Herabsetzung von Mindeststrafen des Militärstrafgesetzbuchs vom 25. April 1917, RGBl. 1917 S.381ff.; Gesetz, betreffend Milderungen im Militärstrafgesetzbuche vom 25. Juli 1918, RGBl. 1918 S.777. Siehe dazu auch: *Richstein*, Das „belagerte" Strafrecht - Kriegsstrafrecht im Deutschen Reich während des Ersten Weltkriegs, Münster 2000, S.61ff.

[910] §§ 57 (Landesverrath), 62 (Gefährdung der Kriegsmacht im Felde), 106 (Zusammenrottung im Felde), 134 (Diebstahl von Sachen Gefallener im Felde) RMStGB [1872].

[911] Die Kriegszustandserklärung wurde aufgrund des Gesetz[es] über den Belagerungszustand vom 4. Juni 1851, abgedruckt in: PrGS 1851, S.451ff., das über Art. 68 RV Anwendung fand, getroffen.

[912] Einführungs-Gesetz zum Strafgesetzbuch für den Norddeutschen Bund vom 31. Mai 1870, BGBl. 1870, S.195f., durch das Gesetz betreffend die Redaktion des Strafgesetzbuches für

„die in den §§. 81. 88. 90. 307. 311. 312. 315. 322. 323. 324.[914] des Strafgesetzbuches für den Norddeutschen Bund mit lebenslänglichem Zuchthaus bedrohten Verbrechen mit dem Tode zu bestrafen, wenn sie in einem Teile des Bundesgebietes [..] während eines [..] Krieges auf dem Kriegsschauplatze begangen werden.[915]

Die Vorschriften über die Ehrenstrafen in den §§ 30ff. RMStGB [1872] wurden davon jedoch nicht berührt. Eine Verschärfung des Ehrenstrafrechts infolge des Krieges konnte nur insoweit festgestellt werden, als durch die erhöhten Strafrahmen auch die zwingende Verhängung von Ehrenstrafen häufiger erfolgte.

4. Die Ehrengerichtsbarkeit der Offiziere

Seit der Gründung des Kaiserreiches im Januar 1871 galten die preußischen Vorschriften über das Ehrengerichtsverfahren mit Ausnahme von Bayern und Württemberg im ganzen Deutschen Reich.[916] Am 2. Mai 1874 trat eine neue Ehrengerichtsverordnung an die Stelle dieser noch aus der vorkonstitutionellen Zeit Preußens stammenden Regelungen über die Ehrengerichte und die Handhabung von Zweikämpfen.[917]

a) Die Verordnung über die Ehrengerichte von 1874

Obwohl Kaiser Wilhelm I. sich noch in den 40er Jahren des 19. Jahrhunderts als Kronprinz und Bruder des damaligen Königs Friedrich Wilhelm IV. vehement gegen die Ehrengerichtsverordnung von 1843 gestellt hatte,[918] begann er erst mehr als ein Jahrzehnt nach der Thronbesteigung als König mit der Reform der Ehrengerichtsbarkeit. Nach den Kriegen, die zur Gründung des Deutschen

---

den Norddeutschen Bund als Strafgesetzbuch für das Deutsche Reich vom 15. Mai 1871 reichseinheitlich erlassen.

[913] Gemäß § 8 Gesetz über den Belagerungszustand vom 4. Juni 1851, abgedruckt in: PrGS 1851, S.451ff. wurde beispielsweise für schwere Straftaten, die in einem Ort, über den der Belagerungszustand verhängt wurde, die Todesstrafe angedroht.

[914] Beispielsweise: Hochverrat, Landesverrat, Schwere Brandstiftung.

[915] Einführungs-Gesetz zum Strafgesetzbuch für den Norddeutschen Bund vom 31. Mai 1870, BGBl. 1870, S.195f. (S.196).

[916] Art. 61 RV sowie oben den Abschnitt *Das Ehrenstrafrecht und die Ehrengerichtsbarkeit im Kaiserreich*, Kap. IV.

[917] Zum Verfahren in Ehrenstreitigkeiten ab Inkrafttreten der Ehrengerichtsverordnung siehe: Allerhöchste Einleitungsorder vom 2. Mai 1874, abgedruckt in: Kompendium für Militärrecht, Abschnitt VI., S.273ff.

[918] *Prinz von Preußen*, Die Verordnungen über die Ehrengerichte und den Zweikampf unter Offizieren vom 20. Juli 1843., abgedruckt in: Militärische Schriften weiland Kaiser Wilhelms des Großen Majestät, Bd. 1, Berlin 1897, S.441ff. (S.441ff.) sowie oben im Abschnitt *Entwicklungsgeschichte*, Kap. II Nr.3 c) aa).

Reiches geführt hatten, setzte er per Allerhöchster Kabinets=Ordre eine Kommission[919] zur Revision der Ehrengerichtsverordnung ein.[920] Diese war zunächst mehrheitlich der Auffassung, daß sich die bisher geltenden Bestimmungen im Allgemeinen bewährt hätten.[921] Betont wurde vor allem, daß die Rechte eines Ehrenrates im Hinblick auf die Mitwirkungsbefugnisse in Duellangelegenheiten weiterhin Bestand haben sollten.[922] Trotz der Bestrebungen aus dem Militärkabinett[923], die bisherigen Bestimmungen unverändert im Reich einzuführen, konnte sich im weiteren Verlauf der Kommissionsarbeit eine andere Ansicht durchsetzen. Sie machte sich die Reduzierung ständischer Strukturen zum Anliegen und fand dabei Unter-stützung des preußischen Kriegsministeriums.[924] Die gutachterliche Funktion des ehrengerichtlichen Urteils und die Stellung der Kommandeure sollten stärker betont werden.[925] Das lag auch im Interesse des Kaisers, der die Vorschläge der Kommission im Wesentlichen unverändert ließ.[926]

Die auffälligste Neuerung der neuen Ehrengerichtsverordnung bestand zunächst darin, daß mit ihrem Inkrafttreten die Verordnung II von 1843 außer Kraft gesetzt wurde:

> „In dem Vertrauen, daß edle Sitte und guter Ton in den Offizierkorps Meines Heeres sich heimisch erhalten, und Privatstreitigkeiten und Beleidigungen der Of-

---

[919] Mitglieder der Kommission waren: Generalleutnant v. Podbielski als Vorsitzender, der Kommandeur der 1. Garde-Infanterie-Division v. Pape, der Kommandeur der 4. Garde-Infanterie-Brigade v. Dannenberg, der Kommandeur der 3. Garde-Kavallerie-Brigade Oberst Freiherr v. Loë, der Chef des Generalstabes des Gardekorps Oberst Bronsart v. Schellendorff, der Kommandeur des 1. Garde-Dragoner-Regiments Oberstleutnant v. Brozowski, Major v. Haugwitz, Major v. Derenthall, Major v. Lettow, Generalauditeur Fleck, der spätere Nachfolger Bismarcks als Reichskanzler Graf von Caprivi, sowie Vertreter der Marine und je ein Vertreter aus Bayern, Württemberg und Sachsen; zitiert nach *Demeter*, Das Deutsche Offizierkorps in Gesellschaft und Staat 1650-1945, Frankfurt a. Main 1962, S.129, Fußnote Nr.25.

[920] *Rumschöttel*, Das bayerische Offizierkorps 1866-1914, Berlin 1973, S.154.

[921] Zitiert nach *Demeter*, Das Deutsche Offizierkorps in Gesellschaft und Staat 1650-1945, Frankfurt a. Main 1962, S.129.

[922] Ebenda.

[923] Zur Entwicklungsgeschichte des preußischen Militärkabinetts: *Ritter*, Staatskunst und Kriegshandwerk, Das Problem des Militarismus in Deutschland, Bd.1, München 1965, S.207ff.

[924] *Rumschöttel*, Das bayerische Offizierkorps 1866-1914, Berlin 1973, S.155, sowie *Demeter*, Das Deutsche Offizierkorps in Gesellschaft und Staat 1650-1945, Frankfurt a. Main 1962, S.137.

[925] *Rumschöttel*, Das bayerische Offizierkorps 1866-1914, Berlin 1973, S.155.

[926] *Rumschöttel*, Das bayerische Offizierkorps 1866-1914, Berlin 1973, S.155 sowie *Demeter*, Das Deutsche Offizierkorps in Gesellschaft und Staat 1650-1945, Frankfurt a. Main 1962, S.137.

fiziere unter einander immer seltener vorkommen werden, habe ich das durch die Verordnung II. vom 20. Juli 1843 vorgeschriebene Verfahren außer Kraft gesetzt. Nur soll für den Offizier, der mit einem anderen Offizier in eine die Ehre berühmrende Privatzwistigkeit geräth, die Verpflichtung fortbestehen, seinem Ehrenrath, und zwar spätestens, wenn er eine Herausforderung zum Zweikampf erläßt oder erhält, hiervon Anzeige zu machen, oder durch einen Kameraden Anzeige machen zu lassen. Der Ehrenrath hat alsdann sofort und möglichst noch vor Vollziehung des Zweikampfes dem Kommandeur Meldung zu erstatten und da, wo die Standessitte es irgend zuläßt, einen Sühneversuch vorzunehmen; falls dieser aber nicht gelingt, dahin zu wirken, daß die Bedingungen des Zweikampfes zur Schwere des Falles in keinem Mißverhältnis stehen. Kommt es zum Zweikampf, so hat der Präses des Ehrenrathes oder ein Mitglied desselben sich als Zeuge auf den Kampfplatz zu begeben und darauf zu achten, daß bei Vollziehung des Zweikampfes die Standessitte gewahrt wird.
Auf ehrengerichtlichem Wege soll wegen eines Zweikampfes nur dann gegen Offiziere eingeschritten werden, wenn der Eine oder der Andere der Beteiligten bei dem Anlaß oder dem Austrag der entstandenen Privatzwistigkeit gegen die Standesehre gefehlt hat. - Dies muß insbesondere in dem immerhin möglichen Falle geschehen, wenn ein Offizier in frevelhafter Weise einem Kameraden ohne jede Veranlassung eine schwere Beleidigung zugefügt haben sollte. Denn einen Offizier, welcher im Stande ist, die Ehre eines Kameraden in frevelhafter Weise zu verletzen, werde ich ebensowenig in Meinem Heere dulden, wie einen Offizier, welcher seine Ehre nicht zu wahren weiß."[927]

Damit war die Anrufung des Ehrenrates für die Duellanten weiterhin verpflichtend. Jedoch hatte der Ehrenrat bisher den Sachverhalt in allen Einzelheiten aufklären müssen,[928] was nun entfiel. Gleichwohl blieb das Duell auch nach der neuen Ehrengerichtsverordnung eine weiterhin praktizierte Möglichkeit, einer Ehrverletzung zu begegnen und die verletzte Ehre wiederherzustellen.

b) Die Diskussion um die Gegenzeichnungspflicht und Rechtsgültigkeit der Ehrengerichtsverordnung von 1874

Zur Zeit des Erlasses der Ehrengerichtsverordnung von 1874 war deren Rechtsgültigkeit unumstritten. 30 Jahre später, also kurz nach der Jahrhundertwende, entbrannte eine lebhafte Diskussion darüber, ob sie einer Gegenzeichnung durch den Reichskanzler bedurft hätte und sie deswegen ungültig sei.[929] Nach Art. 17

---

[927] Allerhöchste Einleitungsorder vom 2. Mai 1874, abgedruckt in: Kompendium für Militärrecht, Abschnitt VI., S.273ff.

[928] §§ 6ff. Allerhöchste Verordnung über das Verfahren der Ehrengerichte bei Untersuchung der zwischen Offizieren vorfallenden Streitigkeiten und Beleidigungen sowie über die Bestrafung des Zweikampfes unter Offizieren; abgedruckt in: PrDGC Bd.1, S.554ff. (S.555ff).

[929] Zum unüberschaubaren Schrifttum zu den auftretenden Rechtsproblemen: *Weiterer*, Die rechtliche Natur der Offiziers-Ehrengerichte und der Ehrengerichtsverordnungen, Münster

S.2 RV von 1871 mußte jeder Rechtsakt des Kaisers gegengezeichnet werden, um rechtsgültig zu sein.

Viele Bürger empfanden eine eigene Ehrengerichtsbarkeit der Offiziere als zunehmend rechtfertigungsbedürftig.[930] Jedoch auch innerhalb des Offizierkorps wurde die Ehrengerichtsverordnung als nicht mehr zeitgemäß kritisiert und Zweifel an deren Rechtsgültigkeit erhoben.[931]

Die Zweifel an der Rechtmäßigkeit der Ehrengerichtsverordnung von 1874 gründeten sich vor allem auf die Art des Erlasses per *„Allerhöchster Verordnung"*.

Aus dieser Namensgebung als *„Verordnung"* wurde einerseits gefolgert, die Ehrengerichtsverordnung sei eine Rechtsverordnung des Militärrechts, eine *„Armeeverordnung"*.[932] Auf der anderen Seite wurde die Auffassung vertreten, die Verordnung wäre als *„Armeebefehl"* zu klassifizieren gewesen. Armeebefehle waren

> „alle diejenigen Anordnungen des Kriegsherrn [..], die auf Grund der Kommandogewalt über die Armee von ihm erlassen werden, während hingegen Armeeverordnungen diejenigen Vorschriften sein sollen, die er aufgrund seiner Regierungsgewalt befiehlt."[933]

1913; *v. Gross*, Charakter und Rechtsgrundlage der preußischen Militär=Ehrengerichtsbarkeit („Fall Gaedke"), Göttingen 1917; *Thiem*, Die rechtliche Stellung der Offiziers-Ehrengerichte, Borna/Leipzig 1913; *v. Seydel*, Die bayerische Verordnung über die Ehrengerichte der Offiziere, in: *v. Krazeisen* [Hrsg.], Staatsrechtliche Abhandlungen, Tübingen 1902, S.145ff.; *Apel*, Die Königliche Gewalt auf dem Gebiete des Ehrengerichtsverfahrens gegen preußische Offiziere, Berlin 1906, S.1ff.; *Frhr. Marschall v. Bieberstein*, Verantwortlichkeit und Gegenzeichnung bei Anordnungen des Obersten Kriegsherrn, Berlin 1911, S.447ff.; *Endres*, Die Ehrengerichtsverordnungen für die Offiziere des deutschen Heeres, Berlin 1906, S.9; *Dietz* [Hrsg.], Die Ehrengerichtsverordnungen enthaltend die Allerh. Verordnungen über Ehrengerichte der Offiziere und Sanitätsoffiziere im Preußischen und Bayerischen Heere, der Offiziere und Sanitätsoffiziere des Kommandos der Schutztruppen im Reichskolonialamt und der Kais. Schutztruppen, die Ergänzungsorder nebst ergänzenden Erlassen und Bestimmungen., Rastatt 1912, S.14f.

930 *Dieners*, Das Duell und die Sonderrolle des Militärs, Berlin 1992, S.240.

931 *Gädke*, Eine ungültige Kabinettsorder., in: Berliner Tageblatt Nr.221 vom 2. Mai 1905, in: Ztg 1950 MR und in: GStA PK, I. HA (Justizministerium) Rep. 84 – 8588.

932 Zur Definition: *Hecker*, Armeebefehl und Armeeverordnung, in: *v. Stengel* [Hrsg.], Wörterbuch des deutschen Verwaltungsrechts, Bd.2, Freiburg i. Br. 1890, S.63ff. (S.63).

933 *Hecker*, Armeebefehl und Armeeverordnung, in: *v. Stengel* [Hrsg.], Wörterbuch des deutschen Verwaltungsrechts, Bd.2, Freiburg i. Br. 1890, S.63ff. (S.63).

Der Unterschied zwischen der Armeeverordnung und dem Armeebefehl lag in der Gegenzeichnungsbedürftigkeit. Eine Armeeverordnung war ohne Gegenzeichnung ungültig, während der Armeebefehl deren nicht bedurfte. Die meisten Äußerungen zu dieser Frage sahen in der Ehrengerichtsverordnung kei-ne Überschreitung der Kommandogewalt, ordneten sie als Armeebefehl ein und bejahten ihre Rechtsgültigkeit.[934] Soweit sie aber als Rechtsverordnung qualifiziert wurde, galt sie als ungültig.[935]

Einen dritten Weg ging Marschall v. Bieberstein. Er hielt zwar alle Kommandoakte des Kaisers einer Gegenzeichnung für bedürftig, bejahte aber dennoch wegen der fehlenden Nachprüfbarkeit die Rechtsgültigkeit der Ehrengerichtsverordnung,[936] weil sich

> „... ihre Befehle [der Ehrengerichtsverordnung] [..] auf die Tätigkeit solcher Personen beschränken, denen die Prüfung der formellen Verfassungsmäßigkeit versagt ist."[937]

Demnach sei kein Offizier wegen des militärischen Unterordnungsverhältnisses befugt, die formelle Verfassungsmäßigkeit eines Rechtsaktes des Kaisers in Frage zu stellen. Die Verordnung sei daher rechtsgültig.

Breites Interesse in der Öffentlichkeit fand die Frage der Rechtsgültigkeit der Ehrengerichtsverordnung erst gelegentlich des Falles *„Gädke"*.[938] Gädke, einem verabschiedeten Obersten, war drei Jahre nach seiner Pensionierung nach einer Offizierehrengerichtsverhandlung durch königliche Kabinets=Order das Recht zum Tragen der Uniform und zum Führen des Offiziertitels aberkannt

---

[934] *Hecker*, Armeebefehl und Armeeverordnung, in: *v. Stengel* [Hrsg.], Wörterbuch des deutschen Verwaltungsrechts, Bd.2, Freiburg i. Br. 1890, S.63ff.; *Dietz* [Hrsg.], Die Ehrengerichtsverordnungen enthaltend die Allerh. Verordnungen über Ehrengerichte der Offiziere und Sanitätsoffiziere im Preußischen und Bayerischen Heere, der Offiziere und Sanitätsoffiziere des Kommandos der Schutztruppen im Reichskolonialamt und der Kais. Schutztruppen, die Ergänzungsorder nebst ergänzenden Erlassen und Bestimmungen., Rastatt 1912, S.14f.; *Weiterer*, Die rechtliche Natur der Offiziers-Ehrengerichte und der Ehrengerichtsverordnungen, Münster 1913, S.44.

[935] *Gädke*, Eine ungültige Kabinettsorder, in: Berliner Tageblatt Nr.221 vom 2. Mai 1905, in: Ztg 1950 MR und in: GStA PK, I. HA (Justizministerium) Rep. 84 – 8588.

[936] *Marschall v. Bieberstein*, Verantwortlichkeit und Gegenzeichnung bei Anordnungen des Obersten Kriegsherrn, Berlin 1911, S.446ff.

[937] *Marschall v. Bieberstein*, Verantwortlichkeit und Gegenzeichnung bei Anordnungen des Obersten Kriegsherrn, Berlin 1911, S.464.

[938] Akte des preußischen Justizministeriums, in: GStA I. HA (Justizministerium) Rep. 84a – 8588.

worden.[939] Nachdem er auch danach weiterhin den Titel *„Oberst a. D."* geführt hatte, kam es zu einem Strafverfahren wegen Verstoßes gegen das Reichsstrafgesetzbuch wegen unbefugtem Führen eines Titels.[940]

Gädke wurde zweimal vor einem ordentlichen Gericht angeklagt und jeweils freigesprochen.[941] Nach seiner Verurteilung in der Berufungsinstanz des zweiten Strafverfahrens kam es zur Revision vor dem Berliner Kammergericht und der Feststellung[942] der Gültigkeit der Ehrengerichtsverordnung durch den 2. Senat.[943]

Umstritten war in diesem Fall neben der Frage der Rechtsgültigkeit der Ehrengerichtsverordnung auch die ihrer Anwendbarkeit auf verabschiedete Offiziere. § 4 e) EGV [1874] sah vor, daß diese, soweit ihnen das Recht zum Tragen der Uniform belassen worden war, der Ehrengerichtsverordnung in vollem Umfang unterworfen blieben. Die Diskussion im Fall *„Gädke"* führte nun aber dazu, daß die Ehrengerichtsverordnung nicht mehr auf verabschiedete Offiziere angewandt wurde, da diese der Befehlsgewalt des Kommandeurs nicht mehr unterstünden.[944]

Eine Folge dieser ausgiebigen, jahrelangen Diskussion war die Verstärkung des gutachterlichen Charakters der ehrengerichtlichen Erkenntnis.[945] So wies *Apel* darauf hin, daß

---

939 Der gesamte Verfahrensgang des Falles findet sich -- leider ohne Beschreibung des Gädke vorgeworfenen Ehrverstoßes - in: *v. Gross*, Charakter und Rechtsgrundlage der preußischen Militär=Ehrengerichtsbarkeit („Fall Gaedke"), Göttingen 1917, S.12ff.

940 § 360 Abs.1 Nr.8 RStGB [1871].

941 *v. Gross*, Charakter und Rechtsgrundlage der preußischen Militär=Ehrengerichtsbarkeit („Fall Gaedke"), Göttingen 1917, S.13.

942 Entscheidung vom 25. Februar 1908, (Urteil des 2. Senates Az. 26/08), abgedruckt bei: *Johow / Ring* [Hrsg.], Jahrbuch der Entscheidungen des Kammergerichts in Sachen der freiwilligen Gerichtsbarkeit, in Kosten=, Stempel= und Strafsachen, Band 36, Abteilung C., S.120ff.; siehe auch das gesamte Urteil in: Acta des Justiz-Ministeriums zur Revision der Gesetzgebung etc. betreffend: Die Ehrengerichte, in: GStA I. HA (Justizministerium) Rep. 84a – 8588.

943 Entscheidung vom 25. Februar 1908, (Urteil des 2. Senates Az. 26/08), abgedruckt bei: *Johow / Ring* [Hrsg.], Jahrbuch der Entscheidungen des Kammergerichts in Sachen der freiwilligen Gerichtsbarkeit, in Kosten=, Stempel= und Strafsachen, Band 36, Abteilung C., S.120f.

944 *Weiterer*, Die rechtliche Natur der Offiziers-Ehrengerichte und der Ehrengerichtsverordnungen, Münster 1913, S.49ff.

945 *v. Gross*, Charakter und Rechtsgrundlage der preußischen Militär=Ehrengerichtsbarkeit („Fall Gaedke"), Göttingen 1917, S.27; *Thiem*, Die rechtliche Stellung der Offiziers-

„der rechtserzeugende Grund für... [den einzelnen Rechtsakt des Ehrengerichtes] [..] nicht eine Bestimmung der Verordnung, sondern diejenige A.[Allerhöchste] K.[Kabinetts] O.[Order] ist, die diese Folgen ausspricht.[946]
[..]
Die Bestätigung des Erkenntnisses hat also die Bedeutung einer völlig selbständigen Entscheidung des Falles; sie wirkt somit nicht deklaratorisch, sondern konstitutiv; eine Abänderung des Spruches ist daher auch kein Akt der Gnade, sondern die Bestätigung des Rechtes der freien Entschließung über die Zusammensetzung des Offizierkorps.[947]"

Die Offizierehrengerichtsbarkeit war demnach kein Gericht im eigentlichen Sinne, sondern nur eine Rechtsgutachten erstellende Stelle.[948] Die Ehrengerichtsbarkeit war endgültig keine *„autonome ständische Gerichtsbarkeit"*[949] mehr.

c) Die Regelungen der Ehrengerichtsverordnung von 1874

Die Ehrengerichtsverordnung von 1874 übernahm viele Bestimmungen aus der bisher gültigen vom Jahr 1843. So blieb die Trennung in Ehrengerichte über Stabsoffiziere auf der einen Seite und über Hauptleute sowie Subalternoffiziere auf der anderen bestehen.[950] Auch die Zusammensetzung der Ehrenräte blieb unverändert.[951] Es gab jedoch wichtige Veränderungen im Verfahren.

aa) Zweck und Anwendungsbereich der Ehrengerichtsverordnung

Der den Zweck und den Anwendungsbereich festlegende § 1 der Ehrengerichtsverordnung wurde neu gegliedert, eine wesentliche Änderung aber nicht vorgenommen. Der neugefaßte § 1 lautete:

„Die Ehrengerichte der Offiziere haben den Zweck, die gemeinsame Ehre des Standes und die Ehre des einzelnen zu wahren und zu schützen.
Ihre Aufgabe ist es:

Ehrengerichte, Borna/Leipzig 1913, S.29; *Apel,* Die Königliche Gewalt auf dem Gebiete des Ehrengerichtsverfahrens gegen preußische Offiziere, Berlin 1906, S.15ff.

946 *Apel*, Die Königliche Gewalt auf dem Gebiete des Ehrengerichtsverfahrens gegen preußische Offiziere, Berlin 1906, S.15.

947 *Apel*, Die Königliche Gewalt auf dem Gebiete des Ehrengerichtsverfahrens gegen preußische Offiziere, Berlin 1906, S.12.

948 *Thiem*, Die rechtliche Stellung der Offiziers-Ehrengerichte, Borna/Leipzig 1913, S.29.

949 *Dieners*, Das Duell und die Sonderrolle des Militärs, Berlin 1992, S.241.

950 Siehe § 7 Abs.1 a), b) EGV [1874] sowie §§ 6, 10 EGV [1843] zur organisatorischen Trennung der Hauptklassen in der damaligen Ehrengerichtsverordnung.

951 Zur Ehrengerichtsverordnung von 1843 siehe oben den Abschnitt *Der Ehrenrat*, Kap. II Nr.3, c) gg); zur Ehrengerichtsverordnung von 1874 die §§ 15, 21 EGV [1874].

a) gegen Offiziere, deren Benehmen dem richtigen Ehrgefühl oder den Verhältnissen des Offizierstandes nicht entspricht, auf dem durch diese Verordnung bezeichnetem Wege einzuschreiten; sowie
b) die Offiziere von unbegründeten Verdächtigungen ihrer Ehrenhaftigkeit zu reinigen, insofern andere standesgemäße Wege hierzu nicht vorhanden sind."

Eine grundsätzliche Änderung erfuhr aber § 2 EGV [1874]. Hatte die Verordnung von 1843 noch in § 2 Nr.1 a-h) die Handlungen im einzelnen beschrieben, die der Zuständigkeit der Ehrengerichte unterstanden, hieß es nun in abstrakter Formulierung in § 2 a) EGV [1874], daß

„...alle Handlungen und Unterlassungen von Offizieren, die dem richtigen Ehrgefühl oder den Verhältnissen des Offizierstandes zuwider sind und daher die gemeinsame Ehre des Standes oder die Ehre des einzelnen gefährden oder verletzen,"

zur Zuständigkeit der Ehrengerichte gehörten. Was zum *„richtigen Ehrgefühl"* beziehungsweise zu den *„Verhältnissen des Offizierstandes"* zählte, stand fortan völlig im Beurteilungsspielraum des Ehrengerichts. Damit wurden dessen Zuständigkeit erweitert, indem nun auch die bisher nicht vom Katalog der alten Ehrengerichtsverordnung erfaßte Tatbestände überprüfbar wurden. Dieses war im Interesse der Heeres- und Staatsführung, da nun die Kompetenzen der Ehrengerichte deren umfassenden Auftrag als *„Hüter der Standesehre"* entsprechend angeglichen wurden.[952]

bb) Sachliche Zuständigkeit

Die sachliche Zuständigkeit der Ehrengerichte war nun konkretisiert worden.[953] Gleichwohl blieb in der Praxis die Abgrenzung der Zuständigkeiten von Ehrengerichtsbarkeit und Militärgerichtsbarkeit auf der einen Seite sowie dem Disziplinarstrafrecht auf der anderen Seite bestehen.[954] Diese schon erwähnte Stufen-

[952] Der Passus über die Aufgaben der Ehrengerichte entsprach nun auch vom Wortlaut her ihrer Zuständigkeit und war nicht auf konkret bezeichnete Handlungen und Unterlassungen beschränkt. Siehe auch die Ausführungen zu § 1 EGV [1843] im Abschnitt *Zweck und Aufgabe der Ehrengerichte*, Kap. II Nr.3 c) dd).

[953] § 3 EGV [1874].

[954] Statt vieler nur: *Dietz* [Hrsg.], Die Ehrengerichtsverordnungen enthaltend die Allerh. Verordnungen über Ehrengerichte der Offiziere und Sanitätsoffiziere im Preußischen und Bayerischen Heere, der Offiziere und Sanitätsoffiziere des Kommandos der Schutztruppen im Reichskolonialamt und der Kais. Schutztruppen, die Ergänzungsorder nebst ergänzenden Erlassen und Bestimmungen., Rastatt 1912, S.17ff.; *Endres*, Die Ehrengerichtsverordnungen für die Offiziere des deutschen Heeres, Berlin 1906, S.13ff.; *Dietz* [Hrsg.], Disziplinarstrafrecht, Beschwerderecht, Ehrengerichtsbarkeit für Heer, Marine und Schutztruppen., Rastatt 1917,

einteilung zwischen den Kompetenzen der Militärgerichtsbarkeit, der Ehrengerichtsbarkeit sowie der Disziplinarstrafgewalt galt auch weiterhin.[955] Diese drei Systeme der Strafgewalt wurden mit *„drei ineinander ruhende*[n] *Kreise*[n], *jeder mit selbständiger, eigentümlicher Strafgewalt, aber gleichem Ziel"*[956] verglichen. Das entsprach auch der Absicht des Gesetzgebers, der vor allem durch den weiten Anwendungsbereich der Ehrengerichtsverordnung von 1874 erfolgreich versuchte, Strafbarkeitslücken zu schließen und jedes zu missbilligende Verhalten bestrafen zu können.[957]

Durch die neuen Gesetze und Verordnungen wurde eine genauere Abgrenzung der Zuständigkeitsbereiche notwendig. Nicht nur die Verordnung über die Ehrengerichte sowie ein neues Reichsmilitärstrafgesetzbuch, sondern auch eine neue Disziplinarstrafordnung[958] wurden kurz nach der Reichsgründung erlassen.

1) Die Abgrenzung der Ehrengerichtsbarkeit zum Disziplinarstrafverfahren

Wenn ein Offizier eine Handlung begangen hatte, die als Verstoß gegen seine sittlichen Pflichten angesehen wurde, aber keinen Straftatbestand erfüllte, konnte entweder ein Verfahren vor dem Ehrengericht oder ein Disziplinarverfahren eröffnet werden. Solche Disziplinarvergehen im Sinne der neuen *„Disziplinar=Strafordnung für das Heer"*, der die Offiziere als Angehörige des preußischen Heeres gemäß § 2 DStO [1872] unterstanden, waren

> „1. Handlungen gegen die militärische Zucht und Ordnung und gegen die Dienstvorschriften, für welche die Militärgesetze keine Strafbestimmungen enthalten;
> 2. diejenigen militärischen Vergehen, deren Bestrafung im Disziplinarwege in leichteren Fällen durch das Einführungsgesetz zum Militärstrafgesetzbuche für das Deutsche Reich vom 20. Juni 1872 § 3[959] ausdrücklich gestattet ist"[960],

---

S.93ff.; *Rissom*, Militärstrafrecht, Disziplinarstrafgewalt und Ehrengerichte im deutschen Heere, Berlin 1903, S.25ff.

[955] Siehe oben den Abschnitt *Rechtliche Einordnung der Ehrengerichte*, Kap. II Nr.3 c) bb) 1) zu dieser Abgrenzung in Bezug auf die Ehrengerichtsverordnung von 1843.

[956] *Rissom*, Militärstrafrecht, Disziplinarstrafgewalt und Ehrengerichte im deutschen Heere, Berlin 1903, S.2.

[957] *Rissom*, Militärstrafrecht, Disziplinarstrafgewalt und Ehrengerichte im deutschen Heere, Berlin 1903, S.1f.

[958] Die „Disziplinar=Strafordnung für das Heer" wurde am 31. Oktober 1872 durch „Allerhöchste Verordnung" von Kaiser Wilhelm I. erlassen, abgedruckt im: Kompendium für Militärrecht, Abschnitt IV., S.219-246.

[959] § 3 EGRMStGB [1872] sah vor, daß *„Vergehen wider die §§ 64, 89 Absatz 1, 90, 91 Absatz 1, 92, 121 Absatz 1, 137, 141 Absatz 1, 146, 151"* in *„leichteren Fällen"* im Disziplinarverfahren erledigt werden konnten.

[960] § 1 Abs.1 DStO [1872].

Zwar sollten eine ehrengerichtliche Untersuchung nicht erfordernde Handlungen der Disziplinarstrafgewalt unterfallen; *„scharfe Grenzlinien"*[961] ließen sich aber nicht ziehen. Es gebe auch Handlungen, die von beiden Strafgewalten zu beurteilen seien.[962] Jedoch sei im Zweifel im Einklang mit der königlichen Einleitungsorder zur Ehrengerichtsverordnung das Disziplinarverfahren zu wählen:

> „... die Befehlshaber, in richtiger Würdigung zur Wahrung der Disziplin und zur Aufrechterhaltung ihrer Autorität ihnen verliehenen Strafbefugnisse, [können] sol-che Fälle, welche im Disziplinarwege füglich erledigt werden können, nicht zum ehrengerichtlichen Spruch verweisen, um die gewichtige Bedeutung eines ehren-gerichtlichen Spruchs nicht herabzudrücken."[963]

Einigkeit herrschte unter den Militärjuristen darüber, daß das ehrengerichtliche Verfahren ein solches nach der Disziplinarstrafordnung nicht ersetzen, sondern nur ergänzen sollte.[964]

Konnte eine Handlung oder Unterlassung eine ehrengerichtliche Bestrafung und eine disziplinarische zur Folge haben, waren Abgrenzungsprobleme möglich:

1. Die Handlung konnte ein Verstoß gegen den Ehrenkodex des Offizierkorps sein sowie ein solcher gegen die Disziplinarstrafordnung:[965]

---

[961] *Dietz* [Hrsg.], Die Ehrengerichtsverordnungen enthaltend die Allerh. Verordnungen über Ehrengerichte der Offiziere und Sanitätsoffiziere im Preußischen und Bayerischen Heere, der Offiziere und Sanitätsoffiziere des Kommandos der Schutztruppen im Reichskolonialamt und der Kais. Schutztruppen, die Ergänzungsorder nebst ergänzenden Erlassen und Bestimmungen., Rastatt 1912, S.17.

[962] Ebenda.

[963] Allerhöchste Einleitungsorder zur Verordnung über die Ehrengerichte vom 2. Mai 1874, abgedruckt im: Kompendium für Militärrecht, Abschnitt VI., S.273ff.

[964] *Dietz* [Hrsg.], Die Ehrengerichtsverordnungen enthaltend die Allerh. Verordnungen über Ehrengerichte der Offiziere und Sanitätsoffiziere im Preußischen und Bayerischen Heere, der Offiziere und Sanitätsoffiziere des Kommandos der Schutztruppen im Reichskolonialamt und der Kais. Schutztruppen, die Ergänzungsorder nebst ergänzenden Erlassen und Bestimmungen., Rastatt 1912, S.18.; *Endres*, Die Ehrengerichtsverordnungen für die Offiziere des deutschen Heeres, Berlin 1906, S.12.

[965] Die Möglichkeit, daß eine Handlung oder Unterlassung gegen beide Verordnungen verstieß, war allgemein anerkannt; ein Verstoß gegen die Disziplinarstrafordnung konnte auch aus einer gegen den Ehrenkodex verstoßenden Haltung heraus erfolgt sein, siehe statt vieler: *Rissom*, Militärstrafrecht, Disziplinarstrafgewalt und Ehrengerichte im deutschen Heere, Berlin 1903, S.25ff. sowie Allerhöchste Kabinets=Ordre vom 5. März 1857, betreffend die Abänderung des § 27. der Verordnung über die Disziplinar=Bestrafung in der Armee vom 21. Oktober 1841., abgedruckt in: PrMGS Bd.6, S.11f.

War der Tatbestand eine Disziplinarübertretung gemäß § 1 Nr.1 DStO [1872], so bestand grundsätzlich kein Bedürfnis für ein Verfahren nach der Disziplinarstrafordnung. Disziplinarübertretungen waren rein disziplinarisch zu ahndende Verstöße gegen die militärische *„Zucht und Ordnung"*, die keinen Straftatbestand erfüllten. Es wurde als ausreichend angesehen, ein ehrengerichtliches Verfahren einzuleiten.[966] Ausnahmen gab es nur in den Fällen der Reichsmilitärstrafgerichtsordnung[967] gemäß §§ 202, 208, 290 Abs.2, die eine Einleitung eines disziplinarischen Verfahrens zwingend vorschrieben: In § 202 Abs.1 RMStGO [1898] war die disziplinarische Verfahrenseinleitung für eine Aussageverweigerung ohne gesetzlichen Grund vorgesehen; § 290 Abs.2 sah die gleiche Rechtsfolge für die Störung einer militärgerichtlichen Verhandlung vor.

War jedoch die Handlung als ein Disziplinarvergehen anzusehen, der Tatbestand des § 1 Nr.2 DStO [1872] oder des § 3 Abs.2 EGMStGB[968] [1872] also verwirklicht worden, so durfte das disziplinarische Verfahren nicht entfallen. Disziplinarvergehen waren im Gegensatz zu den Disziplinarübertretungen Taten, die zwar einen Vergehenstatbestand des RMStGB erfüllten, aber bei geringfügigen Verstößen auch im Disziplinarwege geahndet werden konnten. Daß das Disziplinarverfahren nicht entfallen durfte, ergab sich einmal daraus, daß es sich bei diesen Vergehen eigentlich nicht um disziplinarische Verstöße, sondern um Straftaten handelte und nur wegen der geringen Schuld des Täters eine disziplinarische Sanktion möglich erschien. Andererseits sollten die Ehrengerichte die zu überprüfende Handlung nur im Hinblick auf Verstöße gegen das *„richtige Ehrgefühl"*[969] beurteilen und deshalb gerade keine Bestrafung nach der Disziplinarstrafordnung ausschließen, die ihrerseits nicht nur die Überprü-fung der Ehrenhaftigkeit durchführen sollte.

---

[966] Allerhöchste Kabinets=Ordre vom 5. März 1857, betreffend die Abänderung des § 27. der Verordnung über die Disziplinar=Bestrafung in der Armee vom 21. Oktober 1841., abgedruckt in: PrMGS Bd.6, S.11f.; siehe auch: *Dietz* [Hrsg.], Die Ehrengerichtsverordnungen enthaltend die Allerh. Verordnungen über Ehrengerichte der Offiziere und Sanitätsoffiziere im Preußischen und Bayerischen Heere, der Offiziere und Sanitätsoffiziere des Kommandos der Schutztruppen im Reichskolonialamt und der Kais. Schutztruppen, die Ergänzungsorder nebst ergänzenden Erlassen und Bestimmungen., Rastatt 1912, S.18.; a. A. *Endres*, Die Ehrengerichtsverordnungen für die Offiziere des deutschen Heeres, Berlin 1906, S.12.

[967] Militärstrafgerichtsordnung (RMStGO) vom 1. Dezember 1898, abgedruckt im: Kompendium für Militärrecht, Abschnitt I., S.1ff.

[968] § 3 Abs.2 des Einführungsgesetzes zum Militärstrafgesetzbuch (vom 20. Juni 1872, abgedruckt im: Kompendium für Militärrecht, Abschnitt II., S.153ff.) ließ bei bestimmten leichteren Verstößen (z. B. wegen *„unerlaubter Entfernung"* gemäß § 64 RMStGB [1872] oder wegen Trunkenheit im Dienst gemäß § 151 RMStGB [1872]) gegen das Militärstrafgesetzbuch eine Bestrafung im Disziplinarstrafverfahren zu.

[969] § 2 Abs.1 EGV [1874].

2. Lag ein Verstoß gegen die Disziplinarstrafordnung und gegen die Ehrengerichtsverordnung vor und war dies bisher nur durch eine Bestrafung nach der Disziplinarstrafordnung geahndet worden, mußte nachträglich noch ein ehrengerichtliches Verfahren eingeleitet werden.[970] Lag nur ein Verstoß gegen die Ehrengerichtsverordnung vor und war eine unzulässige disziplinarische Bestrafung ergangen, so war ebenso ein ehrengerichtliches Verfahren einzuleiten, und die disziplinarischen Sanktionen mußten aufgehoben werden. Bezüglich der Anrechnung schon vollzogener Disziplinarstrafen auf die Sanktionen des Ehrengerichts erlaubte die Rechtslage zumindest bis zum Inkrafttreten der Ehrengerichtsverordnung von 1874 eine Berücksichtigung der verbüßten Disziplinarstrafen.[971] Durch den neuen § 50 Abs.2 EGV [1874] konnten aber nur noch die die *„Tat begleitenden besonderen Umstände"* Berücksichtigung bei der Abstimmung der Mitglieder des Ehrengerichtes finden. Nach der Tat ver-hängte Disziplinarstrafen gehörten nicht zu diesen Umständen. Wurde jedoch eine schon vollzogene Disziplinarstrafe durch das Ehrengericht als ausreichend oder nahezu ausreichend angesehen, so hatte dies Auswirkungen auf die Art und die Dauer der zu verhängenden Sanktion.[972]

2) Die Abgrenzung der Ehrengerichtsbarkeit vom Verfahren vor einem Militärstrafgericht[973]

Anders als beim Verhältnis des Disziplinarstrafrechts zum Militärstrafrecht, das durch § 1 Abs.2 DStO hinreichend bestimmt wurde, war unter bestimmten Voraussetzungen ein Verfahren vor einem Offizierehrengericht zusätzlich zu dem Verfahren vor dem Militärstrafgericht möglich.[974] Dieses stellte die Ehrengerichtsverordnung in § 2 a) EGV [1874] fest:

> „Zur Beurteilung der Ehrengerichte gehören:
> a) A l l e Handlungen und Unterlassungen von Offizieren, welche dem richtigen Ehrgefühl oder den Verhältnissen des Offizierstandes zuwider sind, ..."

---

[970] Das ergab sich aus dem zu Punkt 1. ausgeführten Überlegungen.

[971] Erlaß an das Generalkommando des 7. Armeekorps vom 26. Juli 1846, abgedruckt bei: *Fleck*, Erläuterungen zu den Verordnungen über die Ehrengerichte im Preußischen Heere und über die Bestrafung der Offiziere wegen Zweikampfs, 1. Auflage 1848, S.23, S.73.

[972] *Dietz* [Hrsg.], Die Ehrengerichtsverordnungen enthaltend die Allerh. Verordnungen über Ehrengerichte der Offiziere und Sanitätsoffiziere im Preußischen und Bayerischen Heere, der Offiziere und Sanitätsoffiziere des Kommandos der Schutztruppen im Reichskolonialamt und der Kais. Schutztruppen, die Ergänzungsorder nebst ergänzenden Erlassen und Bestimmungen., Rastatt 1912, S.19.; a. A. *Endres*, Die Ehrengerichtsverordnungen für die Offiziere des deutschen Heeres, Berlin 1906, S.14f.

[973] Ausführlich dazu: *Rissom*, Strafurteil und Ehrengericht, in: AÖR 1907, S.515ff.; *Weigel*, Die Zuständigkeitsgrenzen zwischen Militär- und Zivilgerichtsbarkeit im Deutschen Reiche, München 1902, S.228ff.

[974] *Rissom*, Strafurteil und Ehrengericht, in: AÖR 1907, S.515ff. (S.516).

fielen in die Zuständigkeit des Ehrengerichts. Es hatte aber in jedem Fall gemäß § 3 Abs.1 EGV [1874] den Ausgang eines gerichtlichen Strafverfahrens abzuwarten und - im Falle der Verfahrenseröffnung vor einem Militärgericht - sein schon eröffnetes ehrengerichtliches Verfahren auszusetzen.

Erfolgte eine Verurteilung eines Offiziers durch ein Militärgericht, so stand es danach im Ermessen des zur Anordnung des ehrengerichtlichen Verfahrens zuständigen Befehlshabers, ob ein Verfahren eingeleitet werden sollte oder fortzusetzen sei.[975] Dabei waren die tatsächlichen Feststellungen des Strafurteils der Nachprüfung durch das Ehrengericht entzogen.[976] Ein ehrengerichtliches Verfahren war nur noch statthaft, wenn der Offizier nicht schon durch eine militärische Ehrenstrafe aus dem Heer entfernt oder entlassen worden war.[977]

Bei einem Freispruch durch das Militärgericht durften

> „... diejenigen Tatsachen, die in dem gerichtlichen Verfahren zur Erörterung gekommen sind, nur noch insoweit dem Spruch des Ehrengerichts unterstellt werden, als sie an sich einen Verstoß gegen die Ehre des Offizierstandes enthalten."[978]

Ein Verfahren vor dem Ehrengericht war nur unter dieser Voraussetzung möglich, da anderenfalls ein Verfahrenshindernis in Form eines Strafklageverbrauches im Wege gestanden hätte.

cc) Persönliche Zuständigkeit

Die Verordnung von 1874 unterstellte wie ihre Vorgängerin aus dem Jahr 1843 alle aktiven Offiziere des Heeres, die Gendarmerieoffiziere und die pensionierten Offiziere, die das Recht zum Anlegen der Offizieruniform hatten, der Zuständigkeit der Ehrengerichte. Neu hinzu kamen die Offiziere *„a la suite"* sowie die Offiziere des Beurlaubtenstandes, die gemäß § 4 b) - c) EGV [1874] auch der Gewalt der Ehrengerichte unterworfen waren.

Damit deckte sich die persönliche Zuständigkeit der Ehrengerichte, ausgenommen die gänzliche Einbeziehung der Offiziere des Beurlaubtenstandes durch

---

975 § 3 Abs.1 in Verbindung mit §§ 27f. EGV [1874].
976 § 3 Abs.4 EGV [1910].
977 *Weigel*, Die Zuständigkeitsgrenzen zwischen Militär- und Zivilgerichtsbarkeit im Deutschen Reiche, München 1902, S.230, Rn.3.
978 § 3 Abs.2 EGV [1874].

das Militärstrafgesetzbuch, die ihr für die Dauer ihrer Dienstzeit unterla-gen, mit dem Geltungsbereich des Reichsmilitärstrafgesetzbuches.[979]

Zu den Offizieren des aktiven Dienstes, die der Ehrengerichtsverordnung gemäß im Sinne des § 4 a) unterstellt waren, gehörten die Offiziere des Friedensstandes,[980] die im Kriegsfalle eingetretenen Offiziere,[981] die Offiziere z. D., die gemäß § 6 Abs.3 in Verbindung mit §§ 5, 10, 13 EGV [1874] in aktiven Dienststellen eingesetzt worden waren, und die Offiziere des Beurlaubtenstandes, die zum Dienst bei ihrer Einheit einberufen wurden[982].

Die Ehrengerichtsverordnung von 1874 unterschied hinsichtlich ihrer Mitwirkungsrechte am ehrengerichtlichen Verfahren nicht zwischen aktiven, beurlaubten und pensionierten Offizieren.[983] Die Offiziere des aktiven Dienstes hatten grundsätzlich alle Rechte und Pflichten zur Mitwirkung am Ehrengerichtsverfahren. Bei den Offizieren des Beurlaubtenstandes[984] wurden bezüglich der Unterwerfung unter die Ehrengerichte keinerlei Unterschiede zu den aktiven Offizieren gemacht.[985] Für verabschiedete Offiziere wurde die Ehrengerichtsverordnung ab 1908 für unzuständig erklärt, obwohl der Wortlaut des § 4 EGV [1874] die Zuständigkeit weiter bejahte.[986]

---

[979] § 6 RMStGB [1872]; siehe oben den Abschnitt *Persönlicher Anwendungsbereich*, Kap. IV Nr.3 a).

[980] § 38 A 1 Reichs=Militärgesetz vom 2. Mai 1874, RGBl. 1874 S.45ff.

[981] § 38 B 2 Reichs=Militärgesetz vom 2. Mai 1874, RGBl. 1874 S.45ff.

[982] § 6 Abs.2 EGV [1874].

[983] Verabschiedete Offiziere durften beispielsweise nur bei Verfahren gegen ebenfalls verabschiedete Offiziere abstimmen, *Dietz* [Hrsg.], Die Ehrengerichtsverordnungen enthaltend die Allerh. Verordnungen über Ehrengerichte der Offiziere und Sanitätsoffiziere im Preußischen und Bayerischen Heere, der Offiziere und Sanitätsoffiziere des Kommandos der Schutztruppen im Reichskolonialamt und der Kais. Schutztruppen, die Ergänzungsorder nebst ergänzenden Erlassen und Bestimmungen., Rastatt 1912, S.47.

[984] Siehe dazu oben den Abschnitt *Persönliche Zuständigkeit*, Kap. IV. Nr.4, c) cc).

[985] *Dietz* [Hrsg.], Die Ehrengerichtsverordnungen enthaltend die Allerh. Verordnungen über Ehrengerichte der Offiziere und Sanitätsoffiziere im Preußischen und Bayerischen Heere, der Offiziere und Sanitätsoffiziere des Kommandos der Schutztruppen im Reichskolonialamt und der Kais. Schutztruppen, die Ergänzungsorder nebst ergänzenden Erlassen und Bestimmungen., Rastatt 1912, S.46; andere Ansicht: *Endres*, Die Ehrengerichtsverordnungen für die Offiziere des deutschen Heeres, Berlin 1906, S.16f.

[986] Entscheidung vom 25. Februar 1908, (Urteil des 2. Senates Az. 26/08), abgedruckt bei: *Johow / Ring* [Hrsg.], Jahrbuch der Entscheidungen des Kammergerichts in Sachen der freiwilligen Gerichtsbarkeit, in Kosten=, Stempel= und Strafsachen, Band 36, Abteilung C., S.120f.

dd) Der Ehrenrat

Der Ehrenrat blieb auch nach der neuen Ehrengerichtsverordnung das zentrale Untersuchungsorgan im ehrengerichtlichen Verfahren. Über seinen Aufbau gab die Einleitung zur Ehrengerichtsverordnung Aufschluß:

> „... die Ehrenräte [sollen] die Organe der Kommandeure bilden, während diesen die Leitung der Ehrengerichte und die Verantwortung für die richtige Behandlung der in ihrem Dienstbereich vorkommenden ehrengerichtlichen Angelegenheiten ausschließlich obliegt.[987] Auch sollen die Ehrenräte diejenigen ihrer Kameraden, welche an sie in Ehrensachen sich wenden, mit kameradschaftlichem Rat zur Seite stehen."[988]

Kaiser Wilhelm I. hatte diese Einleitung persönlich eingefügt und sich auf die bisherigen Regelungen berufen:

> „... Die Bestimmungen dieser Verordnung haben den Zweck, die Pflege der bewährten Überlieferungen ritterlichen Sinnes im Offizierstande zu fördern, und gewähren die Mittel, da, wo einen Offizier der Vorwurf trifft, er habe Schaden an seiner Ehre gelitten, oder wo er selbst dies befürchtet, im geordneten Wege einzuschreiten."

Wegen dieser eminent wichtigen Aufgaben sollte die Mitgliedschaft im Ehrenrat nur erfahrenen und hochangesehenen Offizieren vorbehalten bleiben:

> „... Indem Ich die Zusammensetzung der Ehrenräte der Offizierkorps von der Wahl[989] der Kameraden abhängig gemacht habe, ist es nicht allein meine Absicht, den Kommandeuren für die oft schwierigen Geschäfte in Ehrensachen besonders geeignete Organe zu geben, sondern auch die, solche Offiziere für diese Dienststellungen zu finden, welche das Vertrauen ihrer Kameraden in so hohem Grade besitzen, daß sie mit Erfolg als deren berufene Ratgeber in Ehrensachen wirken können."[990]

Von nun an wurde der Ehrenrat wieder durch Wahl des Offizierkorps bestimmt, nachdem dieses Verfahren 14 Jahre zuvor suspendiert worden war und er sich aus den dienstältesten Offizieren des jeweiligen Dienstgrades zusammengesetzt

---

[987] *Spohn*, Ratgeber in Ehrenfragen aller Art, Erster Teil: Bedeutung, Stellung und Pflichten des Ehrenrats nebst Würdigung der Tätigkeit des Kommandeurs unter besonderer Berücksichtigung der für die Offiziere der Marine, des Beurlaubtenstandes und der Offiziere a. D. maßgebenden Verhältnisse, Berlin 1913, S.14.

[988] Aus der Einleitungsorder zur Ehrengerichtsverordnung vom 2. Mai 1874, abgedruckt im: Kompendium für Militärrecht, Abschnitt VI., S.273ff.

[989] §§ 15 Abs.2, 21 Abs.2 EGV [1874].

[990] Aus der Einleitungsorder zur Ehrengerichtsverordnung vom 2. Mai 1874, abgedruckt in: Kompendium über Militärrecht, Abschnitt VI., S.273ff.

hatte.[991] Die Auswahl nach Dienstjahren beziehungsweise Dienststellung, die den Ehrenrat zu einer besonders obrigkeitsfreundlichen und majestätstreuen Institution hatte machen sollen, hatte sich demnach nicht durchsetzen können. Das ist vor allem deshalb bemerkenswert, weil auch diese Bestimmung dem damaligen Prinzregenten Wilhelm zu verdanken war, der nun als Kaiser Wilhelm I. diesen Passus 1874 wieder strich.

Die Zusammensetzung des Ehrenrates war bei beiden Ehrengerichten unverändert geblieben,[992] wenn auch das Wahlverfahren im Einzelnen verändert wurde. So war bei den Ehrengerichten der Hauptleute und Subalternoffiziere der Inhaber eines niedrigeren Dienstgrades nicht berechtigt, einen Vertreter in den Ehrenrat für den höheren Dienstgrad zu wählen, während umgekehrt der Inhaber eines höheren Dienstgrades auch die Vertreter der unteren Dienstgrade mitwählen durfte.[993] Bei den Ehrengerichten über Stabsoffiziere wurden von deren neun zu wählenden Stabsoffizieren die Offiziere, die unter den Bewerbern ihres jeweiligen Dienstgrades die meisten Stimmen erhalten hatten, zu Mitgliedern gewählt.[994] Bei beiden Arten von Ehrengerichten galt der Kandidat als gewählt, der die relative Mehrheit der Stimmen auf sich vereinigen konnte.[995] Der Kommandeur und in den Fällen seiner Verhinderung dessen Stellvertreter gaben bei den Ehrengerichten über Hauptleute und Subalternoffiziere bei Stimmengleichheit den Ausschlag.[996] Bei den Ehrengerichten über Stabsoffiziere entschied das Dienstalter im jeweiligen Dienstrang.[997]

Die Befugnisse des Ehrenrates unterlagen im Ergebnis keiner bedeutsamen Veränderung. Der Ehrenrat galt auch der neuen Ehrengerichtsverordnung als *„begutachtendes und ausführendes Organ“* an der Seite des Kommandeurs.[998]

[991] Siehe oben den Abschnitt *Die Novellierung der Ehrengerichtsverordnung*, Kap. III Nr.2 a).
[992] Siehe oben den Abschnitt *Der Ehrenrat*, Kap. II Nr.3 c) gg).
[993] §§ 15 Abs.2 EGV [1874].
[994] § 21 in Verbindung mit § 13 EGV [1874].
[995] § 15 Abs.2 EGV [1874].
[996] Allerhöchste Kabinets=Ordre vom 12. Oktober 1876, zitiert nach: *Schlayer*, Militärstrafrecht, in: Handbuch der Gesetzgebung in Preußen und dem Deutschen Reiche, Bd.3, 2. Teil, Berlin 1904, S.596.
[997] § 21 Abs.2 in Verbindung mit 13 Abs.3 EGV [1874]; *Schlayer*, Militärstrafrecht, in: Handbuch der Gesetzgebung in Preußen und dem Deutschen Reiche, Bd.3, 2. Teil, Berlin 1904, S.598.
[998] *Schlayer*, Militärstrafrecht, in: Handbuch der Gesetzgebung in Preußen und dem Deutschen Reiche, Bd.3, 2. Teil, Berlin 1904, S.595; *v. Bojan*, Ehrengerichte, Disziplinarbestrafung und Beschwerden – Beispiele zum Unterricht, Berlin 1913, S.3ff.

ee) Das ehrengerichtliche Hauptverfahren

Bedeutsame Veränderungen im ehrengerichtlichen Hauptverfahren im Vergleich zur Vorgängerin der Ehrengerichtsverordnung von 1874 gab es nicht. Im Hauptverfahren nahm der Kommandeur eine verantwortungsvolle Stellung ein. Er war, wie schon seit 1843,[999] weiterhin in beiden Arten von Ehrengerichten mit der Leitung fast sämtlicher Angelegenheiten betraut.[1000] So entschied er im Verlauf der Untersuchung über eine etwaige Erweiterung der festgestellten Anklage, wenn sich dazu Anlaß ergab und dies vom Ehrenrat beantragt wurde.[1001]

ff) Mitwirkung der einzelnen Offiziergruppen im Verfahren

Nicht nur für aktive und beurlaubte Offiziere war die Mitwirkung im ehrengerichtlichen Verfahren zur Pflicht gemacht worden.[1002] Mitwirkungsrechte hatten auch die mit dem Recht des Uniformtragens verabschiedeten Offiziere[1003]. So stand diesen – so lange sie der Zuständigkeit der Ehrengerichte noch unterfielen[1004] - bei Verfahren gegen andere verabschiedete Offiziere das Recht zu, an den Sitzungen der Ehrengerichte als außerordentliche Mitglieder teilzunehmen.[1005] Den außerordentlichen Mitgliedern war die Mitwirkung im Ehrenrat untersagt.[1006]

gg) Das ehrengerichtliche Erkenntnis

Am Ende des ehrengerichtlichen Verfahrens stand das ehrengerichtliche Erkenntnis, das gemäß des Kataloges des § 51 EGV [1874] folgendermaßen ausfallen konnte:

---

[999] Siehe oben den Abschnitt *Das ehrengerichtliche Hauptverfahren*, Kap. II Nr.3 c) ii).

[1000] Bei den Truppenoffizieren ergab sich die Leitungsbefugnis aus § 8 EGV [1874] in Verbindung mit §§ 6f. EGV [1874], bei Stabsoffizieren fand § 10 Abs.1 a. E. EGV [1874] Anwendung.

[1001] § 40 EGV [1874].

[1002] S. o. Abschnitt *Persönlicher Anwendungsbereich*, Kap. IV Nr.3 a).

[1003] Im folgenden wird der Begriff *„verabschiedete Offiziere"* synonym für die mit Pension zur Disposition gestellten sowie der verabschiedeten Offiziere, die das Recht hatten, militärische Uniform zu tragen, verwandt, da sich keine unterschiedlichen Regelungen für diese beiden Gruppen in der Ehrengerichtsverordnung finden.

[1004] Siehe oben Abschnitt *Die Diskussion um die Gegenzeichnungspflicht und Rechtsgültigkeit der Ehrengerichtsverordnung von 1874*, Kap. IV. 4. b).

[1005] §§ 11 Abs.2, 13 Abs.10f. EGV [1874].

[1006] *Dietz* [Hrsg.], Die Ehrengerichtsverordnungen enthaltend die Allerh. Verordnungen über Ehrengerichte der Offiziere und Sanitätsoffiziere im Preußischen und Bayerischen Heere, der Offiziere und Sanitätsoffiziere des Kommandos der Schutztruppen im Reichskolonialamt und der Kais. Schutztruppen, die Ergänzungsorder nebst ergänzenden Erlassen und Bestimmungen., Rastatt 1912, S.47.

„1. auf Unzuständigkeit, wenn das Ehrengericht der Ansicht ist, daß der Fall sich überhaupt nicht zur ehrengerichtlichen Untersuchung eignet oder daß ein anderes Ehrengericht zuständig ist;
2. auf Vervollständigung der Untersuchung, wenn das Ehrengericht sie für nötig und möglich hält, um sich eine bestimmte Überzeugung bilden zu können,
3. auf Freisprechung, wenn das Ehrengericht der Überzeugung ist, daß in dem zum Gegenstande der Untersuchung gemachten Verhalten des Angeschuldigten weder eine Gefährdung noch eine Verletzung der Standesehre liegt;
4. auf Schuldig der Gefährdung der Standesehre unter Beantragung der Erteilung einer Warnung, wenn das Ehrengericht der Überzeugung ist, daß der Angeschuldigte durch sein zum Gegenstande der Untersuchung gemachtes Verhalten nicht unwürdig geworden ist, in seiner Dienststellung belassen zu werden;
5. auf Schuldig der Verletzung der Standesehre unter Beantragung der Entlassung mit schlichtem Abschied, wenn das Ehrengericht der Überzeugung ist, daß der Angeschuldigte in seiner Dienststellung nicht belassen werden kann;
6. auf Schuldig der Verletzung der Standesehre unter erschwerenden Umständen unter Beantragung der Entfernung aus dem Offizierstande, wenn das Ehrengericht der Überzeugung ist, daß der Angeschuldigte unwürdig geworden ist, dem Offizierstande ferner anzugehören."

Der Tenor präzisierte die Entscheidung, war aber keine bedeutsame Neuerung zur Ehrengerichtsverordnung von 1843.[1007]

d) Änderungen der Ehrengerichtsverordnung bis zum Ende des Ersten Weltkrieges

Nach dem Erlaß der Ehrengerichtsverordnung für das Heer im Jahr 1874 wurden durch Kaiser Wilhelm I. und seinen Enkel, Kaiser Wilhelm II., auch für die anderen Truppenteile eigene Ehrengerichtsverordnungen auf den Weg gebracht.[1008] Die für das Heer wurde erstmals 1897 durch eine Ergänzungsordre modifiziert.[1009] Anstoß dazu gaben vor allem die Reaktionen der Öffentlichkeit

[1007] § 4 EGV [1843].
[1008] Unter anderem für die Kaiserliche Marine, die Schutztruppen in den Kolonialgebieten oder für die Sanitätsoffiziere. Siehe dazu die Tabelle bei: *Dietz* [Hrsg.], Allerhöchste Verordnung über die Ehrengerichte der Offiziere in der Kaiserlichen Marine vom 13. Mai 1911 und Allerhöchste Order vom 2. November 1875 nebst Ergänzungsorder. (EhrV. U. ErgO.), Rastatt 1911, S.29f.
[1009] Allerhöchste Verordnung über die Ehrengerichte im preußischen Heere vom 2. Mai 1874 und Ergänzungsordres, Berlin 1901, S.41ff.

auf die Duellpraxis.[1010] Die wichtigste Novellierung der Ehrengerichtsverordnung trat per *„Allerhöchste Kabinets-Ordre"* am 15. Juli 1910 in Kraft.[1011] Auch diese Neufassung blieb wegen ihres Zustandekommens nicht ohne Widerspruch. Im Reichstag wurde anläßlich der Debatte über den Militärhaushalt am 25. Februar 1911 abermals die Rechtmäßigkeit der Ehrengerichtsverordnung beanstandet.[1012] Das ehrengerichtliche Verfahren sei eine Form der *„Kabinettsjustiz"*, *„die absolut unzulässig ist in einem verfassungsmäßigen Staate"*.[1013] Von einem Abgeordneten der Fortschrittlichen Volkspartei wurde beantragt, den Posten des Chefs des Militärkabinetts aus dem Haushalt zu streichen, um die Regierung in der Frage der Ehrengerichte unter Druck zu setzen.[1014] Eine weitergehende Debatte fand nach Ablehnung dieses Antrages jedoch nicht mehr statt.

In die Novelle von 1910 wurden die durch die Praxis als notwendig erachteten Neuerungen in den Verordnungstext eingearbeitet sowie die gesamte Verordnung neu verkündet. Die wichtigsten Änderungen waren:

aa) Das Verhältnis der Ehrengerichtsverfahren zu anderen Gerichtsbarkeiten

Eine der 1910 vorgenommenen Änderungen war die Vereinfachung der Zuständigkeiten der Ehrengerichte im Verhältnis zu den anderen Gerichtsverfahren. So wurde in § 3 EGV [1910] ein neuer, vierter Absatz eingefügt, der rechtskräftig festgestellte Tatsachen der Nachprüfung im ehrengerichtlichen Verfahren entzog. Das war Ausdruck des Stufenverhältnisses zwischen dem strafgerichtlichen, dem ehrengerichtlichen und dem Disziplinarverfahren. Das Ehrengericht konnte jedoch den fraglichen Sachverhalt nach eigener Einschätzung werten. Es

[1010] Umfassend dazu: *Dieners*, Das Duell und die Sonderrolle des Militärs, Berlin 1992, S.212ff. sowie *Schlink*, Das Duell im 19. Jahrhundert – Realität und literarisches Bild einer adeligen Institution in der bürgerlichen Gesellschaft, in: NJW 2002, S.537ff. (S.541).

[1011] Allerhöchste Kabinets-Ordre vom 15. Juli 1910, abgedruckt in: Kompendium für Militärrecht, Abschnitt VI., S.267.

[1012] 135. Sitzung am 25. Februar 1911, in: Verhandlungen des Reichstags. XII. Legislaturperiode. II. Session. Band 264. Stenographische Berichte. Von der 124. Sitzung am 10. Februar 1911 bis zum 7. März 1911., S.4960ff. und in: GStA PK, I. HA (Justizministerium) Rep. 84a – 8589.

[1013] *Gothein*, in: Verhandlungen des Reichstags. XII. Legislaturperiode. II. Session. Band 264. Stenographische Berichte. Von der 124. Sitzung am 10. Februar 1911 bis zum 7. März 1911., S.4960f. und in: GStA PK, I. HA (Justizministerium) Rep. 84a – 8589.

[1014] Rede des Reichstagsabgeordneten *Gothein*, in: Verhandlungen des Reichstags. XII. Legislaturperiode. II. Session. Band 264. Stenographische Berichte. Von der 124. Sitzung am 10. Februar 1911 bis zum 7. März 1911., S.4960f. und in: GStA PK, I. HA (Justizministerium) Rep. 84a – 8589.

blieb somit die letzte Instanz zur Verhängung von Ehrenstrafen.[1015] In einem weiteren neuen Absatz des § 3 EGV [1910] wurde bestimmt, daß das Ergebnis eines Disziplinarverfahrens oder eines durch eine staatliche Stelle eingeleiteten Ehrengerichts abgewartet werden konnte. Die Entscheidung über die Aussetzung des ehrengerichtlichen Verfahrens traf der Kommandeur.[1016]

bb) Die ehrengerichtliche Untersuchung

In ihren wesentlichen Grundzügen unterschied sich die ehrengerichtliche Untersuchung nach der neuen Ehrengerichtsverordnung nicht von dem seit 1843 oder 1874 praktizierten Verfahren. Gleichwohl waren einige Bestimmungen, die den Ablauf der ehrengerichtlichen Untersuchung regelten, abgeändert beziehungsweise ergänzt worden. Bemerkenswert ist allenfalls der Zusatz zu § 35 Abs.2 EGV [1910], das die *„zur Entlastung des Angeschuldigten dienenden Umstände"* ebenso Gegenstand der Untersuchung sein mußten wie die belastenden Umstände.

cc) Bildung des Ehrenrates

Eine Neuerung gegenüber der Verordnung von 1843 und der ursprünglichen Fassung der Verordnung von 1874 war die erneute Abschaffung der Wahl des Ehrenrates bei den Ehrengerichten über Stabsoffiziere.[1017] Der Kommandierende General war nunmehr befugt, einen Ehrenrat nach Maßgabe der Verordnung zu ernennen.[1018] Der Kommandeur war dabei nur zwei Beschränkungen unterworfen: Er mußte erstens je einen Stabsoffizier im Range bis zum Oberst ernennen und bei seiner Auswahl beachten, dass die zu ernennenden Mitglieder des Ehrenrates ordentliche Mitglieder des Ehrengerichtes sein mussten.[1019] Stellvertretende Mitglieder waren dabei nicht vorgesehen. Im Falle der Verhinderung eines Mitgliedes durch Ausscheiden, Krankheit oder längere Abkommandierung ernannte der Kommandierende General Ersatzmitglieder.[1020]

[1015] Siehe die Änderungen in § 3 EGV [1910] im Verhältnis zu § 3 EGV [1874].

[1016] §§ 3 Abs.5 in Verbindung mit § 34 EGV [1910].

[1017] §§ 15 Abs.2, 21 Abs.2 EGV [1874]. Siehe oben die Abschnitte *Der Ehrenrat*, Kap. II Nr.3 c) gg); *Die Novellierung der Ehrengerichtsverordnung*, Kap. III Nr.2 a); *Der Ehrenrat*, Kap. IV Nr.4 c) dd).

[1018] § 21 Abs.1, Abs.2 EGV [1910].

[1019] *Dietz* [Hrsg.], Die Ehrengerichtsverordnungen enthaltend die Allerh. Verordnungen über Ehrengerichte der Offiziere und Sanitätsoffiziere im Preußischen und Bayerischen Heere, der Offiziere und Sanitätsoffiziere des Kommandos der Schutztruppen im Reichskolonialamt und der Kais. Schutztruppen, die Ergänzungsorder nebst ergänzenden Erlassen und Bestimmungen., Rastatt 1912, S.75.

[1020] Ebenda, S.63.

Die Vorschriften zur Wahl des Ehrenrates bei den Ehrengerichten über Stabsoffiziere waren somit seit 1843 schon zum dritten Mal geändert worden.[1021]

e) Die Ehrengerichtsbarkeit im Ersten Weltkrieg

Auch die Akten über ehrengerichtliche Verfahren im Ersten Weltkrieg sind im Zweiten Weltkrieg vernichtet worden, so daß über kriegsbedingte Veränderungen nichts bekannt ist.[1022]

1021 § 12 Abs.1 EGV [1843]; Allerhöchste Kabinetts=Ordre vom 8. Oktober 1860, zitiert nach *Fleck*, Die Verordnungen über die Ehrengerichte im Preußischen Heere und über die Bestrafung der Offiziere wegen Zweikampfs, 3. Auflage 1865, S.27f.; § 21 Abs.2 EGV [1874]; § 21 Abs.2 EGV [1910].

1022 Siehe oben Fußnote Nr.170.

V. Die Republik von Weimar und das Dritte Reich

1. Weimarer Republik

a) Das Ehrenstrafrecht

Das militärische Ehrenstrafrecht des Kaiserreiches blieb nach dem Ende des Ersten Weltkrieges unverändert in Kraft.[1023] Auch der Bestand der Militärgerichte blieb unangetastet; sie wurden als einzige Sondergerichte nicht durch die Weimarer Reichsverfassung vom 11. August 1919 verboten.[1024] Ein Jahr später wurde die Militärgerichtsbarkeit durch Gesetz aufgehoben.[1025] Straftaten von Angehörigen des Militärs fielen nun in die Zuständigkeit der *„allgemein gültigen Vorschriften"* über *„die Gerichte und das Strafverfahren"*.[1026]

Ein Jahr danach ersetzte das Wehrgesetz vom 23. März 1921[1027] die Ehrenstrafe der *„Versetzung in die Zweite Klasse des Soldatenstandes"* durch die *„Dienstentlassung"*, die damit zur Strafe für Soldaten aller Dienstgrade wurde und nicht mehr auf Offiziere beschränkt war.[1028] In diesem Zusammenhang wurde auch § 39 RMStGB [1872] aufgehoben, der die Rechtsfolgen der Versetzung in die Zweite Klasse des Soldatenstandes geregelt hatte. Rechtsfolgen der Dienstentlassung waren weiterhin neben der Entlassung aus dem militärischen Dienstverhältnis die dauernde Aberkennung von Orden und Ehrenzeichen.[1029] Das Gesetz zur Vereinfachung des Militärstrafrechts vom 30. April 1926 setzte die Entwicklung zu gleichen Ehrenstrafen für alle Soldaten fort und trennte das Disziplinarstrafrecht vom eigentlichen Strafrecht.[1030] Ein im gleichen Jahr erlassenes Gesetz stellte die Militärgerichtsbarkeit im Deutschen Reich für Friedenszei-

---

[1023] Mit dem Begriff *„Kriegsende"* ist das Ende der Kampfhandlungen gemeint, also das Inkrafttreten des Waffenstillstandes am 11. November 1918.

[1024] Art 105 S.1 u. S.3 WRV.

[1025] Art. I § 1 Abs.1 des Gesetzes, betreffend Aufhebung der Militärgerichtsbarkeit vom 17. August 1920, RGBl. 1920 II S.1579ff. sowie *Hülle*, Militärstrafverfahren, in: HRG Bd. 3, Sp. 562ff. (Sp.566). Der Protest dagegen war scharf: *v. Behn*, Gegen die Aufhebung der Militärgerichtsbarkeit, in: *Dietz* [Hrsg.], Militärrechtliche Blätter., 1. Jahrgang 1919-1920, S.20ff.

[1026] Art. II § 3 S.1 des Gesetzes, betreffend Aufhebung der Militärgerichtsbarkeit vom 17. August 1920, RGBl. 1920 II S.1579ff.

[1027] § 44 S.1 Wehrgesetz vom 23. März 1921, RGBl. 1921 S.329ff (S.340). Durch § 1 S.1 Wehrgesetz wurde das vormals Deutsche Heer offiziell in Reichswehr umbenannt.

[1028] Siehe oben den Abschnitt *Dienstentlassung*, Kap. IV Nr.3 d) ee).

[1029] § 44 S.3, S.2 Wehrgesetz vom 23. März 1921, RGBl. 1921 S.329ff (S.340). Siehe auch Abschnitt *Versetzung in die zweite Klasse des Soldatenstandes*, Kap. IV Nr.3 d) bb).

[1030] Art. II Gesetz zur Vereinfachung der Militärstrafrechts. Vom 30. April 1926., RGBl. 1926 I S.197ff. (S.197).

ten wieder her, wenn dieses auch in einem beschränkten Umfang geschah:[1031] Eine Wiedereinsetzung des Reichsmilitärgerichtes fand nicht statt. Zuständig war statt dessen ein besonderer Senat des Reichsgerichts.[1032] Weitere als die zuvor genannten Veränderungen gab es zwischen dem Ende des Kaiserreiches und dem Beginn des Dritten Reiches nicht.

b) Die Ehrengerichtsbarkeit

Von der militärischen Niederlage und den Umwälzungen durch die Revolution des November 1918 blieb die Ehrengerichtsbarkeit als Vorrecht des Offizierstandes nicht verschont. In Art. 105 S. 4 Weimarer Reichsverfassung hieß es ähnlich wie im Entwurf der Frankfurter Nationalversammlung[1033] 70 Jahre vorher:

> „Die militärischen Ehrengerichte sind aufgehoben."[1034]

Nicht nur die Ehrengerichtsbarkeit wurde verboten, sondern gemäß Art. 105 S. 1 WRV auch alle Sondergerichte abgeschafft.[1035] Da aber bezüglich der Militärgerichtsbarkeit eine Ausnahme gemacht wurde,[1036] war ein ausdrückliches, gesondert erwähntes Verbot der Ehrengerichtsbarkeit zur Klarstellung notwendig.[1037]

Trotz der Abschaffung der militärischen Ehrengerichtsbarkeit fand im Herbst 1919, also kurz nach Inkrafttreten der Weimarer Reichsverfassung, in einer *„Ehrensache zwischen Generalleutnant Groener und Oberst Heye einerseits, Generalmajor Graf Waldersee andererseits"* eine Verhandlung eines Ehrengerichtes statt.[1038] Anlaß dazu waren die Vorgänge im Kaiserlichen Haupt-

---

[1031] Gesetz über Militärgerichte und militärgerichtliches Verfahren. Vom 22. Februar 1926, RGBl. 1926 I S.103f.

[1032] Kapitel B. Abschnitt V. des Gesetzes über Militärgerichte und militärgerichtliches Verfahren. Vom 22. Februar 1926, RGBl. 1926 I S.103f. (S.104). Das Reichsgericht ist demzufolge für die Revision der Verfahren vor den Kriegs- oder Oberkriegsgerichten zuständig.

[1033] § 70 Entwurf zu einem Gesetze über die deutsche Wehrverfassung.

[1034] Die Verfassung des Deutschen Reiches. Vom 11. August 1919, RGBl. 1919, S.1383ff. (S.1403).

[1035] Die Verfassung des Deutschen Reiches. Vom 11. August 1919, RGBl. 1919, S.1383ff. (S.1403).

[1036] Art 105 S.2 WRV, RGBl. 1919, S.1383ff. (S.1403).

[1037] *Anschütz*, Die Verfassung des Deutschen Reiches vom 11. August 1919, Neudruck Aalen 1987, S.492; *Haack*, Die Zweikampfbeleidigung, Freiburg 1930, S.53; andere Ansicht: *Kern*, Die ordentliche Gerichtsbarkeit und die Sondergerichtsbarkeit, in: *Anschütz/Thoma*, Handbuch des Deutschen Staatsrechts, Bd. 2, Tübingen 1932, S.495ff. (S.502f.).

[1038] Dokument Nr.389. Urteil des Ehrengerichts in der Ehrensache zwischen Generalleutnant Groener und Oberst Heye einerseits, Generalmajor Graf Waldersee andererseits vom Herbst quartier kurz vor dem Waffenstillstand im November 1918;[1039] Graf v. Waldersee behauptete unter anderem, Groener habe, indem er Kaiser Wilhelm II. gedrängt habe, den Sitz der Obersten Heeresleitung in Spa zu verlassen, ihn „*als lästig beiseite geschoben*".[1040] Sein Handeln sei dabei durch „*politische Auftraggeber und Gönner in Berlin*", durch „*Berliner Drahtzieher*", durch „*die Weisungen der Agenten der Revolution in Berlin*" beeinflußt worden. Das Ehrengericht kam zu der Auffassung, daß diese Anschuldigungen „*ungerechtfertigt* [..] *und daß Generalleutnant Groener unter den denkbar schwierigsten Verhältnissen nach bestem Wissen und Gewissen gehandelt hat*".[1041] Oberst Heye wurde ebenso freigesprochen.[1042] Strafen gegen Graf v. Waldersee verhängte das Ehrengericht aber nicht.

In den nächsten Jahren wurde selbst seitens der Reichswehrführung kein Versuch unternommen, die Ehrengerichte wiederherzustellen.[1043] Die Heeresleitung – sonst der Tradition sehr zugetan - untersagte sogar den Offizieren der Reichswehr die Anerkennung eines etwaigen, widerrechtlich ergangenen ehrengerichtlichen Spruches.[1044] Jedoch wollte die Reichswehr nicht gänzlich auf die Kontrolle ehrenhafter Gesinnung verzichten. So wies der Chef der Heeresleitung, General v. Seeckt, in mehreren Schriften und Anordnungen darauf hin, daß die im Kaiserreich gültigen Ehrengrundsätze Gültigkeit besäßen und lebendig bleiben müßten.[1045]

Aus diesem Grund wurden die aus den Ehrengerichtsverordnungen von 1874 und 1843 bekannten Ehrenräte[1046] wiederhergestellt[1047] und in Kontinuität zur

---

1919, abgedruckt in: *Huber*, Dokumente zur deutschen Verfassungsgeschichte, Bd.2, Deutsche Verfassungsdokumente 1851-1918, Stuttgart 1964, S.530ff. (S.530).

[1039] Siehe den Bericht über das Verfahren in: *Groener-Geyer*, General Groener, Frankfurt a. Main 1955, S.173ff. sowie das Urteil des Ehrengerichtes, abgedruckt in: *dies.*, S.392ff.

[1040] Urteil des Ehrengerichtes, abgedruckt in: *Groener-Geyer*, General Groener, Frankfurt a. Main 1955, S.392ff. (S.393).

[1041] Ebenda.

[1042] Urteil des Ehrengerichtes, abgedruckt in: *Groener-Geyer*, General Groener, Frankfurt a. Main 1955, S.392ff. (S.395).

[1043] Die disziplinarische Ahndung von Vergehen war aber auch weiterhin möglich: *Fresenius*, Die Auswirkung des strafrechtlichen Erziehungsgedankens auf die die Mannschaften betreffenden Bestimmungen in der Heeresdisziplinarstrafordnung, Marburg 1927, S.14ff.

[1044] *Haack*, Die Zweikampfbeleidigung, 1930, S.53.

[1045] Die Grundlagen der Erziehung des Heeres vom 1. Januar 1921, abgedruckt im Heeresverordnungsblatt Nr.79 vom 30. Dezember 1920, 2. Jahrgang 1920, S.1040f. (S.1041f.) sowie den Erlaß des Chefs der Heeresleitung vom 15. September 1929 über die „Wahrung der Ehrenhaftigkeit.", Der Chef der Heeresleitung., Nr.500. 9. 29. PA (2)., aus: MGFA.

[1046] § 5ff. Wahrung der Ehrenhaftigkeit., Der Chef der Heeresleitung., Nr.500. 9. 29. PA (2)., aus: MGFA.

Monarchie dem Kommandeur beziehungsweise dem Befehlshaber als *„Wächter des Korpsgeistes"* zur Seite gestellt.[1048] Die Ehrenräte wurden nach Maßgabe des § 9 des neu erlassenen Wehrgesetzes gewählt.[1049] Da es offiziell keine Ehrengerichte im früheren Sinne als Versammlung der Offiziere eines Truppenteils mehr geben durfte, fiel den Ehrenräten auch die Rolle des Ehrengerichtes zu. Sie hatten ein Gutachten mit einem Entscheidungsvorschlag zu machen und der Heeresleitung zu übermitteln.[1050] Wie *Dieners*[1051] treffend bemerkte, nahm jedoch der Einfluß der Ehrenräte auf das gesellschaftliche Leben ab. Schon wegen der geringen Größe des Hunderttausendmannheeres der Weimarer Republik waren die Schnittstellen zwischen militärischem und zivilem Leben geringer geworden.

Insgesamt wurden viele Regelungen aus der alten Ehrengerichtsverordnung übernommen; so die organisatorische Trennung in Verfahren gegen Hauptleute und Subalternoffiziere einerseits und Stabsoffiziere andererseits.[1052] Der Kommandeur hatte nach wie vor die alleinige Befugnis, ein Verfahren einzuleiten. Gab es auch kein Ehrengericht als offizielles Gremium mehr, so waren doch die tatsächlichen Abweichungen im Umgang mit Ehrenangelegenheiten in der Weimarer Republik vom Kaiserreich nicht gravierend. Die Führung der Reichswehr achtete stark auf Bewahrung der Traditionen der Monarchie und nahm es mit der Treue zur republikanischen Verfassung, jedenfalls in der Frühzeit der Weimarer Republik, nicht so genau.[1053]

c) Der Ehrbegriff des Offizierkorps

Der nach langer Zeit erste verloren gegangene Krieg hinterließ beim Offizierkorps starke Spuren. Noch kurz zuvor war im Kaiserreich der Offizierstand ne-

---

1047 *Wohlfeil*, Reichswehr und Republik (1918-1933), in: Deutsche Militärgeschichte (1648-1939), herausgegeben vom Militärgeschichtlichen Forschungsamt, Band 3, 6. Teil, München 1979, S.1ff. (S.171f.).

1048 Ebenda.

1049 Jedoch wählte man nicht die vertraute Bezeichnung *„Ehrenrat"*: § 9 Wehrgesetz lautete wörtlich: *„Für alle Kommandobehörden und Truppeneinheiten sind Vertrauensleute zu wählen."*, RGBl. 1920 S.329ff. (S.330).

1050 *Wohlfeil*, Reichswehr und Republik (1918-1933), in: Deutsche Militärgeschichte (1648-1939), herausgegeben vom Militärgeschichtlichen Forschungsamt, Band 3, 6. Teil, München 1979, S.1ff. (S.171f.).

1051 *Dieners*, Das Duell und die Sonderrolle des Militärs, Berlin 1992, S.215.

1052 Zur früheren Regelung: § 7 a), b) EGV [1874].

1053 Der Chef der Heeresleitung, Hans v. Seeckt, damals im Rang eines General stehend, war Monarchist und lehnte die Demokratie als Staatsform ab. Lesenswert bezüglich der damaligen Vorstellungen von Verfassungstreue ist die Biographie des Generalobersten v. Seeckt von: *v. Rabenau*, Hans v. Seeckt, Aus seinem Leben, 1918-1936, Leipzig 1940, S.480f. sowie aus heutiger Sicht: *Meier-Welcker*, Seeckt, Frankfurt a. Main 1967, S.371.

ben dem Adel der am meisten geachtete Stand, ein Staat im Staate. Nachdem das Kriegsheer in ein Berufsheer von 100000 Mann und entsprechend wenigen Offizieren umgewandelt worden war, hatte sich ein wesentlicher Inhalt des militärischen Ehrbegriffes - *„Ma vie au roi"*-, in kurzer Zeit von selbst erledigt.

Die Republik berührte vor allem das soldatische Treueverhältnis. Bis zur Abdankung Kaiser Wilhelms II. hatte es zwischen den Soldaten und ihrem Obersten Befehlshaber, also bis 1871 dem König, danach dem Kaiser bestanden. In der Weimarer Republik ging der Oberbefehl über das Heer auf den Reichspräsidenten über.[1054] Friedrich Ebert, Vorsitzender der SPD, Treue zu geloben und der Republik das Leben zu opfern, fiel den in Reichswehr umbenannten Streitkräften schwer. Dabei spielte neben der *„Dolchstoßlegende"*[1055] auch die grundsätzliche Ablehnung der Republik als Staatsform eine bedeutende Rolle.

Weiter blieb der Maßstab ehrenhaften Verhaltens der traditionelle Ehrbegriff. Das wurde deutlich in einer Anordnung[1056] des Chefs der Heeresleitung von 1920 bis 1926, *General v. Seeckt*:

> „Ich vertraue, daß das Ehrgefühl als heiliges Vermächtnis einer großen Vergangenheit im neuen Heer von seiner Gesamtheit wie von jedem einzelnen treu bewahrt und gepflegt wird. Wahre Ehre kann ohne Treue in den Tod, unerschütterlichen Mut, feste Entschlossenheit, selbstverleugnenden Gehorsam, lautere Wahrhaftigkeit, strenge Verschwiegenheit und ohne aufopfernde Erfüllung selbst der anscheinend kleinsten Pflichten nicht bestehen.
>
> [..]
>
> Der Soldatenstand ist in den Augen des Volkes mehr als andere Stände eine Einheit. Hervorragende Leistungen und tadelfreies Verhalten einzelner heben mit Recht das Ansehen der Gesamtheit, Verfehlungen einzelner fallen dem ganzen Stand zur Last. Jeder, ob Offizier oder Mann, hat sich allezeit als Vertreter des Heeres zu fühlen, für dessen fleckenlosen Ruf er verantwortlich ist."[1057]

[1054] Art. 47 WRV.

[1055] Nach dem Ende des Ersten Weltkrieges wurde von den konservativen republikfeindlichen Gruppen der Vorwurf erhoben wurden, revolutionäre linke Kräfte wären dem *„im Felde unbesiegten"* Heer in den Rücken gefallen und hätten dadurch die Niederlage des Deutschen Reiches herbeigeführt; *Müller*, Novemberrevolution 1918, Dolchstoß oder Dolchstoßlegende?, Stuttgart 1978.

[1056] Siehe dazu auch: Erlaß des Chefs der Heeresleitung vom 15. September 1929 über die „Wahrung der Ehrenhaftigkeit.", Der Chef der Heeresleitung., Nr.500. 9. 29. PA (2)., aus: MGFA.

[1057] Die Grundlagen der Erziehung des Heeres vom 1. Januar 1921, abgedruckt in: HVBl., Nr.79 vom 30. Dezember 1920, S.1040f. (S.1041f.).

v. Seeckt hatte diese Sätze wortgleich aus dem Absatz über die *„Wahre Ehre"* übernommen.[1058]

Das Verhältnis des Offizierkorps zur Republik verbesserte sich erst, als nach dem Tod Eberts der *„Held von Tannenberg"*, Generalfeldmarschall v. Hindenburg, zum Reichspräsidenten gewählt wurde. Jedoch blieben die Vorbehalte der Reichswehr gegenüber der Weimarer Republik weiter bestehen. Die Reichswehr war ein Jahrzehnt nach dem Ende der Monarchie noch keine republikanische Armee geworden. Auch die Reichswehr unternahm 1933 nichts, um den Untergang der Weimarer Republik zu verhindern.[1059]

2. Drittes Reich

a) Das Ehrenstrafrecht

Die Nationalsozialisten führten bald nach Beginn des Dritten Reiches die Militärstrafgerichtsordnung von 1898 wieder ein.[1060] Das war eine Konzession an die Führung der Reichswehr unter Reichswehrminister General v. Blomberg, der sich in den folgenden Jahren den Wünschen Hitlers bereitwillig unterordnete. Die politischen Mordtaten gegen die SA-Führung[1061] und andere dem NS-Staat kritisch gegenüberstehende Personen[1062] nahm die Reichswehrfüh-rung im Gegenzug widerspruchslos hin; Blomberg ließ nach dem Tod des 87-jährigen Reichspräsidenten Paul v. Hindenburg am 02. August 1934 die ge-samte Reichswehr auf die Person Adolf Hitlers vereidigen[1063]:

[1058] Siehe dazu: Allerhöchste Einleitungsorder zur Verordnung über die Ehrengerichte vom 2. Mai 1874.

[1059] Beispielhaft ist ein Ausspruch *v. Seeckts* während des Hitler-Putsches im November 1923: im Reichskabinett: *„Reichswehr schießt nicht auf Reichswehr!" Severing*, Mein Lebensweg, Bd.1, Vom Schlosser zum Minister, Köln 1950, S.447; siehe auch: *Meier-Welcker*, Seeckt, Frankfurt a. Main 1967, S.406.

[1060] Gesetz über Wiedereinführung der Militärgerichtsbarkeit. Vom 12. Mai 1933, RGBl. 1933 I S.264.

[1061] Am 30. Juni 1934 wurde SA-Chef Ernst Röhm zusammen mit fast der gesamten SA-Führung auf Veranlassung Hitlers ohne vorheriges Gerichtsverfahren ermordet.

[1062] Es wurden sogar hochstehende Angehörige der Reichswehr, wie z. B. der Vorgänger Hitlers als Reichskanzler, General v. Schleicher, oder General v. Bredow, der sich vorher kritisch über die Nationalsozialisten äußerte, erschossen. Trotzdem gab es keinen offiziellen Protest der Reichswehrführung gegen diese politischen Morde; siehe dazu: *Fest*, Staatsstreich, Der lange Weg zum 20. Juli, Berlin 1994, S.54f.

[1063] Gesetz über die Vereidigung der Beamten und der Soldaten der Wehrmacht. Vom 20. August 1934, RGBl. 1934 I S.785.

„Ich schwöre bei Gott diesen heiligen Eid, daß ich dem Führer des Deutschen Reiches und Volkes Adolf Hitler, dem Oberstem Befehlshaber der Wehrmacht, unbedingten Gehorsam leisten und als tapferer Soldat bereit sein will, jederzeit für diesen Eid mein Leben einzusetzen."

Mit Gesetz vom 26. Juni 1936 wurde das Reichskriegsgericht geschaffen,[1064] das die Aufgaben des bisher für Militärangehörige zuständigen Senats des Reichsgerichts[1065] übernahm und das zur letzten Instanz für die Verfahren gegen Militärangehörige wurde.[1066] Die Verhältnisse des Kaiserreiches wurden insoweit im vollen Umfang wieder hergestellt.[1067]

Hitler änderte nicht nur die Gerichtsverfassung. Das Ehrenstrafrecht wurde bis zum Beginn des Zweiten Weltkrieges so grundlegend verändert, daß es mit den Vorschriften des Kaiserreiches kaum noch etwas gemein hatte.[1068] So wurde durch Gesetz vom 23. November 1934 die Möglichkeit der *„Entfernung aus dem Heer"*, die *„Dienstentlassung"* und der *„Amtsverlust für Militärbeamte"* wesentlich erweitert.[1069] Schon vorher konnten Ehrenstrafen nicht nur neben einer Hauptstrafe verhängt werden, sondern auch als Art der im Jahre 1933 neu ins Strafrecht eingeführten Maßregeln der Besserung und Sicherung.[1070] Den Ehrenstrafen wurde nun ein doppelter rechtlicher Charakter zugebilligt; sie waren nicht mehr nur Nebenstrafen.[1071] Erstmals konnte auf Ehrenstrafen unabhängig von einem begangenen Vergehen erkannt werden; entscheidend war nur die Prognose der zukünftigen Sozialschädlichkeit.[1072] Das Gesetz vom 16. Juli

---

1064 § 1 Gesetz über die Wiedereinrichtung eines Obersten Gerichtshofes der Wehrmacht. Vom 26. Juni 1936, RGBl. 1936 I S.517.

1065 Gesetz über Militärgerichte und militärgerichtliches Verfahren. Vom 22. Februar 1926, RGBl. 1926 I, S.103f.

1066 *Haase*, Das Reichskriegsgericht und der Widerstand gegen die nationalsozialistische Herrschaft, Berlin 1993.

1067 Gesetz über Wiedereinführung der Militärgerichtsbarkeit. Vom 12. Mai 1933, RGBl. 1933 I S.264.

1068 Bis zum Jahr 1939 wurde jede Vorschrift über das Ehrenstrafrecht abgeändert: Gesetz zur Änderung des Militärstrafgesetzbuches und der Militärstrafgerichtsordnung. Vom 23. November 1934, RGBl. 1934 I S.1165ff.

1069 Art. I. Nr.1-3 Gesetz zur Änderung des Militärstrafgesetzbuches und der Militärstrafgerichtsordnung. Vom 23. November 1934, RGBl. 1934 I S.1165ff. (S.1165f.).

1070 Gesetz über gefährliche Gewohnheitsverbrecher und über Maßregeln der Sicherung und Besserung. Vom 24. November 1933, RGBl. 1933 I S.995ff.

1071 Dazu umfassend: *Lohner*, Die besonderen Ehrenstrafen der §§ 30 bis 39 des Militärstrafgesetzbuches gegen Wehrpflichtige des Beurlaubtenstandes. (Zur Auslegung des § 6d MStGB.), Düsseldorf 1937, S.34ff.

1072 *Lohner*, Die besonderen Ehrenstrafen der §§ 30 bis 39 des Militärstrafgesetzbuches gegen Wehrpflichtige des Beurlaubtenstandes. (Zur Auslegung des § 6d MStGB.), Düsseldorf 1937, S.36ff.

1935[1073] paßte das Reichsmilitärstrafgesetzbuch den veränderten staats- und wehrrechtlichen Bedürfnissen der Regierung an[1074] und leitete das Ende des Militärstrafverfahrens nach den bisher üblichen rechtsstaatlichen Grundsätzen ein.[1075]

Auch die Ehrenstrafen wurden geändert: An die Stelle der *„Entfernung aus dem Heere"* trat als neue Ehrenstrafe die *„Wehrunwürdigkeit"*.[1076] Sie wurde wichtigste militärische Ehrenstrafe.[1077] Danach war wehrunwürdig und damit von der Wehrpflicht und von der Zugehörigkeit zur Wehrmacht ausgeschlossen, wer mit Zuchthaus bestraft worden, nicht mehr im Besitz der bürgerlichen Ehrenrechte, den Maßregeln der Sicherung und Besserung nach § 42a RStGB [1935] unterworfen war, durch militärgerichtliches Urteil die Wehrwürdigkeit verloren hatte, oder wegen staatsfeindlicher Betätigung gerichtlich bestraft worden war oder aus anderen Gründen als wehrunwürdig anzusehen war.[1078] Die mit dem Verlust der bürgerlichen Ehrenrechte verbundene Wehrunwürdigkeit paßte sich nach ihrer Dauer jener des Ehrverlustes an. Sie konnte demnach dauernd oder zeitlich sein.[1079]

1073 Gesetz zur Änderung des Militärstrafgesetzbuches. Vom 16. Juli 1935, RGBl. 1935 I S.1021ff. (S.1021).

1074 Damit wurden die Auffassungen der nationalsozialistischen Juristen ins Wehrrecht aufgenommen; zur nationalsozialistischen Rechtsauffassung: *Frank*, Nationalsozialistisches Handbuch für Recht und Gesetzgebung, München 1935, S.1317ff. (zum allgemeinen Strafrecht), S.1433ff. (zum Wehrstrafrecht) sowie *ders.*, Rechtsgrundlegung des nationalsozialistischen Führerstaates, München 1938, S.1ff.

1075 Das bisher im Militärstrafrecht geltende Analogieverbot wurde außer Kraft gesetzt, indem über die Neuregelung des § 2 RMStGB [1935] die neue Fassung des Reichsstrafgesetzbuches zur Geltung kam, nach dem auch zu Lasten des Angeklagten Analogien gezogen werden durften. Auch wurde das so genannte „Gesunde Volksempfinden" zum Strafgrund erhoben.

1076 Art. 1 Nr.6 des Gesetzes zur Änderung des Militärstrafgesetzbuches. Vom 16. Juli 1935, RGBl. 1935 I S.1021ff. (S.1021).

1077 Das geschah vor allem aufgrund der mit zunehmender Dauer häufiger verhängten drakonischen Strafen der Wehrmachtgerichte, die aufgrund der Höhe der ausgesprochenen Strafen zwingend die Wehrunwürdigkeit nach sich zogen; *Wüllner*, Die NS-Militärjustiz und das Elend der Geschichtsschreibung, Baden-Baden 1997, S.129ff.

1078 Wehrunwürdig waren beispielsweise die aus der Reichswehr fristlos als unwürdig entlassenen Soldaten gemäß Verordnung über die fristlose Kündigung des Dienstverhältnisses der Wehrmacht vom 23. März 1921, abgedruckt in: HVBl. 1921 S.95, die ehem. Fremdenlegionäre und die in der alten Armee in die 2. Klasse des Soldatenstandes Versetzten.

1079 *Absolon*, Wehrgesetz und Wehrdienst 1935-1945, Das Personalwesen in der Wehrmacht, Boppard am Rhein 1960, S.111f.

Mit Beginn des Zweiten Weltkrieges trat die Kriegssonderstrafrechtsverordnung in Kraft, die schon 1938 für den Kriegsfall[1080] ausgearbeitet wurde und das Strafrecht noch einmal wesentlich verschärfte.[1081] Zeitgleich wurde auch die Kriegsstrafverfahrensordnung (KStVO) erlassen, die die Verfahrensrechte des Angeklagten auf ein Mindestmaß reduzierte.[1082] Die KSSVO ermöglichte die Verhängung drakonischer Strafen selbst für geringfügige Delikte: Für die Verwirklichung des Tatbestandes des fahrlässigen Unerlaubten Fernbleibens (Dauer: mindestens einen Tag) konnte bis zu 10 Jahren Gefängnisstrafe ausgeurteilt werden.[1083] Regelstrafe für die meisten militärischen Straftaten war nunmehr die Todesstrafe bei gleichzeitigem zwingendem Ausspruch der Wehrun-

---

[1080] Die Verordnung über das Sonderstrafrecht im Kriege und bei besonderem Einsatz (Kriegssonderstrafrechtsverordnung - KSSVO) vom 17. August 1938, RGBl. 1939 I S.1455-1457, war vorsorglich für den geplanten Krieg ausgearbeitet worden. Die KSSVO trat am 26. August 1939, also wenige Tage vor Kriegsbeginn in Kraft. Siehe auch: Verordnung über das Inkrafttreten der Verordnung über das Sonderstrafrecht im Kriege und bei besonderem Einsatz und der Verordnung über das militärische Strafverfahren im Kriege und bei besonderem Einsatz vom 26. August 1939, RGBl. 1939 I S.1482. Der 26. August 1939 ist deshalb als Datum gewählt worden, da Hitler den ersten Angriffstermin für den Angriff auf Polen (den so genannten Fall „Weiß"), den er nach der Intervention Englands wieder absagte und kurz darauf endgültig auf den 01. September verschob, auf diesen Tag gelegt hatte.

[1081] Die Intention war, das von Hitler als zu weich angesehene Militärstrafrecht seinen Auffassungen über ein Kriegsstrafrecht anzugleichen. Schon am 01. November 1939 erging die Erste Verordnung zur Ergänzung der Kriegssonderstrafrechtsverordnung, RGBl. 1939 I S.2131f., die in § 5a dieser Ergänzung eine Überschreitung des gesetzlichen Strafrahmens eines Tatbestandes ausdrücklich genehmigte und die Verhängung einer Todesstrafe für alle Straftaten *„gegen die Mannszucht oder das Gebot soldatischen Mutes"* ermöglichte; *Raht*, Kriegsrecht für den Feldoffizier, Berlin 1944, S.77. Zum Kriegsstrafrecht im Zweiten Weltkrieg: *Graf v. Gleispach*, Das Kriegsstrafrecht, Teil I: Das allgemeine Kriegsstrafrecht, Stuttgart/Berlin 1941, Teil II: Das allgemeine Strafverfahrensrecht im Krieg und das Strafrecht und Strafverfahrensrecht der Wehrmacht im Krieg, Stuttgart/Berlin 1941, Teil III: Das neueste allgemeine Kriegsstrafrecht, Stuttgart/Berlin 1941.

[1082] Die Verordnung über das militärische Strafverfahren im Kriege und bei besonderem Einsatz (Kriegsstrafverfahrensordnung – KStVO) trat am selben Tag wie die KSSVO in Kraft, RGBl. 1939 I S.1457-1476. Zu ihr ergingen in schneller zeitlicher Abfolge Durchführungsverordnungen, siehe nur die bis zum Ende des Jahres 1939 erlassenen 1.-6. Durchführungsverordnungen, RGBl. 1939 I S.1477f., S.1479, S.2132f., S.2264, S.2267f. Siehe dazu auch den Neudruck der KSSVO und der KStVO vom Januar 1940, I. Verordnung über das Sonderstrafrecht im Kriege und bei besonderem Einsatz (Kriegssonderstrafrechtsverordnung KSSVO) mit den Änderungen und Ergänzungen der 1. Ergänzungsverordnung vom 01. November 1939 (RGBl. 1939 I S.1455ff. und 2131f.), II. Verordnung über das militärische Strafverfahren im Kriege und bei besonderem Einsatz (Kriegsstrafverfahrensordnung KStVO) mit den Änderungen und Ergänzungen der 2. bis 6. Durchführungsverordnung (RGBl. 1939 I S.1457ff., 1477ff., 2132f., 2264, 2267f.), Vom 17. August 1938, H.Dv. 3/13, M.Dv. 132, L.Dv. 3/13., Neudruck Januar 1940.

[1083] § 6 Abs.1 KSSVO i.V.m. § 64 RMStGB [1940].

würdigkeit.[1084] Der Anwendungsbereich der Wehrunwürdigkeit als militärische Ehrenstrafe wurde durch die Neufassung des Militärstrafgesetzbuches vom 10. Oktober 1940[1085] noch weiter ausgedehnt; sie konnte nun gemäß § 30ff. RMStGB [1940] auch gegen Wehrmachtbeamte verhängt werden.[1086]

Im weiteren Verlauf des Krieges – vor allem seit der Kriegswende im Winter 1942/43 - wurde die alleinige Zuständigkeit der Militärgerichtsbarkeit für die Wehrmachtsangehörigen aufgehoben und in zunehmendem Maße, vor allem bei politischen Straftaten, an den Volksgerichtshof oder die anderen Sondergerichte unterer Instanz abgegeben.[1087] Das geschah zunächst, weil Hitler einige ihm zur Bestätigung vorgelegte Urteile als zu milde ansah und sich abfällig über die Wehrmachtsjustiz wie über alle Juristen und die Justiz äußerte:

> „Die Wehrmachtrichter sind die Förster der Unterwelt, sie hegen die Verbrecher, wie die Förster das Wild."[1088]

Nach dem Attentat am 20. Juli 1944 hatte er das Vertrauen in die Militärgerichtsbarkeit endgültig verloren und ordnete an, daß der Volksgerichtshof von nun an für alle die Straftaten zuständig sein sollten, die sich gegen die politische oder militärische Führung gerichtet hatten. Dieses ordnete der geheime Führererlaß vom 20. September 1944 an.[1089] Sachlich zuständig waren nun nach Entscheidung des Reichsministers der Justiz der Volksgerichtshof oder andere Sondergerichte.[1090] Den Wehrmachtsgerichten blieben lediglich die Ermittlungen

---

[1084] §§ 2 (Spionage), 3 (Freischärlerei), 5 (Zersetzung der Wehrkraft), 6 KSSVO in Verbindung mit § 70 RMStGB [1940] (Fahnenflucht).

[1085] §§ 30ff. Verordnung über die Neufassung des Militärstrafgesetzbuches, RGBl. 1940 I S.1347ff.

[1086] Erlaß des OKH vom 16. Dezember 1940 über die strafrechtliche Stellung der Wehmachtbeamten, abgedruckt in: *Dombrowski*, Kriegsstrafrecht, in: *Rehdans* [Hrsg.], Sammlung des Wehrrechts, Berlin 1942, S.77ff.: *„Die Wehrmachtbeamten wurden in strafrechtlicher Hinsicht im allgemeinen den Soldaten gleichgestellt."*

[1087] Dazu umfassend: *Block*, Die Ausschaltung und Beschränkung der deutschen ordentlichen Militärgerichtsbarkeit während des Zweiten Weltkrieges, Würzburg 1967, S.33ff.

[1088] Ausspruch Hitlers, durch seinen Adjutanten v. Loßberg überliefert, über die Wehrgerichtsbarkeit, abgedruckt in: *Picker*, Hitlers Tischgespräche im Führerhauptquartier, Stuttgart 1976, S.331. Weitere Nachweise für die Meinung Hitlers fanden sich bei: *Block*, Die Ausschaltung und Beschränkung der deutschen ordentlichen Militärgerichtsbarkeit während des Zweiten Weltkrieges, Würzburg 1967, S.19.

[1089] Erlaß des Führers über die Verfolgung politischer Straftaten von Angehörigen der Wehrmacht, Waffen-SS und Polizei vom 20. September 1944, abgedruckt bei: *Moll*, Führer-Erlasse 1939-1945, Stuttgart 1997, Dokument Nr.364, S.458ff.

[1090] Dazu auch: *Wagner*, Der Volksgerichtshof im nationalsozialistischen Staat, Kap. B. Abschnitt II., Stuttgart 1974, S.66.

im Vorverfahren überlassen, falls nicht sofort standgerichtlich eingeschritten wurde. Die zu diesem Erlaß ergehende Durchführungs- und Ergänzungsverordnung vom 12. Januar 1945[1091] blieb wie die Begründung dazu im Entwurfsstadium stecken,[1092] doch mußte seit Ende Februar 1945 danach verfahren werden.[1093] Für die an den VGH oder ein Sondergericht überwiesenen Wehrmachtsangehörigen hatte schon diese als ehrenrechtliche Konsequenz die fristlose Entlassung aus der Wehrmacht.[1094] Ein Urteil eines Wehrmachtsgerichts zur Dienstentlassung gem. §§ 33f. RMStGB [1944] war nicht mehr notwendig. Der Beschuldigte wurde schon mit dem Beginn der gerichtlichen Untersuchung mit Dienstentlassung bestraft.[1095] Diese Art der Entlassung war nicht wegen Verstosses gegen Wehr- oder Beamtengesetze anzusehen, sondern erfolgte selbständig.[1096] Den Entlassenen wurde die Berechtigung zum Tragen der Uniform und Führen einer Amts- und Dienstbezeichnung aberkannt.[1097] Jedoch konnten die Folgen des § 34 Abs.1 Nr.6 RMStGB [1936][1098] nicht durch die Anwendung des § 35 Abs.1 RMStGB eintreten.[1099]

Das am Ende des Zweiten Weltkrieges geltende Ehrenstrafrecht hatte schon wegen der eben beschriebenen Änderungen jenem des Kaiserreiches und dem Preußens nichts mehr gemein.[1100] Das galt nicht zuletzt, weil sein früherer

---

1091 Entwurf einer Verordnung über die Entlassung von Wehrmachtangehörigen auf Grund des Erlasses des Führers vom 20. September 1944 über die Verfolgung politischer Straftaten von Angehörigen der Wehrmacht, Waffen-SS und Polizei, abgedruckt bei: *Absolon*, Das Wehrmachtstrafrecht im 2. Weltkrieg, Kornelimünster 1958, S.227.

1092 Begründung zu der Verordnung über die Entlassung der Wehrmachtangehörigen auf Grund des Erlasses des Führers vom 20. September 1944, abgedruckt bei: *Absolon*, Das Wehrmachtstrafrecht im 2. Weltkrieg, Kornelimünster 1958, S.228ff.

1093 Rd. Erl. OKL/LR v. 28. Februar 1945 – Nr.263, zitiert nach: *Absolon*, Das Wehrmachtstrafrecht im 2. Weltkrieg, Kornelimünster 1958, S.227. Zur Anwendung des Erlasses auch: Dokument Dönitz-91, in: Der Prozeß gegen die Hauptkriegsverbrecher vor dem Internationalen Militärgerichtshof, Bd. XL, S.102ff.

1094 *Absolon*, Das Wehrmachtstrafrecht im 2. Weltkrieg, Kornelimünster 1958, Nr.94, § 1, S.227.

1095 *Dörken/Scherer*, Das Militärstrafgesetzbuch und die Kriegssonderstrafrechtsverordnung mit Erläuterungen, 3. Auflage u. 5. Auflage, Berlin 1942 u. 1944, § 35 Rn. 3.

1096 Zu § 1 aus der Begründung zu der VO über die Entlassung der Wehrmachtangehörigen auf Grund des Erlasses des Führers vom 20. September 1944, abgedruckt bei: *Absolon*, Das Wehrmachtstrafrecht im 2. Weltkrieg, Kornelimünster 1958, S.228

1097 *Absolon*, Das Wehrmachtstrafrecht im 2. Weltkrieg, Kornelimünster 1958, Nr.94, § 2, S.227.

1098 Gemeint ist damit der Verlust der Dienst- und Versorgungsansprüche.

1099 *Dörken/Scherer*, Das Militärstrafgesetzbuch und die Kriegssonderstrafrechtsverordnung mit Erläuterungen, 3. Auflage u. 5. Auflage, Berlin 1942 u. 1944, § 35 Rn. 3.

1100 Zu den militärischen Ehrenstrafen während des Zweiten Weltkrieges: *Beileiter*, Die militärischen Ehrenstrafen im geltenden Kriegsstrafrecht, Hamburg 1942.

Zweck, das Ansehen des Heeres zu schützen, entfallen war und nach mehrfach durchgeführten Strafrahmenerhöhungen die Verhängung einer Ehrenstrafe neben der Todes- oder Zuchthausstrafe nicht mehr ins Gewicht fiel. Zudem hatten die Verurteilten kaum Aussichten, jemals wieder lebendig aus der Haft entlassen zu werden. Die nach dem 20. Juli 1944 der SS und dem SD überstellten Wehrmachtsangehörigen hatten keinerlei Rechte, auch wenn sie sich nur in *„Schutz-“* oder Untersuchungshaft befanden.[1101] Ihr Leben nicht zu verlieren, war die Hauptsorge der Inhaftierten; ihren militärischen Dienstgrad und ihre Dienststelle zu behalten, dagegen von nachrangigem Interesse.

b) Die Ehrengerichtsbarkeit

Die Rechtslage in Bezug auf die Ehrengerichtsbarkeit der Offiziere änderte sich schon bald nach der *„Machtergreifung“* durch Erlaß einer vorläufigen Verfügung über *„Ehren- und Erziehungsangelegenheiten“*.[1102] Sie wurde ein Jahr später durch die Vorschrift *„Wahrung der Ehre“* ersetzt.[1103] In dieser Vorschrift wurde erstmals die unbedingte Treue zum Führer von den deutschen Soldaten verlangt und diese zum höchsten Gut des Soldaten erklärt. In den folgenden Jahren wurden, wie auf allen anderen Rechtsgebieten, die rechtstaatlichen Garantien immer weiter eingeschränkt.

Daß die hohen Vorstellungen von Ehre nur Worthülsen waren, zeigte sich am Beispiel des *„Fritsch-Prozesses“*, der als Ehrengerichtsverfahren unter der Beteiligung der ranghöchsten Militärs im März 1938 stattfand.[1104] Als Richter in diesem Verfahren fungierten der Oberbefehlshaber der Luftwaffe, Generalfeldmarschall Göring, der Oberbefehlshaber des Heeres Generaloberst v. Brauchitsch sowie der Oberbefehlshaber der Kriegsmarine, Generaladmiral Raeder. Trotz der offensichtlich unwahren Beschuldigungen gegen Frhr. v. Fritsch wurde das Verfahren eröffnet. Er wurde zwar wegen erwiesener Unschuld vom

---

[1101] *Ueberschär - v. Livonius/Ueberschär*, Polizeiliche Verfolgungsmaßnahmen, „Sonderkommissionen und die Ankläger gegen die Verschwörer beim „Volksgerichtshof“, in: *v. z. Mühlen* [Hrsg.], Die Angeklagten des 20. Juli vor dem Volksgerichtshof, Berlin-Kleinmachnow 2001, S.27ff.

[1102] *Absolon*, Wehrgesetz und Wehrdienst 1935-1945, Das Personalwesen in der Wehmacht, Boppard am Rhein 1960, S.286.

[1103] *Der Chef der Heeresleitung* [Hrsg.], Wahrung der Ehre, Nr.2500.34 PA (2), Druck Reichswehrministerium 1934.

[1104] Generaloberst Werner Frhr. v. Fritsch wurde aufgrund einer Intrige – ihm wurde Homosexualität vorgeworfen – am 4. Februar 1938 als Oberbefehlshaber des Heeres abgelöst; Graf *Kielmannsegg*, Der Fritsch-Prozess 1938, Hamburg 1949, sowie *Foertsch*, Schuld und Verhängnis, Die Fritsch-Krise im Frühjahr 1938 als Wendepunkt in der Geschichte der nationalsozialistischen Zeit, Stuttgart 1951.

Vorsitzenden Richter Göring freigesprochen, aber von Hitler, der vorher seine Ablösung als Oberbefehlshaber des Heeres verfügt hatte, nicht rehabilitiert. [1105]

Zeitgleich anläßlich der Ablösung des Oberbefehlshabers des Heeres erfolgten Austausch maßgeblicher Teile der Staatsführung[1106] wurde die erst drei Jahre zuvor erlassene Vorschrift *„Wahrung der Ehre"* grundlegend geändert.[1107] Die Einleitung der Neufassung wies zunächst keinerlei Unterschiede zum Text des Kaiserreiches auf:

> „Die Ehre ist das höchste Gut des Soldaten. Sie ist rein und fleckenlos zu erhalten, ist die heiligste Pflicht des ganzen Standes wie des einzelnen. Die Erfüllung dieser Pflicht schließt die gewissenhafte und vollständige Erfüllung aller Pflichten in sich. [..]
> Ich vertraue darauf, daß das Offizierkorps nicht nur selbst die Gesinnung und die Anschauungen wahrer Ehre heilig hält, sondern sie auch seinen Untergebenen zu wecken und zu erhalten versteht."[1108]

Nun folgte aber das Bekenntnis zum Nationalsozialismus:

> „Mit der neuen Wehrmacht ist wieder ein deutsches Volksheer entstanden, das, in deutschem Volkstum wurzelnd, deutsches Wesen und deutsche Art dem ganzen im Nationalsozialismus geeinten Volk vorlebt."

Durch die *„Fritsch-Affäre"* wurde deutlich, daß die Vorschriften über die Ehre für die Staatsführung nicht mehr von Bedeutung waren. Das zeigte zudem die Entwicklung der Ehrengerichtsbarkeit im Zweiten Weltkrieg. Im Jahr 1942 wurde ein besonderer Ehrenkodex für Soldaten nicht mehr für notwendig erachtet und die Vorschrift *„Wahrung der Ehre"* in *„vollem Umfang"* außer Kraft gesetzt.[1109] Die Sanktionierung ehrlosen Verhaltens sollte nun im Diszi-

---

[1105] *Graf Kielmannsegg*, Der Fritsch-Prozess 1938, S.110ff.

[1106] Hitler entließ nicht nur Frhr. v. Fritsch, sondern auch Generalfeldmarschall v. Blomberg, den Reichskriegsminister und Oberbefehlshaber der Wehrmacht, und Konstantin Frhr. v. Neurath, den Außenminister, und ersetzte sie durch sich selbst beziehungsweise willfährige Anhänger wie Joachim v. Ribbentrop.

[1107] *Der Oberbefehlshaber des Heeres*, Wahrung der Ehre, Nr.2500.38. PA (2) vom 01. März 1938.

[1108] *Der Oberbefehlshaber des Heeres*, Wahrung der Ehre, Nr.2500.38. PA (2) vom 01. März 1938, S.5.

[1109] Erlaß des Führers und Oberbefehlshaber des Heeres vom 15. Oktober 1942, abgedruckt bei: *Absolon*, Das Wehrmachtstrafrecht im 2. Weltkrieg, Kornelimünster 1958, S.131; siehe auch die am selben Tage dazu vom Chef des Heerespersonalamtes erlassenen Durchführungsbestimmungen bei: ebenda, S.131f.

plinarverfahren oder in schweren Fällen im Strafverfahren geahndet werden.[1110] Die bisherige Regelung wurde als unzeitgemäß angesehen.[1111] Außerdem stünden

> „... die zur Wahrung der Ehre vorgeschriebenen Maßnahmen und Formen [..], insbesondere für die Front, im Widerspruch zu der notwendigen Konzentration aller Willensäußerungen auf den Sieg im entscheidenden Endkampf unseres Volkes."[1112]

Trotz der Abschaffung der Ehrengerichte kam es im Jahr 1944 zu einem letzten ehrengerichtlichen Verfahren gegen Offiziere als Höhe- und Endpunkt der Entwicklung der Ehrengerichtsbarkeit im deutschen Heer. Hitler persönlich setzte durch Führerbefehl einen *„Ehrenhof des Heeres"* ein.[1113] Diesem gehörten Generalfeldmarschall Gerd v. Rundstedt, Generalfeldmarschall Wilhelm Keitel, Generaloberst Heinz Guderian, General der Infanterie Walter Schroth, Generalleutnant Karl-Wilhelm Specht und als Vertreter General der Infanterie Karl Kriebel, Generalleutnant Heinrich Kirchheim, zeitweise auch Generalmajor Ernst Maisel und Generalleutnant Wilhelm Burgdorf vom Heerespersonalamt an.[1114] Als Anklagevertreter fungierten die ranghöchsten Vertreter des Reichssicherheitshauptamtes (RSHA): RSHA-Chef SS-Obergruppenführer Ernst Kaltenbrunner und Gestapo-Chef SS-Gruppenführer Heinrich Müller.

Aufgabe des Ehrenhofes war es, die am Attentat des 20. Juli Beteiligten aus der Wehrmacht *„auszustoßen"* und dem Volksgerichtshof zuzuführen. In Abwesenheit der Angeklagten sollten im Eilverfahren alle des Widerstandes Verdächtigten aus dem Heer verbannt werden.[1115]

[1110] Ähnliche Bestimmungen wurden vorher schon von Reichsmarschall Göring für die Luftwaffe erlassen; siehe die Erlasse zur Offiziers-Ehrengerichtsbarkeit während des Krieges vom 20. September 1942 und vom 02. November 1942, abgedruckt bei: *Absolon*, Das Wehrmachtstrafrecht im 2. Weltkrieg, Kornelimünster 1958, S.130.

[1111] *Absolon*, Wehrgesetz und Wehrdienst 1935-1945, das Personalwesen in der Wehrmacht, Boppard am Rhein 1960, S.286.

[1112] Ebenda.

[1113] Erlaß des Führers und Reichskanzlers vom 2. August 1944, Fotographie des Erlasses bei: *Messerschmidt/Wüllner*, Die Wehrmachtjustiz im Dienste des Nationalsozialismus, Baden-Baden 1987, S.201f.

[1114] *Schmundt/Bradley/Schulze-Kossens/Heuer*, Tätigkeitsbericht des Chefs des Heerespersonalamtes General der Infanterie Rudolf Schmundt, 1.10.1942-29.10.1944, Osnabrück 1984, S.186f.

[1115] *Ueberschär*, Der „Ehrenhof" nach dem Attentat auf Hitler vom 20. Juli 1944, in: *v. z. Mühlen* [Hrsg.], Die Angeklagten des 20. Juli vor dem Volksgerichtshof, Berlin-Kleinmachnow 2001, S.22ff.

Kurze Zeit nach dem Attentat war noch unklar, vor welchem Gericht die Verhandlung gegen die Angehörigen des militärischen Widerstandes stattfinden sollte. Der Chef des Oberkommandos der Wehrmacht, Generalfeldmarschall Wilhelm Keitel, schlug Hitler das Reichskriegsgericht vor, während Reichsjustizminister Georg-Otto Thierack die Verfahren dem Volksgerichtshof unter Dr. Roland Freisler übertragen haben wollte.[1116] Thierack und Freisler sahen die Möglichkeit, wenigstens bei politischen Strafsachen das Reichskriegsgericht als unliebsamen Konkurrenten auszuschalten. Hitler ließ die Verfahren vor dem Volksgerichtshof durchführen; wohl auch, da er nun schon gar kein Vertrauen zur Wehrmacht und deren Gerichtsbarkeit mehr hatte.[1117]

Vor der Übernahme der Verfahren durch den Volksgerichtshof mußten die beschuldigten Offiziere aber aus der Wehrmacht entfernt werden,[1118] da das Reichskriegsgericht bis dahin sachlich zuständig[1119] war.[1120] Zunächst war von 1934 bis 1936 der Volksgerichtshof aufgrund § 2 der RMStGO in der Fassung des Gesetzes zur Änderung des RMStGB und der RMStGO vom 23. 11. 1934 sachlich zuständig für Hochverrats- und Landesverratstatbestände gewesen, hatte diese Zuständigkeit aber 1936 an das Reichskriegsgericht abgeben müssen.[1121]

Auf Beschluß des Ehrenhofes wurden die am Attentat des 20. Juli 1944 Beteiligten aus dem Heer ausgestoßen. Lagen nur Verdachtsmomente für eine Beteiligung vor, so wurde die vorläufige Entlassung verfügt. Die Mitglieder des Ehrenhofes, hochrangige Mitglieder der militärischen Führung, erledigten widerspruchslos die ihnen zugedachte Aufgabe. Schon nach 4 Sitzungen am 4., 14., 24. August und am 14. September 1944 in Berlin war die Arbeit des

---

[1116] Korrespondenz am 4. und 17. August 1944 zwischen Dr. Friedrich, Ministerialdirigent in der Partei-Kanzlei der NSDAP, und Klemm, Staatssekretär im Reichsjustizministerium, in: Archiv des IfZ, Nürnberger Dokument NG-416.

[1117] *Buchheit*, Richter in Roter Robe, München 1968, S.135ff., und die *„Erklärung unter Eid"* des Berliner Rechtsanwalts Dr. Kurt Behling vom März 1947, in: Archiv des IfZ, Nürnberger Dokument NG-1007.

[1118] Zu den Angeklagten des Ehrenhofes: *Domarus*, Hitler – Reden und Proklamationen, Bd.2, Neustadt a. d. Aisch 1963, S.2136ff.

[1119] §§ 2, 14 KStVO in Verbindung mit § 3 RMStGB in der Fassung v. 10. 10. 1940, RGBl. 1940 I, S.1347.

[1120] Art. 2 Nr.1, Nr.19, § 35q Verordnung zur Änderung der Militärstrafgerichtsordnung und des Einführungsgesetzes zu ihr. Vom 5. September 1936., RGBl. 1936 I S.718 (S.718, 720, 722) u. § 55 der Bekanntmachung der Neufassung der Militärstrafgerichtsordnung und des Einführungsgesetzes zu ihr. Vom 29. September 1936., RGBl. 1936 I, S.755ff. (S.763).

[1121] Gesetz zur Änderung des Militärstrafgesetzbuches und der Militärstrafgerichtsordnung. Vom 23. November 1934., RGBl.1934 I, S.1165ff.

Ehrenhofes abgeschlossen.[1122] Die Verhandlung über einen Angeklagten dauerte oft nur Minuten. Weder konnten Verteidiger bestellt werden, noch stand den Angeklagten ein Aussagerecht beziehungsweise auch nur ein Anwesenheitsrecht zu.[1123] Die überlieferten Grundsätze des Ehrengerichtsverfahrens galten nicht mehr und hatten, abgesehen vom Bestätigungsrecht des Oberbefehlshabers des Heeres als Entsprechung zum *„Allerhöchsten Königlichen Bestätigungsrecht"* mit dem ehrengerichtlichen Verfahren der Monarchie nichts mehr gemeinsam.[1124] Wenige Monate nach den Verhandlungen des *„Ehrenhofes"* endete zeitgleich mit dem Zweiten Weltkrieg auch die Offizierehrengerichtsbarkeit im Deutschen Heer.

c) Der Ehrbegriff des Offizierkorps

Nachdem die Republik von Weimar durch die *„Machtergreifung"* der Nationalsozialisten beendet worden war, gab es im Offizierkorps zunächst Offiziere, die das NS-Regime befürworteten und solche, die der neuen Staatsführung skeptisch gegenüberstanden. Die allseits begrüßte Ankündigung der Wiederaufrüstung verdeckte zunächst diese Gegensätze. Im zweiten Jahr nach der *„Machtergreifung"* traten die unterschiedlichen Auffassungen zu Tage. Das Offizierkorps wurde beim *„Röhm-Putsch"* erstmals in großem Umfang in die Verbrechen der Nationalsozialisten verstrickt. General v. Blomberg, dem Kriegsminister, kam es nur darauf an, die SA als Machtfaktor in Zusammenarbeit mit Göring und Himmler auszuschalten. Der 30. Juni 1934 war ein Wendepunkt in der Geschichte der deutschen Streitkräfte und auch eine schwere Belastung der Ehre des Offizierkorps: Nie zuvor waren deutsche Generäle im Auftrag der Staatsführung ohne gerichtliches Verfahren ermordet beziehungsweise Mörder geworden. Einmalig war auch, daß es keinen Protest seitens der Reichswehrführung gab.

Einige Offiziere, die sich dem preußischen Offiziersehrbegriff verpflichtet fühlten, erkannten schon in diesen Tagen die Veränderungen des Ehrbegriffs. Mit dem bisherigen Verständnis von Ehre waren diese Morde unvereinbar:

> „Wie soll ein Offizierkorps zu Sitte und Anstand erzogen werden, wenn sich seine oberste Spitze nicht einmal zur Wehr setzt, als die Frau eines der bekanntesten Generäle blindlings niedergeschossen wird."[1125]

[1122] *Ueberschär*, Der „Ehrenhof" nach dem Attentat auf Hitler vom 20. Juli 1944, in: *v. z. Mühlen* [Hrsg.], Die Angeklagten des 20. Juli vor dem Volksgerichtshof, Berlin-Kleinmachnow 2001, S.22ff.

[1123] Ebenda.

[1124] Ebenda.

[1125] *Gisevius*, Bis zum bitteren Ende, München /Zürich 1982, S.111.

Einen Monat nach dem 30. Juni 1934 kam es zur Anpassung des soldatischen Ehrbegriffs an die Weltanschauung der Nationalsozialisten. Jeder Offizier mußte neu seinen soldatischen Eid schwören und Adolf Hitler die Treue geloben.[1126] Alle seine sonstigen Pflichten, die bisher zum Ehrbegriff gehört hatten, hatten nun hinter dem *„unbedingten Gehorsam"* nur noch sekundäre Bedeutung. Hitler war nunmehr Oberster Befehlshaber der Wehmacht. Das korrumpierte auch den Ehrbegriff, da von nun an kein Soldat mehr seinem Gewissen verpflichtet sein sollte, sondern die ihm erteilten Befehle nur noch blindlings auszuführen hatte. Nunmehr galt allein die Treue zu Hitler als ehrenhaft. Dieses Verständnis von Ehre als bedingungslosem Gehorsam erleichterte Hitler die Vorbereitung seiner Kriegspläne; zumal die militärischen Befehlshaber nicht willens waren, Hitlers Plänen Widerstand zu leisten.[1127]

[1126] Die Wehrmachtsangehörigen wurden nach dem Tod des Reichspräsidenten Paul von Hindenburg am 02. August 1934 auf die Person Adolf Hitlers vereidigt, dem sie unbedingte Treue schwören mußten; Gesetz über die Vereidigung der Beamten und der Soldaten der Wehrmacht. Vom 20. August 1934, RGBl. 1934 I S.785. Dazu auch den Dank Hitlers vom 20. August 1934 an Reichswehrminister und Wehrmacht für den ihm geleisteten Treueid, abgedruckt in: *Absolon*, Die Wehrmacht im Dritten Reich, Bd.3, Boppard am Rhein 1975, S.317.

[1127] Das *„Hoßbach-Protokoll"*, die Niederschrift der Sitzung Hitlers mit den Spitzen des NS-Staates am 5. November 1937, auf der er seine Kriegspläne erstmals offen aussprach, abgedruckt in: *Kluge*, Das Hoßbach-‚Protokoll', Die Zerstörung einer Legende, Augsburg 1980, Anhang I, S.123ff.

VI. Bundesrepublik

Mit dem Ende des Zweiten Weltkrieges hörte auch die Wehrmacht auf zu bestehen. In der unmittelbaren Zeit danach gehörte es zum gesellschaftlichen Konsens, daß es nie wieder deutsche Soldaten geben sollte. Dies änderte sich jedoch zu Beginn der fünfziger Jahre. Im Bundestag wurde kontrovers über die *„Wiederbewaffnung"* diskutiert.[1128]

1954 entschloß sich die Bundesregierung unter Konrad Adenauer, eine bewaffnete Streitmacht aufzustellen. Diese Beschlüsse wurden 1955 mit der Gründung der Bundeswehr umgesetzt. Um die deutschen Streitkräfte aufstellen zu können, mußten erst die notwendigen Gesetzesänderungen auf den Weg gebracht werden, da das Grundgesetz vom 23. Mai 1949 keine vorgesehen hatte. Der Bundestag beschloß am 26. Februar 1954[1129] mit 334 Stimmen von CDU/CSU, FDP, GB/BHE und DP gegen 144 aus den Reihen der SPD-Fraktion und am 6. März 1956[1130] mit 390 gegen 20 Stimmen der SPD die notwendigen Grundgesetzänderungen. Durch das erste Wehrergänzungsgesetz wurden die Art. 73 Nr.1, 79 Abs.1 S.2 geändert und ein Art. 142a neu eingefügt. Das zweite änderte oder fügte ein: Art. 1 Abs.3, 12 Abs.2, Abs.3, 36 Abs.2, 45a, 45b, 49, 59a, 60 Abs.1, 65a, 87a, 87b, 96a, 137 Abs.1, 143.

Zur Gründung der Bundeswehr wurde das *„Freiwilligengesetz"*[1131] erlassen, das die *„Vorbereitung des Aufbaues der Streitkräfte der Bundesrepublik Deutschland"* zum Ziel hatte. Vom 19. März 1956 an wurde dieses durch das Soldatengesetz ersetzt, fortan das *„Grundgesetz"* der Soldaten.[1132] Neben das Soldatengesetz traten eine Vielzahl wehrrechtlicher Gesetze, Verordnungen und Erlasse.

Bei der Arbeit an den Wehrgesetzen wurde auf frühere Militärgesetze nur vereinzelt zurückgegriffen, da die Bundeswehr als *„Armee in der Demokratie"*[1133] sich von früheren Streitkräften, insbesondere der Reichswehr und der Wehrmacht, unterscheiden sollte.

[1128] Siehe dazu: *Meyer*, Innenpolitische Vorausssetzungen der westdeutschen Wiederbewaffnung, in: *Fischer* [Hrsg.], Wiederbewaffnung in Deutschland nach 1945, Berlin 1986.

[1129] Gesetz zur Ergänzung des Grundgesetzes (1. Wehrergänzungsgesetz). Vom 26. März 1954, BGBl. 1954 I S.45.

[1130] Gesetz zur Ergänzung des Grundgesetzes (2. Wehrergänzungsgesetz). Vom 19. März 1956, BGBl. 1956 I S.111ff.

[1131] Freiwilligengesetz vom 23. Juli 1955, BGBl. 1955 I S.499.

[1132] Abgeordneter Dr. Kliesing, in: Verhandlungen des Deutschen Bundestages, 2. Wahlperiode 1953, Stenographische Berichte Band 26, 105. Sitzung am 12. Oktober 1955, S. 5782 (B).

[1133] *Harenberg*, Die Bundeswehr, Lübeck 1980, S.10.

1. Offizierehrengerichtsbarkeit

Die Offizierehrengerichtsbarkeit wurde in der Bundeswehr nicht wieder erneuert. Auf deutsche militärische Traditionen, wozu man auch den Ehrbegriff zählte, wollte man aber nicht vollständig verzichten. Deshalb wurde bei jeder größeren Einheit die Stelle eines *„Traditionsbeauftragten"* geschaffen, der sich neben der Bewahrung der Tradition auch mit Fragen der Ehre zu befassen hat.[1134] Tradierte Wertvorstellungen über Kameradschaft und Ehre nahmen im Offizierkorps der Bundeswehr einen festen Platz ein. Verstöße hiergegen gelten auch in der Bundeswehr als unehrenhaftes Verhalten und werden im Kameradenkreis entsprechend gewürdigt.[1135]

2. Militärische Ehrenstrafen

Im Gegensatz zur Ehrengerichtsbarkeit fand das Ehrenstrafrecht nach 1945 eine Erneuerung in den wehrrechtlichen Vorschriften der Bundeswehr[1136] – nun in rechtsstaatlich unbedenklicher Art und Weise und ohne *„entehrenden"* Charakter. Auch wenn sie in der Bundeswehr begrifflich nicht mehr als Ehrenstrafen bezeichnet wurden,[1137] konnten auch die Architekten der Bundeswehr nicht völlig auf ein militärisches Ehrenstrafrecht verzichten:

> „Begründung des Entwurfes eines Wehrstrafgesetzes [..]
> zu § 8.
> Besondere Ehrenstrafen für Soldaten kennt der Entwurf im Gegensatz zum Militärstrafgesetzbuch nicht. An die Stelle von Rangverlust, Dienstentlassung und Verlust der Wehrwürdigkeit sollen die Laufbahnstrafen des neuen Wehrdisziplinarrechts treten. Sie können nicht vom Disziplinarvorgesetzten, sondern nur im disziplinarischen Verfahren verhängt werden. Außerdem treten an die Stelle der früheren Ehrenstrafen die gesetzlichen Nebenfolgen einer Verurteilung (§§ 48, 49, 54, 56 des Soldatengesetzes, §§ 10, 30 des Wehrpflichtgesetzes).[1138]

Auch weiterhin war es notwendig, verurteilten Straftätern mit Degradierungen oder mit dem Ausschluß aus den Streitkräften zu begegnen.

[1134] Erlaß des Bundesministeriums der Verteidigung vom 20. September und 1. Dezember 1982 („Traditionserlaß").
[1135] Mündliche Tradition.
[1136] Siehe oben die in Fußnote Nr.8 aufgezählten Strafen.
[1137] Begründung zu § 8 des Entwurfes eines Wehrstrafgesetzes, Anlage 2 zur Drucksache 3040, in: Verhandlungen des Deutschen Bundestages, Drucksachen: 2. Legislaturperiode, 3040, S.19; siehe auch: *Rittau*, Wehrstrafgesetz vom 30. März 1957 mit Einführungsgesetz, Berlin 1958, § 8, Rn.2.
[1138] Ebenda.

In der 1957 erlassenen Wehrdisziplinarordnung wurden als Laufbahnstrafen vorgesehen:

„Laufbahnstrafen (§ 6 Abs.2) sind
1. Gehaltskürzung,
2. Versagung des Aufsteigens im Gehalt,
3. Einstufung in eine niedrigere Dienstaltersstufe,
4. Dienstgradherabsetzung,
5. Entfernung aus dem Dienstverhältnis,
6. Kürzung des Ruhegehalts,
7. Aberkennung des Ruhegehalts."[1139]

Der Entzug des Dienstgrades war nur *„kraft Gesetzes oder durch Richterspruch"* möglich.[1140]

Die Verhängung der Laufbahnstrafen erfolgte durch die neugeschaffenen Wehrdienstgerichte. Als Kammern bei den Verwaltungsgerichten wurden Truppendienstgerichte und als Berufungsinstanzen der Bundesdisziplinarhof eingerichtet.[1141] Anstelle des Bundesdisziplinarhofes wurde später ein Senat beim Bundesverwaltungsgericht, der Wehrdienstsenat, für Berufungen zu-ständig.[1142]

Den Ausschluß aus der Bundeswehr regelte das Soldatengesetz. Es sah als Beendigungsgründe *„des Dienstverhältnisses eines Berufssoldaten"* vor:

„ 1. Entlassung;
2. Verlust der Rechtsstellung eines Berufssoldaten;
3. Entfernung aus dem Dienstverhältnis eines Berufssoldaten durch disziplinargerichtliches Urteil."[1143]

Schon 1961 wurde in der Wehrdisziplinarordnung eine weitere Laufbahnstrafe eingeführt, die *„ Herabsetzung des Ruhegehalts"*.[1144] Im Jahr 1972 wurden die Laufbahnstrafen durch *„Gerichtliche Disziplinarmaßnahmen"* ersetzt.[1145] Im

1139 § 43 Wehrdisziplinarordnung vom 15. März 1957, BGBl. 1957 I S.189ff.
1140 § 26 S.1 Gesetz über die Rechtsstellung der Soldaten (Soldatengesetz) vom 19. März 1956, BGBl. 1956 I S.114.
1141 § 50ff. Wehrdisziplinarordnung vom 15. März 1957, BGBl. 1957 I S.189ff.
1142 §§ 62, 73 Wehrdisziplinarordnung vom 15. März 1957 in der Neufassung vom 4. September 1972, BGBl. 1972 I S.1665ff.
1143 § 43 Abs.2 Gesetz über die Rechtsstellung der Soldaten (Soldatengesetz) vom 19. März 1956, BGBl. 1956 I S.114.
1144 § 43 Nr.7 Wehrdisziplinarordnung vom 15. März 1957 in der Fassung vom 9. Juni 1961, BGBl. 1961 I S.689ff.
1145 § 54ff. Wehrdisziplinarordnung vom 15. März 1957 in der Neufassung vom 4. September 1972, BGBl. 1972 I S.1665ff.

Rahmen dieser Reform wurden die *„Versagung des Aufsteigens im Gehalt"*, die *„Einstufung in eine niedrigere Dienstaltersstufe"* und die *„ Herabsetzung des Ruhegehalts"* abgeschafft, da diese Maßnahmen *„vor allem bei längerer Vollstreckungsdauer vielfach zu unangemessen harten finanziellen Folgen für den verurteilten Soldaten führten"*[1146]. Seitdem durften außerdem mit Ausnahme der Gehaltskürzung in Verbindung mit dem Beförderungsverbot wegen eines Dienstvergehens nur eine einzige gerichtliche Disziplinarmaßnahme verhängt werden.[1147]

Die bislang letzte Reform der Disziplinarmaßnahmen fand 2001 ihren Abschluß. Die gerichtlichen Disziplinarmaßnahmen gegen aktive Soldaten wur-den von denen gegen frühere oder im Ruhestand befindliche getrennt:

> „§ 58
> (1) Gerichtliche Disziplinarmaßnahmen gegen Berufssoldaten und Soldaten auf Zeit sind:
> 1. Kürzung der Dienstbezüge,
> 2. Beförderungsverbot,
> 3. Herabsetzung in der Besoldungsgruppe,
> 4. Dienstgradherabsetzung und
> 5. Entfernung aus dem Dienstverhältnis.
> (2) Gerichtliche Disziplinarmaßnahmen gegen Soldaten im Ruhestand sowie gegen frühere Soldaten [..] sind:
> 1. Kürzung des Ruhegehalts,
> 2. Dienstgradherabsetzung und
> 3. Aberkennung des Ruhegehalts.[1148]

3. Innere Führung und Offiziersehrbegriff

Wegen der negativen Erfahrungen mit dem Ehrbegriff des Offizierkorps in der ersten Hälfte des 20. Jahrhunderts sollte sich von nun an die Erziehung der Soldaten zu verfassungstreuen und sich an den Regeln des Rechtsstaates orientierenden *„Staatsbürger*[n] *in Uniform"* stattfinden.[1149] Diesen Begriff führt man

---

[1146] *Hodes*, Wehrdisziplinarordnung in der Neufassung vom 4. September 1972, Köln/Berlin/Bonn/München 1973, § 54 Rn.2.

[1147] § 54 Abs.2 Wehrdisziplinarordnung vom 15. März 1957 in der Neufassung vom 4. September 1972, BGBl. 1972 I S.1665ff.

[1148] § 58 Wehrdisziplinarordnung vom 15. März 1957 in der Fassung der Bekanntmachung vom 16. August 2001, BGBl. 2001 I S.2093ff. Zu den einzelnen Voraussetzungen siehe: *Schnell/Ebert*, Disziplinarrecht, Strafrecht, Beschwerderecht der Bundeswehr, Regensburg 2002, C10, § 58ff. Wehrdisziplinarordnung, S.73ff.

[1149] Zum Begriff siehe: *Krause*, Die Idee des Staatsbürgers in Uniform und die soldatengesetzliche Regelung der politischen Meinungsfreiheit, Düsseldorf 1969, S.50ff.; *Thoß*, Allgemeine Wehrpflicht und Staatsbürger in Uniform, in: *Opitz* [Hrsg.] Gerhard von Scharnhorst, auf den königlich preußischen Generalleutnant *Gerhard Johann David v. Scharnhorst* zurück.

Der *„Staatsbürger in Uniform"* wurde zur Grundlage des soldatischen Selbstverständnisses der Bundeswehrsoldaten:

> „[Man] verankerte das Leitbild vom Staatsbürger in Uniform als einen am Menschenbild des Grundgesetzes ausgerichteten „freien waffentragenden Staatsbürger"[1150] im Grundgesetz. Dazu übertrug man die Forderungen, die sich aus Art. 1 (Menschenwürde, Grundrechtsbindung der staatlichen Gewalt) auch auf die Streitkräfte."[1151]

Aus dem Bild vom *„Staatsbürgers in Uniform"* wurde das Konzept der *„Inneren Führung"* entwickelt:

> „Innere Führung bindet die Streitkräfte bei der Erfüllung ihrer Aufträge an die Werte des Grundgesetzes.
> [..] Der Soldat der Bundeswehr soll nicht nur Recht und Freiheit des deutschen Volkes verteidigen, sondern er soll seine Rechte und seine Freiheit auch im täglichen Dienst erleben.
> Unter dem Leitbild vom Staatsbürger in Uniform wird die Stellung des Soldaten im demokratischen Staat verdeutlicht. In ihm verbinden sich freie Persönlichkeit, verantwortungsbewußter Bürger und einsatzbereiter Soldat."[1152]

Auf diesen Wertvorstellungen basiert auch der Ehrbegriff der Offiziere der Bundeswehr. In jüngster Zeit wird ein kurzer, von den Offizieren der Bundeswehr selbst definierter Ehrenkodex jedem zu ernennenden Offizier mit seinem Patent übergeben:

> „Als zukünftige Offiziere wollen wir unserem Eid die Treue erweisen. Wir wollen uns allzeit in Not und Gefahr beistehen, um uns Achtung und Vertrauen zu verdienen."[1153]

Dieser *„Ehrenkodex"* ist als *„Anlehnung"* an die §§ 7-17 des Soldatengesetzes gedacht, in denen die *„Grundpflichten des Soldaten"* vorgegeben sind.[1154]

Vom Wesen und Wirken der preußischen Heeresreform, Bremen 1998, S.147ff. sowie *Hornung*, Scharnhorst, Soldat – Reformer – Staatsmann, München 1997, S.171ff.; *Berger*, Der neue Soldat, Der *„Staatsbürger in Uniform"* in globaler und europäischer Dimension, München 2001.

[1150] *v. Baudissin/v. Schubert* [Hrsg.], Soldat für den Frieden, München 1969, S.25.

[1151] *Presse- und Informationsamt der Bundesregierung* [Hrsg.], Verantwortung für Frieden und Freiheit Ausgabe 2.0, CD-Rom für PC und Mac, Bonn 1999.

[1152] Ebenda.

[1153] Mündliche Tradition.

Ziel des Ehrenkodex ist es, in Zukunft totalitäre Tendenzen gleich welcher Richtung in den Streitkräften keine Heimat finden zu lassen. Die Anforderungen an den *„Staatsbürger in Uniform"* geben die Richtlinien dafür vor.

[1154] § 7ff. Soldatengesetz in der Fassung der Bekanntmachung vom 14. Februar 2001, BGBl. 2001 I S.232ff. Zu den einzelnen Voraussetzungen siehe: *Schnell/Ebert*, Disziplinarrecht, Strafrecht, Beschwerderecht der Bundeswehr, Regensburg 2002, C01, § 7ff. Wehrdisziplinarordnung, S.8ff.

VII. Zusammenfassung

Militärisches Ehrenstrafrecht und Offizierehrengerichtsbarkeit veränderten sich in der Zeit zwischen 1806 bis 1918 wesentlich. Gleichwohl blieben ihre Funktionen unverändert. Ehrenstrafecht und Ehrengerichtsbarkeit sollten helfen, den durch die Staatsführung vorgegebenen Ehrbegriff durchzusetzen, und durch Aufrechterhaltung der militärischen Disziplin die Kampfkraft des Heeres sicherstellen.

Anfang des 19. Jahrhunderts wurden die Niederlagen Preußens gegen Napoleon zum Anlaß für umfangreiche Modernisierungen des preußischen Militärrechtes genommen. So wurden 1808 im Rahmen der preußischen Heeresreformen die *„Verordnung wegen der Militair=Strafen"*[1155] sowie die *„Verordnung wegen Bestrafung der Officiere"*[1156] erlassen. Diese Verordnungen faßten erstmals die in vielen Regelungen enthaltenen Vorschriften zum militärischen Ehrenstrafrecht und zur Offizierehrengerichtsbarkeit zusammen. Im Vordergrund standen die Normierung von Sanktionsmöglichkeiten im Falle unehrenhaften Verhaltens und die Definition des soldatischen Ehrbegriffs.

Nachdem durch eine Kabinettsordre im Jahr 1821 die Sanktionskompetenzen der Offizierehrengerichte erheblich ausgedehnt worden waren und dem preußischen König ein *„Allerhöchstes Bestätigungsrecht"*[1157] für ehrengerichtliche Entscheidungen eingeräumt worden war, kam es erst nach langjähriger Arbeit verschiedener Kommissionen im Jahr 1843 zum Erlaß einer neuen *„Verordnung über die Ehrengerichte"*, die zur Grundlage aller folgenden ehrengerichtlichen Regelungen wurde.[1158] Gleichwohl blieb sie nach Ansicht vieler Offiziere ein lückenhaftes Gesetzeswerk. Sie war nicht nur Anlaß häufiger Kritik, sondern mußte auch in sehr schneller Abfolge konkretisiert oder geändert werden.

Die *„Verordnung wegen der Militair=Strafen"* aus dem Jahr 1808, die Regelungen über Ehrenstrafen enthielt, wurde nach ihrem Erlaß so oft erweitert und ergänzt, daß sich das Ehrenstrafrecht in der Folge zu einem schwierig überschaubaren Rechtsgebiet entwickelte. Es erhielt aufgrund der ebenfalls schleppend vorangehenden Fortschritte verschiedener Kommissionen erst im Jahr

---

[1155] Verordnung wegen der Militair=Strafen vom 3. August 1808, abgedruckt in: GStA PK, I. HA (Justizministerium) Rep. 84a - Nr.1101; PrMGS Bd.1, S.58ff.; PrGS 1806-1810, S.265ff.

[1156] Verordnung wegen Bestrafung der Offiziere vom 3. August 1808, abgedruckt in: GStA PK, I. HA (Justizministerium) Rep. 84a - Nr.1101.

[1157] Allerhöchste Kabinetsordre vom 15. Februar 1821., betreffend das Verfahren bei den Ehrengerichten, abgedruckt in: PrMGS Bd.1, S.175ff.

[1158] Verordnung über die Ehrengerichte im preußischen Heere vom 20. Juli 1843, abgedruckt in: PrDGC Bd.1, S.549ff.

1845 eine übersichtliche Form. Die militärischen Ehrenstrafen wurden dabei im Allgemeinen Teil des neuen *„Strafgesetzbuch*[s] *für das preußische Heer"* in neuartiger Systematik im Abschnitt über die Nebenstrafen geregelt.[1159] Formal durch Zusammenfassung der Strafen in einem Gesetz als Fortschritt zu werten, waren die Strafarten im Vergleich zu den vorherigen Regelungen in erheblichem Umfang verändert worden. Durch die Festschreibung eines abgestuften Strafenkataloges wurden die militärischen Ehrenstrafen endgültig zum festen Bestandteil des Sanktionenkataloges gegen Militärangehörige.

Im Revolutionsjahr 1848 kam es erstmals zu einer breiteren Diskussion über die Notwendigkeit einer eigenen Ehrengerichtsbarkeit, in deren Verlauf die Abgeordneten des Wehrausschusses der Paulskirche zu dieser Frage einen ablehnenden Beschluß faßten.[1160] Nachdem sich das erste demokratisch legitimierte Parlament nicht hatte durchsetzen können, blieb die Ehrengerichtsbarkeit bis zur Reichseinigung unangetastet.

Ein Jahr nach der Gründung des Deutschen Reiches wurde reichseinheitlich als Nachfolger der einzelstaatlichen Militärstrafgesetzbücher das *„Militär-Strafgesetzbuch für das Deutsche Reich"* vom Reichstag erlassen.[1161] Das System der militärischen Ehrenstrafen wurde darin vereinfacht und die Anzahl der Strafarten reduziert.

1874 erließ Kaiser Wilhelm I. eine neue Ehrengerichtsverordnung für Preußen, die in den anderen Teilstaaten in fast unveränderter Form ebenfalls Anwendung fand.[1162] Viele Bestimmungen wurden aus der Verordnung von 1843 übernommen. Die Zuständigkeit der Ehrengerichte wurde nun abstrakt gefaßt, um alle Handlungen ahnden zu können, die dem *„richtigen Ehrgefühl oder den Verhältnissen des Offizierstandes nicht"* entsprachen. Die Rechtmäßigkeit dieser Verordnung wurde zu Beginn des 20. Jahrhunderts zum Gegenstand von Auseinandersetzungen vor deutschen Gerichten und in den Medien.[1163]

Die Offizierehrengerichte waren bewußt im 19. Jahrhundert so ausgestaltet worden, um unehrenhaftes Verhalten mit denselben (Ehren-)Strafen belegen zu

[1159] Allerhöchste Kabinets=Ordre vom 3. April 1845, betr. die Publikation und Einführung des Strafgesetzbuchs für das Heer., abgedruckt in: PrMGS Bd.3, S.219ff.; PrGS 1845, S.287ff.

[1160] § 70 Entwurf zu einem Gesetze über die deutsche Wehrverfassung, Frankfurt a. M. 1848.

[1161] Militär-Strafgesetzbuch für das Deutsche Reich vom 20. Juni 1872, RGBl. 1872 S.174ff.

[1162] *Preußisches Kriegsministerium* [Hrsg.], Verordnung über die Ehrengerichte im Preußischen Heere vom 02. Mai 1874 und Ergänzungsordres, Berlin 1901.

[1163] *Gädke*, Eine ungültige Kabinettsorder, in: Berliner Tageblatt Nr.221 vom 2. Mai 1905, in: Ztg 1950 MR und in: GStA PK, I. HA (Justizministerium) Rep. 84 – 8588.

können wie nach allgemeinem Strafrecht als strafwürdig anzusehendes Verhalten. Die zeitgenössischen Militärjuristen und der preußische Adel sahen keinen qualitativen Unterschied zwischen unehrenhaftem Benehmen und der Begehung einer Straftat.

Die Ehrengerichte waren Ausdruck des Bestrebens, durch Homogenisierung des Offizierkorps dessen ständische Vorrechte zu sichern und eine bürgerliche Assimilierung der Armee zu verhindern. Auch die autonome Kontrolle des Offizierkorps hinsichtlich seiner Treue zu *„Kaiser*[1164] *und Reich*" sollte bewahrt werden. Antimonarchistische Elemente gleich welcher Couleur aus dem Heer zu entfernen, war deshalb eine ungeschriebene Aufgabe der Ehrengerichte. Die Verhandlungen der Ehrengerichte erfolgten spätestens mit der Einführung der Verordnung von 1843 in einem geordneten Verfahren und entsprachen weitgehend rechtsstaatlichen Verfahrensgrundsätzen der ordentlichen Gerichtsverfahren. Sie waren Ausdruck der besonderen Stellung der Offiziere im Staatsgefüge. Zweck der Ehrengerichte war es ferner, Strafrechtslücken zu schließen. Ausdruck dieses Bestrebens war die Fassung des § 2a) EGV [1874], der *„...alle Handlungen und Unterlassungen von Offizieren, die dem richtigen Ehrgefühl oder den Verhältnissen des Offizierstandes zuwider sind und daher die gemeinsame Ehre des Standes* [..] *verletzen..."* der Zuständigkeit der Ehrengerichte unterwarf.

Nachdem seit der Niederringung Napoleons Preußen bis zum Ersten Weltkrieg alle kriegerischen Auseinandersetzungen gewonnen hatte, wurde das preußische Ehrenstrafrecht als Erfolgsmodell angesehen, grundsätzlich beibehalten und 1871 auch in den übrigen deutschen Staaten eingeführt. Die militärischen Ehrenstrafen blieben aber nach der Reichsgründung vom gesellschaftlichen Fortschritt nicht unberührt; das Ehrenstrafrecht des Jahres 1872 hatte mit dem des Jahres 1808 nur noch wenig gemein. Die Diskussionen im Reichstag waren Ausdruck der beginnenden Demokratisierung der Gesellschaft. Nach dem Erlaß des Reichsstrafgesetzbuches im Jahr 1872 schwand der Reformeifer. Änderungen gab es mit Ausnahme des Inkrafttretens des Kriegsstrafrechts bei Ausbruch des Ersten Weltkrieges und der dadurch ausgelösten Verschärfungen in der Anwendung militärischer Ehrenstrafen bis zum Ende des Kaiserreiches keine mehr.

Nach Ende des Ersten Weltkrieges wurde die bislang übliche Unterscheidung zwischen Ehrenstrafen für Offiziere und Nichtoffiziere abgeschafft. Die Ehrengerichtsbarkeit für Offiziere wurde durch die WRV verboten.[1165] Jedoch wurde seitens der Reichswehrführung durch die Vorschriften zur *„Wahrung der Ehrenhaftigkeit"* eine den Ehrengerichten im Kaiserreich vergleichbare

[1164] Beziehungsweise bis 1871 dem König.
[1165] Art. 105 S. 4 WRV vom 11. August 1919, RGBl. 1919, S.1383ff. (S.1403).

Institution geschaffen, mit der man den tradierten Offiziersehrbegriff zu erhalten versuchte.[1166]

Die Nationalsozialisten verschärften die militärischen Ehrenstrafen nach ihrer *„Machtergreifung"* erheblich. Zum einen wurden sie nicht mehr nur als Nebenstrafe angesehen, sondern auch als Maßregel der Besserung und Sicherung, die präventiv verhängt werden konnte.[1167] Zum anderen wurden die Strafrahmen in der neuen KSSVO bis zum Beginn des Zweiten Weltkrieges erheblich erhöht, so daß für die Begehung fast jeder Straftat der Ausschluß aus der Wehrmacht verhängt werden mußte.

Die Ehrengerichtsbarkeit wurde im Dritten Reich zunächst wieder eingeführt, im Verlauf des Zweiten Weltkrieges aber als unzeitgemäß wieder abgeschafft.[1168] Der letzte ehrengerichtliche Prozeß fand nach dem 20. Juli 1944 gegen den militärischen Widerstand gegen Hitler statt und schloß die Verschwörer auftragsgemäß in deren Abwesenheit aus der Wehrmacht aus.[1169]

Mit der Gründung der Bundeswehr 1955 wurde zwar begrifflich das Ehrenstrafrecht nicht wieder erneuert, aber von den Rechtsfolgen her vergleichbare Sanktionsmöglichkeiten geschaffen. Eine offizielle Wiedereinführung der Ehrengerichtsbarkeit für Offiziere fand nicht statt.

[1166] Die Grundlagen der Erziehung des Heeres vom 1. Januar 1921, abgedruckt im Heeresverordnungsblatt Nr.79 vom 30. Dezember 1920, 2. Jahrgang 1920, S.1040f. (S.1041f.).

[1167] *Lohner*, Die besonderen Ehrenstrafen der §§ 30 bis 39 des Militärstrafgesetzbuches gegen Wehrpflichtige des Beurlaubtenstandes. (Zur Auslegung des § 6d MStGB.), Düsseldorf 1937.

[1168] Erlaß des Führers und Oberbefehlshaber des Heeres vom 15. Oktober 1942, abgedruckt bei: *Absolon*, Das Wehrmachtstrafrecht im 2. Weltkrieg, Kornelimünster 1958, S.131.

[1169] *Ueberschär*, Der „Ehrenhof" nach dem Attentat auf Hitler vom 20. Juli 1944, in: *v. z. Mühlen* [Hrsg.], Die Angeklagten des 20. Juli vor dem Volksgerichtshof, Berlin-Kleinmachnow 2001, S.22ff.

Quellen- und Literaturverzeichnis

1. Quellen aus Archivbeständen

a) Geheimes Staatsarchiv Preussischer Kulturbesitz

Die Revision der Kriegs=Artikel 1806-1858, in: GStA PK, I. HA (Justizministerium) Rep. 84a – 1101, 1102, 1103

Gesetzentwürfe betreffend die Pensionierung der Offiziere und der Versorgung der Unterklassen des Reichsheeres, in: GStA PK, I. HA (Justizministerium) Rep. 84a – 3872

Protokolle zu den Gesetzentwürfen, betreffend die Pensionierung der Offiziere und der Versorgung der Unterklassen des Reichsheeres, in: GStA PK, I. HA (Justizministerium) Rep. 84a – 3873

Motive zu dem Militair=Strafgesetzbuch I. Theil,: Strafgesetze (Motive zum preußischen Militärstrafgesetzbuch von 1845), in: GStA PK, I. HA (Justizministerium) Rep. 84a – 8568

Strafgesetzbuch für das Preußische Heer, in: GStA PK, I. HA (Justizministerium) Rep. 84a – 8569

Verordnung, die Einführung des preußischen Militär=Strafrechts im ganzen Bundesgebiete betreffend vom 29. Dezember 1867, BGBl. 1867, S.185; vgl. auch: Allerhöchster Erlaß, betreffend die Publikation und Einführung des Strafgesetzbuches für das Preußische Heer, in: GStA PK, I. HA (Justizministerium) Rep. 84a – 8570

Motive des Militärstrafgesetzbuches für das Deutsche Reich von 1872 sowie Entwurf einer Disziplinarstrafordnung (von 1872) mit Begründung, in: GStA PK, I. HA (Justizministerium) Rep. 84a – 8571

Materialien zur Ehrengerichtsbarkeit im preußischen Heer ab 1843ff., in: GStA PK, I. HA (Justizministerium) Rep. 84a – 8588

Instruktion wie die Prüfungen zum Portepeefähnrich von den dazu niedergesetzten Exminations=Commissionen abzuhalten sind vom 12. Mai 1816, in: GStA PK, VI. HA, Nachlaß Generalfeldmarschall Hermann v. Boyen, 292

Programm über die Prüfungsarbeiten, welche diejenigen Officiere einzusenden haben, die in dem Jahre 1818 in die Königliche allgemeine Kriegs=Schule einzutreten wünschen vom 27. März 1818, in: GStA PK, VI. HA, Nachlaß Generalfeldmarschall Hermann v. Boyen, 292

Bericht über die Einführung von Ehren= und Sittengerichten bei dem 36. Infanterie=Regiment von 1819, in: GStA PK, VI. HA, Nachlaß Generalfeldmarschall Hermann v. Boyen, 380

Über die Erziehung des Offizier=Corps und Bildungs=Anstalten für Officiere, insbesondere die allgemeine Kriegsschule von 1819, in: GStA PK, VI. HA, Nachlaß Generalfeldmarschall Hermann v. Boyen, 394

Über Militärstrafgesetzgebung, in: GStA PK, VI. HA, Nachlaß Generalfeldmarschall Hermann v. Boyen, 515

Über Strafen der Soldaten, in: GStA PK, VI. HA, Nachlaß Generalfeldmarschall Hermann v. Boyen, 516

Allerhöchste Ordre vom 30. Juni 1837, in: GStA PK, I. HA (Justizministerium) Rep. 89, Nr.32 238

Schreiben Friedrich Wilhelms vom 12. August 1837 an den Staats= und Kriegs=Minister v. Rauch, in: GStA PK, I. HA (Justizministerium) Rep. 89, Nr.32 238

Übersendung des Berichts der Immediat=Kommission vom 15. November 1837, in: GStA PK, I. HA (Justizministerium) Rep. 89, Nr.32 238

Bericht des Geheimen Staats= und Kriegs=Ministers v. Rauch sowie des Geheimen Staats= und Justiz=Ministers Mühler an Friedrich Wilhelm III. vom 14. Oktober 1838, in: GStA PK, I. HA (Justizministerium) Rep. 89, Nr.32 238

Entwurf der Militair=Immediat=Kommission vom 02. November 1837, in: GStA PK, I. HA (Justizministerium) Rep. 89, Nr.32 238

Allerhöchste Verordnungen über I. die Ehrengerichte und II. über das Verfahren bei Untersuchung der zwischen Offizieren vorfallenden Streitigkeiten und Beleidigungen, sowie über die Bestrafung des Zweikampfs unter Offizieren; in: I. HA Rep. 89, Nr.32 238 und in: GStA PK, I. HA (Justizministerium) Rep. 77, Tit. 332 y, Nr.33

Allerhöchste Kabinetsordre vom 25. Januar 1836 sowie vom 4. November 1836, zusammengefasst unter: Nr.18 Ueber den Fortgang der Revision der Militairgesetzgebung, in: GStA PK, I. HA (Justizministerium) Rep. 84a – 8568

Allerhöchste Kabinetsordre vom 18. April 1818 betreffend die Anordnung einer Revision und Umarbeitung der gesammten Kriegsgesetze, in: GStA PK, I. HA (Justizministerium) Rep. 84a – 8567

Acta des Justiz-Ministeriums betreffend die Militär=Straf=Angelegenheiten (Militär=Straf= Gesetzgebung), in: GStA PK, I. HA (Justizministerium) Rep. 84a, 8571

Zusammenstellung des Entwurfs eines Militär=Strafgesetzbuchs für das Deutsche Reich – Nr.5 der Drucksachen – mit den Beschlüssen der VI. Kommission, abgedruckt in: GStA PK, I. HA. (Justizministerium) Rep. 84a. 8571

Zusammenstellung des Entwurfs eines Militär–Strafgesetzbuchs für das Deutsche Reich mit den Beschlüssen der Kommission in Zweiter Lesung, in: GStA PK, I. HA. (Justizministerium) Rep. 84a. 8571

Verhandlungen des Reichstags. XII. Legislaturperiode. II. Session. Band 264. Stenographische Berichte. Von der 124. Sitzung am 10. Februar 1911 bis zum 7. März 1911., S.4960ff., in: GStA PK, I. HA (Justizministerium) Rep. 84a – 8589.

Urteil des Kammergerichtes vom 25. Februar 1908, in: Acta des Justiz-Ministeriums zur Revision der Gesetzgebung etc. betreffend: Die Ehrengerichte, in: GStA I. HA (Justizministerium) Rep. 84a – 8588.

Edikt über das Verbot von öffentlichen Duellierungen und deren Bestrafung vom 22. März 1717, in: GStA PK, IV. HA. (Preußische Armee) Rep. 16 Militärvorschriftensammlung, Nr.487

Entwurf der Verordnung über die Ehrengerichte in der Armee vom 6. November 1839, in: GStA PK, IV. HA. (Preußische Armee) Rep. 16 Militärvorschriftensammlung, Nr.488

Gädke, Eine ungültige Kabinettsorder., in: Berliner Tageblatt vom 2. Mai 1905, in: GStA PK, I. HA (Justizministerium) Rep. 84 – 8588

Ueber die künftige Bestimmung der allgemeinen Kriegsschule und über die Erfordernisse der Aufnahme in dieselbe vom 1. September 1816, in: GStA PK, VI. HA, Nachlaß Generalfeldmarschall Hermann v. Boyen, 292

b) Bundesarchiv Koblenz

Bericht des Ausschusses für die Wehrangelegenheiten zu dem Entwurf eines Gesetzes über die deutsche Wehrverfassung, abgedruckt als Beilage I. zum Protokoll der 85. Öffentlichen Sitzung der verfassunggebenden Reichs=Versammlung vom 25. September 1848, in: *Haßler* [Hrsg.], Verhandlungen der deutschen verfassunggebenden Reichsversammlung zu Frankfurt am Main, Bd.2, BA Koblenz, Bestand: DB 51/425

Entwurf zu einem Gesetze über die Deutsche Wehrverfassung, in: *Haßler* [Hrsg.], Verhandlungen der deutschen verfassunggebenden Reichsversammlung zu Frankfurt am Main, Bd.2, Bestand: BA Koblenz, Bestand: DB 51/425

c) Staatsarchiv Hamburg

A 480/33 (*D. C. Mettlerkamp*, Minoritäts-Gutachten zum Bericht des Wehrauschusses, Hamburg 1849)

d) Militärgeschichtliches Forschungsamt, Potsdam

„Wahrung der Ehrenhaftigkeit.", Der Chef der Heeresleitung., Nr.500. 9. 29. PA (2).

e) Staatsbibliothek zu Berlin – Preussischer Kulturbesitz / Zeitungsabteilung - Westhafenspeicher

Entwurf eines Militär=Strafgesetzbuchs für das Deutsche Reich, in: Reichs=Anzeiger uns Königlich Preußischer Staats=Anzeiger vom 18. März 1872, No. 67, Erste Beilage, S.1549-1555, in: Zsn 90 160 MR D

Gädke, Eine ungültige Kabinettsorder., in: Berliner Tageblatt Nr.221 vom 2. Mai 1905, in: Ztg 1950 MR

f) Institut für Zeitgeschichte, München

Dr. Kurt Behling, *„Erklärung unter Eid"*, vom März 1947, Nürnberger Dokument NG-1007

Korrespondenz am 4. und 17. August 1944 zwischen Dr. Friedrich, Ministerialdirigent in der Partei-Kanzlei der NSDAP, und Klemm, Staatssekretär im Reichsjustizministerium, Nürnberger Dokument NG-416

2. Quellen aus Gesetzen, Gesetzessammlungen, Enzyklopädien, Amtlichen Veröffentlichungen

Verhandlungen der Preußischen National-Versammlung zu Berlin. Stenographische Berichte. Erste Abtheilung. Erste bis Zweiunddreißigste Sitzung, Bd.1, Breslau 1848

Die Verfassungs=Urkunde für den Preußischen Staat, vom 31. Januar 1850, mit Einschaltung der bisherigen gesetzlichen Abänderungen., Brandenburg 1863

Reichsgesetzblatt für das Deutsche Reich 1871-1945:
1871, 1872, 1873, 1874, 1880, 1890, 1893, 1895, 1899, 1901, 1905, 1906, 1908, 1913, 1914, 1917, 1918, 1919, 1920, 1921, 1926, 1933, 1934, 1935, 1936, 1939, 1940

Bundesgesetzblatt für den Norddeutschen Bund 1867-1871.
1867, 1870, 1871

Gesetz=Sammlung für die Königlichen Preußischen Staaten:
1813, 1816, 1824, 1841, 1844, 1845, 1847, 1851, 1852, 1880

Sammlung der für die Königlichen Preußischen Staaten erschienen Gesetze und Verordnungen von 1806 bis zum 27sten Oktober 1810. Als Anhang zu der seit dem Jahre 1810 edirten Gesetz=Sammlung für die Königlichen Preußischen Staaten, Berlin 1822

Bundesgesetzblatt für die Bundesrepublik Deutschland:
1953, 1955, 1956, 1957, 1959, 1961, 1969, 1972, 1995, 1998, 2001

Heeres-Verordnungsblatt
1920, 1921

Armee=Verordnungs=Blatt:
1882, 1883

Entscheidungen des Reichsgerichts in Strafsachen:
Band 2, 12, 14

Entscheidungen des Reichsmilitärgerichts:
Band 2, 3, 4, 6, 7, 8, 10, 11, 12, 14, 16

I. Verordnung über das Sonderstrafrecht im Kriege und bei besonderem Einsatz (Kriegssonderstrafrechtsverordnung KSSVO) mit den Änderungen und Ergänzungen der 1. Ergänzungsverordnung vom 01. November 1939 (RGBl. 1939 I S.1455ff. und 2131f.), II. Verordnung über das militärische Strafverfahren im Kriege und bei besonderem Einsatz (Kriegsstrafverfahrensordnung KStVO) mit den Änderungen und Ergänzungen der 2. bis 6. Durchführungsverordnung (RGBl. 1939 I S.1457ff., 1477ff., 2132f., 2264, 2267f.), Vom 17. August 1938, H.Dv. 3/13, M.Dv. 132, L.Dv. 3/13., Neudruck Januar 1940, Berlin 1940

Militärstrafgesetzbuch und Militärstrafgerichts-ordnung für das Königreich Bayern., Amtliche Ausgabe, München 1869

Motive zu dem Entwurfe eines Militär=Strafgesetzbuches für das Deutsche Reich, abgedruckt in: Stenographische Berichte über die Verhandlungen des Deutschen Reichstages, I. Legislatur-Periode – III. Session 1872, Dritter Band, Anlagen zu den Verhandlungen des Reichstages Nr.1-200, Anlage Nr.5, S.14ff.

Verhandlungen des Deutschen Bundestages, Drucksachen:
2. Legislaturperiode, Begründung zu § 8 des Entwurfes eines Wehrstrafgesetzes, Anlage 2 zur Drucksache 3040
5. Legislaturperiode, 1969, Nr.V/4094,

Verhandlungen des Deutschen Bundestages Stenographische Berichte:
2. Wahlperiode 1953, Band 26, 105. Sitzung am 12. Oktober 1955

Stenographische Berichte über Verhandlungen des Deutschen Reichstages:
I. Legislatur=Periode, III. Session 1872, Erster, Zweiter und Dritter Band, Berlin 1872
XII. Legislaturperiode. II. Session. Band 264. Stenographische Berichte. Von der 124. Sitzung am 10. Februar 1911 bis zum 7. März 1911., S.4960ff.

Erlaß des Bundesministeriums der Verteidigung vom 20. September und 1. Dezember 1982 („Traditionserlaß“)

Absolon, Rudolf, Die Wehrmacht im Dritten Reich, 6 Bände, Band III, 3. August 1934 bis 4. Februar 1938, Boppard am Rhein 1975

Absolon, Rudolf, Wehrgesetz und Wehrdienst 1935-1945, Das Personalwesen in der Wehrmacht, Boppard am Rhein 1960

Absolon, Rudolf, Das Wehrmachtstrafrecht im 2. Weltkrieg, Sammlung der grundlegenden Gesetze, Verordnungen und Erlasse, Kornelimünster 1958

Alten, Georg v. [Hrsg. Bd.1-3, Sonderband], *Albert, Hans v.* [Hrsg. Bd.4-6] *Smith, Francis* [Ltg. Sonderband], Handbuch für Heer und Flotte, Enzyklopädie der Kriegswissenschaften und verwandter Gebiete, 6 Bände, Erster Band: A – Bayonne, Berlin/Leipzig/Wien/Stuttgart 1909, Zweiter Band: Bayreuth – Dampfsammler, Berlin/Leipzig/Wien/Stuttgart 1911, Dritter Band: Dampfschiff – FZM, Berlin/Leipzig/Wien/Stuttgart 1911, Fünfter Band: Idstein – Leipzig, Berlin/Leipzig/Wien/Stuttgart 1913, Sonderband: Die Kriege vom Altertum bis zur Gegenwart, Berlin/Leipzig/Wien/Stuttgart 1912

Anonymus, Der Verfassungsentwurf der preußischen Nationalversammlung verglichen mit der dem Volke aufgedrungenen Verfassungsurkunde des Königs vom 5. December 1848, Leipzig 1848.

Anonymus, Deutsche Wehr=Ordnung, Berlin 1875

Anonymus, Deutsche Wehrordnung, Berlin 1888

Binding, Carl [Hrsg.], Verfassungs-Urkunde für das Königreich Württemberg. Vom 25. September 1819., in: Deutsche Staatsgrundgesetze in diplomatisch genauem Abdrucke, Heft VII: Württemberg, Leipzig 1894

Binding, Carl [Hrsg.], Verfassungsurkunde des Königreichs Sachsen. Vom 4. September 1831., in: Deutsche Staatsgrundgesetze in diplomatisch genauem Abdrucke, Heft VI: Sachsen, Leipzig 1893

Binding, Carl [Hrsg.], Die Verfassung des Großherzogtums Baden. Vom 22. August 1818., in: Deutsche Staatsgrundgesetze in diplomatisch genauem Abdrucke, Heft VIII. 1.: Baden, Leipzig 1899

Birkmeyer, Karl [Hrsg.], Encyklopädie der Rechtswissenschaft, 2. Auflage, Berlin 1904

Brunner, Otto [Hrsg.], *Conze, Werner, Koselleck, Reinhart,* Geschichtliche Grundbegriffe, 7 Bände, Band 4, Stuttgart 1978

Cavan, Georg Wilhelm, Das Krieges= oder Militär=Recht, wie solches jetzt bei der Königlich Preußischen Armee besteht, 2 Bände, Neudruck der Ausgabe von 1801 in einem Band, Bad Honnef 1982

Der Chef der Heeresleitung [Hrsg.], Wahrung der Ehre, Nr.2500.34 PA (2), Druck Reichswehrministerium 1934.

Der Chef der Heeresleitung [Hrsg.], Wahrung der Ehre, Nr.2500.38. PA (2) vom 01. März 1938., Berlin 1938

Deutsche Rangliste, Deutsche Rangliste, umfassend das gesamte aktive Offizierkorps der deutschen Armee und Marine und seinem Nachwuchs, Oldenburg i. Gr. 1914

Dietz, Heinrich [Hrsg.], Handwörterbuch des Militärrechts, Rastatt 1911

Erler, Adalbert [Hrsg.], *Kaufmann, Ekkehard* [Hrsg.], *Stammler, Wolfgang* [Mitbegr.], Handwörterbuch zur deutschen Rechtsgeschichte, 5 Bände, I. Band: Aachen – Haussuchung, Berlin 1971, II. Band: Haustür - Lippe, Berlin 1978, III. Band: List – Protonotar, Berlin 1984, IV. Band: Protonotarius Apostolicus – Strafprozeßordnung, Berlin 1990

Friccius, Carl [Hrsg. Bd.1-5], *Fleck, Eduard* [Hrsg. Bd.6-7], Preußische Militair-Gesetz-Sammlung (PrMGS), 7 Bände, Erster Band: enthaltend die bis zum Jahre 1835 die bestehenden Gesetze, Verordnungen und allgemeinen Verfügungen, welche sich auf die militairische Rechtspflege beziehen, Berlin/Elbing 1836, Zweiter Band: enthaltend die auf die militairische Rechtspflege sich beziehenden Gesetze, Verordnungen und allgemeinen Verfügungen aus den Jahren 1836 bis 1840 und zehn Verordnungen aus früherer Zeit, Berlin/Elbing 1841, Dritter Band: enthaltend die auf die militairische Rechtspflege sich beziehenden Gesetze, Verordnungen und allgemeinen Verfügungen aus den Jahren 1841 bis 1845 und zwei Verordnungen aus früherer Zeit, Berlin/Elbing 1846, Vierter Band: enthaltend die auf die militairische Rechtspflege sich beziehenden Gesetze, Verordnungen und allgemeinen Verfügungen aus den Jahren 1846 bis 1850 und eine Verordnung aus früherer Zeit, Berlin/Elbing 1851, Fünfter Band: enthaltend die auf die militairische Rechtspflege sich beziehenden Gesetze, Verordnungen und allgemeinen Verfügungen aus den Jahren 1851 bis Juli 1856 und drei Verordnungen aus früherer Zeit, Berlin/Elbing 1856, Sechster Band: enthaltend die seit Juli 1856 bis April 1862 ergangenen, auf die militairische Rechtspflege sich beziehenden Gesetze, Verordnungen und allgemeinen Verfügungen, Berlin 1862, Siebenter Band: enthaltend die seit April 1862 bis Mai 1867 ergangenen, auf die militairische Rechtspflege sich beziehenden Gesetze, Verordnungen und allgemeinen Verfügungen, Berlin 1867

Hattenhauer, Hans [Hrsg.], *Bernert, Günther* [Bibliogr.], Allgemeines Landrecht für die preußischen Staaten von 1794, Textausgabe, 2. Auflage, Neuwied/Kriftel/Berlin 1994

Höinghaus, R., Reichs=Militärgesetz, Berlin 1874

Huber, Ernst Rudolf, Dokumente zur deutschen Verfassungsgeschichte, 5 Bände, Band 2, Deutsche Verfassungsdokumente 1851-1918, 2. Auflage, Stuttgart 1964

Johow, Reinhold [Hrsg.], *Ring, Viktor* [Hrsg.] , Jahrbuch für Entscheidungen des Kammergerichts in Sachen der freiwilligen Gerichtsbarkeit, in Kosten=, Stempel und Strafsachen, Band 36, Berlin 1909

Keilig, Wulf, Die Generale des Heeres: Truppenoffiziere, Sanitätsoffiziere im Generalsrang, Waffenoffiziere im Generalsrang, Offiziere d. Kraftfahrparktruppe im Generalsrang, Ingenieur-Offiziere im Generalsrang, Wehrmachtrichter im Generalsrang, Verwaltungsoffiziere im Generalsrang, Veterinäroffiziere im Generalsrang, Friedberg 1983

Kern, Eduard, Die ordentliche Gerichtsbarkeit und die Sondergerichtsbarkeit, in: *Anschütz/Thoma*, Handbuch des Deutschen Staatsrechts, Bd. 2, Tübingen 1932, S.495ff.

Killy, Walther [Hrsg. Bd.1-12], *Vierhaus, Rudolf* [Hrsg. Bd.3-12], Deutsche Biographische Enzyklopädie, 12 Bände, Band 1: Aachen-Boguslawski, München/New Providence/London/Paris 1995, Band 2: Bohacz-Ebhardt, München/New Providence/London/Paris 1995, Band 3: Ebinger-Gierke, München/New Providence/London/Paris 1996, Band 6: Kogel-Maxsein, München 1997, Band 9: Schmidt-Theyer, München 1998, Band 10: Thibaut-Zycha, München 1999

Messerschmidt, Manfred, Die politische Geschichte der preußisch-deutschen Armee, in: Deutsche Militärgeschichte (1648-1939), 6 Bände, herausgegeben vom Militärgeschichtlichen Forschungsamt, Band 2, 1. Teil, München 1983, S.1ff.

Messerschmidt, Manfred, Die preußische Armee, in: Deutsche Militärgeschichte (1648-1939), 6 Bände, herausgegeben vom Militärgeschichtlichen Forschungsamt, Band 2, 2. Teil, München 1983, S.1ff.

Moll, Martin Führer-Erlasse 1939-1945, Stuttgart 1997

Poten, Bernhard v. [Hrsg.] Handwörterbuch der gesamten Militärwissenschaften, 9 Bände, Band 3: Döfflingen bis Friedrich I., Bielefeld 1877

Presse- und Informationsamt der Bundesregierung [Hrsg.]Verantwortung für Frieden und Freiheit Ausgabe 2.0, CD-Rom für PC und Mac, Bonn 1999

Preußisches Kriegsministerium Allerhöchste Verordnung über die Ehrengerichte im Preußischen Heere vom 02. Mai 1874 und Ergänzungsordres, Berlin 1901

Preußisches Kriegsministerium Allerhöchste Verordnungen über die Ehrengerichte der Offiziere und Sanitätsoffiziere in der Kaiserlichen Marine vom 26. Juli 1895 und 3. Juli 1901 sowie über die Ehrengerichte der Offiziere und Sanitätsoffiziere der Kaiserlichen Schutztruppen, Berlin 1902

Preußisches Kriegsministerium Kompendium über Militärrecht, Neuabdruck 1910, Abschnitt I.: enthaltend die Militärstrafgerichtsordnung vom 01. Dezember 1898, Abschnitt II.: enthaltend das Militärstrafgesetzbuch für das Deutsche Reich vom 20. Juni 1872, Abschnitt IV.: enthaltend die Allerhöchste Verordnung über die Disziplinarstrafordnung für das Heer, Abschnitt VI.: enthaltend die Allerhöchste Verordnung über die Ehrengerichte der Offiziere im preußischen Heere vom 2. Mai 1874 und Ergänzungsordre, Neuabdruck, Berlin 1911

Schwarz, Max Biographisches Handbuch der Reichstage, Hamburg 1965

Stengel, Karl Frhr. v. [Hrsg.] Wörterbuch des Deutschen Verwaltungsrechts, 2 Bände, Erster Band: A-K, Freiburg i. Br., 1. Auflage 1890, Zweiter Band: L-Z, Freiburg i. Br., 1. Auflage 1890

Stoepel, Paul Thiele, Max Preußisch-Deutscher Gesetz-Codex, 11 Bände, Band 1: 1806-1866, 4. Auflage, Frankfurt a. d. Oder 1907

Stoll, Christoph Einführung, in: Reden für die deutsche Nation: 1848/1849; Stenographischer Bericht über die Verhandlungen der Deutschen Constituirenden Nationalversammlung zu Frankfurt am Main, 9 Bände, Nachdruck der Erstausgabe Frankfurt a. M. 1848/49, Band 1: Sitzung Nr.1-33, München 1979, S.Iff.

v. Seelhorst, R. Deutschland's Militair=Literatur im letzten Jahrzehnt 1850 bis 1860 nebst einer Zusammenstellung der wichtigsten Karten und Pläne Europa's, Berlin 1862

Vaupel, Rudolf Die Reorganisation des Preussischen Staates unter Stein und Hardenberg, Zwei Bände, Zweiter Teil: Das Preussische Heer vom Tilsiter Frieden bis zur Befreiung 1807-1814, Band I, Leipzig 1938

Wagner, Walter Der Volksgerichtshof im nationalsozialistischen Staat, in: Die deutsche Justiz und der Nationalsozialismus, 3 Bände, Bd.3, Stuttgart 1974

Wigard, Franz [Hrsg.] Reden für die deutsche Nation: 1848/1849; Stenographischer Bericht über die Verhandlungen der Deutschen Constituirenden Nationalversammlung zu Frankfurt am Main, 9 Bände, Nachdruck der Erstausgabe Frankfurt a. M. 1848/49, Band 1: Sitzung Nr.1 bis 33, München 1979, Band 3: Sitzung Nr.62 bis 89, München 1988

Wohlfeil, Rainer Ritter – Söldnerführer - Offizier, in: Festschrift Johannes Bärmann, Teil 1, Wiesbaden 1966, S.45-70

Wohlfeil, Rainer Reichswehr und Republik, in: Deutsche Militärgeschichte (1648-1939), 6 Bände, herausgegeben vom Militärgeschichtlichen Forschungsamt, Band 3, 6. Teil, München 1979, S.1ff.

3. Literaturverzeichnis

a) Monographien und Dissertationen

Anneke, F. Ein ehrengerichtlicher Prozeß, Leipzig 1846

Anonymus Erläuterungen zum Entwurf des Strafgesetzbuchs für das Königlich= Preußische=Militair., Zwei Bände, Erster Theil. Militair=Strafgesetze., Berlin 1835, Zweiter Theil., Militair=Strafprozessordnung, Berlin 1837

Anonymus Die deutsche Wehrverfassung. Ein Vorschlag in Form eines Gesetz-Entwurfs, von einem deutschen Officier, Frankfurt a. Main 1848

Anonymus Ueber die Abschaffung der Ehrengerichte, in: Militair=Wochenblatt 1847 (Beiheft 1848)

Anonymus Betrachtungen zu dem der Frankfurter Nationalversammlung zur Berathung vorliegenden Entwurf eines Gesetzes über die deutsche Wehrverfassung, Berlin 1848

Apel, Erich Die königliche Gewalt auf dem Gebiete des Ehrengerichtsverfahrens gegen preußische Offiziere, Berlin 1906

Aretin, Johann Chr., Frhr. v. Rotteck, Carl v. Staatsrecht der constitutionellen Monarchie, Ein Handbuch für Geschäftsmänner, studirende Jünglinge, und gebildete Bürger, 3 Bände, Zweiter Theil. Von der bürgerlichen Freiheit in der constitutionellen Monarchie., 2. Auflage, Leipzig 1839

Batscha, Zwi [Hrsg.] *Garber, Jörn* Von der staendischen zur bürgerlichen Gesellschaft: Politisch-soziale Theorien im Deutschland der zweiten Hälfte des 18. Jahrhunderts, Frankfurt a. Main 1981

Baudissin, Wolf Graf, v.Schubert, Peter v. [Hrsg.] Soldat für den Frieden, München 1969

Behn, O. v. Gegen die Aufhebung der Militärgerichtsbarkeit, in: *Dietz* [Hrsg.], Militärrechtliche Blätter., 1. Jahrgang 1919-1920, S.20-22

Beileiter, Heribert Die militärischen Ehrenstrafen im geltenden Kriegsstrafrecht, Hamburg 1942

Below, Georg v. Das Duell und der germanische Ehrbegriff, Kassel 1896

Berger, Boris Der neue Soldat, Der „Staatsbürger in Uniform" in globaler und europäischer Dimension, München 2001

Block, Just Die Ausschaltung und Beschränkung der deutschen ordentlichen Militärgerichtsbarkeit während des Zweiten Weltkrieges, Würzburg 1967

Böhr, Susanne Die Verfassungsarbeit der preißischen Nationalversammlung 1848, Frankfurt am Main/Bern/New York/Paris 1992

Boguslawski, Albert v. Die Ehre und das Duell, 2. Auflage, Berlin 1897

Boguslawski, Albert v. Der Ehrbegriff des Offizierstandes, Berlin 1875

Bojan,v. Ehrengerichte, Disziplinarbestrafung und Beschwerden - Beispiele zum Unterricht, 3. Auflage, Berlin 1913

Bonin, Burkhard v. Entwicklung des deutschen Kriegsgerichtswesens., in: Sammlung militärrechtlicher Abhandlungen und Studien, Band I, Heft 6, Rastatt 1912

Buchheit, Gert Richter in roter Robe: Freisler, Präsident des Volksgerichtshofes, München 1968

Cavan, Georg Wilhelm Anweisung zu Criminalprocessen bei Civil= und Militärgerichten., Berlin 1805

Conrad, Hermann Deutsche Rechtsgeschichte, 2 Bände, Bd. 2: Neuzeit - 1806, Karlsruhe 1966

Delius Rechtshülfe zwischen Civil- und Militärgerichten., in: Archiv für Öffentliches Recht (AÖV), 1894, S.240-269

Demeter, Karl Das Deutsche Offizierkorps in Gesellschaft und Staat 1650-1945, 2. Auflage, Frankfurt a. Main 1962

Dieling, Friedrich Zunftrecht, Eine Rechtsquellenstudie mit besonderer Berücksichtigung des Schneiderhandwerks, Heidelberg 1932

Dieners, Peter Das Duell und die Sonderrolle des Militärs, Zur preußisch deutschen Entwicklung von Militär- und Zivilgewalt im 19. Jahrhundert, Berlin 1992

Dietz, Heinrich [Hrsg.] Die Militärstrafrechtspflege im Lichte der Kriminalstatistik für das Deutsche Heer und die Kaiserliche Marine, Oldenburg i. Gr. 1908

Dietz, Heinrich [Hrsg.] Disziplinarstrafrecht, Beschwerderecht, Ehrengerichtsbarkeit für Heer, Marine und Schutztruppen., 2. Auflage Rastatt 1917

Dolles, Alfred Die Nebenstrafen an der Ehre. Ein Beitrag zur Strafrechtsreform., Leipzig 1914

Domarus, Max Hitler – Reden und Proklamationen 1932-1945, 2 Bände, II. Band: Untergang (1939-1945), Neustadt a. d. Aisch 1963

Dombrowski, Hanns Kriegsstrafrecht, in: *Rehdans* [Hrsg.], Sammlung des Wehrrechts, 5. Auflage, Berlin 1942

Endres, Karl Die Ehrengerichtsverordnungen für die Offiziere des deutschen Heeres, Berlin 1906

Engisch, Karl Die Einheit der Rechtsordnung, Neudruck der Ausgabe Heidelberg 1935, Darmstadt 1987

Erhard, Paul Die rechtliche Stellung der deutschen Militärbeamten unter Berücksichtigung des bayer. Sonderrechtes, in: Sammlung militärischer Abhandlungen und Studien, Band II, Heft 2, Rastatt 1913

Erzberger, Matthias Ehre und Duell, in: Ideal und Leben, Eine Sammlung ethischer Kulturfragen, Bd.3, Paderborn/Würzburg 1913

Esser, Albert Die Ehrenstrafe, Stuttgart 1956

Fehr, Hans Der Zweikampf, Berlin 1908

Felix, Dagmar Einheit der Rechtsordnung: Zur verfassungsrechtlichen Relevanz einer juristischen Argumentationsfigur, Tübingen 1998

Ferguson, Niall Der falsche Krieg, Der Erste Weltkrieg und das 20. Jahrhundert, Stuttgart 1999

Fest, Joachim C. Staatsstreich, Der lange Weg zum 20. Juli, 1. Auflage, Berlin 1994

Fiedler, Siegfried Grundriß der Militär- und Kriegsgeschichte, 3 Bände, Dritter Band: Napoleon gegen Preußen, München-Lochhausen 1978

Fleck, Eduard Das Strafverfahren der Preußischen Militairgerichte., Berlin 1840

Foertsch, Hermann Schuld und Verhängnis, Die Fritsch-Krise im Frühjahr 1938 als Wendepunkt in der Geschichte der nationalsozialistischen Zeit, Stuttgart 1951

Frank, Hans Rechtsgrundlegung des nationalsozialistischen Führerstaates, München 1938

Frank, Hans Nationalsozialistisches Handbuch für Recht und Gesetzgebung, München 1935

Frauenholz, Eugen v. Entwicklungsgeschichte des deutschen Heerwesens, 5 Bände, Dritter Band: Das Heerwesen in der Zeit des Dreissigjährigen Krieges, Erster Teil: Das Söldnertum, München 1938, Zweiter Teil: Die Landesdefension in der Zeit des dreissigjährigen Krieges, München 1939, Vierter Band, Das Heerwesen in der Zeit des Absolutismus, München 1940

Fresenius, Felix Die Auswirkung des strafrechtlichen Erziehungsgedankens auf die die Mannschaften betreffenden Bestimmungen in der Heeresdisziplinarstrafordnung, Marburg 1927

Friccius, Carl Das preußische Militair-Strafrecht wie es besteht, Berlin und Elbing 1835

Friccius, Carl Entwurf eines deutschen Kriegsrechts, erläutert durch eine Geschichte des deutschen Kriegsrechts und einen Rechtfertigungsbericht., Berlin 1848

Friedrich Wilhelm IV., König von Preußen Bemerkungen zu dem Gesetz-Entwurfe über die deutsche Wehrverfassung, Berlin 1849

Fritsch, Thomas Corpus Iuris Militaris Novissimum, oder neuestes Kriegs=Recht, worinnen die Militairverordnungen, welche die römischen Kayser, die geist= und weltliche Chur=Fürsten, die mächtigen Fürsten und andere vornehme Stände der Heil. Röm. Reichs, ingleichen die auswärtigen Könige und Republiqiuen bis auf diese Zeit ergehen lassen, zu finden, Leipzig 1724

Fuchs, Irene Die Ehrenstrafen der Vergangenheit und Gegenwart, Köln 1928

Gerland, Heinrich Die Kontrollversammlungen und der § 38 B 1 des Reichsmilitärgesetzes, in: Recht und Staat in Geschichte und Gegenwart, Band 5, Tübingen 1914

Gisevius, Hans Bernd Bis zum bitteren Ende, 1. Taschenbuchauflage, München/Zürich 1982

Gleispach, Wenzel Graf v. Das Kriegsstrafrecht, Teil I: Das allgemeine Kriegsstrafrecht, Stuttgart/Berlin 1941, Teil II: Das allgemeine Strafverfahrensrecht im Krieg und das Strafrecht und Strafverfahrensrecht der Wehrmacht im Krieg, Stuttgart/Berlin 1941, Teil III: Das neueste allgemeine Kriegsstrafrecht, Stuttgart/Berlin 1941

Goldschmidt, Ernst Friedrich Geschichte und Wirkungskreis der Organe der Militärgerichtsbarkeit vom Ende des Mittelalters bis nach der deutschen Revolution im November 1918, abgedruckt in: Sammlung militärrechtlicher Abhandlungen und Studien, Band III, Heft 4, S.1ff. (S.15f.).

Griesheim, Karl Gustav Julius v. Kritische Bemerkungen über den Entwurf des Wehr=Ausschusses der Reichs=Versammlung zu einem Gesetz über die Deutsche Wehr=Verfassung, Berlin 1848

Groener-Geyer, Dorothea General Groener, Soldat und Staatsmann, Frankfurt a. M. 1955

Gross, Carl v. Charakter und Rechtsgrundlage der preußischen Militär-Ehrengerichtsbarkeit (Fall „Gaedke"), Göttingen 1917

Haack, Heinrich Die Zweikampfbeleidigung., Freiburg 1930

Haase, Norbert Das Reichskriegsgericht und der Widerstand gegen die nationalsozialistische Herrschaft, Berlin 1993

Harenberg, Karl-Heinz Die Bundeswehr, Lübeck 1980

Haken, Ottomar Über den Begriff der Ehre, deren Verletzung und Wiederherstellung, Dorpat 1850

Hartmann, Heinrich Luise, Preußens große Königin, 2. Auflage, Berg a. Starnberger See 1985

Hattenhauer, Hans Geschichte des deutschen Beamtentums, 2. Auflage, Köln, Berlin, Bonn, München 1993

Hattenhauer, Hans Geschichte der deutschen Nationalsymbole, München 1990

Hebbelmann, Georg Das preußische „Offizierkorps" im 18. Jahrhundert, Analyse der Sozialstruktur einer Funktionselite, Münster 1999

Helfert, Rolf Der preußische Liberalismus und die Heeresreform von 1860, Bonn 1989

Holly, Günter Geschichte der Ehrengerichtsbarkeit der deutschen Rechtsanwälte, Frankfurt a. Main/ Bern/New York/Paris 1989

Hornung, Klaus Scharnhorst, Soldat – Reformer – Staatsmann, München 1997

Hubatsch, Walther Die Stein-Hardenbergschen Reformen, Darmstadt 1977

Hücking Wie lange stehen die zur Kontrolversammlung einbeorderten Mannschaften unter den Militärgesetzen?, in: GA Bd. 34, S.453ff.

Hüger, A. Meine Erlebnisse in der Militär=Rechts= und Officier=Ehren=Gerichts=Pflege. Berlin 1902

Hüllmann, Karl Dietrich Geschichte des Ursprungs der Stände in Deutschland, 3 Bände, Erster Theil, Frankfurt a. d. Oder 1806, Zweiter Theil, Frankfurt a. d. Oder 1806, Dritter Theil, Frankfurt a. d. Oder 1808

Jagemann, Ludwig v. Die Militärstrafen im Lichte der Zeit., Erlangen 1849

Janda, Axel Die Entwicklung von Militärstrafrecht und Militärstrafgesetzbuch unter besonderer Berücksichtigung der Mißhandlung Untergebener in der Kaiserlich Deutschen Marine, Köln 1981

Kielmannsegg, Graf Johann Adolf Der Fritsch-Prozess 1938, Hamburg 1949

Kießlich, Hermann-Viktor Die Ehrenstrafen, Unter besonderer Berücksichtigung der Reform des Strafrechts, Berlin 1911

Kirchner, Heinz, Laitenberger, Birgit Deutsche Orden und Ehrenzeichen: Kommentar zum Gesetz über Titel, Orden und Ehrenzeichen und eine Darstellung der deutschen Orden und Ehrenzeichen von der Kaiserzeit bis in die Gegenwart, 5. Auflage, Köln 1997

Kluge, Dankwart Das Hoßbach-‚Protokoll', Die Zerstörung einer Legende, Augsburg 1980

Kluth, Rolf Preussische Ehrauffassung, Der Ehrbegriff im preussischen Heer des 18. Jahrhunderts, Berlin 1941

Kohlrausch Zweikampf, in: *Birkmeyer/van Calker* et. al. [Hrsg.], Vergleichende Darstellung des Deutschen und Ausländischen Strafrechts, Besonderer Teil, III. Band, Berlin 1906, S.125ff.

Korwin-Dzbanski, Stanislaus Ritter v. Zur Reform des Militär-Straf- und ehrenräthlichen Verfahrens in Oesterreich-Ungarn, Wien 1895

Krause, Hans Georg Die Idee des Staatsbürgers in Uniform und die soldatengesetzliche Regelung der politischen Meinungsfreiheit, Düsseldorf 1969

Kroner, Theodor Der Zweikampf im altdeutschen Recht, seine Verbreitung in der Neuzeit, seine Bestrafung nach dem geltenden und zukünftigen Deutschen Strafgesetzbuch und die Ziele der Anti=Duell=Liga, Stuttgart 1910

Kühne, Emil Die Ehrenstrafen insbesondere auch rechtsvergleichend und rechtsgeschichtlich dargestellt., Würzburg 1931

Kühne, Jörg-Detlef Die Reichsverfassung der Paulskirche, Frankfurt am Main 1985

Kusahl, Hans, Schmied-Kowarzik, Josef Duellbuch. Geschichte des Zweikampfes nebst einem Anhang enthaltend Duellregeln und Paukcomment, Leipzig 1896

Liepmann, M. Die Beleidigung, Berlin 1909

Liepmann Einfache Beleidigung, in: *Birkmeyer/van Calker* [Hrsg.], Vergleichende Darstellung des Deutschen und Ausländischen Strafrechts, Besonderer Teil, Vierter Band, Berlin 1906, S.217ff.

Lohner, Otto Die besonderen Ehrenstrafen der §§ 30 bis 39 des Militärstrafgesetzbuches gegen Wehrpflichtige des Beurlaubtenstandes. (Zur Auslegung des § 6d MStGB.), Düsseldorf 1937

Markus, Otto Die besonderen Ehrenstrafen des Militärgesetzbuches, Crefeld 1916

Marschall v. Bieberstein, Fritz Frhr. Verantwortlichkeit und Gegenzeichnung bei Anordnungen des Obersten Kriegsherrn., Berlin 1911

Meier-Welcker, Hans Seeckt, Frankfurt a. Main 1967

Meier-Welcker, Hans [Hrsg.] Offiziere im Bild von Dokumenten aus drei Jahrhunderten, Stuttgart 1964

Meier-Welcker, Hans [Hrsg.] Untersuchungen zur Geschichte des Offizierkorps, Anciennität und Beförderung nach Leistung, in: Beiträge zur Militär- und Kriegsgeschichte, Band 4, Stuttgart 1962

Meinecke, Friedrich Das Leben des Generalfeldmarschalls Hermann von Boyen, 2 Bände, Band 1 1771-1814, Stuttgart 1896, Band 2, 1814-1848, Stuttgart 1899

Messerschmidt, Manfred Offiziere im Bild von Dokumenten aus drei Jahrhunderten, in: Beiträge zur Militär- und Kriegsgeschichte, Band 6, Stuttgart 1964

Messerschmidt, Manfred, Wüllner, Fritz Die Wehrmachtjustiz im Dienste des Nationalsozialismus, 1. Auflage, Baden-Baden 1987

Meyer, Georg Innenpolitische Vorasussetzungen der westdeutschen Wiederbewaffnung, in: *Fischer* [Hrsg.], Wiederbewaffnung in Deutschland nach 1945, Berlin 1986

Meyer, Thomas Stand und Klasse, Opladen 1997

Molitor, Ignaz Ortwein v. Die Kriegsgerichte und Militärstrafen im neunzehnten Jahrhundert mit einem Rückblicke auf die Kriegsstrafen der Römer, die Kriegsgewohnheiten der alten Deutschen, und die Kriegsgesetze bis zum Beginne dieses Jahrhunderts, mit besonderer Berücksichtigung der Kriegsgesetze Oesterreichs, Preußens, Sachsens, Würtembergs, Badens, dann Frankreichs, Sardiniens und der Eidgenossensaft, Wien 1855

Mosle, Johann Ludwig Grundzüge einer Wehrverfassung nach den Bedürfnissen der Zeit, Frankfurt a. M. 1848

Müller, Gerhard Novemberrevolution 1918, Dolchstoß oder Dolchstoßlegende?, Stuttgart 1978

Nestler, Dankwart Der Dienst im Beurlaubtenstand. Eine Begriffsbestimmung, in: Sammlung militärrechtlicher Abhandlungen und Studien., Band II., Heft 4., Rastatt 1915

Ostermann, Erhard Der Rechtscharakter der Ehrengerichte für Rechtsanwälte und der Berufsgerichte der Heilberufe, Münster 1962

Pelz, Siegfried Die preussischen und reichsdeutschen Kriegsartikel – Historische Entwicklung und rechtliche Einordnung, Hamburg 1979

Peucker, v. Beiträge zur Beleuchtung einiger Grundlagen für die künftige Wehrverfassung Deutschland's, Frankfurt a. M. 1848

Picker, Henry Hitlers Tischgespräche im Führerhauptquartier, Neuausgabe, Stuttgart 1976

Prinz von Preußen Die Verordnungen über die Ehrengerichte und den Zweikampf unter Offizieren vom 20. Juli 1843, abgedruckt in: Militärische Schriften weiland Kaiser Wilhelms des Großen Majestät, Bd.1, Berlin 1897, S.441ff.

Prinz von Preußen Bemerkungen zu dem Gesetzentwurf über die Deutsche Wehrverfassung., abgedruckt in: Militärische Schriften weiland Kaiser Wilhelms des Großen Majestät, Bd.2, Berlin 1897, S.1f.

Rabenau, v. Friedrich Die deutsche Land- und Seemacht und die Berufspflichten des Offiziers, 4. Auflage, Berlin 1914

Rabenau, v. Friedrich Hans v. Seeckt, Aus seinem Leben 1918-1936, Leipzig 1940

Rauh, Manfred Föderalismus und Parlamentarismus im Wilhelminischen Reich, Düsseldorf 1973, in: Beiträge zur Geschichte des Parlamentarismus und der politischen Parteien, Band 47

Regge, Jürgen Kabinettsjustiz in Brandenburg-Preußen, Berlin 1977

Richstein, Christine Das „belagerte" Strafrecht - Kriegsstrafrecht im Deutschen Reich während des Ersten Weltkriegs, Münster 2000

Rissom, Carl Militärstrafrecht, Disziplinarstrafgewalt und Ehrengerichte im deutschen Heere, Berlin 1903

Rissom, Carl Strafurteil und Ehrengericht, in: Archiv für Öffentliches Recht (AÖV), 1907, S.515-529

Ritter, Gerhard Staatskunst und Kriegshandwerk, Das Problem des „Militarismus" in Deutschland, 4 Bände, Erster Band: Die altpreußische Tradition (1740-1890), 3. Auflage, München 1965

Rotteck, Carl v. Ueber stehende Heere und Nationalmiliz, Freyburg 1816

Rudloff, Karl Gustav v. [Hrsg.] Handbuch des Preußischen Militairrechts, oder Darstellung der im Preußischen Heere bestehenden Grundsätze über militairische Rechts= und Polizei=Verhältnisse, Disziplin und Justizverwaltung, in drei Bänden, Erster Theil., Berlin 1826, Zweiter Theil., Berlin 1826, Dritter, die beiden früheren fortsetzender und ergänzender Theil., Berlin 1835

Rumpf, Heinrich Allgemeines Kriegswörterbuch für Offiziere aller Waffen., 2 Bände, Zweiter Band L-Z, Berlin 1822

Rumschöttel, Hermann Das bayerische Offizierkorps 1866-1914, Berlin 1973

Scheidemann, Wilhelm Der Kampf um die Militärgerichtsbarkeit, Dortmund 1927

Schlayer, Max Über den einseitigen Widerruf der Pensionierung eines Reichsbeamten und Eintritt des Pensionsverlustes infolge vor der Versetzung in den Ruhestand verübter strafbarer Handlungen, in: ZStW, Bd. 23, S.239ff.

Schlink, Bernhard Das Duell im 19. Jahrhundert – Realität und literarisches Bild einer adeligen Institution in der bürgerlichen Gesellschaft, in: Neue Juristische Wochenschrift (NJW) 2002, S.537ff.

Schmid, Ferdinand Das Heeresrecht der österreichisch-ungarischen Monarchie, Wien/Leipzig 1908

Schmid, Hubert Die Gesetzgebungsgeschichte des Militärstrafrechts für das Königreich Bayern zwischen 1806 und 1900, München 2001

Schmundt, Rudolf, Bradley, Dermot [Hrsg.], *Schulze-Kossens,Richard* [Hrsg.], *Heuer, Gerd* [Mitarb.] Tätigkeitsbericht des Chefs des Heerespersonalamtes General der Infanterie Rudolf Schmundt, 1.10.1942-29.10.1944, Osnabrück 1984

Schwerin, Leopold Graf v. Zweck, Bedeutung und Anwendung der ehrengerichtlichen Einrichtungen für die Offiziere des preußischen Heeres., Hannover 1886

Schwind, Hans-Dieter Umfang und Träger der Wehrstrafgerichtsbarkeit, Historische, rechtsvergleichende und rechtstatsächliche Untersuchungen, Hamburg 1966

Severing, Carl Mein Lebensweg, 2 Bände, Bd.1, Vom Schlosser zum Minister, Köln 1950

v. Seydel, Max Die bayerische Verordnung über die Ehrengerichte der Offiziere, in: *v. Krazeisen* [Hrsg.], Staatsrechtliche Abhandlungen, Tübingen 1902

Simmel, Georg Einleitung in die Moralwissenschaft, 2 Bände, 1. Band, Stuttgart 1904

Spohn, Klemens v. Ratgeber in Ehrenfragen aller Art, drei Bände, Erster Teil: Bedeutung, Stellung und Pflichten des Ehrenrats nebst Würdigung der Tätigkeit des Kommandeurs unter besonderer Berücksichtigung der für die Offiziere der Marine, des Beurlaubtenstandes und der Offiziere a. D. maßgebenden Verhältnisse, 6. Auflage, Berlin 1918, Zweiter Teil: Beurteilung der verschiedensten Ehrenfragen, die zu Ehrenhändeln und zu Ehrengerichten Anlaß geben, 4. Auflage, Berlin 1918, Dritter Teil: Die konventionellen Gebräuche beim Zweikampf, 2. Auflage, Berlin 1913

Stamm-Kuhlmann, Thomas König in Preußens großer Zeit, Friedrich Wilhelm III. der Melancholiker auf dem Thron, Berlin 1992

Tharau, Friedrich-Karl Die geistige Kultur des preußischen Offiziers von 1640-1806, Mainz 1968

Thiem, Otto Die rechtliche Stellung der Offiziersehrengerichte, Borna/Leipzig 1913

Thoß, Bruno Allgemeine Wehrpflicht und Staatsbürger in Uniform, in: *Bruno Opitz* [Hrsg.], Gerhard von Scharnhorst, Vom Wesen und Wirken der preußischen Heeresreform, Bremen 1998, S.147 – S.162

Ueberschär- v. Livonius, Ute, Ueberschär, Gerd R. Polizeiliche Verfolgungsmaßnahmen, „Sonder-kommissionen" und die Ankläger gegen die Verschwörer beim „Volksgerichtshof", in: *v. z. Mühlen* [Hrsg.], Die Angeklagten des 20. Juli vor dem Volksgerichtshof, Berlin-Kleinmachnow 2001, S.27ff.

Ueberschär, Gerd R. Der „Ehrenhof" nach dem Attentat auf Hitler vom 20. Juli 1944, in: *v. z. Mühlen* [Hrsg.], Die Angeklagten des 20. Juli vor dem Volksgerichtshof, Berlin-Kleinmachnow 2001, S.22ff.

Vogel, Barbara [Hrsg.] Preussische Reformen 1807-1820, Königstein i. Ts. 1980

Weigel, Gottlob Die Zuständigkeitsgrenzen zwischen Militär- und Zivilgerichtsbarkeit im Deutschen Reiche, München 1902

Weisl, Ernst Franz Das Heeres=Strafrecht, 2 Bände, Band 1, Allgemeiner Theil, Wien 1892, Band 2, Besonderer Teil, Wien und Leipzig 1905

Weiterer, Joseph Die rechtliche Natur der Offiziers-Ehrengerichte und der Ehrengerichtsverordnungen, Münster 1913

Wiesend, Reinhard Die Schuld bei den zur Zuständigkeit der militärischen Ehrengerichte gehörigen Handlungen, München 1917

Willisen, Adolf v. Die Heer- und Wehrverfassung. Eine Abhandlung gewidmet den Hohen National=Versammlungen zu Frankfurt und Berlin, Berlin 1848

Wüllner, Fritz Die NS-Militärjustiz und das Elend der Geschichtsschreibung, 2. Auflage, Baden-Baden 1997

Ziegenhagen, Christina Die Berufsgerichtsbarkeit der freien Berufe, Münster 1998

Zorn Streitfragen des Militärrechtes., in: Deutsche Juristen-Zeitung. (DJZ), 1906, S.670-673

b) Kommentare und Gesetzeserläuterungen

Anonymus Allgemeines Criminalrecht für die Preußischen Staaten, 4., unveränderter Nachdruck, Berlin 1825

Anschütz, Gerhard Die Verfassung des Deutschen Reiches vom 11. August 1919, Ein Praxiskommentar für Wissenschaft und Praxis in 4. Bearbeitung, Neudruck der 14. Auflage, Aalen 1987

Baldus, Paulheinz [Hrsg.], *Willms, Günther* [Hrsg.] Strafgesetzbuch Leipziger Kommentar, Erster Band §§ 1-79, 9. Auflage, Berlin/New York 1974

Beseler, Georg Kommentar über das Strafgesetzbuch für die Preußischen Staaten und das Einführungsgesetz vom 14. April 1851, Leipzig 1851

Dietz, Heinrich Die Disziplinarstrafordnung für das Heer (einschließlich bayerisches Heer und Schutztruppen)., 2. bis 4., völlig neubearbeitete Auflage, Rastatt 1917

Dietz, Heinrich [Hrsg.] Allerhöchste Verordnung über die Ehrengerichte der Offiziere in der kaiserlichen Marine vom 13. Mai 1911 und Allerhöchste Order vom 2. November 1875 nebst Ergänzungsorder. (EhrV. u. ErgO.), Rastatt 1911

Dietz, Heinrich [Hrsg.] Die Ehrengerichtsverordnungen enthaltend die Allerh. Verordnungen über Ehrengerichte der Offiziere und Sanitätsoffiziere im Preußischen und Bayerischen Heere, der Offiziere und Sanitätsoffiziere des Kommandos der Schutztruppen im Reichskolonialamt und der Kais. Schutztruppen, die Ergänzungsorder nebst ergänzenden Erlassen und Bestimmungen., 2. u. 3. Auflage, Rastatt 1912

Dörken, Georg, Scherer, Werner Das Militärstrafgesetzbuch und die Kriegssonderstrafrechtsverordnung mit Erläuterungen, 3. Erweiterte Auflage Berlin 1942 und 5. Durchgesehene Auflage, Berlin 1944

Elsner v. Gronow, Kurt, Sohl, Georg Militärstrafrecht für Heer und Marine des Deutschen Reichs., Berlin 1906

Endres, Karl Militärstrafgesetzbuch für das Deutsche Reich nebst dem Einführungsgesetze, Würzburg 1903

Fleck, Eduard Erläuterungen zu den Verordnungen über die Ehrengerichte im Preußischen Heere und über die Bestrafung der Offiziere wegen Zweikampfs, 1. Auflage, Berlin 1848 beziehungsweise Die Verordnungen über die Ehrengerichte im Preußischen Heere und über die Bestrafung der Offiziere wegen Zweikampfs, 3. Auflage, Berlin 1865

Fleck, Eduard Kommentar über das Strafgesetzbuch für das Preußische Heer., in zwei Theilen, Erster Theil. Militair=Strafgesetze. 3.Auflage, Berlin 1862

Frank, Reinhard Das Strafgesetzbuch für das Deutsche Reich nebst dem Einfühungsgesetze, fünfte bis siebente, neu bearbeitete Auflage, Tübingen 1907

Frotscher, Werner, Pieroth, Bodo Verfassungsgeschichte, 3. Auflage München 2002

Herz, Paul, Ernst, Georg Strafrecht der Militärpersonen. Handbuch der wesentlichen auf Militärpersonen anwendbaren materiellen und formellen Strafgesetze mit Anmerkungen und Sachregister, Berlin 1905

Hodes, Fritz Wehrdisziplinarordnung in der Neufassung vom 4. September 1972, 4. Auflage, Köln/Berlin/Bonn/München 1973

Kattner, Heinrich Julius [Hrsg.] Militär=Gesetz=Codex für das Preußische Heer, Trier und Saarlouis 1845

Keller, Carl Militärstrafgesetzbuch für das Deutsche Reich., Berlin 1873

Koppmann, Clemens v., Weigel, Gottlob Kommentar zum Militärstrafgesetzbuch für das Deutsche Reich, 3. Auflage, München 1903

Müller, Christian Friedrich Die Preußische Straf-Prozeß-Ordnung in ihrer jetzigen Gestalt., Berlin 1852

Oberniedermayr, Ludwig Commentar über das Militärstrafgesetzbuch für das Königreich Bayern, München 1870

Rittau, Martin Wehrstrafgesetz vom 30. März 1957 mit Einführungsgesetz, Berlin 1958

Romen, Antonius, Rissom, Carl Militär-Strafgesetzbuch für das Deutsche Reich vom 20. Juni 1872 nebst dem Einführungsgesetz., 2. Auflage, Berlin 1916

Rotermund, Gustav Kommentar zum Militärstrafgesetzbuch für das Deutsche Reich, Hannover 1909

Schlayer, Max Militärstrafrecht, in: *Graf Hue de Grais* [Hrsg.], Handbuch der Gesetzgebung in Preußen und dem Deutschen Reiche, II. Heer und Kriegsflotte, Zweiter Band, Berlin 1904

Schnell, Karl Helmut, Ebert, Heinz-Peter Disziplinarrecht / Strafrecht / Beschwerderecht der Bundeswehr, 12. Auflage Regensburg 1990 und 17. Auflage Regensburg 2002

Schölz, Joachim, Lingens, Eric Wehrstrafgesetz, 4. Auflage, München 2000

Solms, W. C. [Hrsg.] Strafrecht und Strafprozeß für Heer und Marine des Deutschen Reichs., 3. Auflage, Berlin 1892

Tröndle, Herbert, Fischer, Thomas Strafgesetzbuch und Nebengesetze, 50. Auflage, München 2001

Walde, Hans Militärstrafgesetzbuch für das Deutsche Reich vom 20. Juni 1872 nebst Kriegsartikeln für das Heer vom 22. September 1902 und Disziplinar=Strafordnung für das Heer vom 31. Oktober 1872 in der jetzt geltenden Fassung., 2. Auflage, Leipzig 1917

Walde, Hans Reichs=Militärgesetz vom 2. Mai 1874 mit Wehrgesetz, Reichsverfassung Abschnitt XI, Militärkonventionen und Gesetz betr. die freiwillige Gerichtsbarkeit usw. im Heere, Leipzig 1906

Weissenbach, Julius Das Militärstrafgesetzbuch für das Deutsche Reich nebst dem Gesetz über die Einführung desselben vom 20. Juni 1872, Kassel 1873

c) Lehrbücher

Hecker, Karl Lehrbuch des Deutschen Militärstrafrechts., Stuttgart 1887

Hecker, Karl Ueber das Verhältniß des Civilstrafrechts zum Militärstrafrecht, Berlin 1885

Mayer, Max Militärstrafrecht, 2 Bände, Band I: Allgemeiner Teil, Leipzig 1907

Lizst, Franz v. Lehrbuch des Deutschen Strafrechts. 19. Auflage, Berlin 1912

Lorenz, Karl, Haeger, Walther Neueres Militärstrafrecht., Berlin 1917

Raht, Günther Kriegsrecht für den Feldoffizier, 3. Auflage, Berlin 1944

Roxin, Claus Strafrecht Allgemeiner Teil Band 1, Grundlagen, der Aufbau der Verbrechenslehre München 1992

Anhang A: Das Schreiben des Generals Herzog Karl von Mecklenburg-Strelitz, Kommandierender General des Gardekorps, am 12. Mai 1828 an das Offizierkorps seines Korps[1170]

Das Lebensprinzip des Offizierstandes macht einen echt ritterlichen Sinn zur Bedingung. Wer sich nicht zu demselben emporzuschwingen, wer sich denselben nicht anzueignen vermag, der entsage lieber einem Stande, zu dem ihm das erste und unerläßlichste Erfordernis fehlt. Diese Bahn der Ehre ist einem Jeden geöffnet; aber sich auf derselben zu erhalten, dazu gehört mehr, als sie blos betreten. Wer sie nicht mit einem inneren Aufschwung der Seele betritt und sich nicht in demselben erhält, solange er sie wandelt, der vermag nicht auf ihr fortzuschreiten. Die Ehre erträgt und duldet keinen Makel; sie begehrt daher eine ernste, strenge und aufmerksame Bewachung, sowohl von Seiten des Individuums als der Standesgenossen, damit sie in Keinem und von Keinem verletzt werde. Nur darf diese Sorge nicht in den gereizten peinlichen Zustand zu leichter Verletzlichkeit ausarten, dieser gebiert ein falsches Point d'honneur, das jeden Umgang unter sich und mit anderen Ständen erschwert, verbittert, ja unleidlich macht, Beleidigungen wahrnimmt, wo kaum ein Versehen obwaltet, Raufereien veranlaßt, wo nicht die fernste Ursache vorhanden ist, und Arroganz der Würde substituirt.

Die wahre Ehre duldet im Handeln keine leidenschaftliche Übereilung; sie prüft und überlegt zuvor, ehe sie eine Beleidigung als solche erkennt. Aber nicht blos von außen und durch Andere kann unserer Ehre Beleidigung widerfahren, sondern auch durch uns selbst, und Jeder hat daher am meisten über sich selbst zu wachen, daß er nicht der Beleidiger seiner Ehre werde. Rohe Sitten, unanständiges Benehmen sind eine Selbstbeleidigung der ritterlichen Ehre; sie dürfen nicht im engsten kameradschaftlichen Kreise geduldet werden, geschweige denn um Umgange mit anderen Ständen und in den gesellschaftlichen Zirkeln. Allgemeine Achtung jedes Standes, persönliche Bescheidenheit und seines Betragen gegen achtbare Frauen bezeichnen hier jederzeit den ritterlichen Sinn, den ich nicht oft genug empfehlen kann. Die strengste und lebendigste Erfüllung aller Dienstpflichten und Obliegenheiten ist Ehrensache jedes Einzelnen, und die leiseste Vernachlässigung ist eine Ehrenkränkung, die er sich selbst anthut. Ein jedes Nachlassen der Ehre; denn diese duldet keinen Rückschritt; sie spornt vorwärts und treibt zu Thaten, die ihr den Ruhm gesellen. Nicht immer ist zu sol-

[1170] Abgedruckt bei: *v. Boguslawski*, Der Ehrbegriff des Offizierstandes, Berlin 1875, Berlin 1875, S.8ff.

chen Thaten Gelegenheit; dann wird die Ehre selbst der Ruhm eines Jeden, die sich in untadelhafter Pflichterfüllung bewährt.

Als wahre und eigentliche Ehrenwächter eines Offiziers stehen ihm seine Kameraden zur Seite, die mit ihm dasselbe Offizierkorps bilden. Ihnen darf der Einzelne und seine Handlungen nicht gleichgiltig sein; das ist ihre vorgeschriebene Pflicht.

So wenig eine Rohheit, eine Gemeinheit nachgesehen werden darf, so sehr ist doch eine jugendliche Unbesonnenheit, eine Übereilung, ja selbst der Ausbruch einer Leidenschaft, wenn diese nur an sich selbst nicht tadelnswert ist, hiervon zu unterscheiden. Ist nun die Ehre eines Kameraden auf irgend eine Weise verletzt, dann ist es Pflicht des Offizierkorps, Notiz davon zu nehmen, - wie es die Pflicht des Einzelnen ist, jede ihn betreffende Ehrensache dem Offizierkorps mitzuteilen und vorzulegen. An diesem ist es dann, die Sache zu prüfen und die erforderliche Genugthuung zu bewirken, die aber nach Lage der Umstände sehr verschieden sein kann und wird und nach den strengsten, ja ich möchte sagen, nach den exaltirtesten Begriffen von Ehre keineswegs immer eine blutige sein muß. Die eben erwähnte Dazwischenkunft der Kameraden wird alle unnötigen Duelle jederzeit vermeiden. Ihre ruhige Prüfung wird entscheiden, ob Stand, Lage und Verhältnisse des vermeinten Beleidigers so sind, daß er wirklich beleidigen konnte, und wenn dies der Fall ist, wird dennoch meistens Übereilung, momentane Aufwallung die Verletzung erzeugt und auch gewöhnlich das Recht geteilt haben. Hier wird das dazwischentretende Offizierkorps eine Niemand schändende Erklärung bewirken können, die allein geeignet ist, Unbesonnenheiten und Übereilungen gut zu machen, wenn nicht eine Übereilung durch eine größere Übereilung gut gemacht werden soll. Persönliche Streitigkeiten innerhalb des Kreises eines Offizierkorps dürfen und werden auf diese Weise niemals eine andere Erledigung finden als innerhalb dieses Kreises, und die Beschwerde bleibt einzig und allein für wirkliche oder vermeinte Beleidigung im Dienste oder, besser gesagt, für Beleidigung des Dienstes, denn dieser und nicht die Person wird hier verletzt.

Anhang B: Auszug aus den *„Bemerkungen zu dem Gesetzentwurfe über die deutsche Wehrverfassung“* von Prinz Wilhelm von Preußen aus dem Jahr 1848[1171]

Welcher deutsche Militär hätte nicht mit Spannung dem Erscheinen des verheißenen Entwurfes einer Wehrverfassung für Deutschland entgegengesehen? – einer Verfassung, welche dem ersehnten Zweck der größeren Einheit und Selbständigkeit des gesammten Vaterlandes das bereiteste Mittel, ein schlagfertiges, kriegstüchtiges Heer bieten, und durch eine wohlgeleitete Kraftentwicklung der Nation, - für welche man das einstige Reichsheer doch halten muß, - die Sicherheit im Innern und das Ansehen nach Außen wahren sollte. Diese Spannung war durch verschiedene Vorschläge, welche durch den Druck veröffentlicht, bei jedem erfahrenen Soldaten Zweifel und entschiedenen Widerspruch hervorriefen, noch gesteigert worden, und in der That durfte sich Niemand die Schwierigkeiten verhehlen, die einer solchen Aufgabe entgegenstanden.

Ein einheitliches Heer sollte hergestellt und doch die Sonderbedingungen der einzelnen Staaten berücksichtigt, - die geringmöglichste Störung des einzelnen Individuums in seinen bürgerlichen Verhältnissen mit einer für den Krieg völlig und ausreichend vorbereitenden Organisation in einem Wehrsystem vereinigt werden! –

Leider scheint uns der am 25. September 1848 der verfassunggebenden Reichsversammlung in ihrer 85. Öffentlichen Sitzung von dem Wehrausschusse vorgelegte Entwurf zu einem Gesetze über die deutsche Wehrverfassung diesen Anforderungen nicht zu entsprechen, und wenn derselbe nicht wesentliche Modifikationen erleidet, so können wir uns bei den mancherlei Verstößen und Missgriffen der vorliegenden Arbeit einer bangen Besorgniß über die einstige Tüchtigkeit des deutschen Heeres nicht erwehren.[...]

Vorschlag zu § 70.

Entwurf.
Die Ehrengerichte sind abgeschafft.

[Vorschlag:]
Ganz zu streichen.

1171 *Prinz von Preußen*, Bemerkungen zu dem Gesetzentwurf über die Deutsche Wehrverfassung., abgedruckt in: Militärische Schriften weiland Kaiser Wilhelms des Großen Majestät, Bd. 2, Berlin 1897, S.1f. sowie S.34ff.

Erläuterung zu § 70.

Vergebens sucht man beim ersten Anblick der inhaltsschweren Bestimmung: „Die Ehrengerichte sind abgeschafft!“ in den Motiven nach den Gründen derselben. Wir können auch hierin nur eine Zeitkonzession erkennen. Liegt es denn aber an den Zeiterfordernissen, daß die Ehre nichts mehr gelten soll? Wir glauben im Gegentheil, je freier die Handlungen der Menschen sein dürfen, je mehr müssen sie sich den Forderungen der Ehre und der Ehrenhaftigkeit unterwerfen. Und da, wo geschlossene Sonderungen bestehen, ist es wohl ganz natürlich, daß in denselben der Eine über den Andern wacht, damit jenen Forderungen Genüge geleistet, jeder Verstoß gegen dieselben zur Verantwortung gezogen und nach Befund Strafe verhängt wird.

Alle Vergehen, welche den gewöhnlichen Strafgesetzen nicht unterliegen, dessenungeachtet aber nicht ungeahnt bleiben dürfen, wenn die konventionellen Bedingungen aufrecht erhalten werden sollen, ohne welche keine geschlossene Sonderung bestehen kann, gehören vor das Forum einer Beratung und Entscheidung der Standesgenossen.

Zu solchen geschlossenen Sonderungen zählt nun aber der Stand des Offiziers. Wollte man selbst das Prinzip der Nivellierung so weit ausdehnen, alle Standesunterschiede zu vernichten, so wird es doch wahrlich nie gelingen, auch einen Stand in den Kreis dieser Nivellierung hineinzuziehen, dessen Lebensaufgabe es ist, jeden Augenblick für die höchsten und edelsten Güter der Menschheit das Leben einzusetzen, und sich gerade hiermit von anderen Genossenschaften unterscheidet, deren Lebensaufgabe eine durchaus andere ist. Wer sich aber einem Berufe widmet, der das Einsetzen des eigenen Lebens für allgemeine Zwecke verlangt, wer zugleich die Verantwortung übernimmt, Andere durch seinen Befehl in den Tod zu führen, der muß sich auch eine Gesinnung und Richtung bewahren, die nicht mit dem gewöhnlichen Maßstabe gemessen werden kann. Diese Bewahrung bedarf aber einer ganz besonderen Überwachung. Ohne eine solche würden Ausschreitungen der rohesten und unedelsten Art den Stand in die Zeiten der Barbarei zurückversetzen. Ist doch die Geschichte der neuesten Zeit nicht arm an Beispielen, zu welchen Grausamkeiten und Abscheulichkeiten bewaffnete Massen sich hinreißen lassen, wenn keine Führer an ihrer Spitze stehen, welche vom Prinzip der Ehre durchdrungen sind. Will man daher die Heere auf dem Standpunkte der Gesittung erhalten, so stelle man auch Führer an ihre Spitze, welche diese Gesinnung vor Allen nicht allein in sich erhalten, sondern auch bei ihren Untergebenen zu beleben wissen.

Die Standes- und Ehrengerichte entstanden nun aus der Überzeugung, wie diese wieder aus dem Gefühl und Bedürfnisse, daß gewisse Vergehungen, ja selbst nur Unterlassungen innerhalb des Standes selbst und untereinander gewogen und gerichtet werden müssen. Ueberall, wo die militärischen Ehrengerichte gewirkt, haben sie nur zum wahren Wohl und Besten des Offizierstandes beigetragen und sind im Laufe der Zeit bei einzelnen dieser Gerichte Erscheinungen vorgekommen, durch die man sich berechtigt glaubte, sie mißliebig zu machen, so findet das seine Erklärung in dem Umstande, daß Fälle vor deren Forum gebracht worden sind, die nicht dahin gehörten. In der preußischen Armee haben diese Ehrengerichte eine besondere Pflege erfahren, aber auch wesentlich dazu beigetragen, die Offizierkorps auf der Stufe der Bildung, des Ehrgefühls und der Gesittung zu erhalten, welche freilich den Feinden jeder gesetzmäßigen Ordnung ein Dorn im Auge ist. Dieser Bildungszustand der Offiziere, die Ehre einer Armee, d.h. der Treue und des Gehorsams gegen den Herrscher, die Erhalter der Ordnung, weil sie die ausübende Gewalt der Machthaber sein müssen, ist jenen Aposteln der Anarchie im höchsten Garde zuwider. Sie richten ihr Hauptaugenmerk darauf, die Offiziersehre zu untergraben, weil sie so am sichersten hoffen können, die Treue der Armee wankend zu machen. Daraus erklären sich die Anfeindungen und Verunglimpfungen, welche seit Jahren die Offiziere aller Armeen zu erdulden gehabt haben, daraus die Erfindung des Wortes „Junkerthum", um in dieser Bezeichnung einen stereotypen des Gehässigen zusammenzufassen, daraus der Eifer, mit welchem einzelne Auswüchse und vorkommende Exzesse unter Offizierkorps zur Anschuldigung der stehenden Heere überhaupt vergrößert und in übelsten Lichte dargestellt wurden. Bedenkt man, daß unter tausenden und abertausenden junger, lebensfroher Männer immer nur ganz einzeln stehende Fälle zu deren Nachtheil ausgebeutet werden konnten, so müßte dies eigentlich zur Ehre und zum Lobe des Gesittungs=Standpunktes Aller ausschlagen. – Fern sei es von uns, damit behaupten zu wollen, daß unter einer so außerordentlich großen Zahl von jungen Männern nicht zuweilen Dinge vorfallen, die strenge Ahndung erheischen, aber ungerecht ist es, durch das geflissentliche Ausbeuten solcher Einzelfälle dem Offizierstande im Ganzen schaden zu wollen und vom Einzelnen Rückschlüsse auf die Totalität zu machen.

Glücklicherweise hat alles seine Zeit, und schon jetzt erklärt das so verschriene Junkerthum die Genugthuung, auch wieder gerecht beurtheilt zu werden. Oder sind etwa die Truppen, welche in Schleswig, Posen, Berlin, Frankfurt a. M., Süddeutschland, Prag, Wien, Italien gesiegt, von anderen als solchen Offizieren in den Kampf geführt worden, die man so freigiebig mit jenem Spottnamen bezeichnet? Ja, ist die zeit nicht schon da, wo Leute, die früher am lebhaftesten gegen stehende Heere und Offiziere im Allgemeinen ankämpften und jetzt ihre Theorien durch revolutionäre Praktiker weit überflügelt sehen, sehr froh sind, daß es doch noch eine Macht giebt, die dem Alles zerstörenden Strom der Anarchie entgegenzutreten versteht?

Wenn wir aus allen diesen Betrachtungen eine Schlußfolge ziehen sollten, so würden wir sie in folgendem Satze zusammenfassen:

„Wem es mit dem Bestehen einer ehrenhaften und gesitteten Armee Ernst ist, der sollte vor Allem darauf bedacht sein, die Gesinnung für Ehrenhaftigkeit und Gesittung unter den Offizieren lebendig zu erhalten, und damit dies geschehen könne, zu Vorkehrungen die Hand bieten, welche geeignet sind, alle Vorkommenheiten, die, ohne gerade den gewöhnlichen Strafgesetzen zu verfallen, doch nicht im Einklange mit den Anforderungen an den Offizierstand stehen, für das Ganze unschädlich zu machen. Weil nun Standes= oder Ehrengerichte das beste Mittel dazu und also eine Nothwendigkeit sind, so ist der ganze § 70 gestrichen worden."

Anhang C: Die Allerhöchste Einleitungsordre zur Verordnung über die Ehrengerichte vom 02. Mai 1874

Ich will, daß die heute von mir vollzogene „Verordnung über die Ehrengerichte der Offiziere in meinem Heere“ in dem Geiste verstanden und angewendet wird, der mein Heer von Alters her ausgezeichnet hat.

Ich erwarte daher von dem gesammten Offizierskorps Meines Heeres, daß ihm, wie bisher so auch in Zukunft, die Ehre das höchste Kleinod sein wird; dieselbe rein und fleckenlos zu erhalten, muß die heiligste Pflicht des gesamten Standes, wie des Einzelnen bleiben. Die Erfüllung dieser Pflicht schließt die gewissenhafte und vollständige Erfüllung aller anderen Pflichten des Offiziers in sich. Wahre Ehre kann ohne Treue bis in den Tod, ohne unerschütterlichen Muth, feste Geschlossenheit, selbstverleugnenden Gehorsam, lautere Wahrhaftigkeit, strenge Verschwiegenheit, wie ohne aufopfernde Erfüllung selbst der anscheinend kleinsten Pflichten nicht bestehen. Sie verlangt, daß auch in dem äußeren Leben des Offiziers sich die Würde ausdrücke, die aus dem Bewußtsein hervorgeht, dem Stande anzugehören, dem die Verteidigung von Thron und anvertraut ist. - Der Offizier soll bestrebt sein, nur diejenigen Kreise für seinen Umgang zu wählen, in denen gute Sitte herrschend ist, und darf am wenigsten an öffentlichen Orten aus dem Auge lassen, daß er nicht blos als gebildeter Mann, sondern auch als Träger der Ehre und der gesteigerten Pflichten seines Standes auftritt. Von allen Handlungen, welche dem Ruf des Einzelnen oder der Genossenschaft nachtheilig werden können, besonders von allen Ausschweifungen, Trunk und Hazardspiel, von der Uebernahme solcher Verpflichtungen, mit denen auch nur der Schein unredlichen Benehmens verbunden sein könnte, vom hazardmäßigen Börsenspiel, von der Theilnahme an Erwerbsgesellschaften, deren Zweck nicht unantastbar und deren Ruf nicht tadellos ist, sowie überhaupt von jenem Streben nach Gewinn auf einem Wege, dessen Lauterkeit nicht klar erkennbar ist, muß der Offizier sich weit abhalten. Sein Ehrenwort darf er nie leichtsinnig verpfänden.

Je mehr anderwärts Luxus und Wohlleben um sich greifen, um so ernster tritt an den Offizierstand die Pflicht heran, nie zu vergessen, daß es nicht materielle Güter sind, welche ihm die hochgeehrte Stellung im Staate und in der Gesellschaft erworben haben und erhalten werden. Nicht nur, daß die kriegerische Tüchtigkeit des Offiziers durch eine verweichlichende Lebensweise beeinträchtigt werden könnte, sondern völlige Erschütterung des Grundes und Bodens, worauf der Offizierstand steht, ist die Gefahr, welche das Streben nach Gewinn und Wohlleben mit sich bringen würde.

Je eifriger die Offizierkorps treue Kameradschaft und richtigen Korpsgeist pflegen, um so leichter werden sie Ausschreitungen vorbeugen, auf Abwege gerathende Kameraden in die richtigen Bahnen zurückleiten, unnütze Händel und unwürdige Zänkereien vermeiden.

Niemals darf das berechtigte Selbstgefühl des Offiziers in Mangel an Achtung oder in Ueberhebung gegen andere Stände ausarten. Je mehr der Offizier seinen Beruf liebt und je höher er dessen Zwecke auffaßt, um so mehr wird er ermessen, in wie hohem Grade das volle Vertrauen aller Stände zum Offizierstande eine Bedingung für die erfolg= und ruhmreiche Lösung der letzten und höchsten Aufgabe des Heeres ist. Ich habe das Vertrauen zu den Offizieren des Beurlaubtenstandes und zu den verabschiedeten Offizieren, welchen ich die Beibehaltung der äußeren Zeichen des Standes bewilligt habe, daß, wie sie fortdauernd Antheil an der Standesehre haben, sie der Verpflichtung, für die Wahrung dieser Ehre zu sorgen, auch in ihren bürgerlichen Verhältnissen stets eingedenk bleiben werden.

Dafür, daß in den Offizierskorps des stehenden Heeres und des Beurlaubtenstandes ein geläutertes Ehrgefühl sich lebendig erhalte, sind Mir zunächst die Regiments=Kommandeure und diejenigen Befehlshaber, welchen gleiche Pflichten obliegen, verantwortlich. Sie vor allen besitzen in den ihnen für die Heranbildung der jüngeren Offiziere zu Gebote stehenden Mitteln die Möglichkeit, auf die Erhaltung des Geistes, welcher allein ein Heer groß macht, weit über den Bereich und die Dauer ihrer eigenen Wirksamkeit hinaus Einfluß zu üben. Dieser Pflicht werden sie besonders dann mit Erfolg genügen, wenn sie die jüngeren Offiziere ernstlich anhalten, den wohlgemeinten Weisungen ihrer älteren Kameraden nachzukommen, und wenn sie ebenso diese nicht im Zweifel darüber lassen, daß es eine wesentlich Pflicht der älteren Offiziere ist, ihre jüngeren Kameraden zu überwachen und zu sich heranzubilden.

Wenn in dieser Art durch Erziehung, Beispiel, Belehrung, Warnung und Befehl entsprechend gewirkt wird, müssen Vorkommnisse, welchen den in der Verordnung über die Ehrengerichte angeordneten Spruch der Standesgenossen erheischen, immer seltener werden.

Die Bestimmungen dieser Verordnung haben den Zweck, die Pflege der bewährten Ueberlieferungen ritterlichen Sinnes im Offizierstande zu fördern und gewähren die Mittel, da, wo einen Offizier der Vorwurf trifft, er habe Schaden an der Ehre gelitten oder wo er selbst dies befürchtet, im geordneten Wege einzuschreiten.

Hierbei sollen die Ehrenräthe die Organe der Kommandeure bilden, während diesen die Leitung der Ehrengerichte und die Verantwortung für die richtige Behandlung der in ihrem Dienstbereich vorkommenden ehrengerichtlichen Angelegenheiten ausschließlich obliegt. Auch sollen die Ehrenräte diejenigen ihrer Kameraden, welche an sie in Ehrensachen sich wenden, mit kameradschaftlichem Rat zur Seite stehen. Indem ich die Zusammensetzung der Ehrenräthe der Offizierkorps von der Wahl der Kameraden abhängig gemacht habe, ist es nicht allein Meine Absicht, den Kommandeuren für die oft schwierigen Geschäfte in Ehrensachen besonders geeignete Organe zu geben, sondern auch die, solche Offiziere für diese Funktionen zu finden, welche das Vertrauen ihrer Kameraden in so hohem Grade besitzen, daß sie mit Erfolg als deren berufene Rathgeber in Ehrensachen wirken können. Ich setze voraus, daß kein Offizier sich bei der Wahl von anderen als mit dieser Meiner Ansicht übereinstimmenden Beweggründen wird leiten lassen.

Die Ehrengerichte aber haben die doppelte Aufgabe, sowohl durch ihren Spruch die Ehre des Einzelnen von unbegründeten Verdächtigungen, insoweit ihm andere standesgemäße Wege hierzu nicht offen stehen, zu reinigen, als auch zur Wahrung der Ehre des Standes gegen diejenigen Mitglieder desselben, deren Benehmen dem richtigen Ehrgefühl und den Verhältnissen des Offizierstandes nicht entspricht, einzuschreiten. Die Fälle, in denen ein solches Einschreiten erforderlich werden kann, lassen sich nicht erschöpfend im voraus bestimmen; sie im Einzelnen zu erkennen, soll Mein vorstehend ausgesprochener Wille einen Anhalt geben.

Zugleich halte ich hierbei Mich versichert, daß die Befehlshaber, in richtiger Würdigung der zur Wahrung der Disziplin und zur Aufrechterhaltung ihrer Autorität ihnen verliehenen Strafbefugnisse solche Fälle, welche im Disziplinarwege füglich erledigt werden können, nicht zum ehrengerichtlichen Verfahren verweisen werden, um die gewichtige Bedeutung eines ehrengerichtlichen Spruchs nicht herabzudrücken.

Bei allen Verhandlungen der Ehrenräthe und der Ehrengerichte soll neben den Rücksichten auf die Erhaltung der Standesehre der Sinn wechselseitigen Wohlwollens walten. Das Verfahren soll auf Erörterung der Anschuldigungspunkte sich beschränken und nicht auf Nebendinge eingehen, oder durch unnötige Förmlichkeiten erschwert und aufgehalten werden. Auch ist hierbei stets ernstlich darauf zu halten, daß innere Angelegenheiten eines Offizierkorps nicht wieter aus diesem Kreis hinausgetragen werden, als unumgänglich nöthig ist.

In dem Vertrauen, daß edle Sitte und guter Ton in den Offizierkorps Meines Heeres sich heimisch erhalten, und Privatstreitigkeiten und Beleidigungen der Offiziere unter einander immer seltener vorkommen werden, habe ich das durch die Verordnung II. vom 20. Juli 1843 vorgeschriebene Verfahren außer Kraft gesetzt. Nur soll für den Offizier, der mit einem anderen Offizier in eine die

Ehre berührende Privatzwistigkeit geräth, die Verpflichtung fortbestehen, seinem Ehrenrath, und zwar spätestens, wenn er eine Herausforderung zum Zweikampf erläßt oder erhält, hiervon Anzeige zu machen, oder durch einen Kameraden Anzeige machen zu lassen. Der Ehrenrath hat alsdann sofort und möglichst noch vor Vollziehung des Zweikampfes dem Kommandeur Meldung zu erstatten und da, wo die Standessitte es irgend zuläßt, einen Sühneversuch vorzunehmen; falls dieser aber nicht gelingt, dahin zu wirken, daß die Bedingungen des Zweikampfes zur Schwere des Falles in keinem Mißverhältnis stehen. Kommt es zum Zweikampf, so hat der Präses des Ehrenrathes oder ein Mitglied desselben sich als Zeuge auf den Kampfplatz zu begeben und darauf zu achten, daß bei Vollziehung des Zweikampfes die Standessitte gewahrt wird.

Auf ehrengerichtlichem Wege soll wegen eines Zweikampfes nur dann gegen Offiziere eingeschritten werden, wenn der Eine oder der Andere der Beteiligten bei dem Anlaß oder dem Austrag der entstandenen Privatzwistigkeit gegen die Standesehre gefehlt hat. - Dies muß insbesondere in dem immerhin möglichen Falle geschehen, wenn ein Offizier in frevelhafter Weise einem Kameraden ohne jede Veranlassung eine schwere Beleidigung zugefügt haben sollte. Denn einen Offizier, welcher im Stande ist, die Ehre eines Kameraden in frevelhafter Weise zu verletzten, werde ich ebensowenig in Meinem Heere dulden, wie einen Offizier, welcher seine Ehre nicht zu wahren weiß.

Die Regiments=Kommandeure und die ihnen gleichstehenden Befehlshaber haben dafür Sorge zu tragen, daß jeder neu ernannte Offizier des stehenden Heeres und des Beurlaubtenstandes von dieser Meiner Ordre Kennntniß erhält. Auch ist durch gelegentliches Vorlesen bei Versammlungen des Offizierkorps Mein hier ausgesprochener Wille den Offizieren Meines Heeres öfter in Erinnerung zu bringen.

Berlin, den 2. Mai 1874.

Wilhelm.

RECHTSHISTORISCHE REIHE

Band 1 Studien zu den germanischen Volksrechten. Gedächtnisschrift für Wilhelm Ebel. Vorträge gehalten auf dem Fest-Symposion anläßlich des 70. Geburtstages von Wilhelm Ebel am 16. Juni 1978 in Göttingen. Götz Landwehr (Hrsg.) 1982.

Band 2 Hans Poeschel: Die Statuten der Banken, Sparkassen und Kreditgenossenschaften in Hamburg und Altona von 1710 bis 1889. 1978.

Band 3 Thomas Kolbeck: Juristenschwemmen, Untersuchungen über den juristischen Arbeitsmarkt im 19. und 20. Jahrhundert. 1978.

Band 4 Norbert Hempel: Richterleitbilder in der Weimarer Republik. 1978.

Band 5 Rolf Stratmann: Die Scheinbußen im mittelalterlichen Recht. 1978.

Band 6 Martin C. Lockert: Die niedersächsischen Stadtrechte zwischen Aller und Weser. Vorkommen und Verflechtungen. Eine Bestandsaufnahme. 1979.

Band 7 Joachim Rückert/Wolfgang Friedrich: Betriebliche Arbeiterausschüsse in Deutschland, Großbritannien und Frankreich im späten 19. und frühen 20. Jahrhundert. Eine vergleichende Studie zur Entwicklung des kollektiven Arbeitsrechts. 1979.

Band 8 Peter Bender: Die Rezeption des römischen Rechts im Urteil der deutschen Rechtswissenschaft. 1979.

Band 9 Friedrich Karl Alsdorf: Untersuchungen zur Rechtsgestalt und Teilung deutscher Ganerbenburgen. 1980.

Band 10 Dietmar Willoweit/Winfried Schich (Hrsg.): Studien zur Geschichte des sächsisch-magdeburgischen Rechts in Deutschland und Polen (Sammelband). 1980.

Band 11 Brigitte Hempel: Der Entwurf einer Polizeiordnung für das Herzogtum Sachsen-Lauenburg aus dem Jahre 1591. 1980.

Band 12 Klaus-Detlev Godau-Schüttke: Rechtsverwalter des Reiches. Staatssekretär Dr. Curt Joël. 1981.

Band 13 Rainer Polley: Anton Friedrich Justus Thibaut (AD 1772-1840) in seinen Selbstzeugnissen und Briefen. Teil 1: Abhandlung. Teil 2: Briefwechsel. Teil 3: Register zum Briefwechsel. 1982.

Band 14 Michael Wettengel: Der Streit um die Vogtei Kelkheim 1275-1276. Ein kanonischer Prozeß.1981.

Band 15 Otto Wilhelm Krause: Naturrechtler des sechzehnten Jahrhunderts. Ihre Bedeutung für die Entwicklung eines natürlichen Privatrechts. 1982.

Band 16 Helga Spindler: Von der Genossenschaft zur Betriebsgemeinschaft. Kritische Darstellung der Sozialrechtslehre Otto von Gierkes. 1982.

Band 17 Holger Otte: Gustav Radbruchs Kieler Jahre 1919 - 1926. 1982.

Band 18 Rüdiger Teuner: Die fuldische Ritterschaft 1510 - 1656. 1982.

Band 19 Gerhard Dilcher/Rudolf Hoke/Gian Savino Pene Vidari/Hans Winterberg (Hrsg.): Grundrechte im 19. Jahrhundert. 1982.

Band 20 Karl-Hans Schloßstein: Die westfälischen Fabrikengerichtsdeputationen - Vorbilder, Werdegang und Scheitern. 1982.

Band 21 Birger Schulz: Der Republikanische Richterbund (1921-1933). 1982.

Band 22 Engelbert Krause: Die gegenseitigen Unterhaltsansprüche zwischen Eltern und Kindern in der deutschen Privatrechtsgeschichte. 1982.

Band 23 Meent W. Francksen: Staatsrat und Gesetzgebung im Großherzogtum Berg (1806-1813). 1982.

Band 24 Gerd von Sonnleithner: Bearbeitung des Handelsrechts durch Ignaz von Sonnleithner in seinem "Leitfaden über das österreichische Handels- und Wechselrecht". 1982.

Band 25 Rudolf Palme: Rechts-, Wirtschafts- und Sozialgeschichte der inneralpinen Salzwerke bis zu deren Monopolisierung. 1983.

Band 26 Helen Bosshard: Pestalozzis Staats- und Rechtsverständnis und seine Stellung in der Aufklärung. 1983.

Band 27 Jens Jessen: Die Selbstzeugnisse der deutschen Juristen. Erinnerungen, Tagebücher und Briefe. Eine Bibliographie. 1983.

Band 28 Günter Martin Jensen: Das Domanium Waldeck. Die rechtliche Zuordnung eines Fürstenvermögens. 1984.

Band 29 Johann Heinrich Kumpf: Petitionsrecht und öffentliche Meinung im Entstehungsprozeß der Paulskirchenverfassung 1848/49. 1983.

Band 30 Sabine Frey: Rechtsschutz der Juden gegen Ausweisungen im 16. Jahrhundert. 1983.

Band 31 Dietrich Joswig: Die germanische Grundstücksübertragung. 1984.

Band 32 Andreas Baryli: Konzessionssystem contra Gewerbefreiheit. Zur Diskussion der österreichischen Gewerberechtsreform 1835 bis 1860. 1984.

Band 33 Gerhard Oberkofler: Studien zur Geschichte der österreichischen Rechtswissenschaft. 1984.

Band 34 Rudolf Lauda: Kaufmännische Gewohnheit und Burgrecht bei Notker dem Deutschen. Zum Verhältnis von literarischer Tradition und zeitgenössischer Realität in der frühmittelalterlichen Rhetorik. 1984.

Band 35 Jens Jensen: Die Ehescheidung des Bischofs Hans von Lübeck von Prinzessin Julia Felicitas von Württemberg-Weiltingen AD 1648-1653. Ein Beitrag zum protestantischen Ehescheidungsrecht im Zeitalter des beginnenden Absolutismus. 1984.

Band 36 Horst Schröder: Friedrich Karl von Savigny. Geschichte und Rechtsdenken beim Übergang vom Feudalismus zum Kapitalismus in Deutschland. 1984.

Band 37 Andreas Hatzung: Dogmengeschichtliche Grundlagen und Entstehung des zivilrechtlichen Notstands. 1984.

Band 38 Matthias Klasen: Das Billwerder Landrecht. Landrecht und Landgericht in den Hamburger Elbmarschen. 1985.

Band 39 Rainer Jamin: Aufbau, Tätigkeit und Verfahren der Auseinandersetzungsbehörden bei der Durchführung der preußischen Agrarreformen. 1985.

Band 40 Henry Winter: Teilschuld, Gesamtschuld und unechte Gesamtschuld. Zur Konzeption der §§ 420 ff. BGB - Ein Beitrag zur Entstehungsgeschichte des BGB. 1985.

Band 41 Hermann Eichler: Verfassungsbewegung in Amerika und Europa. 1985.

Band 42 Dagmar Bandemer: Heinrich Albert Zachariae. Rechtsdenken zwischen Restauration und Reformation. 1985.

Band 43 Eva-Christine Frentz: Das Hamburgische Admiralitätsgericht (1623-1811). Prozeß und Rechtsprechung. 1985.

Band 44 Karl Lillig: Rechtsetzung im Herzogtum Pfalz-Zweibrücken während des 18. Jahrhunderts. Ein Beitrag zur Geschichte der territorialen Rechtsbildung. 1985.

Band 45 Walter Weber: Die Entwicklung der Sparkassen zu selbständigen Anstalten des öffentlichen Rechts. Ein Beitrag zur Entwicklung des Anstaltsbegriffs im 19. Jahrhundert. 1985.

Band 46 Bärbel Baum: Der Stabreim im Recht. Vorkommen und Bedeutung des Stabreims in Antike und Mittelalter. 1986.

Band 47 Hans Popp: Die nationalsozialistische Sicht einiger Institute des Zivilprozeß- und Gerichtsverfassungsrechts. 1986.

Band 48 John Karl-Heinz Montag: Die Lehrdarstellung des Handelsrechts von Georg Friedrich von Martens bis Meno Pöhls. Die Wissenschaft des Handelsrechts im ersten Drittel des 19. Jahrhunderts. 1986.

Band 49 Volker D. Anhäusser: Das internationale Obligationenrecht in der höchstrichterlichen Rechtsprechung des 19. Jahrhunderts. 1986.

Band 50 Udo Beer: Die Juden, das Recht und die Republik. Verbandswesen und Rechtsschutz 1919-1933. 1986.

Band 51 Herbert Grziwotz: Der moderne Verfassungsbegriff und die "Römische Verfassung" in der deutschen Forschung des 19. und 20. Jahrhunderts. 1986.

Band 52 Ralf Conradi: Karl Friedrich Eichhorn als Staatsrechtslehrer. Seine Göttinger Vorlesung über "Das Staatsrecht der deutschen Bundesstaaten" nach einer Kollegmitschrift aus dem Wintersemester 1821/22. 1987.

Band 53 Dieter Dannreuther: Der Zivilprozeß als Gegenstand der Rechtspolitik im Deutschen Reich 1871 - 1945. Ein Beitrag zur Geschichte des Zivilprozeßrechts in Deutschland. 1987.

Band 54 Stephan Felix Pauly: Organisation, Geschichte und Praxis der Gesetzesauslegung des (Königlich) Preußischen Oberverwaltungsgerichtes 1875 - 1933. 1987.

Band 55 Rüdiger Schulz: Die Entstehung des Seerechts des Allgemeinen Deutschen Handelsgesetzbuches unter besonderer Berücksichtigung der Bestimmungen über die Reederei, den Schiffer und die Schiffsmannschaft. 1987.

Band 56 Reinhold Reis: Deutsches Privatrecht in den Weistümern der Zenten Schriesheim und Kirchheim. 1987.

Band 57 Jürgen Christoph: Die politischen Reichsamnestien 1918 - 1933. 1987.

Band 58 Gerhard Oberkofler/Eduard Rabofsky: Hans Kelsen im Kriegseinsatz der k.u.k.-Wehrmacht. Eine kritische Würdigung seiner militärtheoretischen Angebote. 1988.

Band 59 Arne Wulff: Staatssekretär Prof. Dr. Dr. h.c. Franz Schlegelberger. 1876-1970. 1991.

Band 60 Gerhard Köbler (Hrsg.): Wege europäischer Rechtsgeschichte. Karl Kroeschell zum 60. Geburtstag. 1987.

Band 61 Rüdiger Hütte: Der Gemeinschaftsgedanke in den Erbrechtsreformen des Dritten Reichs. 1988.

Band 62 Markus Göldner: Politische Symbole der europäischen Integration. Fahne, Hymne, Hauptstadt, Paß, Briefmarke, Auszeichnungen. 1988.

Band 63 Wolfgang Kröner: Freiheitsstrafe und Strafvollzug in den Herzogtümern Schleswig, Holstein und Lauenburg von 1700 bis 1864. 1988.

Band 64 Werner Gaile: Die Norder Theelacht. 1988.

Band 65 Karl v. Kempis: Andreas Gaill (1526 - 1587). Zum Leben und Werk eines Juristen der frühen Neuzeit. 1988.

Band 66 Wolf-Rüdiger Osburg: Die Verwaltung Hamburgs in der Franzosenzeit. 1811-1814. 1988.

Band 67 Christian Schudnagies: Hans Frank. Aufstieg und Fall des NS-Juristen und Generalgouverneurs. 1988.

Band 68 Otmar Jung: Senatspräsident Freymuth. Richter, Sozialdemokrat und Pazifist in der Weimarer Republik. Eine politische Biographie. 1989.

Band 69 Joachim Lohner: Das landeshauptmannschaftliche Gericht in Oberösterreich zu Beginn der Neuzeit. Eine Darstellung des oberösterreichischen Prozeßrechts am obersten Territorialgericht des Landes anhand der oberösterreichischen Landtafel.1989.

Band 70 Bernd Klemann: Rudolf von Jhering und die Historische Rechtsschule. 1989.

Band 71 Adalbert Langer: Männer um die österreichische Zivilprozeßordnung 1895. Zusammenspiel / Soziales Ziel. 1990.

Band 72 Robert-Dieter Klee: Die Landessuperintendentur Lauenburg. Ursprung und Entwicklung sowie Ende der Sonderstellung des Kirchenkreises Herzogtum Lauenburg durch die nordelbische Kirchenvereinigung. 1989.

Band 73 Heinrich Herrmann: Die Gehöferschaften im Bezirk Trier. 1989.

Band 74 Wilhelm Brauneder, Franz Baltzarek (Hrsg.): Modell einer neuen Wirtschaftsordnung. Wirtschaftsverwaltung in Österreich 1914 - 1918. 1991.

Band 75 Thomas Dreyer: Die "Assecuranz- und Haverey-Ordnung" der Freien und Hansestadt Hamburg von 1731. 1990.

Band 76 Bernhard Sendler: Die Rechtssprache in den süddeutschen Stadtrechtsreformationen. 1990.

Band 77 Brigitte Lehmann: Ehevereinbarungen im 19. und 20. Jahrhundert. 1990.

Band 78 Michael Sunnus: Der NS-Rechtswahrerbund (1928-1945). Zur Geschichte der nationalsozialistischen Juristenorganisation. 1990.

Band 79 Stefan Schulz: Die historische Entwicklung des Rechts an Bienen. (§§ 961 - 964 BGB). 1990.

Band 80 Gerhard Lingelbach, Heiner Lück (Hrsg.): Deutsches Recht zwischen Sachsenspiegel und Aufklärung. Rolf Lieberwirth zum 70. Geburtstag dargebracht von Schülern, Freunden und Kollegen, herausgegeben von Gerhard Lingelbach und Heiner Lück. 1991.

Band 81 Manfred Krohn: Die deutsche Justiz im Urteil der Nationalsozialisten 1920 - 1933. 1991.

Band 82 Angelika Kühn: Privilegierung nationaler Minderheiten im Wahlrecht der Bundesrepublik Deutschland und Schleswig-Holsteins. 1991.

Band 83 Georg Brun: Leben und Werk des Rechtshistorikers Heinrich Mitteis unter besonderer Berücksichtigung seines Verhältnisses zum Nationalsozialismus. 1991.

Band 84 Wolfgang Simon: Claudius Freiherr von Schwerin. Rechtshistoriker während dreier Epochen deutscher Geschichte. 1991.

Band 85 Friedrich-Carl Wachs: Das Verordnungswerk des Reichsdemobilmachungsamtes. Stabilisierender Faktor zu Beginn der Weimarer Republik. 1991.

Band 86 Jens-Uwe Petersen: Die Vorgeschichte und die Entstehung des Mieterschutzgesetzes von 1923 nebst der Anordnung für das Verfahren vor dem Mieteinigungsamt und der Beschwerdestelle. 1991.

Band 87 Ulrike Haibach: Familienrecht in der Rechtssprache. Die historische Entwicklung zentraler Ausdrücke des geltenden Familienrechts. 1991.

Band 88 Joern Christian Nissen: Die Beratungen des Seeversicherungsausschusses der Akademie für Deutsches Recht zu einem neuen Seeversicherungsgesetz (1934-1939). Ein Beitrag zur Entwicklung der allgemeinen Lehren des Seeversicherungsrechts unter besonderer Berücksichtigung des Handelsgesetzbuchs und der Allgemeinen Deutschen Seeversicherungs-Bedingungen 1919. 1991.

Band 89 Diethard Bühler: Die Entstehung der allgemeinen Vertragsschluß-Vorschriften im Allgemeinen Deutschen Handelsgesetzbuch (ADHGB) von 1861. Ein Beitrag zur Kodifikationsgeschichte des Privatrechts im 19. Jahrhundert. 1991.

Band 90 Gerhard Oberkofler: Die Vertreter des Römischen Rechts mit deutscher Unterrichtssprache an der Karls-Universität in Prag. Vom Vormärz bis 1945. 1991.

Band 91 Ulrich Andermann: Ritterliche Gewalt und bürgerliche Selbstbehauptung. Untersuchungen zur Kriminalisierung und Bekämpfung des spätmittelalterlichen Raubrittertums am Beispiel norddeutscher Hansestädte. 1991.

Band 92 Heinz Marcus Hanke: Luftkrieg und Zivilbevölkerung. Der kriegsvölkerrechtliche Schutz der Zivilbevölkerung gegen Luftbombardements von den Anfängen bis zum Ausbruch des Zweiten Weltkrieges. 1991.

Band 93 Kirsten Kraglund: Familien- und Erbrecht. Materielles Recht und Methoden der Rechtsanwendung in der Rechtsprechung des Oberappellationsgerichts der vier Freien Städte Deutschlands zu Lübeck. 1991.

Band 94 Reinhard Lorenz: Die politische und rechtliche Stellung des Proletariats in Preußen in der Zeit zwischen den Reformen und der Revolution 1848/49. 1991.

Band 95 Eric Hilgendorf: Die Entwicklungsgeschichte der parlamentarischen Redefreiheit in Deutschland. 1991.

Band 96 Hans J. Reiter: Die Handelsgesellschaft Villeroy & Boch von der Gründung 1836 bis zum Jahr 1878. 1992.

Band 97 Martin Johannes Heller: Reform der deutschen Rechtssprache im 18. Jahrhundert. 1992.

Band 98 Michael Kotulla: Die Tragweite der Grundrechte der revidierten preußischen Verfassung vom 31.01.1850. 1992.

Band 99 Michael Siefener: Hexerei im Spiegel der Rechtstheorie. Das crimen magiae in der Literatur von 1574 bis 1608. 1992.

Band 100 Andreas Ebert-Weidenfeller: Hamburgisches Kaufmannsrecht im 17. und 18. Jahrhundert. Die Rechtsprechung des Rates und des Reichskammergerichtes. 1992.

Band 101 Enno Bommel: Die Entstehung der Verwirkungslehre in der Krise des Positivismus. 1992.

Band 102 Ralph Steppacher: Die Berücksichtigung der bäuerlichen Postulate bei der Entstehung des ZGB und der Revision des OR. Ein Beitrag zur schweizerischen Kodifikationsgeschichte (1893 - 1912). 1992.

Band 103 Martin Fleckenstein: Die Todesstrafe im Werk Carl Joseph Anton Mittermaiers (1787 - 1867). Zur Entwicklungsgeschichte eines Werkbereichs und seiner Bedeutung für Theorie- und Methodenbildung. 1992.

Band 104 Jörn Eckert: Der Kampf um die Familienfideikommisse in Deutschland. Studien zum Absterben eines Rechtsinstitutes. 1992.

Band 105 Jörg Grotkopp: Beamtentum und Staatsformwechsel. Die Auswirkungen der Staatsformwechsel von 1918, 1933 und 1945 auf das Beamtenrecht und die personelle Zusammensetzung der deutschen Beamtenschaft. 1992.

Band 106 Andreas Rohde: Die Garantiehaftung des Vermieters und ihr Verhältnis zum Unmöglichkeitsrecht in dogmengeschichtlicher und modernrechtlicher Sicht. 1992.

Band 107 Tjark Siefke Kunstreich: Gesamtvertretung. Eine historisch-systematische Darstellung. 1992.

Band 108 Jürgen Krüger: Blindheit und Königtum. Die Blindheit des Königs Georg V. von Hannover als verfassungsrechtliches Problem. 1992.

Band 109 Wolfgang Putschek: Ständische Verfassung und autoritäre Verfassungspraxis in Österreich 1933-1938 mit Dokumentenanhang. Verfassung und Verfassungswirklichkeit. Mit einem Anhang: Denkschriften von Rechtsanwalt Dr. Erich Führer 1936/37. 1993.

Band 110 Klaus Hofmann: Die Verdrängung der Juden aus öffentlichem Dienst und selbständigen Berufen in Regensburg 1933-1939. 1993.

Band 111 Franz Kilger: Die Entwicklung des Telegraphenrechts im 19. Jahrhundert mit besonderer Berücksichtigung der technischen Entwicklung. Telegraphenrecht im 19. Jahrhundert. 1993.

Band 112 Wilhelm Brauneder (Hrsg.): Heiliges Römisches Reich und moderne Staatlichkeit. 1993.

Band 113 Thomas Heinrich: Das preußische Nichtehelichenrecht: Von der Aufklärung zur Reaktion. 1993.

Band 114 Gerald Kohl: Jagd und Revolution. Das Jagdrecht in den Jahren 1848 und 1849. 1993.

Band 115 Christian Schudnagies: Der Kriegs- oder Belagerungszustand im Deutschen Reich während des Ersten Weltkrieges. Eine Studie zur Entwicklung und Handhabung des deutschen Ausnahmezustandsrechts bis 1918. 1994.

Band 116 Elisabeth Bellmann: Die Internationale Kriminalistische Vereinigung (1889-1933). 1994.

Band 117 Julia Pfannkuch: Volksrichterausbildung in Sachsen 1945-1950. 1993.

Band 118 Jörg Offen: Von der Verwaltungsgemeinschaft des BGB von 1896 zur Zugewinngemeinschaft des Gleichberechtigungsgesetzes von 1957. 1994.

Band 119 Dorothee Kohlhas-Müller: Untersuchungen zur Rechtsstellung Theoderichs des Großen. 1995.

Band 120 Monika Rose: Das Gerichtswesen des Herzogtums Pfalz-Zweibrücken im 18. Jahrhundert. Ein Beitrag zur territorialen Gerichtsbarkeit im Alten Reich. 1994.

Band 121 Jörn Eckert / Hans Hattenhauer (Hrsg.): Bibel und Recht. Rechtshistorisches Kolloquium 9. - 13. Juni 1992 an der Christian-Albrechts-Universität zu Kiel. 1994.

Band 122 Robert Martin Mizia: Der Rechtsbegriff der Autonomie und die Begründung des Privatfürstenrechts in der deutschen Rechtswissenschaft des 19. Jahrhunderts. 1995.

Band 123 Walther Graf von Plettenberg: Das Fortleben des Liber Iudiciorum in Asturien/León (8. - 13. Jh.). 1994.

Band 124 Wolfgang Schulz: Das deutsche Börsengesetz. Die Entstehungsgeschichte und wirtschaftlichen Auswirkungen des Börsengesetzes von 1896. 1994.

Band 125 Frank Hagemann: Der Untersuchungsausschuß Freiheitlicher Juristen. 1949 – 1969. 1994.

Band 126 Andreas Rethmeier: "Nürnberger Rassegesetze" und Entrechtung der Juden im Zivilrecht. 1995.

Band 127 Edith Grether: Die Poesie der Throne. Die Juristen in der Fruchtbringenden Gesellschaft. 1995.

Band 128 Anna Bartels-Ishikawa: Der Lippische Thronfolgestreit. Eine Studie zu verfassungsrechtlichen Problemen des Deutschen Kaiserreiches im Spiegel der zeitgenössischen Staats. 1995.

Band 129 Jörg Schmidt: Otto Koellreutter 1883-1972. Sein Leben, sein Werk, seine Zeit. 1995.

Band 130 Christian Hattenhauer: Wahl und Krönung Franz II. AD 1792. Das Heilige Reich krönt seinen letzten Kaiser - Das Tagebuch des Reichsquartiermeisters Hieronymus Gottfried von Müller und Anlagen. 1995.

Band 131 Jutta v. der Decken: Das Seearbeitsrecht im Hamburger Stadtrecht von 1301 bis 1603. 1995.

Band 132 Detlev Schmidt: Die Reform des Rechts der Handelsvertreter von 1953. 1995.

Band 133 Gabi Roßdeutscher: Privatautonomie im Scheidungsrecht. Scheidungsbezogene Vereinbarungen in den letzten 200 Jahren. 1995.

Band 134 Harald Kahlenberg: Leben und Werk des Rechtshistorikers Walther Merk. Ein Beispiel für das Verhältnis von Rechtsgeschichte und Nationalsozialismus. 1995.

Band 135 Michael Steitz: Adelbert Düringer am Reichsgericht (1902-1915). Seine aktienrechtlichen Entscheidungen und sein Einfluß auf das Aktienrecht in Deutschland. 1995.

Band 136 Christian Becker: Beata Justorum Translatio. Juristen in schleswig-holsteinischen Leichenpredigten. 1996.

Band 137 Christoph Seiler: Vom Allgemeinen Landrecht zum Bürgerlichen Gesetzbuch. Dargestellt am Beispiel der höchstrichterlichen Judikatur zum kaufrechtlichen Sachmängelgewährleistungsrecht. 1996.

Band 138 Bernd Mayer: Die Vertrauensmännerausschüsse auf den preußischen Steinkohlegruben an der Saar. Entstehung und Wirken. Eine rechtshistorische Untersuchung. 1996.

Band 139 Rochus Scholl: Juden und Judenrecht im Herzogtum Pfalz-Zweibrücken. Ein Beitrag zur Rechtsgeschichte eines deutschen Kleinstaates am Ende des alten Reiches. 1996.

Band 140 Meike Bursch: Judentaufe und frühneuzeitliches Strafrecht. Die Verfahren gegen Christian Treu aus Weener/Ostfriesland 1720-1728. 1996.

Band 141 Markus Hillenbrand: Fürstliche Eheverträge. Gottorfer Hausrecht 1544 - 1773. 1996.

Band 142 Ulf Häder: Das gemeinschaftliche Oberappellationsgericht thüringischer Staaten in Jena. Ein Beitrag zur Geschichte des Gerichtswesens im 19. Jahrhundert. 1996.

Band 143 Andreas Bauer: Das Gnadenbitten in der Strafrechtspflege des 15. und 16. Jahrhunderts. Dargestellt unter besonderer Berücksichtigung von Quellen der Vorarlberger Gerichtsbezirke Feldkirch und des Hinteren Bregenzerwaldes. 1996.

Band 144 Christian Wirth: Der Jurist Johann Andreas Georg Friedrich Rebmann zwischen Revolution und Restauration. 1996.

Band 145 Stefanie Müller: Die Rechtsprechung des Hanseatischen Oberlandesgerichts zum persönlichen Eherecht in Hamburgischen Gerichtsfällen von 1879 -1900. 1996.

Band 146 Jean-Nicolas Morisset: Der Frachtvertrag in der *Ordonnance de la marine* von 1681. 1996.

Band 147 Dirk Lentfer: Die Glogauer Landesprivilegien des Andreas Gryphius von 1653. 1996.

Band 148 Wencke Mull: Die Haftung für Einsturzschäden nach den §§ 836-838 BGB in der Rechtsprechung des Reichsgerichts. 1996.

Band 149 Renate Zelger: Teufelsverträge. Märchen, Sage, Schwank, Legende im Spiegel der Rechtsgeschichte. 1996.

Band 150 Guido Kraß: Das Arrestverfahren in Frankfurt am Main im Spätmittelalter. 1996.

Band 151 F. Benedict Heyn: Die Entwicklung des Eisenbahnfrachtrechts von den Anfängen bis zur Einführung des Allgemeinen Deutschen Handelsgesetzbuches (ADHGB). 1996.

Band 152 Thomas Lang: Die Staats- und Verfassungslehre Carl Salomo Zachariaes. 1996.

Band 153 Michael Hebeis: Karl Anton von Martini (1726-1800). Leben und Werk. 1996.

Band 154 Gerald Hubert: Die Diskussion um die rechtliche Natur der Bizone in den Jahren 1947-1949. 1996.

Band 155 Christof Horn: Die Rechtsprechung des Reichsgerichts in Ehescheidungssachen der Jahre 1900 bis 1905. 1996.

Band 156 Hermann Nehlsen / Georg Brun (Hrsg.): Münchener rechtshistorische Studien zum Nationalsozialismus. 1996.

Band 157 Jan Otto Clemens Kehrberg: Die Entwicklung des Elektrizitätsrechts in Deutschland. Der Weg zum Energiewirtschaftsgesetz von 1935. 1997.

Band 158 Johannes Tradt: Der Religionsprozeß gegen den Zopfschulzen (1791-1799). Ein Beitrag zur protestantischen Lehrpflicht und Lehrzucht in Brandenburg-Preußen gegen Ende des 18. Jahrhunderts. 1997.

Band 159 Dietmar Olsen: Das kaufrechtliche Sachmängelgewährleistungsrecht des Code civil in der Rechtsprechung deutscher Gerichte im 19. Jahrhundert. Ein Beitrag zur Ablösung der Partikularrechte durch das BGB. 1997.

Band 160 Ulrich Bernhardt: Die Deutsche Akademie für Staats- und Rechtswissenschaft „Walter Ulbricht" 1948-1971. 1997.

Band 161 Claudia Susan Hoppe: Die Bürgschaft im Rechtsleben Hamburgs von 1600 bis 1900. 1997.

Band 162 Franz-Rudolf Ecker: Die Entwicklung des Bergrechts im Saarbrücker Steinkohlenrevier bis zum Ende des 18. Jahrhunderts. Ein Vergleich mit dem älteren deutschen Bergrecht. 1997.

Band 163 Anne Katrin Rückert: Politik und Privatrecht in der „konservativen Revolution". 1997.

Band 164 Gisbert Laube: Der Reichskunstwart. Geschichte einer Kulturbehörde 1919-1933. 1997.

Band 165 Nicolas Lührig: Die Diskussion über die Reform der Juristenausbildung von 1945 bis 1995. 1997.

Band 166 Regula Gerber Jenni: Die Emanzipation der mehrjährigen Frauenzimmer. Frauen im bernischen Privatrecht des 19. Jahrhunderts. 1997.

Band 167 Mischa A. Färber: Das gemeinschaftliche Testament in der höchstrichterlichen Rechtsprechung zum Allgemeinen Preußischen Landrecht und zum BGB. Ein Beitrag zur Ablösung der Partikularrechte durch das BGB. 1997.

Band 168 Catherine Antoinette Gasser: Philipp Lotmar 1850-1922. Professor der Universität Bern. Sein Engagement für das Schweizerische Arbeitsrecht. 1997.

Band 169 Lars Immisch: Der sozialistische Richter in der DDR und seine Unabhängigkeit. Der Versuch eines Rechtsvergleiches zum Unabhängigkeitsbegriff in der bundesdeutschen Rechtsordnung. 1997.

Band 170 Jessica Jacobi: Besitzschutz vor dem Reichskammergericht. Die friedenssichernde Funktion der Besitzschutzklagen am Reichskammergericht im 16. Jahrhundert, dargestellt anhand von Kameralisten. 1998.

Band 171 Ewald Hügemann: Die Geschichte des öffentlichen und privaten Mietpreisrechts vom Ersten Weltkrieg bis zum Gesetz zur Regelung der Miethöhe von 1974. 1998.

Band 172 Lutz Rentzow: Die Entstehungs- und Wirkungsgeschichte der Vernewerten Landesordnung für das Königreich Böhmen von 1627. 1998.

Band 173 Sabine Stürmer: Mühlenrecht im Herzogtum Pfalz-Zweibrücken während des 18. Jahrhunderts. Ein Beitrag zum Wirtschaftsrecht eines deutschen Kleinstaates im Alten Reich. 1998.

Band 174 Mario Bogisch: *Nemo testis in re sua.* Das Problem der Zeugnisfähigkeit bei der Anwendung der deutschen Zivilprozeßordnung von 1877. 1998.

Band 175 Rainer Oßwald: Pactane sunt servanda? Freiwilligkeit, Zwang und Unverbindlichkeitserklärungen im islamischen Vertragsrecht malikitischer Schule. 1998.

Band 176 Bettina Kern: Der preußische BGB-Entwurf von 1842. 1998.

Band 177 Inken Fuhrmann: Die Diskussion über die Einführung der fakultativen Zivilehe in Deutschland und Österreich seit Mitte des 19. Jahrhunderts. 1998.

Band 178 Annette Rieck: Der Heilige Ivo von Hélory (1247-1303). Advocatus pauperum und Patron der Juristen. 1998.

Band 179 Frank Bottenberg: Die Hamburgische Strafprozeßordnung von 1869. 1998.

Band 180 Matthias Krauß: Das kursächsische Postrecht von seinen Anfängen bis zum Ende des Alten Reichs. 1998.

Band 181 Torsten Schmidt: Die Entmündigung von den Anfängen des BGB bis zu ihrer Ablösung durch das Institut der Betreuung. 1998.

Band 182 Christian Nunn: Rudolf Müller-Erzbach. 1874-1959. Von der realen Methode über die Interessenjurisprudenz zum kausalen Rechtsdenken (Leben und Werk). 1998.

Band 183 Christian Ortloff: Das staatskirchenrechtliche System Wilhelm Traugott Krugs. Glaubens- und Gewissensfreiheit – eine Forderung der Vernunft. 1998.

Band 184 Christian Hattenhauer: Schuldenregulierung nach dem Westfälischen Frieden. Der sog. § *de indaganda* und seine Umsetzung im Jüngsten Reichsabschied (AD 1648 und 1654). 1998.

Band 185 Werner Schubert: Preußen im Vormärz. Die Verhandlungen der Provinziallandtage von Brandenburg, Pommern, Posen, Sachsen und Schlesien sowie – im Anhang – von Ostpreußen, Westfalen und der Rheinprovinz (1841-1845). 1998.

Band 186 Silvia Schumacher: Das Rechtsverhältnis zwischen Eltern und Kindern in der Privatrechtsgeschichte. 1999.

Band 187 Kai Sommer: Die Strafbarkeit der Homosexualität von der Kaiserzeit bis zum Nationalsozialismus. Eine Analyse der Straftatbestände im Strafgesetzbuch und in den Reformentwürfen (1871-1945). 1998.

Band 188 Jan Erik Backhaus: Volksrichterkarrieren in der DDR. 1999.

Band 189 Ralf Ruhnau: Die Fürstlich Thurn und Taxissche Privatgerichtsbarkeit in Regensburg. Ein Kuriosum der deutschen Rechtsgeschichte. 1999.

Band 190 Antonio Grilli: Die französische Justizorganisation am linken Rheinufer 1797-1803. 1999.

Band 191 Stephanie Kammerloher-Lis: Die Entstehung des Gesetzes über die religiöse Kindererziehung vom 15. Juli 1921. 1999.

Band 192 Jan Telp: Ausmerzung und Verrat. Zur Diskussion um Strafzwecke und Verbrechensbegriffe im Dritten Reich. 1999.

Band 193 Kurt von Pannwitz: Die Entstehung der Allgemeinen Deutschen Wechselordnung. Ein Beitrag zur Geschichte der Vereinheitlichung des deutschen Zivilrechts im 19. Jahrhundert. 1999.

Band 194 Sylvia Busch: Die Entstehung der Allgemeinen Gerichtsordnung für die Preussischen Staaten von 1793/95. Ein Beitrag zur Geschichte der Kodifikationsbewegung und der Reform des Zivilprozesses in Preußen im 18. Jahrhundert. 1999.

Band 195 Dirk Bieresborn: Klage und Klageerwiderung im deutschen und englischen Zivilprozeß. Eine rechtshistorische und rechtsvergleichende Untersuchung unter besonderer Berücksichtigung der Beeinflussung durch das römisch-kanonische Verfahren. 1999.

Band 196 Andreas Thier / Guido Pfeifer / Philipp Grzimek (Hrsg.): Kontinuitäten und Zäsuren in der Europäischen Rechtsgeschichte. Europäisches Forum Junger Rechtshistorikerinnen und Rechtshistoriker München 22.-24. Juli 1998. 1999.

Band 197 Franz Smola: Die Fürstlich Liechtenstein'sche Kunstsammlung. Rechtsfragen zur Verbringung der Sammlung von Wien nach Vaduz in den Jahren 1944/45. 1999.

Band 198 Frank Martin Krauss: Das geteilte Eigentum im 19. und 20. Jahrhundert. Eine Untersuchung zum Fortbestand des Teilungsgedankens. 1999.

Band 199 Matthias Frey: Die spanische Aktiengesellschaft im 18. Jahrhundert und unter dem Código de Comercio von 1829. 1999.

Band 200 Alexandra Gilde: Die Stellung der Frau im Reichsstrafgesetzbuch von 1870/71 und in den Reformentwürfen bis 1919 im Urteil der bürgerlichen Frauenbewegung. Eine Analyse ausgewählter Straftatbestände. 1999.

Band 201 Malte Dießelhorst / Arne Duncker: Hans Kohlhase. Die Geschichte einer Fehde in Sachsen und Brandenburg zur Zeit der Reformation. 1999.

Band 202 Jörg Hillmann: Territorialrechtliche Auseinandersetzungen der Herzöge von Sachsen-Lauenburg vor dem Reichskammergericht im 16. Jahrhundert. 1999.

Band 203 Carsten Engler: Die Kommanditgesellschaft (KG) und die stille Gesellschaft im Allgemeinen Deutschen Handelsgesetzbuch (ADHGB) von 1861. 1999.

Band 204 Vesta Hoffmann-Steudner: Die Rechtsprechung des Reichsgerichts zu dem Scheidungsgrund des § 49 EheG (EheG 1938) in den Jahren 1938-1945. 1999.

Band 205 Michaela Thiele: Die Auflösung von Arbeitsverhältnissen aufgrund Anfechtung und außerordentlicher Kündigung nach der Rechtsprechung des Reichsarbeitsgerichts (1927-1945). 2000.

Band 206 Peter Landau / Hermann Nehlsen / Mathias Schmoeckel (Hrsg.): Karl von Amira zum Gedächtnis. 1999.

Band 207 Marcus Flinder: Die Entstehungsgeschichte des Zivilgesetzbuches der DDR. 1999.

Band 208 Boris Franz Leo Bromm: Die Entstehungsgeschichte des Berufs des Handelsvertreters. Unter besonderer Berücksichtigung der Sozialgesetzgebung in den Jahren von 1871-1933. 2000.

Band 209 Winfried C. J. Eberstein: Das Tierschutzrecht in Deutschland bis zum Erlaß des Reichs-Tierschutzgesetzes vom 24. November 1933. Unter Berücksichtigung der Entwicklung in England. 1999.

Band 210 Patrick Deller: Der „nach dem Vertrage" vorausgesetzte Gebrauch (§ 459 Absatz 1 Satz 1 BGB). Eine kaufrechtliche Untersuchung unter Berücksichtigung rechtshistorischer wie rechtsvergleichender Grundlagen. 2000.

Band 211 Eckard Freiherr von Bodenhausen: Haftung des Geschäftsherrn für Verrichtungsgehilfen im Straßen- und Schienenverkehr. Eine Analyse der Entscheidungen des Reichsgerichts zu § 831 BGB (1900-1945). 2000.

Band 212 Birte Gast: Der Allgemeine Teil und das Schuldrecht des Bürgerlichen Gesetzbuchs im Urteil von Raymond Saleilles (1855-1912). 2000.

Band 213 Hansjörg Michael Huber: Koloniale Selbstverwaltung in Deutsch-Südwestafrika. Entstehung, Kodifizierung und Umsetzung. 2000.

Band 214 Ulf Björner: Die Verfassungsgerichtsbarkeit im Norddeutschen Bund und Deutschen Reich (1867-1918). Eine rechtshistorische Untersuchung über Gerichtsbarkeit im Spannungsfeld von Politik und Recht innerhalb der von Bismarck geschaffenen deutschen Bundesstaaten. 2000.

Band 215 Mathias Freiherr von Rosenberg: Friedrich Carl von Savigny (1779-1861) im Urteil seiner Zeit. 2000.

Band 216 Reinhard Binder-Krieglstein: Österreichisches Adelsrecht 1868-1918/19. Von der Ausgestaltung des Adelsrechts der cisleithanischen Reichshälfte bis zum Adelsaufhebungsgesetz der Republik unter besonderer Berücksichtigung des adeligen Namensrechts. 2000.

Band 217 Claudia-Regine Nerius: Johannes Lehmann-Hohenberg (1851-1925). Eine Studie zur völkischen Rechts- und Justizkritik im Deutschen Kaiserreich. 2000.

Band 218 Ludger Meuten: Die Erbfolgeordnung des Sachsenspiegels und des Magdeburger Rechts. Ein Beitrag zur Geschichte des sächsisch-magdeburgischen Rechts. 2000.

Band 219 Christoph Alexander von Wilcken: Die Reformbestrebungen zum Genossenschaftsgesetz in der Frühzeit der Bundesrepublik. Die Beratungen der Sachverständigenkommission zur Überprüfung des Genossenschaftsrechts 1954 bis 1958 und der Referentenentwurf von 1962. 2000.

Band 220 Verein Junger RechtshistorikerInnen Zürich (Hrsg.): ¿Rechtsgeschichte(n)? ¿Histoire(s) du droit? ¿Storia/storie del diritto? ¿Legal Histori(es)? Europäisches Forum Junger Rechtshistorikerinnen und Rechtshistoriker Zürich 28.-30. Mai 1999. 2000.

Band 221 Hans Christian Schüler: Die Entstehungsgeschichte der Bundesnotarordnung vom 24. Februar 1961. 2000.

Band 222 Nils-Eberhard Schramm: Die Vereinigung demokratischer Juristen (1949-1999). 2000.

Band 223 Silke Anke Torp: Das Rechtsverhältnis zwischen den Eltern und ihren Kindern. Dienstleistungspflicht, Aussteuer und Ausstattung. Eine Analyse der Rechtsprechung des Reichsgerichts und des Reichsarbeitsgerichts zu den Vorschriften der §§ 1616 bis 1625 des Bürgerlichen Gesetzbuches in der Zeit von 1900 bis 1945. 2000.

Band 224 Martin Jürgen Maaß: Die Geschichte des Eigentumsvorbehalts, insbesondere im 18. und 19. Jahrhundert. 2000.

Band 225 Stefanie Langer: Rechtswissenschaftliche Itinerarien. Lebenswege namhafter europäischer Juristen vom 11. bis zum 18. Jahrhundert. 2000.

Band 226 Ulrich Schmitz: Der Unterhaltsanspruch des nichtehelichen Kindes gegen seinen Erzeuger. Die rechtsgeschichtliche und dogmatische Entwicklung im deutschen Recht. 2000.

Band 227 Sebastian Günther: Friedrich Carl von Savigny als Grundherr. 2000.

Band 228 Henning Ibs: Hermann J. Held (1890-1963). Ein Kieler Gelehrtenleben in den Fängen der Zeitläufe. 2000.

Band 229 Matthias Rücker: Wirtschaftswerbung unter dem Nationalsozialismus. Rechtliche Ausgestaltung der Werbung und Tätigkeit des Werberats der deutschen Wirtschaft. 2000.

Band 230 Hendrik Sandmann: Die Entwicklung von Begriff und Inhalt des Wirtschaftsrechts durch die Rechtswissenschaft in der Weimarer Republik. 2000.

Band 231 Sibylle Müller: Gibt es Menschenrechte bei Samuel Pufendorf? 2000.

Band 232 Karin Olechowski-Hrdlicka: Die gemeinsamen Angelegenheiten der Österreichisch-Ungarischen Monarchie. Vorgeschichte – Ausgleich 1867 – Staatsrechtliche Kontroversen. 2001.

Band 233 Johannes Mierau: Die juristischen Abschluß- und Diplomprüfungen in der SBZ/DDR. Ein Einblick in die Juristenausbildung im Sozialismus. 2001.

Band 234 Jörg Wolff (Hrsg.): Stillstand, Erneuerung und Kontinuität. Einsprüche zur Preußenforschung. 2001.

Band 235 Friedo Schröder: Die anwaltliche Tätigkeit während der nationalsozialistischen Herrschaft. Eine Analyse der anwaltlichen Argumentation in Zivilprozessen anhand der vorhandenen Prozeßakten der Landgerichte Frankenthal, Wiesbaden, Limburg und Frankfurt und der Handakten der *jüdischen Konsulenten* des OLG-Bezirks Frankfurt. 2001.

Band 236 Der Code pénal des Königreichs Westphalen von 1813 mit dem Code pénal von 1810 im Original und in deutscher Übersetzung. Herausgegeben und mit einer Einleitung versehen von Werner Schubert. 2001.

Band 237 Klaus Richter: Deutsches Kolonialrecht in Ostafrika 1885-1891. 2001.

Band 238 Kai von Lewinski: Deutschrechtliche Systembildung im 19. Jahrhundert. 2001.

Band 239 Alexander Herzog: Sittenwidrige Rechtsgeschäfte in der höchstrichterlichen Rechtsprechung aus den Jahren 1948-1965. 2001.

Band 240 Claudia Rönnau: Die Beratungen des Wasserrechtsausschusses der Akademie für Deutsches Recht zu einem Reichswassergesetz (1934-1941). Ein Beitrag zur Dogmatik der Begriffe *Gemeingebrauch* und *Sondergebrauch* in der Zeit des Nationalsozialismus. 2001.

Band 241 Momme Rohlack: Kriegsgesellschaften (1914-1918). Arten, Rechtsformen und Funktionen in der Kriegswirtschaft des Ersten Weltkrieges. 2001.

Band 242 Rolf Geyer: Der Gedanke des Verbraucherschutzes im Reichsrecht des Kaiserreichs und der Weimarer Republik (1871-1933). Eine Studie zur Geschichte des Verbraucherrechts in Deutschland. 2001.

Band 243 Felix Lorenz Benjamin Lehmann: Der Rote Adlerorden. Entstehung und rechtliche Grundlagen (1705-1918). 2002.

Band 244 Marc Ludwig: Der Pfändungsschutz für Lohneinkommen. Die Entstehungs- und Entwicklungsgeschichte der Vorschriften zum Schutz vor Lohnpfändung in Deutschland. 2001.

Band 245 Alexander Wachter: Dorfschule zwischen Pastor und Schulmeister. Zur Säkularisierung des niederhessischen Schulwesens im 19. Jahrhundert. 2001.

Band 246 Richard Scholz: Analyse der Entstehungsbedingungen der reichsgerichtlichen Aufwertungsrechtsprechung. Untersuchung unter besonderer Berücksichtigung der konservativen Geldpolitik der Reichsbank und der Inflationspolitik der Reichsregierung. 2001.

Band 247 Judith Laeverenz: Märchen und Recht. Eine Darstellung verschiedener Ansätze zur Erfassung des rechtlichen Gehalts der Märchen. 2001.

Band 248 Christina Schenk: Bestrebungen zur einheitlichen Regelung des Strafvollzugs in Deutschland von 1870 bis 1923. 2001.

Band 249 Nils Werner: Die Prozesse gegen die Landvolkbewegung in Schleswig-Holstein 1929/32. Ein Beitrag zur Justizkritik in der späten Weimarer Republik. 2001.

Band 250 Wolfgang Walter: Das Duell in Bayern. Ein Beitrag zur bayerischen Strafrechtsgeschichte. 2002.

Band 251 Jörn Eckert / Kjell Å. Modéer (Hrsg.): Geschichte und Perspektiven des Rechts im Ostseeraum. Erster Rechtshistorikertag im Ostseeraum 8.–12. März 2000. 2001.

Band 252 Jan Könighaus: Die Inauguration der Christian-Albrechts-Universität zu Kiel 1665. Symbolgehalt und rechtliche Bedeutung des Universitätszeremoniells. 2002.

Band 253 Andreas Görgen: Rechtssprache in der Frühen Neuzeit. Eine vergleichende Untersuchung der Fremdwortverwendung in Gesetzen des 16. und 17. Jahrhunderts. 2002.

Band 254 Ralf Schäfer: Die Rechtsstellung der Haigerlocher Juden im Fürstentum Hohenzollern-Sigmaringen von 1634-1850. Eine rechtsgeschichtliche Untersuchung. 2002.

Band 255 Regine Schmalhorst: Die Tierhalterhaftung im BGB von 1896. Die Entstehung und Änderung des § 833 BGB sowie eine Analyse der Rechtsprechung des Reichsgerichts bis 1908. 2002.

Band 256 Thomas Hense: Konrad Beyerle. Sein Wirken für Wissenschaft und Politik in Kaiserreich und Weimarer Republik. 2002.

Band 257 Christian Mahlmann: Die Strafrechtswissenschaft der DDR. Klassenkampftheorie und Verbrechenslehre. 2002.

Band 258 Henning Kahmann: Die Bankiers von Jacquier & Securius 1933–1945. Eine rechtshistorische Fallstudie zur "Arisierung" eines Berliner Bankhauses. Mit einem Geleitwort von John Kornblum. 2002.

Band 259 Volker Friedrich Drecktrah: Die Gerichtsbarkeit in den Herzogtümern Bremen und Verden und in der preußischen Landdrostei Stade von 1715 bis 1879. 2002.

Band 260 Andreas Klass: Standes- oder Leistungselite? Eine Untersuchung der Karrieren der Wetzlarer Anwälte des Reichskammergerichts (1693-1806). 2002.

Band 261 Wolfgang Eder: Das italienische Tribunale Speciale per la Difesa dello Stato und der deutsche Volksgerichtshof. Ein Vergleich zwischen zwei politischen Gerichtshöfen. 2002.

Band 262 Albrecht Cordes / Bernd Kannowski (Hrsg.): Rechtsbegriffe im Mittelalter. 2002.

Band 263 Thomas Hildebrandt: Die Brandenburgischen Provinziallandtage von 1841, 1843, und 1845 anhand ausgewählter Verhandlungsgegenstände. 2002.

Band 264 Jan Finzel: Georg Adam Struve (1619–1692) als Zivilrechtler. 2003.

Band 265 Björn Carsten Frenzel: Das Selbstverständis der Justiz nach 1945. Analyse der Rolle der Justiz unter Berücksichtigung der Reden zur *Wiedereröffnung* der Bundes- und Oberlandesgerichte. 2003.

Band 266 Nils Reichhelm: Die marxistisch-leninistische Staats- und Rechtstheorie Karl Polaks. 2003.

Band 267 Raik Schneider: Altrechtliche Personenzusammenschlüsse. Ihre Entwicklung unter besonderer Berücksichtigung des Rechts des Großherzogtums Sachsen-Weimar-Eisenach sowie der Herzogtümer Sachsen-Meiningen und Sachsen-Gotha. 2003.

Band 268 Anke Meier: Die Geschichte des deutschen Konkursrechts, insbesondere die Entstehung der Reichskonkursordnung von 1877. 2003.

Band 269 Stefan Jens Jordan: Leben und Werk des Tübinger Rechtsprofessors Wilhelm Gottlieb Tafinger 1760–1813. 2003.

Band 270 Stefanie Hubig: Die historische Entwicklung des § 23 ZPO. Zum Ursprung und Fortleben des Vermögensgerichtsstandes im deutschen Prozeßrecht des 19. Jahrhunderts. 2003.

Band 271 Michael G. Perband: Der Grundsatz der freien Beweiswürdigung im Zivilprozeß (§ 286 ZPO) in der Rechtsprechung des Reichsgerichts. 2003.

Band 272 Mathias Bouveret: Die Stellung des Staatsoberhauptes in der parlamentarischen Diskussion und Staatsrechtslehre von 1848 bis 1918. 2003.

Band 273 Barbara Széchényi: Rechtliche Grundlagen bayerischer Zensur im 19. Jahrhundert. 2003.

Band 274 Sylvia Scharfenberg: Die Entstehungsgeschichte des Beurkundungsgesetzes vom 28. August 1969. 2003.

Band 275 Urte Nesemann: Die schwedische Familiengesetzgebung von 1734 bis zu den Reformgesetzen von 1915 bis 1920 und deren Einfluss auf die Gesetzgebungsprojekte der Weimarer Republik. Unter besonderer Berücksichtigung der Rechtsstellung der Frau und des unehelichen Kindes. 2003.

Band 276 Alexandra Brück: Die Polizeiordnung Herzog Christians von Braunschweig-Lüneburg vom 6. Oktober 1618. 2003.

Band 277 Torsten Landwehr: Das Kommissionsgeschäft in Rechtswissenschaft, Gesetzgebung und Rechtspraxis vom 16. bis zum Ende des 18. Jahrhunderts. 2003.

Band 278 Tassilo Wilhelm Maria Englert: Deutsche und italienische Zivilrechtsgesetzgebung von 1933–1945. Parallelen in der Rechtsetzung und gegenseitige Beeinflussung unter besonderer Berücksichtigung des Familien- und Erbrechts. 2003.

Band 279 Tobias Prang: Der Schutz der Versicherungsnehmer bei der Auslegung von Versicherungsbedingungen durch das Reichsgericht. 2003.

Band 280 Thorsten Lieb: Privileg und Verwaltungsakt. Handlungsformen der öffentlichen Gewalt im 18. und 19. Jahrhundert. 2004.

Band 281 Michael Rühling: Das Ladenschlussgesetz vom 28. November 1956. Vorgeschichte, Entstehung des Gesetzes und weitere Entwicklung. 2004.

Band 282 Kathrin Nawotki: Die schleswigsche Deichstavengerechtigkeit. Vom 17. Jahrundert bis in die Gegenwart. Eine gewohnheitsrechtliche Superfizies an nordfriesischen Deichgrundstücken und ihre Entwicklung. 2004.

Band 283 Erik Nils Voigt: Die Gesetzgebungsgeschichte der militärischen Ehrenstrafen und der Offiziersehrengerichtsbarkeit im preußischen und deutschen Heer von 1806 bis 1918. 2004.

FSC
www.fsc.org
MIX
Papier | Fördert gute Waldnutzung
FSC® C083411

Kolibri 360 GmbH
Ferdinand-Jühlke-Straße 7
99095 Erfurt, Deutschland
produktsicherheit@kolibri360.de

Druck:
CPI Druckdienstleistungen GmbH
im Auftrag der
Kolibri 360 GmbH
Ferdinand-Jühlke-Str. 7
99095 Erfurt